2024年
国家统一法律职业资格考试
辅导用书

民事诉讼法与仲裁制度

国家统一法律职业资格考试辅导用书编辑委员会　组编

潘剑锋 ／主编

法律出版社

北京

图书在版编目(CIP)数据

民事诉讼法与仲裁制度 / 国家统一法律职业资格考试辅导用书编辑委员会组编；潘剑锋主编. -- 北京：法律出版社, 2024

2024年国家统一法律职业资格考试辅导用书

ISBN 978-7-5197-9051-6

Ⅰ. ①民… Ⅱ. ①国… ②潘… Ⅲ. ①民事诉讼法—中国—资格考试—自学参考资料②仲裁—制度—中国—资格考试—自学参考资料 Ⅳ. ①D925-44

中国国家版本馆CIP数据核字(2024)第083959号

民事诉讼法与仲裁制度
MINSHISUSONGFAYUZHONGCAIZHIDU

国家统一法律职业资格考试辅导用书编辑委员会 组编
潘剑锋 主编

责任编辑 徐 菲
装帧设计 李 瞻

出版发行 法律出版社
编辑统筹 法律考试·职业教育分社
责任校对 王语童
责任印制 胡晓雅
经　　销 新华书店

开本 787毫米×1091毫米 1/16
印张 17.75　**字数** 463千
版本 2024年5月第1版
印次 2024年5月第1次印刷
印刷 北京中科印刷有限公司

地址：北京市丰台区莲花池西里7号(100073)
网址：www.lawpress.com.cn
投稿邮箱：info@lawpress.com.cn
举报盗版邮箱：jbwq@lawpress.com.cn

销售电话：010-83938349
客服电话：010-83938350
咨询电话：010-63939796

书号：ISBN 978-7-5197-9051-6　　**定价**：45.00元

凡购买本社图书，如有印装错误，我社负责退换。电话：010-83938349

国家统一法律职业资格考试辅导用书
编辑委员会

国家统一法律职业资格考试辅导用书

民事诉讼法与仲裁制度

编写人员

主　编

潘剑锋

撰稿人

潘剑锋（第一编　导论；第二编　诉讼制度　第四至六章）

陈杭平（第二编　诉讼制度　第七至十章）

唐　力（第三编　诉讼程序　第十一至十三章）

刘哲玮（第三编　诉讼程序　第十四至十七章）

林剑锋（第四编　非讼程序与执行程序　第十八至二十一章）

乔　欣（第五编　仲裁制度　第二十二至二十八章）

出版说明

为了适应国家统一法律职业资格考试的需要，应广大应试人员的要求，我们组织编写了《2024 年国家统一法律职业资格考试辅导用书》。

本套辅导用书根据司法部制定颁布的《2024 年国家统一法律职业资格考试大纲》编写，是国家统一法律职业资格考试工作的重要依据，可以作为广大应试人员系统复习及应考的必备用书。

本套用书在撰写时力求反映和体现国家统一法律职业资格考试的特点，在注意学科科学性、系统性的同时，注重法学基本理论、法律实务与考试需求的结合，对应试人员应当掌握的各学科基本理论结合实际进行了系统阐释，有较强的指导性和适用性。在内容和体例编排上，为更加方便应试人员复习考试，本套用书结合备考规律，归纳提炼重要、疑难知识点及易错易混知识点和核心法条，进一步充实完善各学科每章的助考性提示内容和主要法律规定，同时增加了有关重要、疑难知识点的案例（实例）、本章 / 本编 / 本学科重点难点与疑点辨析阐释，并将新增或调整较大部分内容在目录中加以标示，以方便应试人员对比复习。

本套用书根据国家统一法律职业资格考试的试卷内容及学科特点分为 9 册，包括：《习近平法治思想 · 法理学 · 宪法 · 中国法律史 · 司法制度和法律职业道德》《民法》《刑法》《行政法与行政诉讼法》《民事诉讼法与仲裁制度》《刑事诉讼法》《商法》《知识产权法 · 经济法 · 环境资源法 · 劳动与社会保障法》《国际法 · 国际私法 · 国际经济法》，共计 18 门学科。《2024 年国家统一法律职业资格考试法律法规汇编》（截止日期为 2024 年 3 月 31 日）作为辅导用书的配套部分，与本套辅导用书同时发行。

在本书出版之际，我们向参加 2024 年新版辅导用书编写工作的专家学者表示衷心的感谢！向参与以上用书编写、审稿及修订工作，特别是曾经参与并为本书奠定基本框架的法学院校、专家学者表示衷心的感谢！向中共中央办公厅法规局、最高人民法院、最高人民检察院、中国法学会、司法部等有关部门及单位给予的精心指导和大力支持帮助，表示衷心的感谢！

由于时间仓促，本书疏漏或不当之处，敬请广大应试人员和读者批评指正。

国家统一法律职业资格考试辅导用书编辑委员会

2024 年 5 月

目　　录

第四编

非讼程序与执行程序

说明:"★"为新增或者调整较大部分内容。

第五编

仲裁制度

第一编

导 论

本编导读

民事诉讼是解决民事纠纷的一种方式，它与诉讼外调解、仲裁等解决民事纠纷的其他方式共同构成解决民事纠纷的机制，其特点是程序上的严格性和结果有国家强制力作为保障。从不同的角度认识民事诉讼法，可以确定民事诉讼法具有基本法、程序法、公法和部门法的属性。换句话说，民事诉讼法的不同属性，是从不同的角度来认识的，即属性与认识角度相关联。民事诉讼法的效力反映了民事诉讼法对人、对事作用的范围和在时间上、区域上的有效性。区域上的有效性应当结合涉外案件的审理以及我国香港特别行政区、澳门特别行政区、台湾地区审理民事诉讼案件适用的法律来理解。

民事诉讼法规定的基本原则，是指导民事诉讼进行的行为准则，它是民事诉讼价值的一般体现，比较直接地反映民事诉讼法的立法意图；对基本原则的把握，有利于对民事诉讼价值、民事诉讼具体制度以及具体制度与具体程序之间关系的理解。在某些情况下，基本原则还可以适用于具体案件或诉讼中具体行为的处理。因此，应当对各项基本原则以下方面的内容予以把握：各基本原则的概念、在法律中的规定、形成的基础、在民事诉讼中的具体体现以及法律对法院保障该基本原则贯彻实施的要求。要了解和把握在民事诉讼中法院或者当事人的某个具体的行为是符合还是违反了哪项基本原则，也就是说能通过诉讼中的具体事例对基本原则在诉讼中的意义予以把握。

民事诉讼法的基本制度对民事诉讼具体制度、具体程序的设立具有更为具体的指导意义，也更通常在具体的程序中予以运用。因此，需要把握基本制度在诉讼中运用的具体内容。比如，合议制与独任制各自适用的情形，两者之间的联系与区别；公开审判制度中的公开审理与不公开审理的情况，法定不公开与申请不公开的具体情形，以及法律规定的无论审理是否公开而判决一律公开的要求；回避制度中回避适用的具体条件，启动回避的不同主体，适用回避的人员（证人不适用回避）以及回避的法律后果、违反回避制度产生的法律后果（如对案件发回重审或进行再审的影响）；两审终审制度中案件适用一审终审的情况。

诉的理论是民事诉讼法学的基础理论之一。诉的理论对诉讼实践的指导性意义主要表现为对诉讼的分类，进而对法院审理案件的范围和裁判针对什么作出产生实质的影响。从这个意义上来讲，掌握诉的分类，以及诉讼主体、诉讼标的、诉的理由这些诉的基本要素，是十分必要的。因此，应当把握诉的分类是以什么为根据，由此来判断一个具体的诉属于哪一类别的诉；其中，区别确认之诉与给付之诉的关键要点是看原告是否要求被告履行一定的行为（包括不作为），变更之诉的基本特点是要求改变现存的法律关系等内容，需要很清晰地把握。诉的要素中，对诉讼标的的理解是重中之重：不仅要了解诉讼标的是什么，其与诉讼标的物、诉讼请求是什么关系，还需要把握诉讼标的对判断是否是重复起诉的意义。反诉的概念、反诉的条件（包括判断在某种情形下反诉是否构成）以及反诉与反驳的区别，也是需要掌握的内容。

第一章
民事诉讼与民事诉讼法

本章主要内容提示

本章重点在于理解民事诉讼的特点，并从不同的角度来理解民事诉讼法的属性。

1.民事诉讼解决的民事纠纷具有主体平等性，涉及的财产权益具有可处分性，诉讼结果有强制力作为保障。

2.民事诉讼法具有基本法、部门法、程序法和公法的属性。

第一节 民事诉讼

一、民事纠纷与民事诉讼

民事纠纷，是指平等主体之间因财产关系、人身关系所涉及的民事权益而发生的争议。其特点是主体具有平等性，涉及的财产权益具有可处分性。民事诉讼，是指法院在所有诉讼参与人的参加下，按照法律规定的程序，审理和解决民事案件的诉讼活动以及在活动中产生的各种法律关系的总和。除民事诉讼外，解决民事纠纷的其他方式还有和解、调解和仲裁。其中，仲裁包括民商事仲裁和劳动仲裁。民商事仲裁，是指民商事纠纷的双方当事人一致同意将民商事纠纷提交第三方（通常为仲裁机构），由第三方对民商事纠纷予以裁断的行为。仲裁裁决对双方当事人具有法律约束力。（本书没有作特别说明的仲裁均指民商事仲裁）

民事诉讼作为民事纠纷解决的一种方式，民事纠纷的特点对其制度的设立有直接的影响，比如，民事纠纷主体的平等性，决定了民事诉讼当事人在诉讼中地位平等，法院在诉讼中应当平等地保护当事人的合法权益；民事纠纷涉及的财产具有可处分性，决定了当事人在诉讼中对自己的权利可以依法予以处分。

二、民事诉讼的特征

与和解、诉讼外调解、仲裁这些解决民事纠纷的方式相比，民事诉讼有如下特征：

（一）民事诉讼具有公权性

民事诉讼是由法院代表国家行使审判权解决民事争议，是以司法方式解决平等主体之间的纠纷。法院是代表国家通过审判权这一公权力的行使来解决纠纷；这既不同于群众自治组织性质的人民调解委员会以调解方式解决纠纷，又不同于民间性质的仲裁委员会以仲裁方式解决纠纷。

（二）民事诉讼具有强制性

在活动方面，民事诉讼的强制性既表现在案件的受理上，又反映在裁判的执行上。和解、调解、仲裁均建立在当事人自愿的基础上；只要有一方不愿意通过上述方式解决争议，和解、调解、仲裁就无从进行。民事诉讼则不同，只要原告的起诉符合民事诉讼法规定的条件，无论被告是否愿意，诉讼均会发生。和解协议和诉讼外调解协议的履行主要依赖于当事人的自觉，调解协议未经司法的确认程序不具有执行的意义；法院裁判则不同，当事人不自动履行生效裁判所确定的义务，法院可以依法强制执行。在结果方面，民事诉讼的强制性表现为：民事诉讼具有终局性，当事人之间争议的权利义务依法院生效判决而最终确定；民事诉讼还具有权威性，法院裁判的结果，无论当事人是否同意，当事人都应当予以履行。

（三）民事诉讼具有严格程序

民事诉讼是依照法定程序进行的诉讼活动：无论是法院还是当事人和其他诉讼参与人，都需要按照民事诉讼法设定的程序实施诉讼行为；违反诉讼程序通常会引起一定的法律后果，如法院的裁判被上级法院撤销、当事人失去为某种诉讼行为的权利等。诉讼外解决民事纠纷的方式程序性较弱：人民调解没有严格的程序；仲裁虽然也需要按预先设定的程序进行，但其程序相对灵活，当事人对程序的选择权也较大。

（四）民事诉讼具有阶段性

民事诉讼分阶段进行且各阶段的划分比较严格：一方面，各阶段有各阶段的功能和任务。另一方面，各阶段又有比较密切的联系。前一阶段任务的完成为后一阶段任务的进行奠定基础；后一阶段任务的完成，往往是前一阶段任务在实现民事诉讼目的方面的继续。和解、诉讼外调解和仲裁的阶段性不够明显。

第二节　民事诉讼法

一、民事诉讼法的概念

民事诉讼法是国家制定的，用以规范法院和诉讼参与人的各种诉讼活动和调整因各种诉讼活动产生的各种诉讼关系的法律规范的总称。

民事诉讼法有狭义和广义之分。狭义的民事诉讼法专指国家制定的只包括民事诉讼内容的民事诉讼法，比如现行的《民事诉讼法》。该法于1991年4月9日通过，经过2007年、2012年、2017年、2021年和2023年的五次修正。广义的民事诉讼法，不仅包括《民事诉讼法》，还包括宪法和其他法律、法规中有关民事诉讼的规范，以及最高人民法院在适用民事诉讼法过程中作出的司法解释。最高人民法院的司法解释主要通过两种方式表现出来：一是综合性解释，如最高人民法院《关于适用〈中华人民共和国民事诉讼法〉的解释》（以下简称《民诉解释》）、最高人民法院《关于民事诉讼证据的若干规定》（以下简称《证据规定》），等等；二是针对高级人民法院就个案请示所作的批复，如1998年10月最高人民法院针对山东省高级人民法院的请示作出了《关于确认仲裁协议效力几个问题的批复》。应当注意的是，最高人民法院出台的会议纪要、相关领导对民事诉讼法适用的有关讲话和地方各级法院作出的关于适用民事诉讼法的规定或要求，不属于广义的民事诉讼法的范畴。虽然上述内容在司法实践中会发挥作用，但并不是规范意义上的法律和司法解释。

二、民事诉讼法的属性

民事诉讼法的属性，可以从以下四个方面加以理解：

1.民事诉讼法是基本法。从民事诉讼法在我国社会主义法律体系中的地位看，它属于基本法律，其效力仅低于国家的根本法宪法，与民法、刑法、刑事诉讼法等法律一样，处于基本法的地位。

2.民事诉讼法是部门法。从民事诉讼法调整的社会关系看，它调整的是民事诉讼法律关系，民事诉讼法律关系是社会关系中具有自身独立特点的一类社会关系，这也决定了民事诉讼法是个独立的法律部门。

3.民事诉讼法是程序法。从民事诉讼法的内容看，它规定的主要是在司法上解决民事纠纷的程序问题，因此它属于程序法。

4.民事诉讼法是公法。从民事诉讼法适用的主体上看，它规范国家司法机关（法院、检察院）与公民、法人、其他组织在诉讼活动中的关系。

应当注意的是，从不同的角度认识，民事诉讼法具有不同的属性。

三、民事诉讼法的效力

民事诉讼法的效力，是指民事诉讼法对什么人、什么事、在什么空间和时间发生效力。民事诉讼法的效力也称民事诉讼法的适用范围。

（一）对人的效力

对人的效力，是指民事诉讼法适用于哪些人。《民事诉讼法》第4条规定：凡在中华人民共和国领域内进行民事诉讼，必须遵守本法。这表明无论是中国的公民、法人或其他组织，还是外国人、无国籍人、外国的企业和组织，只要在我国法院进行民事诉讼，就必须适用我国的民事诉讼法。

（二）对事的效力

对事的效力，是指民事诉讼法适用于哪些案件。依据《民事诉讼法》第3条和其他相关条文的规定，适用民事诉讼法审理的案件有以下五类：

1.因民事实体法调整的平等主体之间的财产关系和人身关系发生的民事案件，如房产纠纷、合同纠纷案件，侵害名誉权、肖像权案件等；

2.因经济法、劳动法调整的社会关系发生的争议，法律规定适用民事诉讼程序审理的案件，如劳动合同纠纷等；

3.适用特别程序审理的选民资格案件，宣告公民失踪、死亡，指定遗产管理人和确认调解协议等非讼案件；

4.按照督促程序解决的债务案件；

5.按照公示催告程序解决的宣告票据和有关事项无效的案件。

（三）空间上的效力

空间上的效力，是指民事诉讼法在哪些地方发生效力。根据《民事诉讼法》第4条的规定，凡是在中华人民共和国的领域内进行民事诉讼均适用本法。因此，其空间效力范围及于整个中华人民共和国的领域。

但要注意的是，在我国香港特别行政区、澳门特别行政区、台湾地区不适用《民事诉讼法》。

（四）时间上的效力

时间上的效力，是指《民事诉讼法》从什么时间开始生效。现行《民事诉讼法》生效后，法院无论是审理生效前受理的案件，还是审理生效后受理的案件，均应适用新法。但新法生效前对已受理案件适用旧法进行的程序活动依然有效。新法与旧法关于某些行为的诉讼期间规定有所不同，这些诉讼期间的适用按照相关的司法解释处理。

【本章主要法律规定】

1.《民事诉讼法》第1～5条

2.《仲裁法》第2～3、5～7条

第二章
民事诉讼法的基本原则与基本制度

本章主要内容提示

本章重点内容是各项民事诉讼基本原则和基本制度的具体内容及其在程序中的体现。

1.要在掌握民事诉讼法特有的基本原则与基本制度主要内容的基础上，准确理解这些原则与制度在民事诉讼中的具体体现，理解这些原则与制度对民事诉讼具体制度的指导意义。

2.在具体内容上，要认识到民事诉讼中：当事人诉讼地位的平等不等于当事人诉讼权利与义务的相同，当事人为未成年人的案件不属于法定不公开审理的案件，开庭审理不公开的案件宣判要公开，证人不属于回避的范畴。

3.《民诉解释》对回避制度的适用作了具体的说明。

4.2023年《民事诉讼法》的修正，合议制、独任制的适用有了新的变化。

第一节　基本原则

一、民事诉讼法基本原则概述

民事诉讼法的基本原则，是在民事诉讼的整个过程中，或者在重要的诉讼阶段，起指导作用的准则。基本原则对民事诉讼具有普遍的指导意义。

《民事诉讼法》第一章规定了一系列基本原则。法学界通常将这些原则分为两大类：第一，根据宪法原则，结合人民法院组织法等有关规定制定的基本原则。这类基本原则的特点是，它不仅适用于民事诉讼，还适用于刑事诉讼和行政诉讼。正因如此，这些原则就成为宪法、人民法院组织法、刑事诉讼法、行政诉讼法的共有原则，简称共有原则。第二，根据民事诉讼的特殊要求制定的基本原则。它反映了民事诉讼的特殊规律性，因此是民事诉讼法的特有原则，简称特有原则。下面对民事诉讼法的特有原则加以阐述。

二、当事人诉讼权利平等原则

《民事诉讼法》第8条规定：民事诉讼当事人有平等的诉讼权利。人民法院审理民事案件，应当保障和便利当事人行使诉讼权利，对当事人在适用法律上一律平等。

法律规定的上述原则，可以概括为当事人诉讼权利平等原则，包含以下几方面的内容。

1.双方当事人的诉讼地位平等。诉讼地位平等，也就是诉讼权利和义务平等。诉讼当事人在民事诉讼中，虽有原告、被告、第三人等不同的诉讼称谓，但在诉讼过程中的诉讼地位是平等的，不分优劣或高低。民事诉讼当事人双方，在民事诉讼中平等地享有诉讼权利，平等地承担诉讼义务。当事人的诉讼权利平等，在民事诉讼中表现为两种情况：一是双方当事人享有部分相同的诉讼权利，如双方当事人都有委托代理、申请回避、提供证据、请求调解、进行辩论、提起上诉、申请执行等权利；二是双方当事人享有一些对等的诉讼权利，如原告有提起诉讼的权利、被告有提出反驳和反诉的权利。诉讼权利和诉讼义务是互相对应的：双方当事人的诉讼权利平等，承担的诉讼义务也平等，如双方当事人都必须依法行使诉讼权利、履行诉讼义务、遵守诉讼程序。当然，由于当事人在诉讼中担负的具体角色不同，在某些情况下，他们所承担的诉讼义务也不尽相同，不履行诉讼义务的后果也有差异。因此，无论是从诉讼权利来看，还是从诉讼义务来看，当事人双方诉讼地位平等都不意味着诉讼权利或诉讼义务的完全相同。

2.人民法院平等地保障双方当事人行使诉讼权利。保障当事人平等地行使诉讼权利，是人民法院的职责。在诉讼中，人民法院为当事人创造平等地行使诉讼权利的机会，并且平等地要求当事人履行诉讼义务，不偏袒或者歧视任何一方。

3.对当事人在适用法律上一律平等。对一切诉讼当事人，不分民族、种族、性别、职业、社会出身、宗教信仰、受教育的程度、财产状况、居住期限，在适用法律上一律平等。

三、同等原则和对等原则

《民事诉讼法》第5条第1款规定：外国人、无国籍人、外国企业和组织在人民法院起诉、应诉，同中华人民共和国公民、法人和其他组织有同等的诉讼权利义务。这一规定表明，我国法律对在人民法院进行民事诉讼的外国人、无国籍人、外国企业和组织，赋予他们同我国公民、法人和其他组织同等的诉讼权利义务，这就是同等原则。也就是说，我国民事诉讼法给予在人民法院起诉、应诉的外国人、无国籍人、外国企业和组织的，是与中华人民共和国公民、法人和其他组织同样的待遇。即对外国人、无国籍人、外国企业和组织既不优待，又不歧视；既不限制他们的诉讼权利，又不增加他们的诉讼义务。

《民事诉讼法》第5条第2款规定：外国法院对中华人民共和国公民、法人和其他组织的民事诉讼权利加以限制的，中华人民共和国人民法院对该国公民、企业和组织的民事诉讼权利，实行对等原则。所谓对等原则，即外国法院对我国公民、法人和其他组织的民事诉讼权利加以限制的，人民法院对该国公民、企业和组织的民事诉讼权利也采取相应措施，加以限制。实行对等原则，是维护国家主权的需要，也是保护我国公民、法人和其他组织合法权益的需要。

同等原则，意味着国家之间平等互惠，相互提供方便；对等原则，则意味着国家之间在一定条件下的相互限制，但限制不是为了限制而限制，而是为了反限制，最终达到相互不限制而是互惠的目的。

四、法院调解自愿和合法的原则

《民事诉讼法》第9条规定：人民法院审理民事案件，应当根据自愿和合法的原则进行调解；调解不成的，应当及时判决。根据这一规定，人民法院审理民事案件时，要多做说服教育和疏导工作，促使双方达成协议，解决纠纷。

自愿合法进行调解作为民事诉讼法的基本原则，其含义有三：

1.人民法院受理民事案件后，应当重视调解解决。要求人民法院对当事人多做思想教育工作。调解原则的核心是要求审判人员在办案过程中，对当事人多做思想教育工作，用国家的法律、政策启发当事人，促使双方当事人互相谅解，达成协议，彻底解决纠纷。重视调解解决，就是指民事案件，凡能用调解的方式结案的，就尽可能地以调解的方式结案。

2.调解贯穿诉讼的全过程，在一审、二审乃至再审程序中都可以进行调解。

3.法院调解要在自愿和合法的基础上进行。不能因为强调调解而违背自愿和合法的精神；

调解不成的，应当及时判决。

坚持自愿、合法进行调解的原则，必须反对两种倾向：一是忽视调解的意义，把调解工作看作可有可无；二是滥用调解，久调不决。另外，调解一般不是诉讼的必经程序，对于那些不能调解或不具备调解条件的案件，应当判决结案。进行了调解工作，但达不成调解协议的，应当及时判决。

坚持调解原则，还应当注意处理好诉调关系，从广义上来讲，这也是贯彻、落实调解制度的应有之义。

五、辩论原则

《民事诉讼法》第12条规定，人民法院审理民事案件时，当事人有权进行辩论。辩论原则是指在人民法院主持下，当事人有权就案件事实和争议问题，各自陈述自己的主张和根据，互相进行反驳和答辩，以维护自己的合法权益。

对于辩论原则，必须把握以下内容：

1.当事人双方都享有辩论权，该权利当事人可以自己行使，也可以授权诉讼代理人行使。

2.辩论权之行使贯穿于诉讼的整个过程。法庭辩论最集中地反映了辩论原则的主要精神；但是，辩论绝不限于法庭辩论，而是贯穿当事人起诉到诉讼终结的整个过程中。比如，原告起诉后，被告即可答辩，原告提交起诉状与被告提交答辩状就是一种辩论；一方当事人以书面的形式就另外一方当事人所提出的问题予以回应，也属于辩论的范畴。在诉讼的各个阶段和各个过程中，当事人双方均可通过一定的形式开展辩论。

3.辩论的内容，既可以是程序方面的问题，又可以是实体方面的问题。对于程序方面的问题，如当事人是否适格、当事人的某项诉讼行为是否符合法定要求以及代理人是否有代理权等，当事人双方均可依据自己的意志提出否定的或者肯定的意见。实体方面的问题通常是辩论的焦点，比如，原告的诉讼请求是否成立，通常是案件的辩论焦点。

4.辩论的表现形式及方式是多种多样的。辩论既可以通过口头形式进行，又可以运用书面形式表达。口头形式集中表现在法庭辩论过程中。书面辩论则表现为相关的诉讼文书，如起诉状与答辩状。

5.法院应当为当事人行使辩论权提供有效的保障。违法送达而导致当事人没有出庭、违法缺席判决、未经质证就在判决书中采信证据等行为，都属于严重限制当事人行使辩论权的行为，属于违反辩论原则的行为。

六、诚信原则

《民事诉讼法》第13条第1款规定了诚信原则。民事诉讼法的诚信原则，是指当事人或其他诉讼参与人在民事诉讼中行使诉讼权利或履行诉讼义务，以及法官在民事诉讼中行使国家审判权进行审判行为时，应当公正、诚实、守信。诚信原则原本是一项私法原则，在民事诉讼法这样的公法中引入该原则，主要是为了回应现实社会中虚假诉讼、恶意诉讼、拖延诉讼、伪造证据等现象，强调各类诉讼参与人和裁判者在民事诉讼中的行为义务，保障诉讼秩序，提高诉讼效率。

诚信原则在民事诉讼中，主要表现在当事人的诉讼行为上，具体又包括以下方面：

1.当事人有真实陈述的义务，要求当事人在诉讼中陈述案件事实时应当符合真实案情，不得虚构事实。

2.当事人有促进诉讼的义务，要求当事人在诉讼中不得实施迟延或拖延诉讼行为，或干扰诉讼的进行，应协助法院有效率地进行诉讼，完成审判。

3.禁止以欺骗方法形成不正当诉讼状态，要求当事人不得以欺骗方法形成不正当的诉讼状态，从而获得不当法益。

4.禁反言，是指一方当事人在诉讼外或诉讼中的言行已使对方当事人产生某种合理的期待，当对方按照此期待行动时，禁止一方当事人作出与此前自己的言行相反或相矛盾的言行。禁反言就是对于侵害了对方当事人利益的这种言行，可依据诚信原则对其法律效果予以否定。

5.禁止滥用诉讼权利，要求当事人不得恶

意或无根据地行使诉讼权利，防止当事人以此获得不当法益（为拖延诉讼而编选事由申请回避、提出管辖权异议等行为，都属于不诚信的行为）。

除此之外，诚信原则对其他诉讼参与人和法官在诉讼中的行为也有约束。一方面，它要求其他诉讼参与人也应当本着诚实和善意的心态来实施诉讼行为。例如，证人不得故意提供虚假的证言，鉴定人不得故意出具与事实不符的鉴定意见，翻译人员不得故意作与诉讼主体表达的意思不符的翻译，诉讼代理人不得滥用代理权或超越代理权，等等。另一方面，法官在行使民事审判权的过程中也应当公正、合理。具体来说，法官在运用自由裁量权认定实体问题和程序问题时，应当本着诚实、善意的理念，不得滥用司法裁量权；在审查证据、认定事实的过程中，应当实事求是、客观中立，不得对当事人提出的证据任意加以取舍和否定；应当切实充分地尊重和保障当事人的程序权益，不得进行突袭裁判。

七、处分原则

《民事诉讼法》第13条第2款规定的处分原则，是指民事诉讼当事人有权在法律规定的范围内，处分自己的民事权利和诉讼权利。

在民事诉讼中，当事人处分的权利分为两大类：一是对民事实体权利的处分；二是对民事诉讼权利的处分。

对实体权利的处分主要表现为：原告起诉时可以依法自主确定请求司法保护的范围；在诉讼中，原告可全部放弃其诉讼请求，被告可部分或全部承认原告的诉讼请求；当事人双方可以达成或拒绝达成调解协议；在判决未执行完毕之前，双方当事人可就实体问题自行和解。

处分原则贯穿诉讼的全过程：（1）纠纷发生后，当事人可依自己的意愿决定是否行使起诉权。只有在当事人起诉的情况下，诉讼程序才能开始。法院不能强令当事人起诉，更不能在当事人不起诉的情况下主动审理“案件”。（2）在诉讼过程中，双方当事人都有权决定是否对法律赋予的权利予以行使。这些权利包括：原告的申请撤回起诉权、变更诉讼请求权，被告的承认诉讼请求或反驳诉讼请求权、反诉权，双方当事人的申请回避权、委托他人代理诉讼权、请求调解权、辩论权、上诉权、申请再审权、申请执行权等。

需要注意的是，我国民事诉讼中当事人的处分权不是绝对的。我国法律在赋予当事人处分权的同时，还要求当事人不得违反法律规定，不得损害国家的、社会的、集体的和公民个人的利益；否则，法院将代表国家实行干预，即通过司法审判确认当事人某种不当的处分行为无效。

处分原则与辩论原则的内容辨析如下：

项目	内容
主体	处分权和辩论权均为当事人的专属权利
适用范围	两项原则均贯穿民事诉讼程序的全过程； 在非讼程序和执行程序中不适用辩论原则
对象	处分对象：实体权利+程序权利
区分	违反处分原则的常见情形：法院裁判遗漏或超出诉讼请求范围
	违反辩论原则的常见情形：将未经质证的证据直接作为定案依据

八、检察监督原则

《民事诉讼法》第14条规定：人民检察院有权对民事诉讼实行法律监督。根据检察监督原则，人民检察院实行监督的内容主要有以下几个方面：（1）监督审判人员贪赃枉法、徇私舞弊等违法行为。民事案件中的原告、被告或者其他人对审判人员在审判中的不法行为，有权进行控告、检举，人民检察院应履行法律监督的职责。(2)对人民法院作出的生效判决、裁定是否正确合法进行监督。根据审判监督程序的规定，人民检察院对人民法院已经发生法律效力的判决、裁定，如果认为有错误，应当提出抗诉，推动再审程序，纠正既有错误。(3)对损害国家利益、社会公共利益的调解书进行监督。根据《民事诉讼法》第219条的规定，如果调解书损害了国家利益、社会公共利益，人民检察院有权通过抗诉或检察建议的方式，推动对调解书的再审。(4)对执行活动进行监督。对于执行活动中人民法院存在的不当行为，人民检察院也有权通过检察监督等方式履行法律监督职责。

九、在线诉讼与线下诉讼具有同等效力原则

《民事诉讼法》第16条第1款规定：经当事人同意，民事诉讼活动可以通过信息网络平台在线进行。随着科学技术的发展，信息网络平台在人们的日常生活中发挥着越来越重要的作用，通过信息网络平台进行民事诉讼活动，也逐渐为人们所接受。通过信息网络平台进行民事诉讼活动，具有便捷、高效的特点，能节省物力、财力和时间。为此，2021年《民事诉讼法》修正，增加了在线诉讼这一审判方式。根据《民事诉讼法》的规定，贯彻在线诉讼与线下诉讼具有同等效力原则，采取在线审判的方式，要经当事人同意，这主要是考虑尊重当事人的意志以及具体案件当事人的网络操作水平乃至当事人是否习惯于通过网络平台来表达自己的想法或诉求等因素。一方当事人同意以在线方式进行，另一方不同意的，同意的一方可以以在线的方式进行诉讼。按照《民事诉讼法》第16条第2款的规定，民事诉讼活动通过信息网络平台在线进行的，与线下诉讼活动具有同等的法律效力。

第二节　基本制度

民事诉讼法的基本制度，是在民事诉讼活动过程中的某个阶段或几个阶段对人民法院的民事审判起重要作用的行为准则。我国民事诉讼法的基本制度有：合议制度、回避制度、公开审判制度、两审终审制度。

一、合议制度

合议制度，是指由若干名审判人员组成合议庭对民事案件进行审理的制度。合议制度是我国《民事诉讼法》明确规定的基本制度。与合议制度相对的是独任制度，独任制度是指人民法院审判民事案件由一名审判员单独审判的制度。合议制度和独任制度，都是法律对审判组织的规定，目的在于针对案件的不同情况来决定审理案件的审判组织的形式。

(一)审判组织的概念

审判组织，是指代表法院行使审判权，对案件进行审理和作出裁判的组织机构。民事诉讼中的审判组织，则是指代表法院行使民事审判权，对民事案件进行审理和作出裁判的组织机构。设立审判组织的意义在于通过审判组织来代表法院审理案件，行使审判权力和履行审判职责，实现审判职能。

(二)审判组织的形式类型及其适用

审判组织的形式是指审判组织的构成方式。在我国的民事诉讼中，法院对案件的审判分别实行由若干名审判人员代表法院行使审判权的合议制和由1名审判员代表法院行使审判权的独任制，与这两项制度相适应的两种审判组织的形式就是合议庭和独任庭。不同的审判组织，根据案件的不同性质和不同情况适用于不同的审判程序。

1.合议庭。合议庭由3名以上的单数的审判人员组成。合议庭的组成有两种形式：一种是由审判员和人民陪审员共同组成，人民陪审员在人民法院参加审判期间与审判员有同等的权利。另一种是由审判员组成合议庭。根据《民事诉讼法》的规定，在普通程序中，上述两种合

议庭的组成形式都存在。在二审程序中，合议庭只能由审判员组成；但需要说明的是，二审中裁定发回重审的案件，允许人民陪审员参与组庭，因为发回重审的案件须另行组成合议庭并适用一审普通程序进行审理。在再审程序中，再审案件适用一审程序审理的，按一审普通程序的合议庭组成形式另行组成合议庭；再审案件适用二审程序的，按二审程序另行组成合议庭。在特别程序中，对案件的审理实行合议制的，合议庭都由审判员组成。在有人民陪审员参加的合议庭中，人民陪审员与法官具有同样的审判权力，但人民陪审员不可以担任审判长。审判长由院长或庭长担任；院长或庭长未参加审判的，由院长或庭长指定1名审判员担任。合议庭的审判工作，由审判长负责主持，但作为一个审判集体，合议庭的审判工作由合议庭的全体成员共同负责，合议庭成员中任何一人的行为，对当事人及其他诉讼参与人而言，都代表合议庭的行为。合议庭对外代表人民法院，其一切职权的行使和职责的履行，均以人民法院的名义，其审判权行使的后果也由人民法院承担。合议庭对内是人民法院的一个审判组织，应接受人民法院的领导，业务上受审判委员会的指导和监督。

合议庭评议，实行少数服从多数的原则。评议中的不同意见，必须如实记入评议笔录。

实行合议制度具有如下几个方面的意义：第一，合议制度能充分发挥审判集体的智慧，弥补审判人员个人能力和知识的不足，对解决民事纠纷，特别是重大、疑难的民事纠纷有着重要的意义；第二，合议制度体现了民主集中制，它对于防止和克服审判人员的主观片面性、减少审判工作的差错、保证案件的正确处理有着现实意义；第三，实行合议制度，有利于实现法院系统内部的自行监督，防止法官个人武断，有助于培养审判人员的民主意识，也有利于审判人员相互取长补短，提高审判业务水平。

2.独任庭。独任庭，是指由1名审判员代表法院行使审判权的审判组织形式。独任庭的审判人员必须是法院专职的审判人员即法官，人民陪审员不可以独任审判。

根据《民事诉讼法》的规定，独任庭的适用有一定的范围，具体来说，独任庭适用于：(1)适用简易程序审理的诉讼案件；(2)一般的非讼案件；(3)基层法院适用一审普通程序审理的基本事实清楚、权利义务关系明确的案件；(4)中级人民法院对第一审适用简易程序审结或者不服裁定提起上诉的第二审民事案件，事实清楚、权利义务关系明确的，经双方当事人同意，可以由审判员一人独任审理。根据《民事诉讼法》第42条的规定，法院审理下列民事案件，不得由审判员一人审理：(1)涉及国家利益、社会公共利益的案件；(2)涉及群体性纠纷，可能影响社会稳定的案件；(3)人民群众广泛关注的或者其他社会影响较大的案件；(4)属于新类型或者疑难复杂的案件；(5)法律规定应当组成合议庭审理的案件；(6)其他不宜由审判员一人独任审理的案件。

综上所述，独任庭的适用，主要取决于案件的性质、疑难程度、法院的级别和当事人的意愿，因此，如果在案件审理过程中案件的有关情况或案件审理的法院级别发生了变化，就应当考虑转换案件的审判组织，即考虑是否需要把独任庭转换为合议庭。

应当注意的是，发回重审的案件或者进行再审的案件，不适用独任庭审判，而需要按照一审合议庭的组成形式另行组成合议庭；适用二审程序再审的，按二审程序的合议庭形式另行组成合议庭。

二、回避制度

回避制度，是指为了保证案件的公正审判，而要求与案件有一定的利害关系的审判人员或其他有关人员，不得参与本案的审理活动或诉讼活动的审判制度。该项制度的基本内容如下。

(一)回避的适用对象

根据《民事诉讼法》第47条的规定，适用回避的人员包括：审判人员(包括审判员和人民陪审员)、法官助理、书记员、司法技术人员、翻译人员、鉴定人、勘验人等。应当注意的是，证人不属于回避的范围。

（二）回避的适用情形

《民事诉讼法》第47条第1款对回避适用的情形作了规定。《民诉解释》就回避的情形作了更为具体的规定。

《民诉解释》第43条规定："审判人员有下列情形之一的，应当自行回避，当事人有权申请其回避：（一）是本案当事人或者当事人近亲属的；（二）本人或者其近亲属与本案有利害关系的；（三）担任过本案的证人、鉴定人、辩护人、诉讼代理人、翻译人员的；（四）是本案诉讼代理人近亲属的；（五）本人或者其近亲属持有本案非上市公司当事人的股份或者股权的；（六）与本案当事人或者诉讼代理人有其他利害关系，可能影响公正审理的。"

《民诉解释》第44条规定："审判人员有下列情形之一的，当事人有权申请其回避：（一）接受本案当事人及其受托人宴请，或者参加由其支付费用的活动的；（二）索取、接受本案当事人及其受托人财物或者其他利益的；（三）违反规定会见本案当事人、诉讼代理人的；（四）为本案当事人推荐、介绍诉讼代理人，或者为律师、其他人员介绍代理本案的；（五）向本案当事人及其受托人借用款物的；（六）有其他不正当行为，可能影响公正审理的。"

《民诉解释》第45条规定："在一个审判程序中参与过本案审判工作的审判人员，不得再参与该案其他程序的审判。发回重审的案件，在一审法院作出裁判后又进入第二审程序的，原第二审程序中审判人员不受前款规定的限制。"

《民诉解释》第48条规定："民事诉讼法第四十七条所称的审判人员，包括参与本案审理的人民法院院长、副院长、审判委员会委员、庭长、副庭长、审判员和人民陪审员。"

《民诉解释》第49条规定："书记员和执行员适用审判人员回避的有关规定。"

（三）回避的程序

回避的提出，可以是当事人提出申请，也可以是审判人员或其他人员主动自行提出。

此外，《民诉解释》第46条规定：审判人员有应当回避的情形，没有自行回避，当事人也没有申请其回避的，由院长或者审判委员会决定其回避。回避应当在案件开始审理时提出，人民法院应当依法告知当事人对合议庭组成人员、独任审判员和书记员等人员有申请回避的权利；回避事由在案件开始审理后知道的，可以在法庭辩论终结前提出。当事人提出回避申请应当说明理由。回避申请提出后，是否准许申请，由法院决定：审判人员、执行员和书记员的回避，由法院院长决定；院长担任审判长或者独任审判员的，其回避由审判委员会决定；其他人员的回避，由审判长或者独任审判员决定。具体程序为：法院对当事人提出的回避申请，应当在申请提出3日内，以口头或书面形式作出决定；申请人对决定不服的，可以在接到决定时申请复议一次，法院应当在接到申请后3日内作出复议决定并通知复议申请人。

（四）回避的法律后果

在当事人提出回避申请到法院作出是否同意申请的决定期间，除案件需要采取紧急措施的外，被申请回避的人员应暂停执行有关本案的职务。法院决定同意申请人回避申请的，被申请回避人退出本案的审判或诉讼；法院决定驳回回避申请而当事人申请复议的，复议期间，被申请回避的人员不停止参与本案的审判或诉讼。

三、公开审判制度

公开审判制度，是指人民法院审理民事案件，除法律规定的情况外，审判过程及结果应当向群众、社会公开。所谓向群众公开，是指允许群众旁听案件审判过程（主要是庭审过程和宣判过程）；所谓向社会公开，是指允许新闻记者参加庭审的过程，允许其对案件审理过程作报道，将案件向社会披露。

根据法律的规定，公开审判也有例外。下列案件法定不公开审理：一是涉及国家秘密的案件，包括党的秘密、政府的秘密和军队的秘密；二是涉及个人隐私的案件；三是法律另有规定的案件。法定不公开审理的案件，是不附条件的不公开审理，机构或相关人员都无权决定公开审理。下列案件当事人申请不公开审理的，可以不公开审理：一是离婚案件；二是涉及商业秘密的案件。所谓商业秘密，是指生产工艺、配方、贸易联系、购销渠道等当事人不愿公开的技术秘密、商业情报及信息。当事人申请不公开审理的案件，是否公开审理，由法院决定。无论是公开审理的案件，还是不公开审理的案件，宣判时一律公开。

民事诉讼法还专门规定了裁判文书的公开制度，即公众可以查阅生效的判决书和裁定书，但涉及国家秘密、商业秘密和个人隐私的内容除外。

四、两审终审制度

两审终审制度，是指一个民事案件经过两级人民法院审判后即告终结的制度。依两审终审制度，一般的民事诉讼案件，当事人不服一审人民法院的判决、允许上诉的裁定，可上诉至二审人民法院；二审人民法院对案件所作的判决、裁定为生效判决、裁定，当事人不得再上诉。最高审判机关——最高人民法院所作的一审判决、裁定，为终审判决、裁定，当事人不得上诉。

根据民事诉讼法的规定，适用小额诉讼程序、特别程序、督促程序、公示催告程序审理的案件，实行一审终审。

【本章主要法律规定】

1.《民事诉讼法》第5～17、47～50条

2.最高人民法院《关于适用〈中华人民共和国民事诉讼法〉的解释》第43～49条

第三章
诉

本章主要内容提示

本章重点是诉的基础理论，具体包括：

1.诉讼标的是当事人之间实体上的法律关系，它既不同于当事人在诉讼中提出的具体的诉讼请求，又不同于争议的标的物。

2.给付之诉的给付包括了给付金钱、财物和履行相关的行为，行为包括作为与不作为。

3.反诉要求与本诉之间要有联系，这种联系可以是法律上的，也可以是事实上的，但事实上的联系要表现为反诉的事实与本诉的事实有直接的关联，如反诉的事实是基于本诉的相关事实而发生的。

第一节　诉的概念与特征

民事诉讼中的诉，是指当事人就特定民事争议向法院提出的保护自己民事实体权益的请求。诉的特征有以下几个方面。

第一，由当事人提出。诉的起因是当事人之间发生了民事权益的纠纷，是纠纷中的一方认为自己合法的民事权益受到了对方的侵害，因此，纠纷的当事人是诉的主体。

第二，向法院提出。诉存在于诉讼制度中，存在于法院的司法活动中。对于民事纠纷，国家设置了调解、仲裁、诉讼等解决纠纷的机制。当事人对解决纠纷的方式有程序上的选择权；但只有向法院提出的解决纠纷的请求，才能称为诉。

第三，诉是一种请求。诉是当事人向法院提出的请求。这种请求具有两方面的含义：一是请求法院启动审判程序，对双方当事人之间的纠纷进行审理；二是请求法院满足自己的诉讼请求，判决自己胜诉以保护民事权益。前者为程序意义上的诉，后者为实体意义上的诉。这两层含义的请求统一存在于诉中，具有紧密的联系：程序意义上的诉是手段，实体意义上的诉为目的。程序意义上的诉与当事人的起诉权相对应，一旦被人民法院接受，人民法院与当事人之间就建立了诉讼法律关系。实体意义上的诉，对应当事人的胜诉权，一旦被人民法院确认，即可裁判该当事人胜诉。当事人的实体请求是法院裁判的依据：在当事人实体请求的范围内，法院有权裁判全部支持、部分支持，也可以裁判驳回；但一般不得超出请求范围或数额进行裁判，裁判也不得遗漏当事人的诉讼请求。

第二节　诉的要素

诉的要素，是指构成诉的不可缺少的因素。明确诉的要素具有重要的理论和实践意义，它可以使诉特定化，使此诉与彼诉相区别，可以防止重复起诉。诉有以下三个要素。

一、当事人

当事人是诉的主体，任何一个诉均有提起诉讼的一方与被诉的一方。当事人是否适格，是法院审理案件时首先要解决的问题。即使诉的其余要素均相同，但只要当事人不同，就可以成为新的诉。

二、诉讼标的

诉讼标的，是指当事人之间发生争执并要求法院作出裁判的民事权利义务关系。诉讼标的是诉的客体，是法院裁判的对象。当事人是因民事权利义务产生争议才到法院进行诉讼的，所以，当事人争执的特定的民事权利义务便成为法院裁判的对象。

诉具有不同的类型，在不同类型的诉中，诉讼标的也有所不同。给付之诉的诉讼标的是原告要求被告履行给付义务的请求所基于的原告与被告之间的实体法律关系；确认之诉的诉讼标的是原告请求法院确认其与被告之间存在或者不存在某一实体法律关系；变更之诉的诉讼标的则是原告请求法院变更或消灭与被告之间存在的某种法律关系。

诉讼标的不同于诉讼标的物：前者是当事人之间发生争议的民事权利义务关系，后者则是民事权利义务关系所指向的对象。例如，在原告依据租赁合同提起的交付出租的房屋的诉讼中，租赁关系是诉讼标的，房屋则是诉讼标的物。任何一个案件都具有一个特定的诉讼标的，但并不是所有的案件都存在诉讼标的物。

诉讼标的与诉讼请求具有密切联系，但两者并不相同。诉讼标的是当事人争议的民事权利义务关系，诉讼请求则是基于法律关系向法院提出的要求。例如，原告基于婚姻关系请求法院判决解除与被告的婚姻关系的诉讼，诉讼标的是婚姻关系，诉讼请求是原告向法院提出的解除婚姻关系的要求。在诉讼过程中，诉讼标的不允许任意变更，因为变更诉讼标的实际上是要求法院对一个新的民事法律关系进行裁判，这就会给被告的防御和法院的审理带来困难。但在不变更诉讼标的的前提下可以变更诉讼请求。例如，原告在依据借款合同提出被告返还本金的诉讼请求后，在诉讼中可提出增加支付利息的请求。

根据民事诉讼法的规定，当事人增加、变更诉讼请求应当在法庭辩论结束前提出，此处的诉讼请求应当是限于不变更诉讼标的时增加、变更的诉讼请求。

三、诉的理由

诉的理由，是原告起诉的事实和法律依据。事实依据一般包括两类：一是引起民事法律关系发生、变更或消灭的事实；二是权利受到侵害或法律关系发生争议的事实。

第三节　诉的分类

按照当事人诉讼请求的目的和内容的不同，可以把诉分为确认之诉、给付之诉、变更之诉。

一、确认之诉

确认之诉，是指原告请求法院确认与被告之间是否存在某种民事法律关系的诉。确认之诉的特点在于原告仅要求法院通过审判确认特定的法律关系存在或不存在，并不要求判令被告基于存在的法律关系履行给付义务。

确认之诉可以进一步分为积极的（或肯定

的）确认之诉和消极的（或否定的）确认之诉。前者指原告起诉要求法院确认其主张的法律关系存在的诉讼，后者是指原告起诉要求法院确认其主张的法律关系不存在的诉讼。

二、给付之诉

给付之诉，是指原告请求法院判令被告向其履行某种特定给付义务的诉讼。在给付之诉中，原告要求被告履行的给付义务既可能是给付一定数额的货币或财产，又可能是为或不为某种特定的行为，如请求被告支付租金、返还借用物、按合同约定的时间播放广告、停止侵害名誉权的行为等。

依据原告请求给付的时间不同，可以把给付之诉进一步区分为现在给付之诉和将来给付之诉。现在给付之诉，是指判决生效后，被告即应向原告履行给付义务。将来给付之诉，是指判决生效后，被告无须立即给付，而等到履行期届满时才履行给付义务。将来给付之诉仅在被告有到期不能履行的现实危险时，才能得到法院的胜诉裁判。

给付之诉的特点在于法院的判决具有执行力，被告不履行给付义务时，原告可以将判决作为执行文书申请强制执行。

三、变更之诉

变更之诉，又称形成之诉，是指原告请求法院以判决改变或消灭既存的某种民事法律关系的诉。只有原告需要借助法院的判决来改变既存的法律关系时，才有必要提起变更之诉；如果可以通过民法上的形成权以单方的意思表示即可使法律关系发生变更，则无须提起变更之诉。

在变更之诉中，原告一般是要求法院变更其与被告之间的法律关系，如离婚诉讼、解除收养关系的诉讼等。在法律有明确规定的情况下，原告也可以要求法院判决变更他人之间的民事法律关系。例如，债权人可依据民法上的撤销权，诉请法院撤销债务人与第三人之间以明显不合理的低价转让财产的行为，消灭已成立的买卖关系。

第四节　反　　诉

一、反诉的概念与特征

反诉，是指在诉讼程序进行中，本诉被告针对本诉原告向法院提出的独立的反请求。

提起反诉，是被告的一项诉讼权利。民事诉讼法规定反诉制度的目的，一方面在于通过法院对本诉与反诉合并审理，利用同一诉讼程序解决相关联的纠纷，以提高诉讼效率；另一方面则是为了避免因分别审理而造成的裁判相抵触。

反诉具有以下特征：

1.当事人的同一性与特定性。在反诉中，本诉双方当事人的地位发生了转换：本诉的被告成为原告，本诉的原告则成为被告，但当事人是同一的。

2.诉讼请求的独立性。反诉是本诉被告利用已开始的诉讼程序向原告提出的反请求，这种反请求尽管与原告的诉讼请求有密切的关系，但它本身具有独立性，不因本诉的消灭而消灭。反诉提出后，即使本诉的诉讼请求被放弃或撤回，也不影响反诉的存在，法院仍然要对反诉的诉讼请求进行审理并作出裁判。

3.诉讼目的具有对抗性。被告提出反诉，目的在于抵销或吞并原告提起的诉，使原告的诉讼目的无法全部实现或部分实现。

反诉不同于反驳。反驳是指被告针对原告提出的诉讼请求和理由，从实体上和程序上、从事实上和法律上予以否定或部分否定。反驳是被告依法享有的诉讼权利，也是被告在诉讼中经常采用的防御手段。反驳的目的虽然也在于使原告的诉讼目的无法实现，但它并非向原告提出独立的诉讼请求，反驳会因原告撤诉而丧失其存在的意义。而反诉则是被告通过发动进攻来进行防御，它不会因为本诉请求的撤回而影响其存在。

二、提起反诉的条件

（一）须由本诉的被告向本诉的原告提出

反诉与本诉当事人同一性的特征决定了只有本诉的被告才能够向本诉的原告提出反诉。如果不是本诉的被告，如无独立请求权的第三人，则无权提出反诉。

（二）须在本诉进行中提出

本诉进行中是指法院已经受理了本诉，法院尚未受理本诉，诉讼程序尚未开始，反诉无从提起。根据《民诉解释》的规定，反诉应当在法庭辩论结束前提出。但为了避免证据突袭和诉讼迟延，一般应当在举证时限届满前提出，超出举证时限提出的，如果法院认为应当合并审理，须重新指定举证期限。

（三）须向受理本诉的法院提出，且受诉法院对反诉有管辖权

反诉是在本诉进行中提起的，并且要利用本诉的诉讼程序一并进行审理，因此反诉只能向受理本诉的法院提出。管辖权是法院对特定诉讼行使审判权的前提，故受诉法院须对反诉具有管辖权。但考虑到诉讼经济原则，本诉法院对反诉可以基于牵连管辖或应诉管辖获得管辖权。换言之，只要不违背专属管辖、协议管辖等强制性规范，本诉法院对反诉都具有管辖权。

（四）须与本诉适用同一诉讼程序

反诉须与本诉适用同一种诉讼程序，方能利用本诉的诉讼程序合并审理。如果本诉应适用简易程序而反诉应适用普通程序，则难以将两诉合并，反诉也就没有意义了。

（五）须反诉与本诉之间存在牵连关系

设置反诉制度的目的既然在于利用同一诉讼程序解决相关联的两个民事纠纷，以节约时间和费用，防止裁判相抵触，那么，反诉的诉讼标的与本诉的诉讼标的须有牵连，才能够实现上述目的。所谓存在牵连关系，是指两者存在法律上或事实上的联系。法律上的牵连包括两者源于同一法律关系和两者源于相关联的法律关系：前者如原告提出请求交付买卖标的物的本诉，被告则提出请求支付价款或者请求确认买卖合同无效的反诉；后者如原告基于所有权请求被告交付所占有的动产，被告则反诉请求法院确认他对该动产享有的质权。反诉与本诉存在牵连关系，才有合并审理的必要，才能够达到通过反诉抵销或吞并本诉诉讼请求的目的。近年来，受英美法的影响，反诉牵连性要求正在日渐放宽，逐步让位于当事人合意和法官裁量，也就是说，对于某些虽然没有达到牵连关系的案件，如果双方当事人希望合并审理，法院也认为合并审理有利于提高效率，那么也可以适用该制度，将本诉和反诉合并审理。

三、反诉的审理

被告提出反诉后，法院应审查是否符合起诉的一般条件和反诉的特别条件，对符合条件的反诉，应予受理。被告如是在开庭过程中才提出反诉，除非原告放弃法定的答辩期利益，法院应休庭让原告答辩并另行指定开庭的日期。法院原则上应一并审理本诉与反诉，将两诉合并调查和辩论，并且对两诉一并作出裁判。在例外情况下，法院也可将反诉与本诉分开调查和辩论，并且在其中一诉已达到可作出判决的程度时，先行作出判决。

第五节　诉的合并与分离

一、诉的合并

诉的合并，是指法院将两个或两个以上彼此之间有牵连的诉合并到一个诉讼程序中审理和裁判。诉的合并，有狭义和广义之分：狭义的诉的合并，专指诉的客体的合并。广义的诉的合并，除包括诉的客体的合并外，还包括诉的主

体的合并。诉的主体的合并，常常是由共同诉讼引起的。

诉的合并的条件是彼此独立的几个诉在主体或客体上具有关联性。诉的合并的意义在于提高诉讼的效率，防止在相互关联的问题上作出相互矛盾的裁判。

诉的合并包括：

1.诉的主体的合并，是指将数个当事人合并到同一诉讼程序中审理和裁判。在一个原告对数个被告或数个原告对一个或数个被告提起诉讼时，均会产生诉的主体的合并。引起诉的主体的合并的原因有：(1)必要共同诉讼或普通共同诉讼；(2)原告或被告于诉讼进行中死亡，数个继承人承受诉讼。

2.诉的客体的合并，是指将同一原告对同一被告提起的两个以上的诉或者反诉与本诉合并到同一诉讼程序中审理。被合并的数个诉之间，可能不存在牵连关系，理论上称为单纯合并，如原告诉请被告返还借款，诉请被告交付买卖标的物，还诉请被告返还租用的房屋；也可能具有牵连关系，如原告既起诉离婚，又起诉分割共同财产，或原告基于买卖关系和票据关系请求被告给付同一笔价款。对单纯合并，法院应在同一诉讼程序中分别审理并作出判决。对有牵连关系的诉，则应根据其牵连性分别处理：(1)如其中一诉是其他诉的先决问题，此为诉的预备合并，则法院应先审理该诉，然后才有可能进一步审理其他各诉。(2)如诉讼请求相同，而诉讼标的不同，则构成诉的重叠合并或选择合并，法院应根据当事人的主张，对诉讼标的全部审理或择一审理，如上例中法院可就票据关系或买卖关系择一审理。

二、诉的分离

诉的分离，是指法院将原先合并审理的几个诉，分开来进行审理。

有时候，将几个诉合并在一起审理，会增加审理的难度，造成诉讼复杂化和诉讼迟延，此时法院就应当将诉分开来进行审理。诉先合并后分离时，当事人和法院在分离前已实施的诉讼行为，在诉分离后的审理中依然有效。

【本章主要法律规定】

1.《民事诉讼法》第135、143条

2.最高人民法院《关于适用〈中华人民共和国民事诉讼法〉的解释》第221、222、232、233条

第二编

诉讼制度

本编导读

民事诉讼的基本构成要素有三：主体要素、程序要素和需要解决的纠纷。主体主要是法院和当事人，他们是民事诉讼的主导者，民事诉讼的进行以及展开是由他们的相关活动表现的；程序则是活动进行和展开的过程、步骤和形式；主体通过程序来解决纠纷，这样的一个过程在民事诉讼中表现为诉讼请求的提出、证据的提出、辩论、审查等，法院根据上述活动的结果对案件事实进行判断并作出判决。民事诉讼的主要制度包括对法院审判权的行使起着重要作用的管辖制度、对当事人诉权的行使起着落实作用的当事人制度和对案件事实的查明起着决定性作用的证据制度。民事诉讼的辅助性制度则包括调解制度、期间与送达制度、保全制度以及对妨碍民事诉讼秩序的强制措施等制度。

管辖制度是为解决法院系统内部就一审案件的审判权具体由哪一个法院代表国家行使而设立的。就一个具体案件而言，享有管辖权的法院才可以对这个案件行使审判权，当事人也应该到享有案件管辖权的法院去请求法院以司法的方式解决纠纷。法院管辖权的分配要遵循一定的原则，其中方便当事人诉讼、方便法院审判和有利于案件事实的查明是比较重要的原则。确定管辖所考虑的因素是案件与法院之间联系的密切程度，非涉外案件的管辖的确定以“案件与法院之间最密切的联系”为主要考量因素。因此，当事人住所地与法院辖区之间的关系，往往为确定一般案件管辖的主要依据；案件事实发生地与法院辖区之间的关系，也是确定部分类型案件管辖权时的一个重要考量因素。民事诉讼有一个比较特殊的地方，就是它通过公权力的介入来解决私法权利的争议；因此，在制度安排上，必然需要考虑公权力与私权之间的关系，即在发挥公权力解决纠纷作用的过程中，如何尊重当事人的意愿。在管辖制度的安排上，专属管辖制度、裁定管辖制度体现了国家公权力的强制性，而协议管辖制度、管辖权异议制度的安排则表现出对当事人意愿的尊重。不同的管辖类别依据不同的标准确定，但各种管辖相互之间有一定的联系，它们相互支持，弥补相关制度中存在的不足，使法院一审案件审判权的行使的分工更为合理、科学。对管辖制度的掌握，应当注意以下几点：（1）地域管辖中管辖的确定，核心要素是“案件与法院之间最密切的联系”，在地域管辖中，除了海难救助费用案件和共同海损案件，都确定由被告住所地法院管辖；（2）协议管辖的确定，在适用的案件范围上和法院连接点的确定上都有具体的规则；（3）不同的管辖制度之间有一定的联系和区别，比如，级别管辖的原则性与管辖权转移的灵活性之间的关系，共同管辖通过选择管辖确定管辖法院，裁定管辖对法定管辖的补充作用，移送管辖与管辖权转移的不同；（4）管辖权恒定和管辖权异议的适用；等等。

诉讼当事人是诉讼活动的最主要参加者，他们的行为对诉讼的发生、展开乃至结束都有着至关重要的影响。在实体法律关系上，因相关民事主体之间存在不同的权利义务关系，发生争议也就会形成不同的纠纷形态，进入诉讼领域便决定了诉讼法上的不同的当事人形态。与诉讼标的之间的关系不同，实体法律关系决定了相关的当事人在诉讼中不同的地位，进而决定了他们在诉讼中享有不同的权利和承担不同的诉讼义务；而这些权利和义务的设置又是为当事人权益的保障服务的，是为了最有效地实现诉讼的目的。确定当事人的诉讼地位，首先需要考虑的是他们在实体上的权利义务关系，但是，不容忽视的是，纠纷解决的必要性和彻底性对当事人诉讼地位的确定也有一定的影响，这也可以理解为诉讼的独立价值所在。对当事人制度的把握，有以下几点需予以注意：（1）当事人地位的确定，是当事人制度中最为重要的内容。除了当事人实体法律关系的决定性意义外，司法解释中，关于当事人地位的确定的内容应当予以特别关注，尤其是涉及必要共同诉讼人确定的相关规定。（2）当事人主要诉讼权利的行使。考生应当结合程序运行的相关内容，把握诉讼权利行使的条件以及权利行使之后产生的法律后果。（3）第三人诉讼地位的确定以及对无独立请求权第三人不享有的诉讼权利的把握。（4）当事人的诉讼权利能力、诉讼行为能力问题，考生应当在理论上熟悉并正确理解这两种能力对当事人确定和当事人诉讼权利行使的影响。此外，关于当事人诉讼地位的确定，应当注意结合案例分析来掌握。

诉讼代理制度是为了保证诉讼的有效进行和当事人合法权益的有效保障而设立的。诉讼代理人实质上是为当事人服务的，是“当事人的代理人”，从这个意义上讲，诉讼代理制度是当事人制度的延伸。因此，理解诉讼代理制度，要从当事人制度着眼，从代理制度设立的意义着手。无论是法定代理制度还是委托代理制度，诉讼代理人代理权的产生、代理权的范围、代理权的消灭，都与该代理制度服务的当事人的自身情况有密切的联系。比如，法定代理人制度，是为无诉讼行为能力的当事人设立的，法定代理人的诉讼地位、权限范围以及代理权的消灭都与当事人的诉讼行为能力有关；而委托代理人制度，是为当事人诉讼方便而设立的，因此，当事人的意愿与代理权的设立（包括代理权的取得、代理权的范围）有密切的关系。本部分需要掌握的核心内容，就是诉讼代理权的基础、范围以及消灭。

证据制度是民事诉讼中的重要制度。俗话说，打官司就是打证据，在制度和诉讼实践中，民事诉讼的许多活动都是围绕证据展开的。对当事人而言，证据是支持自己请求的事实根据；对法院而言，证据则是作出判决的事实根据。证据的客观性、关联性与合法性，不仅是理论上对证据特性的概括。在证据的运用过程中，当事人有必要对自己提出的证据符合“三性”作出说明或质疑对方提出的证据不符合“三性”，法院对证据的审查和判断往往也是围绕证据是否符合“三性”而展开的。理论上和立法上都依据一定的标准对证据进行了分类。采用的分类标准不同，进行分类的意义和目的也不同；因此，理论上证据的种类与法律上证据的种类之间不存在简单的对应关系，比如，不能说物证就是原始证据而不是传来证据，也不能说书证都是传来证据而不是原始证据。对证据种类的认识不应当停留在形式上，而应当从各种证据的特点入手从实质上予以认知，以保证在运用证据时能抓住问题的核心和实质。对证据制度的把握需要注意以下几点：（1）对证据合法性的准确认识，知晓司法解释中关于证据合法性的相关规定；（2）对各种法定证据的准确认识，能准确判断事例中的相关材料属于诉讼中的哪一种证据；（3）根据2019年《证据规定》的内容，对鉴定意见这一证据的运用有比较全面地了解；（4）掌握一些基础知识，比如，证人不存在回避问题，司法解释中对证人出庭或允许证人不出庭的规定，有专门知识的人或专家证言不属于独立的一种法定证据；等等。

证明制度涉及证据的运用，其核心内容是证明责任制度。从证明对象、证据的提出到证明标准、证据的判断，都与证明责任制度有关系：证明对象确定了哪些事实需要在诉讼中予以证明，同时确定了哪些事实有可能需要在当事人之间进行证明责任的分配；证据由谁提出，这是由证明责任来决定的；证明的标准高低对证明责任的适用有着决定性的影响；证据的判断是在排除了适用证明责任的情形下才需要作出的。应当认识到证明责任是一种不利的法律后果，这种后果只有在作为裁判基础的法律要件事实处于真伪不明的状态下才会出现；证明责任中的行为责任是结果责任在诉讼过程中的折射，行为责任形式上会在当事人之间发生转移，但结果责任是始终不会发生转移的；法院在任何情况下都不是证明责任的主体。现行法律和司法解释中关于证明责任的分配，主要是依据法律要件学说，遵循的是公平原则。举证时限制度、证据交换制度、证据调查收集制度、质证制度以及证据判断制度，都是证明制度框架下的具体制度，它们的设立，主要的目的就是使证明能正确有效地实现。对证明制度的把握需要注意以下几点：（1）对证明责任含义和证明责任分配的准确认识，包括司法解释中对相关待证事实证明责任的分配。（2）法律和司法解释中对举证期限和证据交换的有关规定。（3）证据收集中当事人提供、申请法院调查收集和法院依职权调查收集证据的具体情形，可以联系证明责任的分配对以上内容进行理解和把握。（4）司法解释对不同待证事实证明标准的确定：程序性事项事实的证明标准、实体权利涉及事实的一般证明标准、特定事实（主观恶意、恶意串通）的证明标准。（5）质证在保障程序公正方面的意义

（未经质证的证据作为判决的根据、限制或剥夺当事人的辩论权、程序上严重违法，均属于案件再审的事由之一）。

法院调解制度在民事诉讼中有着十分重要和特殊的意义。受中国传统文化的影响，一直以来，当事人之间的民事纠纷通过调解的形式予以解决在社会生活中十分常见并备受赞扬；因此，在民事诉讼法中，将法院调解作为解决民事纠纷的一项制度，并强调其重要的地位，是中国民事诉讼法的特点之一。法院调解对解决民事纠纷、增进当事人之间的团结、提高诉讼效率、降低纠纷解决的成本、促进社会和谐等方面都有积极的作用。但是，我们也应当认识到，法院调解作为诉讼中的一项制度，其运用同样需要符合诉讼的规律，正确认识调解制度，是充分发挥其作用的前提。在对调解制度的把握方面，对以下内容的正确理解是十分必要的：第一，调解制度的适用范围。调解作为解决纠纷的方式，从一般意义上讲，各类民事纠纷都可以适用调解制度，但就相互适应方面而言，适用法院调解的案件主要是主体之间有合作关系，或是亲友关系，涉及的案件主要是事实相对比较清楚，当事人双方争议不大的财产案件。第二，调解只是解决民事纠纷的一种方式，它不是也不应当是民事诉讼中解决纠纷的唯一方式或主要的方式，也不能认为对于各类民事纠纷的解决，它都是最好的方式。第三，发挥调解的作用，不意味着忽视乃至贬损司法判决的作用。正确处理法院调解与法院判决的关系，是调解制度在司法中得以发挥重要作用的基础。对法院调解具体内容的把握包括：诉调对接、调解与诉讼中和解的关系、调解在诉讼中的表现、不需要制作调解书的情形、调解书的法律效力等。

期间是法律对法院、当事人进行诉讼活动提出的时间上的要求。期间制度反映了作为程序法的民事诉讼法的程序性特点：法院、当事人应当在什么日子、什么时间内进行或完成相应的诉讼行为或活动。期间制度的意义在于对相关诉讼主体进行诉讼活动提出合理的时间要求，以保障诉讼有序、有效进行。期间的确定，应当以保障相关诉讼主体顺利完成相关诉讼行为或进行诉讼活动为原则，法律规定的一些重要的期间制度，应当作为考生掌握期间制度的重点。比如，管辖权异议期间、举证期间、一审当事人提出上诉的期间、当事人申请再审的期间等。送达是法律对法院向当事人等送交诉讼文书提出的方式上的要求，它同样反映了民事诉讼法的程序性特点：法院应当以什么样的方式向当事人等送交诉讼文书。送达制度的设定，反映了司法审判的规范性和严肃性。送达方式的确定，一方面要考虑诉讼文书的有效实际送交，另一方面要考虑诉讼秩序的维护。不同的送达方式适用于不同的情形，某些送达方式的适用有一定的条件或适用上的要求，考生应当予以把握。考生还应当对民事诉讼法规定的各种不同的送达方式共同构成相互联系、相对完整的送达体系，共同保障诉讼文书的有效送交的意义有所理解。

保全是基于一定的目的，对相关的财产或行为附条件地予以处置的活动。民事诉讼法中规定的诉讼保全和先予执行就属于保全制度的范畴。诉讼保全本身并不直接对纠纷的解决发挥作用，但它为纠纷解决的实现或当事人利益的维护提供保障，对民事诉讼的有效进行予以支持。诉讼保全的目的是保障法院将来的判决能得以执行或防止诉讼所涉及的损害后果的进一步扩大；因此，法律规定对相关财产或行为采取相关措施，乃至要求相关人员对保全提供担保等，都应以这一目的实现为基本的考量因素。保全制度在一定意义上也是把“双刃剑”，在适用保全制度时应当比较谨慎，仅在有必要并符合条件的时候才予以适用。先予执行是在法院的判决作出之前，预先实现权利人相关权利的制度，目的是保障这些权利人在生活或生产有特别需要的前提下，其基本生活或维持主体生存的生产能得到保障。因此，考生对保全制度和先予执行制度的掌握，需要注意以下两点：(1)诉讼保全包括财产保全和行为保全，它们的适用，都需要符合一定的条件，考生应当能够结合具体的案情，具体地适用诉讼保全制度；(2)适用先予执行制度，权利人的特别需要是一个重要的条件，同时权利人与相对人的权利义务关系明确且权利人享有权利也应当是比较确定的。

民事诉讼要有序、安定地进行，就要求诉讼参与人以及其他公民都遵守民事诉讼秩序，尊重法院对诉讼的指挥权。因此，法律规定了对妨碍民事诉讼秩序的强制措施，以排除对民事诉讼秩序的妨碍。关于对妨碍民事诉讼秩序的强制措施的掌握，需要注意以下两点：(1)对妨碍民事诉讼秩序的强制措施，不是实体上的制裁措施，而是排除妨碍的措施，因此，这些措施的采取，以排除妨碍为目的，而不是实体意义上的制裁；(2)各种对妨碍民事诉讼秩序的强制措施的适用条件，特别是罚款和司法拘留的适用条件。

第四章 主管与管辖

本章主要内容提示

本章的重点是各类管辖的具体内容。

1.民事诉讼主管与其他纠纷解决机构主管范围的区别，体现了多元化民事纠纷解决体系的意义。

2.级别管辖须注意四级法院各自管辖的案件范围，不是所有的涉外案件都由中级人民法院作为一审法院；高级人民法院管辖的只是自己辖区范围内的案件，不包括“认为应当由自己审理的案件”。

3.地域管辖须注意：在一般地域管辖中根据原告住所地的法院确定管辖法院的仍然属于一般地域管辖；各类合同案件管辖权的确定；海难救助费用案件与共同海损案件未将被告住所地法院作为管辖法院；协议管辖和专属管辖的案件范围和适用条件。

4.裁定管辖三种类型各自适用的条件和法律后果；比较移送管辖与管辖权转移的区别。

5.掌握管辖权异议的条件和程序，比较管辖权异议与相关制度如应诉管辖、执行中的管辖异议的区别。

本章的难点在于对各种具体管辖规则的全面细致掌握。

第一节 民事诉讼主管

一、民事诉讼主管概述

民事诉讼主管，是指法院受理民事案件的权限范围。确定民事诉讼的主管，就是划定法院在民事诉讼中的受案范围，明确哪些纠纷属于法院民事审判权作用的范围，从而解决法院和其他国家机关、社会组织在解决民事纠纷上的分工和权限问题。

二、民事诉讼主管的标准

《民事诉讼法》第3条规定：“人民法院受理公民之间、法人之间、其他组织之间以及他们相互之间因财产关系和人身关系提起的民事诉讼，适用本法的规定。”这一规定是以发生争议的实体法律关系是否属于民事关系为标准来划定民事诉讼主管范围的。民事诉讼法是保证民法实施的程序法，所以法律将因民事法律关系发生的争议作为法院民事诉讼主管的对象。

三、法院民事诉讼主管的范围

法院民事诉讼主管的范围与民事诉讼法对

事的效力实际上是同一个问题：凡可以适用我国民事诉讼法审理的案件，都属于人民法院民事诉讼的主管范围。法院民事诉讼主管的范围参见本书民事诉讼法的效力部分。

四、法院民事诉讼主管与其他国家机关、社会组织处理争议的关系

（一）法院与人民调解委员会

人民调解委员会是群众性自治组织，其任务是调解民间的一般民事纠纷，而性质严重、情节复杂、影响重大的民事案件一般难以由人民调解委员会调解。对于属于人民调解委员会调解范围内的纠纷，法院均有权审理，不同之处在于只要有一方当事人提起民事诉讼，法院就应当受理，而人民调解委员会调解必须建立在双方自愿的基础上。法院和人民调解委员会都有权处理的纠纷，双方当事人都同意由人民调解委员会调解的，由人民调解委员会调解；一方向人民调解委员会申请调解，另一方向法院起诉的，由法院主管；调解不成，当事人向法院起诉的，由法院主管。

（二）法院与仲裁机构

仲裁机构包括民商事仲裁机构和劳动争议仲裁机构。

1.法院与民商事仲裁委员会（以下简称仲裁委员会）。法院与仲裁委员会在民事纠纷主管问题上的关系是：第一，法院主管的范围宽于仲裁委员会主管的范围。按照仲裁法的规定，仲裁委员会主管的范围是平等主体的公民、法人和其他组织之间发生的合同纠纷和其他财产权益纠纷，但婚姻、收养、监护、扶养、继承纠纷不属于其主管范围。上述所有纠纷，均属于法院民事诉讼主管的范围。第二，对既属于仲裁委员会主管又属于法院主管的纠纷，具体由谁主管取决于当事人的选择：当事人双方达成仲裁协议的，由仲裁委员会受理，排除法院管辖权；没有仲裁协议或者仲裁协议无效的，由法院主管。我国民商事仲裁实行一裁终局的制度，不仅不能上诉，而且在作出裁决后，当事人就同一纠纷再向法院起诉的，法院不予受理。第三，当事人在仲裁裁决被法院依法撤销或裁定不予执行又未重新达成仲裁协议的情况下，向法院提起民事诉讼，法院应当受理。

2.法院与劳动争议仲裁委员会。该部分请参见本套书劳动法相关部分的内容。

第二节　管辖概述

一、管辖的概念

民事诉讼中的管辖，是指各级法院之间和同级法院之间受理第一审民事案件的分工和权限。它是一项在法院内部确定具体的某一民事案件由哪个法院行使民事审判权的制度。

我国的法院有四级，除最高人民法院外，每一级都有多个，因此，在解决了某一纠纷属于法院民事诉讼受案范围的问题后，就需要对属于法院民事诉讼受案范围的纠纷作进一步划分，将它们具体分配到各个法院。这意味着通常需要作两次分配：第一次分配发生在不同级别的法院之间，通过明确四级法院各自受理一审民事案件的分工和权限进行分配；第二次分配是在第一次分配的基础上进行的，是在同级法院之间进行的，任务是将通过第一次分配划归本级法院受理的一审民事案件进一步分配到同一级中的各个具体法院。管辖制度正是通过这样的分配使民事审判权得到具体落实的。

二、管辖恒定

管辖恒定，是指确定案件的管辖权，以起诉时为标准：起诉时对案件享有管辖权的法院，原则上不因确定管辖的相关因素在诉讼过程中发生变化而影响其管辖权。

管辖恒定包括级别管辖恒定和地域管辖恒定。《民诉解释》第37条规定：“案件受理后，受

诉人民法院的管辖权不受当事人住所地、经常居住地变更的影响。”第38条规定：“有管辖权的人民法院受理案件后，不得以行政区域变更为由，将案件移送给变更后有管辖权的人民法院。判决后的上诉案件和依审判监督程序提审的案件，由原审人民法院的上级人民法院进行审判；上级人民法院指令再审、发回重审的案件，由原审人民法院再审或者重审。”第39条规定：“人民法院对管辖异议审查后确定有管辖权的，不因当事人提起反诉、增加或者变更诉讼请求等改变管辖，但违反级别管辖、专属管辖规定的除外。人民法院发回重审或者按第一审程序再审的案件，当事人提出管辖异议的，人民法院不予审查。”据此规定结合最高人民法院有关级别管辖的规定，当事人在诉讼过程中增加诉讼请求或变更诉讼请求而影响级别管辖，被告人提出管辖权异议的，受诉人民法院应当对异议进行审查。这意味着原来按级别管辖确定享有管辖权的受诉法院，有可能因原告在诉讼中诉讼请求的增加或变更而丧失原有的对案件的管辖权。

三、专门法院的管辖

我国除设立地方法院外，还设有军事法院、海事法院、铁路运输法院、知识产权法院、金融法院、互联网法院等专门法院。这些专门法院也受理一定范围的民事纠纷。

（一）军事法院

根据《人民法院组织法》和《民诉解释》，当事人双方均是军人或军队单位的民事案件由军事法院管辖。在诸如级别管辖、地域管辖等具体的管辖规则上，参照民事诉讼法的一般规则适用。

（二）海事法院

根据《人民法院组织法》和《海事诉讼特别程序法》，我国海事法院受理当事人因海事侵权纠纷、海商合同纠纷（包括海上运输合同、海船租用合同、海上保险合同、海船船员劳务合同等）及法律规定的其他海事纠纷提起的诉讼。

（三）铁路运输法院

根据《人民法院组织法》和最高人民法院2012年公布的《关于铁路运输法院案件管辖范围的若干规定》，我国铁路运输法院管辖的民事案件范围主要包括：（1）铁路运输合同纠纷和代办托运等铁路运输延伸服务合同、铁路运输保险合同纠纷；（2）与铁路建设有关的各类合同纠纷；（3）对铁路运输企业财产权属发生争议的纠纷；（4）铁路运输造成的各类人身、财产、环境侵权纠纷以及对铁路造成损害的侵权纠纷。

（四）知识产权法院

2014年8月31日全国人大常委会通过了《关于在北京、上海、广州设立知识产权法院的决定》；同年11月6日，北京知识产权法院作为我国第一家知识产权法院挂牌成立，随后广州、上海也相继成立知识产权法院。2020年年底我国又成立了海南自由贸易港知识产权法院。根据相关司法解释，我国的知识产权法院并不按照行政区划设置，而是根据需求，在知识产权案件较多的城市设立，管辖有关专利、植物新品种、集成电路布图设计、技术秘密、计算机软件、驰名商标认定等专业技术性较强的第一审知识产权民事和行政案件。知识产权法院的地位是中级人民法院。所在市的基层人民法院第一审著作权、商标等知识产权民事和行政判决、裁定的上诉案件，由知识产权法院审理；而知识产权法院自己第一审判决、裁定的上诉案件，由知识产权法院所在地的高级人民法院审理。此外，根据2018年全国人大常委会《关于专利等知识产权案件诉讼程序若干问题的决定》，有些上诉案件由最高人民法院审理。这些案件包括：第一，当事人对发明专利、实用新型专利、植物新品种、集成电路布图设计、技术秘密、计算机软件、垄断等专业技术性较强的知识产权民事案件第一审判决、裁定不服，提起上诉的；第二，当事人对专利、植物新品种、集成电路布图设计、技术秘密、计算机软件、垄断等专业技术性较强的知识产权行政案件第一审判决、裁定不服，提起上诉的。全国人大常委会《关于专利等知识产权案件诉讼程序若干问题的决定》规定，对已经发生法律效力的上述案件第一审判决、裁定、调解书，依法申请再审、抗诉等，适用审判监督程序的，由最高人民法院审理。最高人民法院也可以依法指令下级人民法院再审。

(五)金融法院

2018年，我国设立了第一家金融法院——上海金融法院。上海金融法院专门管辖上海金融法院设立之前由上海市中级人民法院管辖的金融民商事案件和涉金融行政案件。管辖案件的具体范围由最高人民法院确定。2021年和2022年，全国人大常委会又分别通过了《关于设立北京金融法院的决定》和《关于设立成渝金融法院的决定》。金融法院集中管辖辖区内应由中级人民法院受理的第一审金融民商事案件和涉金融行政案件，其也作为相关金融案件的上诉法院和抗诉法院。对金融法院作出的一审裁判提起上诉的，由所在城市的高级人民法院受理。需要注意的是，金融法院并非仅仅集中管辖上述本可以由辖区内中级人民法院受理的案件，作为专门法院，其还依法专门管辖以辖区内金融基础设施机构为被告或第三人的金融案件，境内投资者以发生在境外的证券发行、交易活动或者期货交易活动损害其合法权益为由提起的诉讼，以及中国境内个人或者机构以境外金融机构销售的金融产品或者提供的金融服务损害其合法权益为由提起的诉讼，等等。

(六)互联网法院

至2018年，我国在北京、广州和杭州设立有互联网法院。根据最高人民法院《关于互联网法院审理案件若干问题的规定》，北京、广州、杭州互联网法院集中管辖所在市的辖区内应当由基层人民法院受理的下列第一审案件：(1)通过电子商务平台签订或者履行网络购物合同而产生的纠纷；(2)签订、履行行为均在互联网上完成的网络服务合同纠纷；(3)签订、履行行为均在互联网上完成的金融借款合同纠纷、小额借款合同纠纷；(4)在互联网上首次发表作品的著作权或者邻接权权属纠纷；(5)在互联网上侵害在线发表或者传播作品的著作权或者邻接权而产生的纠纷；(6)互联网域名权属、侵权及合同纠纷；(7)在互联网上侵害他人人身权、财产权等民事权益而产生的纠纷；(8)通过电子商务平台购买的产品，因存在产品缺陷，侵害他人人身、财产权益而产生的产品责任纠纷；(9)检察机关提起的互联网公益诉讼案件；(10)因行政机关作出互联网信息服务管理、互联网商品交易及有关服务管理等行政行为而产生的行政纠纷；(11)上级人民法院指定管辖的其他互联网民事、行政案件。当事人可以在上述规定确定的合同及其他财产权益纠纷范围内，依法协议约定相关纠纷由与争议有实际联系地点的互联网法院管辖。电子商务经营者、网络服务提供商等采取格式条款形式与用户订立管辖协议的，应当符合法律及司法解释关于格式条款的规定。当事人对北京互联网法院作出的判决、裁定提起上诉的案件，由北京市第四中级人民法院审理，但互联网著作权权属纠纷和侵权纠纷、互联网域名纠纷的上诉案件，由北京知识产权法院审理。当事人对广州互联网法院作出的判决、裁定提起上诉的案件，由广州市中级人民法院审理，但互联网著作权权属纠纷和侵权纠纷、互联网域名纠纷的上诉案件，由广州知识产权法院审理。当事人对杭州互联网法院作出的判决、裁定提起上诉的案件，由杭州市中级人民法院审理。

第三节 级别管辖

一、级别管辖的概念与依据

(一)级别管辖的概念

级别管辖，是指按照一定的标准，划分上下级法院之间受理第一审民事案件的分工和权限。也就是管辖制度中法院管辖的“纵向”分工。

(二)确定级别管辖的依据

我国民事诉讼法是根据案件的性质、繁简

程度和案件影响的大小来确定级别管辖的，把性质重大、案情复杂、影响范围大的案件确定给级别高的法院管辖。在审判实务中，争议标的金额的大小也是确定级别管辖的重要依据。各地人民法院确定的级别管辖的争议标的数额标准有所不同。2008年，最高人民法院公布了《全国各省、自治区、直辖市高级人民法院和中级人民法院管辖第一审民商事案件标准》，在全国予以实施。

二、各级人民法院管辖的第一审民事案件

（一）基层人民法院管辖的第一审民事案件

《民事诉讼法》第18条规定："基层人民法院管辖第一审民事案件，但本法另有规定的除外。"换句话说，除了法律规定由中级以上人民法院管辖的案件外，其他都由基层人民法院管辖。由于民事诉讼法规定由其他各级人民法院管辖的案件数量较少，所以这一规定实际上是把大多数民事案件都划归基层人民法院管辖。

（二）中级人民法院管辖的第一审民事案件

依据《民事诉讼法》第19条的规定，中级人民法院管辖的第一审民事案件有三类：

1.重大涉外案件。涉外案件，是指具有涉外因素的民事案件。重大涉外案件是指争议标的额大，或者案情复杂，或者一方当事人人数众多等具有重大影响的案件。

2.在本辖区有重大影响的案件。这是指案件的影响超出了基层人民法院的辖区，在中级人民法院辖区内产生了重大影响。

3.最高人民法院确定由中级人民法院管辖的案件。这是指最高人民法院根据审判工作的需要，将某些案件确定由中级人民法院作为一审法院进行管辖。目前这类案件主要有：(1)海事、海商案件。海事、海商案件由作为专门法院的海事法院管辖。我国已在广州、厦门、上海、武汉等地设立了海事法院，海事法院的等级相当于中级人民法院。(2)知识产权纠纷案件。知识产权案件由知识产权法院以及最高人民法院确定的中级人民法院和基层人民法院审理。(3)重大的涉港澳台民事案件。(4)诉讼标的金额较大的民事案件。(5)证券虚假陈述侵权民事赔偿案件，由发行人住所地的省、自治区、直辖市人民政府所在的市、计划单列市和经济特区中级人民法院或者专门人民法院管辖。

（三）高级人民法院管辖的第一审民事案件

高级人民法院管辖在本辖区有重大影响的第一审民事案件。在本辖区有重大影响的案件一般指的就是诉讼标的金额大的民事案件。

（四）最高人民法院管辖的第一审民事案件

最高人民法院管辖的第一审民事案件有两类：一类是在全国有重大影响的案件，另一类是最高人民法院认为应当由本院审理的案件。2018年，最高人民法院设立了国际商事法庭，除了规定上述两种情况的国际商事案件可以由国际商事法庭受理外，还明确规定，当事人协议选择最高人民法院管辖且标的额为人民币3亿元以上的第一审国际商事案件，也属于国际商事法庭的管辖范围。

应当注意的是，根据最高人民法院《关于审理民事级别管辖异议案件若干问题的规定》（以下简称《级别管辖异议规定》），当事人对级别管辖有异议的，可以提出管辖异议；对于应由上级人民法院管辖的第一审民事案件，下级人民法院不得报请上级人民法院交其审理。

第四节　地域管辖

一、地域管辖的概念与依据

（一）地域管辖的概念

地域管辖，是指按照各法院的辖区和民事案件的隶属关系来划分诉讼管辖。民事诉讼法通过级别管辖将民事案件在四级法院中作了分配，划定了各级人民法院受理第一审民事案件的权限，但至此仍然不能确定某一诉讼案件具体由哪个法院受理。因为除最高人民法院外，

在同一级中仍然有许多个法院，所以还需要进行第二次分配，将已划归同一级法院管辖的一审案件在各个法院之间进行分配。这一任务是由地域管辖完成的，因此，地域管辖的作用就在于确定同级法院在各自辖区内受理第一审民事案件的分工和权限，也就是管辖制度中法院管辖的“横向”分工。

（二）确定地域管辖的依据

如同级别管辖一样，地域管辖也存在按何种标准划分的问题。从各国民事诉讼法关于地域管辖的规定来看，确定地域管辖的标准主要有两个：一是诉讼当事人的所在地（尤其是被告的住所地）与法院辖区之间的联系；二是诉讼标的、诉讼标的物或法律事实与法院辖区之间的联系。根据以上标准，在当事人的所在地、诉讼标的等处于某一法院辖区内时，诉讼就由该地区的法院管辖。我国民事诉讼法确定地域管辖也采用上述标准。我国法院的辖区同行政区划基本上是一致的。在当事人的所在地等处于某一行政区域内时，诉讼就由设在该行政区域内的法院管辖。

地域管辖实际上是着眼于法院与当事人或诉讼标的、诉讼标的物或法律事实的隶属关系来确定的：从法院方面来说，审理案件是它的职权，它应当有权审理发生在它辖区内的案件，当当事人的所在地、诉讼标的物所在地等位于某一法院辖区内时，该法院应当有权审理。从当事人方面来说，由于其住所、诉讼标的物等处于某一法院辖区内而与该法院产生一种隶属关系，一旦发生诉讼，当事人就应当服从该法院的管辖。

二、一般地域管辖

一般地域管辖，是指以当事人的所在地与法院的隶属关系来确定的诉讼管辖。

当事人有原告和被告之分，一般地域管辖的通常做法是实行“原告就被告”的原则，即以被告所在地作为确定管辖的标准。实行原告就被告的理由一方面在于抑制原告滥行诉权，使被告免受原告不当诉讼的侵扰；另一方面也有利于法院传唤被告参加诉讼，对诉讼标的物进行保全或勘验，有利于判决的执行。

我国民事诉讼法是以被告所在地管辖为原则、原告所在地管辖为例外来确定一般地域管辖的。

（一）原则规定——被告所在地法院管辖

1.被告为公民，由被告住所地法院管辖；被告住所地与经常居住地不一致的，由经常居住地法院管辖。公民的住所地是指该公民的户籍所在地。经常居住地是指公民离开住所地至起诉时已连续居住1年以上的地方，但公民住院就医的地方除外。

《民诉解释》中对下列情况作了补充规定：（1）原告、被告均被注销户籍的，由被告居住地人民法院管辖。（2）当事人的户籍迁出后尚未落户，有经常居住地的，由该地人民法院管辖；没有经常居住地的，由原户籍所在地人民法院管辖。（3）双方当事人都被监禁或被采取强制性教育措施的，由被告原住所地法院管辖。被告被监禁或被采取强制性教育措施1年以上的，由被告被监禁地或被采取强制性教育措施地法院管辖。（4）夫妻双方离开住所地超过1年，一方起诉离婚的案件，由被告经常居住地法院管辖；没有经常居住地的，由原告起诉时被告居住地人民法院管辖。

2.被告为法人或其他组织，由被告住所地法院管辖。这里的住所地是指法人或其他组织的主要办事机构所在地。根据民事法律相关规定，依法需要办理法人登记的，应当将主要办事机构所在地登记为住所，因而对于注册登记的法人，其注册地或登记地可以被推定为主要办事机构所在地。

被告如为没有办事机构的个人合伙、合伙型联营体，则由注册登记地法院管辖；没有注册登记，几个被告又不在同一辖区的，被告住所地的法院都有管辖权。

（二）例外规定——原告所在地法院管辖

考虑到实践中存在一些由被告住所地法院管辖会给原告行使诉权和法院审理案件带来诸多不便的情况，《民事诉讼法》和《民诉解释》规定，某些诉讼由原告住所地法院管辖；原告住所地与经常居住地不一致的，由原告经常居住地法院管辖。

《民事诉讼法》规定的原告住所地法院管辖的情形是:(1)对不在中华人民共和国领域内居住的人提起的有关身份关系的诉讼;(2)对下落不明或者宣告失踪的人提起的有关身份关系的诉讼;(3)对被采取强制性教育措施的人提起的诉讼;(4)对被监禁的人提起的诉讼。上述规定中的身份关系,是指与人的身份相关的各种关系,如婚姻关系、亲子关系、收养关系等。

《民诉解释》规定的情形是:(1)被告被注销户籍的,由原告住所地法院管辖;原告住所地与经常居住地不一致的,由原告经常居住地法院管辖。(2)追索赡养费、扶养费、抚养费案件的几个被告的住所地不在同一辖区的,可以由原告住所地法院管辖。(3)夫妻一方离开住所地超过1年,另一方起诉离婚的案件,可以由原告住所地法院管辖。

(三)离婚诉讼管辖的特别规定

《民诉解释》还针对定居国外的华侨、在国外居住的我国公民的离婚诉讼的特殊情况,对管辖问题作出了下列规定:

1.在国内结婚并定居国外的华侨,如定居国法院以离婚诉讼须由婚姻缔结地法院管辖为由不予受理,当事人向人民法院提出离婚诉讼的,由婚姻缔结地或者一方在国内的最后居住地法院管辖。

2.在国外结婚并定居国外的华侨,如定居国法院以离婚诉讼须由国籍所属国法院管辖为由不予受理,当事人向人民法院提出离婚诉讼的,由一方原住所地或者在国内的最后居住地法院管辖。

3.中国公民一方居住在国外,一方居住在国内,无论哪一方向人民法院提起离婚诉讼,国内一方住所地的人民法院都有管辖权。国外一方在居住国法院起诉,国内一方向人民法院起诉的,受诉人民法院有管辖权。

4.中国公民双方在国外但未定居,一方向人民法院起诉离婚的,应由原告或者被告原住所地的法院管辖。

5.已经离婚的中国公民,双方均定居国外,仅就国内财产分割提起诉讼的,由主要财产所在地人民法院管辖。

三、特殊地域管辖

我国民事诉讼法规定的特殊地域管辖,是指以被告住所地、诉讼标的所在地、法律事实所在地为标准确定的管辖。《民事诉讼法》第24～33条规定了10种属于特殊地域管辖的诉讼。

(一)因合同纠纷提起的诉讼,由被告住所地或者合同履行地法院管辖

合同履行地,是指合同规定的履行义务的地点,主要是指合同标的物的交付地。合同履行地应当在合同中明确约定。

相关司法解释对一些特殊类型的合同履行地作出了特别规定:

(1)财产租赁合同、融资租赁合同。此类合同应当以租赁物使用地为合同履行地,但合同中对履行地有约定的除外。

(2)电子商务合同。以信息网络方式订立的买卖合同属于电子商务合同,该类合同的履行地首先以合同约定为准。合同未约定或约定不明的,其合同履行地要根据履行方式不同,分别确定:如果是通过信息网络交付标的的,如购买电子点卡、虚拟货币、网络账号等交易,以买受人住所地为合同履行地;如果是通过其他方式交付标的的,收货地为合同履行地。

(3)名称与内容不一致的合同。当事人签订的民事合同虽然具有明确、规范的名称,但是合同约定的权利义务与名称不一致的,应当以该合同约定的权利义务内容确定合同的性质,从而确定合同的履行地。

(4)合同未履行的特殊规则。根据《民诉解释》的规定,如果合同没有实际履行,当事人双方住所地又都不在合同约定的履行地的,不再以合同履行地作为连接点,而应由被告住所地人民法院管辖。

(5)约定履行地与实际履行地不一致时的处理。双方当事人约定的合同履行地,是双方当事人共同的意思表示的体现。因此除非双方达成书面的补充协议,约定变更合同履行地,否则在实际履行地与约定履行地不一致时,依然应当以约定履行地作为合同的履行地。

（二）因保险合同纠纷提起的诉讼，由被告住所地或者保险标的物所在地法院管辖

保险合同诉讼，被告住所地和保险标的物所在地法院都有管辖权。因财产保险合同纠纷提起的诉讼，如果保险标的物是运输工具或者运输中的货物，可以由运输工具登记注册地、运输目的地、保险事故发生地人民法院管辖。因人身保险合同纠纷提起的诉讼，可以由被保险人住所地人民法院管辖。

（三）因票据纠纷提起的诉讼，由票据支付地或被告住所地法院管辖

票据支付地，是指票据上载明的付款地；如未载明付款地，汇票付款人或者代理付款人的营业场所、住所或者经常居住地，本票出票人的营业场所，支票付款人的营业场所所在地为票据付款地。代理付款人是指根据付款人的委托代为支付票据金额的银行、信用合作社等金融机构。

（四）因公司设立、确认股东资格、分配利润、解散等纠纷提起的诉讼，由公司住所地法院管辖

因股东名册记载、请求变更公司登记、股东知情权、公司决议、公司合并、公司分立、公司减资、公司增资等纠纷提起的诉讼，由公司住所地法院管辖。公司住所地，是指公司主要办事机构所在地。

（五）因铁路、公路、水上、航空运输和联合运输合同纠纷提起的诉讼，由运输始发地、目的地或被告住所地法院管辖

运输合同包括客运与货运两大类。运输中的始发地，是指旅客或货物的最初出发地，目的地则是指最终到达地。根据最高人民法院的规定，水上运输或水陆联合运输合同纠纷发生在我国海事法院辖区的，由海事法院管辖。铁路运输合同，由铁路运输法院管辖。其他运输合同纠纷，由运输始发地、目的地或被告住所地法院管辖。

（六）因侵权行为提起的诉讼，由侵权行为地或者被告住所地法院管辖

侵权行为地，包括侵权行为实施地和侵权结果发生地。一般情况下，侵权行为实施地和结果发生地两者相一致，在同一地点，但也存在两地不一致的情况。在两地不一致时，针对该侵权行为提起的诉讼可能存在三处管辖法院，即侵权行为实施地、侵权结果发生地和被告住所地的法院都有管辖权。

信息网络侵权行为实施地包括实施被诉侵权行为的计算机等信息设备所在地，侵权结果发生地包括被侵权人住所地。

因产品、服务质量不合格造成他人财产、人身损害提起的诉讼，产品制造地、产品销售地、服务提供地、侵权行为地和被告住所地人民法院都有管辖权。

当事人申请诉前保全后没有在法定期间起诉或者申请仲裁，给被申请人、利害关系人造成损失引起的诉讼，由采取保全措施的人民法院管辖。当事人申请诉前保全后在法定期间内起诉或者申请仲裁，被申请人、利害关系人因保全受到损失提起的诉讼，由受理起诉的人民法院或者采取保全措施的人民法院管辖。

（七）因铁路、公路、水上和航空事故请求损害赔偿提起的诉讼，由事故发生地或者车辆、船舶最先到达地、航空器最先降落地或者被告住所地法院管辖

针对车辆、船舶、航空器在运行过程中发生事故造成他人财产或人身损害引起诉讼的管辖有特别规定。航空器泛指一切在天空运行的人造物体，包括飞机、飞艇、热气球、卫星等。航空事故，是指航空器在空中或地面碰撞、坠毁，在飞行中抛物、排油而引起的事故。事故通常发生在一定的行政区域内，事故发生在哪一行政区域内，该行政区域的法院就有管辖权。最先到达地是指车辆、船舶最先到达的车站、港口；最先降落地指第一次降落的机场或其他地点，或者坠毁的地点。对这类事故引起的侵权赔偿诉讼，包括被告住所地在内的上述地点的法院都有管辖权。

（八）因船舶碰撞或者其他海损事故请求损害赔偿提起的诉讼，由碰撞发生地、碰撞船舶最先到达地、加害船舶被扣留地或者被告住所地法院管辖

船舶碰撞，是指船舶在航行过程中因接触

和碰撞而造成的损害事故；其他海损事故是指船舶在航行中因触礁、触岸、失火、爆炸、沉没等造成的事故。无论哪国的船舶发生了碰撞或其他海损事故，只要发生在我国领海海域内，我国法院就可以对请求损害赔偿的诉讼行使管辖权。将因海损事故引起的损害赔偿诉讼规定由上述四个地点的法院管辖，充分考虑了这类案件的特殊性，既有利于当事人根据案件的具体情况选择其中一个法院提起诉讼，也有利于法院对案件的审理和判决的执行。

（九）因海难救助费用提起的诉讼，由救助地或被救助船舶最先到达地法院管辖

海难救助，是指对遭遇海难的船舶及船舶上的人员、货物给予的救助。救助行为实施后，救助人有权根据救助的事实和效果要求被救助方支付救助费用。双方对此可能出现纠纷引起诉讼，这类诉讼由实施救助行为地点的法院或者被救助船舶最先到达地法院管辖是各国的通例。应当注意的是，这类诉讼的管辖法院，不包括被告所在地的法院。

（十）因共同海损提起的诉讼，由船舶最先到达地、共同海损理算地或者航程终止地法院管辖

共同海损，是指船舶在海运中遭受海难等意外事故时，为了排除危险，挽救船舶、人员和货物而作出的物质牺牲或支付的费用。因共同海损作出的牺牲和支付的费用应当根据一定的规则进行理算，并由受益各方分摊。我国在北京设有共同海损理算处，发生共同海损后，如在我国理算，理算地即为北京。航程终止地，是指发生共同海损的船舶航程终止的地点。共同海损发生后，如船舶最先到达我国的某一港口，或者有关当事人同意在北京理算，或者船舶的航程终止地在我国的某一港口，上述地点的法院便对由此提起的诉讼有管辖权。应当注意的是，这类诉讼的管辖法院，不包括被告所在地的法院。

四、专属管辖

专属管辖，是指法律规定某些特殊类型的案件专门由特定的法院管辖。专属管辖是排他性管辖，它排除了诉讼当事人以协议方式选择国内的其他法院管辖。专属管辖与一般地域管辖和特殊地域管辖的关系是，凡法律规定为专属管辖的诉讼，均适用专属管辖，不得适用一般或特殊地域管辖。我国民事诉讼法规定的属于专属管辖的诉讼有以下三类。

（一）因不动产纠纷提起的诉讼

不动产诉讼专属不动产所在地法院管辖。不动产纠纷是指因不动产的权利确认、分割、相邻关系等引起的物权纠纷。

不动产已登记的，以不动产登记簿记载的所在地为不动产所在地；不动产未登记的，以不动产实际所在地为不动产所在地。农村土地承包经营合同纠纷、房屋租赁合同纠纷、建设工程施工合同纠纷、政策性房屋买卖合同纠纷，按照不动产纠纷确定管辖。

（二）因港口作业中发生纠纷提起的诉讼

港口作业引起的诉讼专属港口所在地法院管辖。在港口作业中，一方面会因为装卸、驳运等行为发生纠纷；另一方面会因违章作业等行为损坏港口设施或造成其他人身或财产的损害而引起侵权纠纷。这两类纠纷都由港口所在地法院管辖。

（三）因继承遗产纠纷提起的诉讼

继承遗产的诉讼专属于被继承人死亡时住所地或主要遗产所在地法院管辖。当遗产有多处且分布在不同法院辖区时，还需要区分主要遗产和非主要遗产：遗产既有动产又有不动产的，一般以不动产所在地作为主要遗产所在地；动产有多项的，则以价值高的动产所在地作为主要遗产所在地。

根据我国《海事诉讼特别程序法》的规定，属于海事法院专属管辖的案件有：(1)因沿海港口作业纠纷提起的诉讼，由港口所在地海事法院管辖；(2)因船舶排放、泄漏、倾倒油类或者其他有害物质，海上生产、作业或者拆船、修船作业造成海域污染损害提起的诉讼，由污染发生地、损害结果地或者采取预防污染措施地海事法院管辖；(3)因在我国领域和有管辖权的海域内履行的海洋勘探开发合同纠纷提起的诉讼，由合同履行地海事法院管辖。

五、共同管辖与选择管辖

共同管辖与选择管辖实际上是一个问题的两个方面。共同管辖是就法院角度而言的，指法律规定两个以上的法院对某类诉讼都有管辖权；选择管辖则是从当事人角度而言的，指当两个以上的法院对诉讼都有管辖权时，当事人可以选择其中一个法院提起诉讼。

尽管共同管辖的存在是当事人选择管辖的前提，但法律规定共同管辖和选择管辖的实质在于把管辖选择权赋予当事人。因此，对于共同管辖的诉讼，原告有权从对自己有利的角度在数个有管辖权的法院中进行选择。诉讼究竟由哪个法院管辖应当依原告的选择而定；被选中的法院应当尊重当事人的选择，不得将诉讼移送到另一有管辖权的法院。

共同管辖的诉讼，对管辖法院的确定，首先取决于原告的选择，即原告选择向哪个法院起诉，就由哪个法院对案件行使管辖权。原告向两个以上有管辖权的法院起诉的，应当由最先立案的法院管辖。共同管辖中因管辖权发生争议的，由相关法院进行协商确定管辖；协商不成的，报相关法院共同的上级人民法院指定管辖。

六、协议管辖

协议管辖，又称合意管辖或约定管辖，是指双方当事人在民事纠纷发生之前或之后，以书面方式约定特定案件的管辖法院。书面协议，包括书面合同中的协议管辖条款和诉讼前以书面形式达成的选择管辖的协议。

根据《民事诉讼法》第35条的规定，诉讼中的协议管辖须具备以下条件：

1.协议管辖只适用于合同纠纷或其他财产权益的纠纷，涉及当事人身份关系的民事纠纷不得协议管辖。

2.协议管辖仅适用于合同纠纷或其他财产权益纠纷中的一审案件，二审案件当事人不得以协议方式选择管辖法院。

3.协议管辖是要式行为，必须采用书面形式。当事人可以在订立合同时约定协议管辖，将协议管辖作为合同的内容之一；也可以在合同订立后、诉讼发生前或其他财产权益纠纷发生后、诉讼发生前以书面形式约定协议管辖。在合同中约定协议管辖的条款应被视为具有独立性的条款：即使合同被确认为无效，协议管辖条款的效力亦不受影响。

4.当事人必须在法律规定的范围内选择管辖法院。法律规定的可供当事人选择的法院是原告住所地、被告住所地、合同签订地、合同履行地、标的物所在地的法院，这五个地点与合同或争议的财产具有较紧密的联系。

5.当事人选择法院时，不得违反级别管辖和专属管辖的规定。当事人在协议时只能变更第一审的地域管辖，不得变更级别管辖，不得将依法由基层法院管辖的诉讼约定由中级法院乃至高级法院管辖，否则会造成审级关系的混乱。专属管辖是强制性管辖，因此不允许当事人通过协议改变专属管辖。

根据《民诉解释》，还得注意从以下几方面来理解协议管辖：

1.根据管辖协议，起诉时能够确定管辖法院的，从其约定；不能确定的，依照民事诉讼法的相关规定确定管辖。

2.管辖协议约定两个以上与争议有实际联系的地点的人民法院管辖，原告可以向其中一个人民法院起诉。

3.经营者使用格式条款与消费者订立管辖协议，未采取合理方式提请消费者注意，消费者主张管辖协议无效的，人民法院应予支持。

4.管辖协议约定由一方当事人住所地人民法院管辖，协议签订后当事人住所地变更的，由签订管辖协议时的住所地人民法院管辖，但当事人另有约定的除外。

5.合同转让的，合同的管辖协议对合同受让人有效，但转让时受让人不知道有管辖协议，或者转让协议另有约定且原合同相对人同意的除外。

6.当事人因同居或者在解除婚姻、收养关系后发生财产争议，约定管辖的，可以适用协议管辖制度确定管辖。

7.协议管辖约定的内容违反法律规定导致协议管辖无效的，依法定管辖确定案件的管辖法院。

七、应诉管辖

应诉管辖，是指原告起诉被法院受理后，被告未在答辩期内提出管辖异议并作出应诉答辩的，视为受诉法院对案件享有管辖权的一种制度。该制度的适用不可以违反级别管辖和专属管辖的规定。此外，被告没有就起诉进行答辩，人民法院在开庭前发现本院对案件没有管辖权的，应当裁定将案件移送有管辖权的人民法院。

第五节　裁定管辖

裁定管辖，是指法院以裁定的方式确定案件的管辖。管辖的确定主要是依据法定管辖，裁定管辖是法定管辖的必要补充。民事诉讼法规定的裁定管辖有三种，即移送管辖、指定管辖和管辖权转移。

一、移送管辖

移送管辖，是指法院在受理民事案件后，发现自己对案件并无管辖权，依法将案件移送有管辖权的法院审理。移送管辖是为法院受理案件出现错误时提供的一种纠错办法，它只是案件的移送，而不涉及管辖权的转移。

在诉讼实务中，移送管辖通常发生在同级法院之间，用来纠正地域管辖的错误，但有时也发生在上下级法院之间。根据《级别管辖异议规定》第6条规定："当事人未依法提出管辖权异议，但受诉人民法院发现其没有级别管辖权的，应当将案件移送有管辖权的人民法院审理。"第8条规定："对于将案件移送上级人民法院管辖的裁定，当事人未提出上诉，但受移送的上级人民法院认为确有错误的，可以依职权裁定撤销。"

当事人在答辩期间届满后未应诉答辩，人民法院在一审开庭前，发现案件不属于本院管辖的，应当裁定移送有管辖权的人民法院。

人民法院在立案前发现其他有管辖权的人民法院已先立案的，不得重复立案；立案后发现其他有管辖权的人民法院已先立案的，裁定将案件移送给先立案的人民法院。

根据《民事诉讼法》第37条的规定，移送管辖必须同时具备以下三个条件：(1)法院已受理案件；(2)移送的法院对案件没有管辖权；(3)受移送的法院对案件有管辖权。

法院对符合上述三个条件的案件应当移送，但在下列三种情况下不得移送：

1.受移送的法院即使认为本院对移送来的案件并无管辖权，也不得自行将案件移送到其他法院，而只能报请上级人民法院指定管辖。

2.有管辖权的法院受理案件后，根据管辖恒定的原则，其管辖权不受行政区域变更、当事人住所地或居所地变更的影响，因此不得以上述理由移送案件。

3.两个以上法院对案件都有管辖权时，应当由先立案的法院行使管辖权，先立案的法院不得将案件移送至另一有管辖权的法院。

二、指定管辖

指定管辖，是指上级人民法院以裁定方式指定其下级人民法院对某一案件行使管辖权。依据《民事诉讼法》第37、38条的规定，指定管辖适用于以下三种情形：

1.受移送的法院认为自己对移送来的案件无管辖权，报上级法院指定管辖。

2.有管辖权的法院由于特殊原因不能行使管辖权，报上级法院指定管辖。特殊原因从理论上说可能包括两种情形：一是法院的全体法官均须回避；二是有管辖权的法院所在地发生了严重的自然灾害。

3.通过协商未能解决管辖争议，报共同的上级法院指定管辖。管辖权争议可分为积极争议和消极争议两种情况：前者指两个或两个以上法院均认为自己对某一案件有管辖权，争着受理这一案件；后者指两个或两个以上法院均认为自己对某一案件无管辖权，而又都不愿受理这一案件。

发生管辖权争议的两个人民法院因协商不成报请它们的共同上级人民法院指定管辖时，双方同属一个地、市辖区的基层人民法院的，由该地、市的中级人民法院及时指定管辖；同属一个省、自治区、直辖市的两个人民法院的，由该省、自治区、直辖市的高级人民法院及时指定管辖；双方为跨省、自治区、直辖市的人民法院，高级人民法院协商不成的，由最高人民法院及时指定管辖。报请上级人民法院指定管辖时，应当逐级进行。

上级人民法院指定管辖的，应当作出裁定。对报请上级人民法院指定管辖的案件，下级人民法院应当中止审理。指定管辖裁定作出前，下级人民法院对案件作出判决、裁定的，上级人民法院应当在裁定指定管辖的同时，一并撤销下级人民法院的判决、裁定。

三、管辖权转移

管辖权转移，是指依据上级法院的决定或同意，将案件的管辖权从原来有管辖权的法院转移至无管辖权的法院，使无管辖权的法院因此取得管辖权。管辖权转移在上下级法院之间进行，通常在直接的上下级法院间进行，是对级别管辖的变通和个别调整。根据《民事诉讼法》第39条的规定，管辖权转移的情形有两种。

（一）向上转移

向上转移，是指管辖权从下级人民法院转至上级人民法院。通常情况，一是上级人民法院认为下级人民法院管辖的一审案件由自己审理更为合适时，有权决定把案件调上来自己审理；二是下级人民法院认为自己管辖的一审案件需要由上级人民法院审理时，报请上级人民法院审理。在第一种情况下，上级人民法院作出决定后管辖权即发生转移；在第二种情况下，必须经过上级人民法院同意后管辖权才能发生转移。

（二）向下转移

向下转移，是指上级法院将自己管辖的一审案件交给下级法院审理。根据《民事诉讼法》第39条的规定，上级法院认为确有必要将本院的第一审案件交下级法院审理的，应当报请其上级法院批准。《民诉解释》规定，下列第一审民事案件，人民法院依照《民事诉讼法》第39条第1款的规定，可以在开庭前交下级人民法院审理：(1)破产程序中有关债务人的诉讼案件；(2)当事人人数众多且不方便诉讼的案件；(3)最高人民法院确定的其他类型案件。人民法院交下级人民法院审理前，应当报请其上级人民法院批准。上级人民法院批准后，人民法院应当裁定将案件交下级人民法院审理。

《级别管辖异议规定》第4条规定，对于应由上级人民法院管辖的第一审民事案件，下级人民法院不得报请上级人民法院交其审理。

管辖权转移与移送管辖虽然都属裁定管辖，但具有本质上的区别。具体而言，它们之间的不同表现在三个方面：一是性质不同。管辖权转移是案件的管辖权发生了移位，而移送管辖移送的仅仅是案件而非管辖权。二是作用不同。管辖权转移是对级别管辖的变通和微调，是为了使级别管辖有一定的柔性，以更好地适应复杂的案件情况。移送管辖是为了纠正移送法院受理案件的错误，尤其是在地域管辖上的错误，使民事诉讼法关于管辖的规定得到正确执行。三是程序不同。管辖权转移包括因上级人民法院的单方决定而转移和因下级人民法院报请与上级人民法院同意双方行为而转移两种情形。移送管辖则仅表现为单方行为，移送法院作出移送裁定，无须经过受移送法院的同意。

第六节　管辖权异议

一、管辖权异议的概念

管辖权异议，是指当事人向受诉法院提出的该院对案件无管辖权的主张。

法院有时可能对管辖权作出错误判断而受

理不属于本院管辖的案件。为了使当事人有机会向法院表达关于管辖权问题的不同意见，同时也为了使法院能够在充分听取当事人意见后对管辖问题作出审慎的决定，使法律关于管辖的规定得到正确适用，《民事诉讼法》第130条第1款对管辖权异议作出了规定：“人民法院受理案件后，当事人对管辖权有异议的，应当在提交答辩状期间提出。人民法院对当事人提出的异议，应当审查。异议成立的，裁定将案件移送有管辖权的人民法院；异议不成立的，裁定驳回。”

二、管辖权异议的条件

当事人提出管辖权异议，必须符合下列条件。

（一）提出管辖权异议的主体须是本案的当事人

在诉讼实务中，提出管辖权异议的当事人通常为被告。

诉讼中的第三人无权提出管辖权异议。第三人分为有独立请求权第三人和无独立请求权第三人两种。有独立请求权第三人是参加诉讼的当事人，不是本诉讼的当事人，无权对本诉的管辖权提出异议。有独立请求权第三人如主动参加他人已开始的诉讼，应视为承认和接受受诉法院的管辖。并且，即使受诉法院对有独立请求权第三人提起的诉讼原本无管辖权，由于参加之诉与本诉之间的牵连关系，受诉法院也基于合并管辖取得了对参加之诉的管辖权。如果是受诉法院通知有独立请求权的第三人参加诉讼，该第三人如认为受诉法院对他的诉讼无管辖权，可以拒绝参加诉讼，以原告身份另行向有管辖权的法院提起诉讼，而不必提出管辖权异议。因此，无论在哪种情况下，有独立请求权的第三人均不宜作为管辖权异议的主体。

无独立请求权第三人只是参加他人之间已开始的诉讼，在诉讼中支持其中一方，以维护自身利益。法院对案件有无管辖权，是依据原被告之间的诉讼而确定的，无独立请求权第三人既非原告，又非被告，无权行使本诉当事人的诉讼权利，所以无权提出管辖权异议。

（二）管辖权异议的客体是第一审民事案件的管辖权

当事人只能对第一审民事案件的管辖权提出异议。只要是第一审案件，当事人既可以对地域管辖权提出异议，也可以对级别管辖权提出异议。当事人对第二审民事案件不得提出管辖权异议。

（三）提出管辖权异议的时间须在提交答辩状期间

根据《民事诉讼法》第130条的规定，当事人对管辖权有异议的，应当在提交答辩状期间提出，即在被告收到起诉状副本之日起15日内提出。按期提出的，法院才予以审查；逾期提出的，法院原则上不予审查（因原告增加诉讼请求或变更诉讼请求，有可能引起级别管辖变更的，允许被告在原告提出相关请求后对管辖权提出异议）。

当事人未提出管辖异议，并应诉答辩的，视为受诉法院有管辖权，但法院行使管辖权违反级别管辖和专属管辖规定的除外。

三、法院对管辖权异议的处理

受诉法院收到当事人提出的管辖权异议后，应当认真进行审查。经审查，如果认为异议成立，裁定将案件移送有管辖权的法院审理或者裁定驳回起诉；如果认为异议不能成立，应当裁定驳回异议。裁定应当送达双方当事人。当事人不服的，可以在10日内向上一级法院提出上诉。

当事人未提出上诉或上诉被驳回的，受诉法院应通知当事人参加诉讼。当事人对管辖权问题提出申诉的，不影响受诉法院对案件的审理。

案例分析　能力训练

【本章主要法律规定】

1.《民事诉讼法》第18～39、130、157条
2.最高人民法院《关于适用〈中华人民共和国民事诉讼法〉的解释》第1～42条
3.最高人民法院《关于审理民事级别管辖异议案件若干问题的规定》第1～10条

第五章 当事人

本章主要内容提示

本章重点内容是当事人的概念和当事人的确定。

1.在具体个案中，正确确定当事人诉讼地位至关重要，特别是共同诉讼人诉讼地位的确定，与此相关联的还包括二审当事人诉讼地位的确定。

2.当事人诉讼地位的确定首先取决于其在实体法律关系中的地位，但应当特别注意的是，诉讼目的与当事人的意愿对相关当事人诉讼地位的确定也有影响。

3.要了解当事人的主要诉讼权利。结合其他章节的内容，掌握当事人行使权利的条件以及行使权利后产生的法律后果。权利行使的条件一般包括何人、何时、在何情况下以何方式实施相关行为。只有正当行使权利，相应的法律后果才会产生。

第一节 当事人概述

一、当事人的概念

民事诉讼中的当事人，是指因民事权利义务发生争议，以自己的名义进行诉讼，要求法院行使民事裁判权的人。

民事诉讼中的当事人，有狭义和广义之分。狭义上的当事人，仅指原告和被告。原告就是到法院提起诉讼的人，被告则是被原告提起诉讼而到法院去应诉的人。广义上的当事人，除原告和被告以外，还包括共同诉讼人、诉讼中的第三人、诉讼代表人。

民事诉讼中的当事人，包括形式上的当事人和实质上的当事人。形式上的当事人是纯粹诉讼上的概念，与实体法律关系可能没有联系；而实质上的当事人，也称为正当当事人，则是从实体法的角度观察的结果。通常情况下，作为诉讼标的的民事法律关系的主体就是正当当事人。引起诉讼程序开始的当事人，只能是形式上的当事人。没有形式上的当事人的概念，便无法确定管辖法院，因为管辖的确定与当事人有直接关系。地域管辖中的一般原则——“原告就被告”中的“原告”和“被告”就是指这种意义上的当事人。

二、诉讼权利能力和诉讼行为能力

（一）诉讼权利能力

诉讼权利能力，又称当事人诉讼权利能力或者当事人能力，是指成为民事诉讼当事人，享有民事诉讼权利和承担民事诉讼义务所必需的诉讼法上的资格。

当事人必须具备当事人能力，这是诉讼要件之一。如果起诉的当事人没有当事人能力，法院将驳回起诉。

诉讼权利能力与民事权利能力有着密切的联系。民法规定了自然人、法人和非法人组织具有民事权利能力，与此对应，《民事诉讼法》第51条第1款规定，公民、法人和其他组织可以作为民事诉讼的当事人。二者在范围上已经基本重合，有民事权利能力的人才能具有诉讼权利能力。

自然人的诉讼权利能力与法人和其他组织的诉讼权利能力，在存续时间上是不同的。公民的诉讼权利能力始于出生，终于死亡。法人和其他组织的诉讼权利能力，始于成立，终于终止。

（二）诉讼行为能力

诉讼行为能力，又称诉讼能力，是指当事人可以亲自实施诉讼行为，并通过自己的行为，行使诉讼权利和承担诉讼义务的法律上的资格。

有诉讼权利能力但没有诉讼行为能力的人，虽然也可以成为民事诉讼中的当事人，但却不能亲自实施诉讼行为，而只能通过其法定代理人或者由其法定代理人委托的诉讼代理人代为实施诉讼行为。

有诉讼权利能力但没有诉讼行为能力的人，实际上只有公民，因为公民的诉讼权利能力和诉讼行为能力在存续时间上，可能会不一致；而法人及其他组织的诉讼权利能力和诉讼行为能力则同时产生，同时消灭。法人由其法定代表人进行诉讼，其他组织由其主要负责人进行诉讼。

公民的诉讼行为能力与其民事行为能力有着密切的联系，但在分类上，两者又不完全一致。公民的诉讼行为能力采用两分法：有诉讼行为能力和无诉讼行为能力。而公民的民事行为能力则采用三分法：完全民事行为能力、限制民事行为能力和无民事行为能力。在民事诉讼中，只有具有完全民事行为能力的公民才有诉讼行为能力。无民事行为能力和限制民事行为能力的公民都没有诉讼行为能力。民事诉讼法之所以将民事诉讼行为能力分为有诉讼行为能力和无诉讼行为能力，主要是因为一个案件诉讼的进行，各个行为之间有着密切的联系，没有必要将一个案件中不同的诉讼行为进行有行为能力和限制行为能力的划分。但在民事法律关系上，基于民事法律行为的多样性，不同类别的民事活动的复杂性和不同类别的民事行为产生的法律后果的性质差别很大，因此民法在行为能力的划分上实行三分法。

由于诉讼行为能力是当事人可以亲自为诉讼行为的资格，所以如果当事人没有诉讼行为能力，其所为的诉讼行为或者针对其所为的诉讼行为都是无效诉讼行为。

三、当事人适格

（一）当事人适格的含义

当事人适格，又称正当当事人，是指对于具体的诉讼，有作为本案当事人起诉或应诉的资格。

当事人适格与诉讼权利能力不同。诉讼权利能力是作为抽象的诉讼当事人的资格，与具体的诉讼无关，通常取决于有无民事权利能力。当事人适格是作为具体的诉讼当事人的资格，是针对具体的诉讼而言的；对于当事人适格与否，只能将当事人与具体的诉讼联系起来，看当事人与特定的诉讼标的有无直接联系。例如，在甲与乙的贷款纠纷中，丙向法院起诉要求甲返还乙的贷款，由于丙与甲乙之间争议的诉讼标的无直接联系，丙就不是本案的适格当事人。

当事人适格与纯粹形式上的当事人也不同。纯粹形式上的当事人仅以原告主观上的主张为准。作为起诉人，只要认为自己对某项民事权益可以主张权利，其就可以向法院起诉请求权利保护，而成为形式意义上的原告；而起诉人认为与其有民事权益之争且被其提起诉讼的民事主体，即可作为形式意义上的被告。当事人适格则是指对本案的诉讼标的，谁依法有权作为具体某一个案件的诉讼请求人和谁依法应当作为被请求的相对人。

（二）判断当事人适格与否的标准

为了使诉讼在适格的当事人之间进行，从

而使法院的裁判具有实际意义，需要有一定的标准来判断起诉或者应诉的当事人是否是本案的适格当事人。

法院裁判的目的是解决民事法律关系主体之间的争议，化解他们之间的纠纷。民事法律关系主体也正因为发生了民事权利义务争议，才有必要以民事诉讼的方式解决争议。因此，一般来讲，应当以当事人是否为所争议的民事法律关系（本案诉讼标的）的主体，作为判断当事人适格与否的标准。根据这一标准，只要是民事法律关系或民事权利的主体，以该民事法律关系或民事权利为诉讼标的进行诉讼，一般就是适格的当事人。

比如，夫妻双方作为离婚诉讼的双方当事人，房屋租赁合同的出租人和承租人作为房屋租赁纠纷案件的双方当事人。但在某些特殊情况下，非民事法律关系或民事权利的主体，也可以作为适格的当事人。这些特殊情况，主要可以分为以下三种：

1.根据当事人的意思或法律的规定，依法对他人的民事法律关系或民事权利享有管理权的人或组织，如破产程序中的管理人、遗产管理人、遗嘱执行人等。当受其管理的民事法律关系或民事权利发生争议以后，这些人或组织可以以自己的名义起诉或应诉。

2.在确认之诉中，对诉讼标的有确认利益的人或组织。在确认之诉中，对适格当事人的判断，不是看该当事人是否为该被争议法律关系的主体，而是看该当事人对该争议的法律关系的解决是否具有法律上的利害关系。例如，在消极的确认之诉中，原告要求法院确认他与被告之间不存在合同关系，此时要求原告是所争议的法律关系的主体，是与此类诉讼的性质相悖的。因此，通常来说，在消极的确认之诉中，原告只要对该诉讼标的有确认利益，就可以成为适格的当事人；而被告只要对作为原告诉讼标的的法律关系有争议，就可以成为适格的被告。

3.在公益诉讼中，根据法律和司法解释的规定，环境保护法、消费者权益保护法等法律规定的机关和有关组织以及检察机关可以作为适格的原告提起诉讼。

四、当事人的诉讼权利和诉讼义务

为了使当事人能够充分地利用民事诉讼程序解决纠纷，维护自己或自己所管理的他人的民事权益，我国民事诉讼法赋予了当事人广泛的民事诉讼权利。同时为了保障诉讼程序的顺利进行，民事诉讼法也为当事人设定了相应的诉讼义务。

（一）当事人的诉讼权利

当事人享有的诉讼权利主要包括：（1）起诉的权利、反驳的权利和提起反诉的权利；（2）委托诉讼代理人的权利；（3）申请回避的权利；（4）收集和提供证据的权利；（5）进行陈述、质证和辩论的权利；（6）选择调解的权利；（7）自行和解的权利；（8）申请保全和先予执行的权利；（9）申请顺延诉讼期间的权利；（10）提起上诉的权利；（11）申请再审的权利；（12）申请执行的权利；（13）查阅、复制本案有关材料的权利。

（二）当事人的诉讼义务

当事人承担的诉讼义务主要包括：（1）依法行使诉讼权利的义务；（2）遵守诉讼秩序的义务；（3）履行生效法律文书的义务。

对于当事人诉讼权利的把握，应当注意某种权利行使的条件、行使的具体方式以及权利行使后的法律后果。

五、当事人诉讼地位的承继

当事人诉讼地位的承继，是指在诉讼过程中，根据法律的规定，原诉讼的当事人的诉讼地位被新的当事人承继。

当事人诉讼地位的承继主要有以下两种情形：

1.在诉讼过程中，当事人死亡，发生诉讼继承时。在诉讼中，如果一方当事人死亡，他的民事权利义务将转移给他的继承人，他的诉讼权利义务也将转移给他的继承人，因此发生当事人诉讼地位的承继，即原当事人的民事权益的继承者，承继了原当事人的诉讼地位。但如果该民事权利义务具有人身性，专属于死亡一方当事人，则不发生当事人诉讼地位的承继。

2.因法人或其他组织合并或分立所发生的当事人变更。在诉讼过程中，如果法人或其他组织发生合并或分立，其民事权利义务只能由合并或分立后的法人或其他组织承担，其诉讼权利也只能由合并或分立后的法人或其他组织承担，由此发生当事人诉讼地位的承继。

发生法定的当事人诉讼地位承继的情况以后，新的当事人将继续原当事人的诉讼程序，而不是诉讼程序重新开始。原当事人的诉讼权利义务由新的当事人承担，原当事人所实施的一切诉讼行为，对新的当事人仍然有效。在民事诉讼理论中，这种情况也被称为当事人诉讼权利义务的承担或者当事人诉讼权利义务的继承。

第二节　原告与被告

一、原告与被告的概念

原告，是指为维护自己或自己所管理的他人的民事权益，而以自己的名义向法院起诉，从而引起民事诉讼程序发生的人。

被告，是指被原告诉称侵犯原告民事权益或与原告发生民事争议，而由法院通知应诉的人。

原告和被告是民事诉讼中最基本的当事人。双方当事人对立，是民事诉讼得以存在和继续的前提。因此，民事诉讼不能允许自己诉自己，或没有对立的当事人。如果在诉讼中，因为继承或法人合并而使原告和被告同属一人，或者因为一方当事人死亡而无继承人，只有原告或被告一方，诉讼便会因此终结。

二、原告和被告的类别

在我国，公民、法人和其他组织都可以作为当事人，成为民事诉讼中的原告或被告。但在实践中，公民、法人和其他组织作为原告或被告的情况比较复杂。为了正确认定民事诉讼中的原告和被告，最高人民法院在《民诉解释》中专门作出了解释。

（一）公民

公民作为民事主体，在与他人发生民事争议时，可以自己的名义起诉或应诉，成为原告或被告。

根据《民诉解释》，公民作为诉讼当事人的情形，还包括：

1.以营业执照登记身份为当事人。个体工商户以营业执照上登记的经营者为当事人；有字号的，以营业执照上登记的字号为当事人，但应同时注明该字号经营者的基本信息。

2.以行为人的身份为当事人。以行为人为当事人的情形包括：法人或者其他组织应登记而未登记，行为人即以该法人或者其他组织名义进行民事活动的；行为人没有代理权、超越代理权或者代理权终止后以被代理人名义进行民事活动的，但相对人有理由相信行为人有代理权的除外；法人或者其他组织依法终止后，行为人仍以其名义进行民事活动的。

3.当事人之间的纠纷经人民调解委员会或者其他依法设立的调解组织调解达成协议后，一方当事人不履行调解协议，另一方当事人向人民法院提起诉讼的，应以对方当事人为被告。

4.对侵害死者遗体、遗骨以及姓名、肖像、名誉、荣誉、隐私等行为提起诉讼的，死者的近亲属为当事人。

（二）法人

法人也是民事主体，在与他人发生争议后，可以自己的名义起诉或应诉，成为当事人。根据民事诉讼法和最高人民法院司法解释的规定，法人作为当事人，应由其法定代表人进行诉讼。法人的法定代表人以依法登记的为准，但法律另有规定的除外。依法不需要办理登记的法人，以其正职负责人为法定代表人；没有正职负责人的，由主持工作的副职负责人担任法定代表人。在诉讼中，法人的法定代表人变更的，由新的法定代表人继续进行诉讼，并应向人民法院提交新的法定代表人身份证明书。原法定代表人进行的诉讼行为对法人仍然有效。法定代表人已经变更，但未完成登记，变更后的法定代表人要求代表法人参加诉讼的，人民法院可以准许。

（三）其他组织（非法人组织）

其他组织也可以作为民事诉讼中的当事人。根据《民诉解释》，作为民事诉讼当事人的其他组织，是指合法成立、有一定的组织机构和财产，但又不具备法人资格的组织。其他组织作为民事诉讼当事人时，应由其主要负责人进行诉讼。

根据《民诉解释》第52条的规定，其他组织包括：（1）依法登记领取营业执照的个人独资企业；（2）依法登记领取营业执照的合伙企业；（3）依法登记领取我国营业执照的中外合作经营企业、外资企业；（4）依法成立的社会团体的分支机构、代表机构；（5）依法设立并领取营业执照的法人的分支机构；（6）依法设立并领取营业执照的商业银行、政策性银行和非银行金融机构的分支机构；（7）经依法登记领取营业执照的乡镇企业、街道企业；（8）其他符合本条规定条件的组织。

（四）外国人、无国籍人

对于外国人、无国籍人，无论其为自然人还是法人，在我国都可以作为民事主体开展活动，因此也可以成为我国民事诉讼中的当事人。外国人、无国籍人成立的其他组织，只要具备相应的条件，即使不能作为民事主体，也可以作为当事人参加诉讼。

第三节 共同诉讼

一、共同诉讼的概念和特征

（一）共同诉讼的概念

共同诉讼，是指当事人一方或双方为两人以上的诉讼。在通常情况下，民事诉讼的原告一方或被告一方都只有一人。但在某些纠纷中，当事人一方或双方均为两人以上，形成诉讼时，原告或被告一方或双方均是多数，这就形成了一种特殊的诉讼形态——共同诉讼。

共同诉讼属于诉的合并。其意义在于简化诉讼程序，提高诉讼效率，避免法院在同一事件处理上作出矛盾的判决。

在我国民事诉讼法中，共同诉讼有必要共同诉讼和普通共同诉讼两种类型。其中争议的诉讼标的是同一的共同诉讼，是必要共同诉讼；争议的诉讼标的是同种类的共同诉讼，是普通共同诉讼。

（二）共同诉讼的特征

相对于原告和被告为一对一的诉讼而言，共同诉讼具有以下特征：

1.当事人一方或双方为两人以上。这是共同诉讼的基本特征，也是区分共同诉讼与单一诉讼的标准。

2.一方或双方为两人以上的当事人在同一诉讼程序中进行诉讼。只有当一方或双方为两人以上的当事人在同一诉讼程序中进行诉讼时，才能成为共同诉讼。

二、必要共同诉讼

（一）必要共同诉讼的概念和特征

必要共同诉讼，是指当事人一方或者双方为两人以上，诉讼标的是同一的，法院必须合并审理并在裁判中对诉讼标的合一确定的共同诉讼。必要共同诉讼的主要目的在于防止矛盾裁判。

必要共同诉讼具有以下特征：

1.当事人一方或双方为两人以上。

2.诉讼标的具有同一性。必要共同诉讼之所以必要，就是因为共同诉讼人之间的诉讼标的具有同一性；而诉讼标的的同一性又是由实体法律关系决定的。如果共同诉讼人在实体法律关系中存在共同的利害关系，即享有共同的权利或承担共同的义务，在诉讼中诉讼标的就是共同的。正因为必要共同诉讼中当事人的诉讼标的具有同一性，所以要求共同诉讼人一同起诉或应诉。如果共同诉讼人未一同起诉或应诉，法院应当追加。

3.人民法院必须合并审理、合一判决。所谓人民法院必须合并审理、合一判决，是指对于共同诉讼，人民法院必须适用同一诉讼程序进行审理，并对共同诉讼人的权利义务作出内容相同的裁判。这是由必要共同诉讼中诉讼标的的同一性决定的。

（二）必要共同诉讼的类型

在国外民事诉讼理论中，必要共同诉讼又分为固有的必要共同诉讼和类似的必要共同诉讼。前者是指对作为诉讼标的的法律关系，各个共同诉讼人必须合一确定，并且各个共同诉讼人只有一同起诉或应诉当事人才能适格的必要共同诉讼。后者是指对作为诉讼标的的法律关系，各个共同诉讼人既可一同起诉或应诉，又可分别起诉或应诉，但一旦选择一同起诉或应诉，法院对共同诉讼人的诉讼标的就必须合一确定的必要共同诉讼。

在我国民事诉讼理论中，并没有固有的必要共同诉讼和类似的必要共同诉讼的区分。长期以来，最高人民法院通过司法解释，将包括连带责任在内的诸多情形确定为必要共同诉讼，但从其诉讼标的看，并不一定符合同一诉讼标的的情形。根据民法相关规定，在连带责任的情形下，债权人享有多个债权，完全可以分别行使，因此不构成同一诉讼标的；在诉讼法上，债权人主张债务人承担连带责任时，也并不必然构成必要共同诉讼。《民诉解释》中对社会生活实践中哪些民事行为能够引起共同诉讼的情形作了具体的规定，考生有必要进行了解。

（三）必要共同诉讼人的追加

由于在必要共同诉讼中，诉讼标的具有同一性，法院只能合一审理和判决，当事人只能一同起诉或应诉，否则当事人将不适格；所以在起诉或应诉时，如果有部分当事人没有参加诉讼，就需要追加当事人。

当事人的追加，可以由法院依职权进行，也可以由法院根据参加诉讼的当事人的申请进行。

根据《民诉解释》第73条的规定，必须共同进行诉讼的当事人没有参加诉讼的，人民法院应当依照《民事诉讼法》第135条的规定，通知其参加；当事人也可以向人民法院申请追加。人民法院对当事人提出的申请，应当进行审查，申请理由不成立的，裁定驳回；申请理由成立的，书面通知被追加的当事人参加诉讼。

《民诉解释》第74条还规定，人民法院追加共同诉讼的当事人时，应当通知其他当事人。应当追加的原告，已明确表示放弃实体权利的，可不予追加；既不愿意参加诉讼，又不放弃实体权利的，仍应追加为共同原告，其不参加诉讼，不影响人民法院对案件的审理和依法作出判决。

（四）必要共同诉讼人的内部关系

由于在必要共同诉讼中，当事人一方或双方为两人以上，因此必要共同诉讼除了原被告之间的外部关系以外，还涉及共同诉讼人之间的内部关系。由于在诉讼中，各个共同诉讼人是独立的诉讼主体，都可以实施一定的诉讼行为，而他们相互间的诉讼行为又可能不完全一致，由此产生了如何处理必要共同诉讼人内部关系的问题。

由于各个共同诉讼人都是独立的诉讼主体，都有权独立地实施诉讼行为，因此我国民事诉讼法是以承认原则来处理必要共同诉讼人的内部关系的，即共同诉讼的一方当事人对诉讼标的有共同权利义务的，其中一人的诉讼行为经其他共同诉讼人承认，对其他共同诉讼人发生效力。这种承认包括明示承认和默示承认。所谓默示承认，是指只要共同诉讼人未对其他共同诉讼人实施的诉讼行为表示异议，即表明该共同诉讼人已经承认。不过承认原则也有例外：共同诉讼人中一人对判决不服提起上诉的，如果上诉后为不可分之诉，不管其他共同诉讼人是否承认该上诉行为，上诉的效力都及于共同诉讼人全体。

三、普通共同诉讼

（一）普通共同诉讼的概念和特征

普通共同诉讼，是指当事人一方或者双方为两人以上，诉讼标的是同一种类，法院认为可以合并审理并且当事人也同意合并审理的共同诉讼。普通共同诉讼的目的在于实现诉讼的经济性。

普通共同诉讼与必要共同诉讼至少都有一方当事人为两人以上，法院都在同一诉讼程序中合并处理多数当事人之间的民事争议，这是两者的相同之处。但与必要共同诉讼相比，普通共同诉讼还具有以下特征：

1.普通共同诉讼的诉讼标的是同一种类的。这是普通共同诉讼与必要共同诉讼的基本区别。所谓诉讼标的是同一种类的，是指各个共同诉讼人与对方当事人争议的法律关系的性质或请求权的性质是相同的，即他们各自享有的权利或承担的义务属于同一类型。正因为普通共同诉讼人之间的诉讼标的是同种类的，而不是同一的，所以普通共同诉讼人之间没有共同的权利义务，对其中一个诉讼标的作出的判决，其效力也不及于其他作为诉讼标的的法律关系。

构成诉讼标的同种类的情形主要有以下三种：

（1）基于同类事实或法律上的同类原因形成的同种类诉讼标的。例如，数个业主欠交物业管理费，物业管理人向欠交物业管理费的数个业主提起的交纳管理费的诉讼。

（2）基于同一事实或法律上的原因形成的同种类诉讼标的。例如，公共汽车发生交通事故导致该公共汽车乘客数人受伤，若干受害的乘客要求赔偿的诉讼。

（3）基于数人对同一权利义务的确认形成的同种类诉讼标的。例如，甲对乙、丙、丁分别提起的关于特定不动产所有权确认的诉讼。该争议的不动产并不是乙、丙、丁所共有的不动产，甲的确认请求并不是针对共有人，而是分别针对乙、丙、丁的，因为乙、丙、丁均主张该不动产为自己所有。如果甲的请求是针对共有人的，则为必要共同诉讼。

2.普通共同诉讼中各共同诉讼人与对方当事人之间一定存在两个以上的诉讼请求。

3.普通共同诉讼是一种可分之诉。因此，普通共同诉讼，既可以单独起诉，也可以共同起诉。共同起诉的，法院认为可以合并审理，而当事人又同意合并审理的，就形成了普通共同诉讼。

4.法院对普通共同诉讼的各个请求不是合一确定，而是分别确定。这是与必要共同诉讼区别的关键点。在实践中，普通共同诉讼与必要共同诉讼有时容易混淆，比较常见的是将一人同时致数人损害而涉讼的案件视为必要共同诉讼。有人认为，被损害的数人之间有共同的权利，这一共同的权利是因加害人的同一侵权行为所致，如甲驾车不慎同时致伤乙、丙二人。其实这种观点是不正确的，因为乙、丙虽然同时被一辆车撞伤，但他们在实体法上却各自独立地取得损害赔偿请求权。他们之间的权利并不是连带的或共同的，他们既可以单独起诉，也可以同时起诉。法院既可以分别审理，也可以合并审理，但只能分别确定。尽管本案的赔偿请求权是因同一事实上或法律上的原因所产生的，但这种同一事实上或法律上的原因并不能形成共同的权利义务。

（二）普通共同诉讼的构成要件

1.有两个以上属于同一种类的诉讼标的。普通共同诉讼属于诉讼客体的合并，并因为诉讼客体的合并，导致诉讼主体的合并。因此，要成为普通共同诉讼，必须有两个以上的当事人，就两个以上同一种类的诉讼标的向同一法院起诉或应诉。

2.由同一法院管辖，适用同一诉讼程序。

3.符合合并审理的目的。普通共同诉讼的目的在于实现诉讼经济，节约司法资源。因此，即使符合普通共同诉讼的构成要件，但如果不符合合并审理的目的，也不能合并审理。

4.法院认为可以合并审理，当事人也同意合并审理。在符合以上条件的情况下，是否合并审理，由人民法院决定，但应征求当事人的同意。如果当事人不同意，法院不能硬性合并为共同诉讼。

（三）普通共同诉讼人的内部关系

由于普通共同诉讼是可分之诉，因此普通共同诉讼人各自拥有独立的诉讼实施权。其中任何一个共同诉讼人的诉讼行为，对其他共同诉讼人均不发生效力。

但是需要注意的是，必要共同诉讼中只有一个诉讼标的，并不意味着只有一个诉讼请求。在必要共同诉讼中，当事人可能会提出若干项诉讼请求，所以必要共同诉讼的诉讼请求也有若干个。

第四节　诉讼代表人

一、诉讼代表人制度概述

（一）诉讼代表人的概念

诉讼代表人，是指由人数众多的一方当事人从本方当事人中推选出来，代表他们的利益实施诉讼行为的人。

（二）诉讼代表人制度的性质

我国的诉讼代表人制度，以共同诉讼制度为基础，并吸收了诉讼代理制度的机能。以共同诉讼制度为基础，是指诉讼代表人所进行的诉讼应当符合共同诉讼基本条件，如果所代表的当事人不能作为共同诉讼人，也就不能在诉讼中推选代表人代为实施诉讼行为。诉讼代表人制度吸收了诉讼代理制度的机能，使众多诉讼主体的诉讼行为通过诉讼代表人集中实施，扩大了诉讼的容量，避免了因众多当事人直接参与诉讼所带来的诸多问题。

但诉讼代表人制度与共同诉讼制度相比仍然有很大的区别，主要表现在以下两个方面：（1）在代表人诉讼中，人数众多的一方当事人只要推选出诉讼代表人，就可不亲自参加诉讼；而共同诉讼人必须亲自参加诉讼。（2）诉讼代表人实施的诉讼行为，除法律规定必须经过被代表的当事人同意才对其有效的以外，原则上对全体当事人都有效。但共同诉讼人一人的诉讼行为，在必要共同诉讼中，原则上只有经过其他当事人的承认，才对其他当事人生效；在普通共同诉讼中，则对其他共同诉讼人不生效。

诉讼代表人具有双重身份：一方面其是诉讼当事人，另一方面其又是代表人。这是诉讼代表人的一个特点，也是其与诉讼代理人的区别所在。具体来讲，诉讼代表人与诉讼代理人有以下几点区别：（1）由于诉讼代表人是本案当事人，所以其与本案的诉讼结果有法律上的利害关系；诉讼代理人不是本案当事人，与本案的诉讼结果没有法律上的利害关系。（2）诉讼代表人实施诉讼行为，不仅是为被代表的当事人的利益，也是为自己的利益；诉讼代理人实施诉讼行为，仅是为被代理的当事人的利益。（3）诉讼代表人在人数不确定的情况下，是由部分当事人推选出的，即由部分当事人授权，但其实施的诉讼行为对全体利害关系人有效；诉讼代理人实施诉讼代理行为必须有全体被代理人的授权。

（三）诉讼代表人的种类

根据民事诉讼法规定，我国民事诉讼中的诉讼代表人包括：人数确定的代表人诉讼中的诉讼代表人和人数不确定的代表人诉讼中的诉讼代表人。

（四）诉讼代表人制度的作用

诉讼代表人制度既为人数众多的共同诉讼人进行诉讼提供了可能，又简化了诉讼程序。

二、诉讼代表人制度的适用

（一）诉讼代表人的条件与人数

诉讼代表人的基本条件是：（1）是本案的当事人；（2）具有诉讼行为能力；（3）具有进行相应诉讼的相应能力；（4）能够善意地履行诉讼代表人职责。

根据《民诉解释》第78条的规定，诉讼代表人的人数为2～5人，每位代表人可以委托1～2人作为诉讼代理人。

（二）诉讼代表人的法律地位

在代表人诉讼中，诉讼代表人的权限相当于未被授予处分实体权利的诉讼代理人。具体来讲，诉讼代表人的诉讼行为，对其所代表的当事人发生法律效力。但在处分涉及被代表人的实体权利时，如变更、放弃诉讼请求或者承认对方当事人的诉讼请求，进行和解等，必须经被代表的当事人同意。诉讼代表人这样的诉讼地位，也就决定了其委托代理人在进行诉讼时，只能进行一般授权。

(三) 诉讼代表人的更换

在诉讼中，诉讼代表人不能履行职责或滥用代表权时，可以更换。在需要更换诉讼代表人时，应由被代表人向法院提出更换申请。法院认为申请有理由的，应裁定中止诉讼，然后召集全体被代表人，以推选、协商等方式重新确定诉讼代表人。新的诉讼代表人产生后，诉讼恢复。原诉讼代表人实施的诉讼行为，对更换后的诉讼代表人有拘束力。

三、代表人诉讼的种类

根据《民事诉讼法》和《民诉解释》的规定，我国民事诉讼中的代表人诉讼制度，可以分为以下两类。

(一) 人数确定的代表人诉讼

人数确定的代表人诉讼，是指由起诉时人数已经确定的共同诉讼人推选出诉讼代表人，代替全体共同诉讼人参加诉讼的代表人诉讼。它应符合以下四个条件：

1.当事人一方人数众多。当事人一方人数众多，一般指10人以上。

2.起诉时当事人人数已经确定。

3.人数为多数一方的当事人之间具有同一的诉讼标的或具有同一种类的诉讼标的。因此，人数确定的代表人诉讼，既可以是必要共同诉讼，也可以是普通共同诉讼。

4.当事人推选出代表人。在人数确定的代表人诉讼中，既可以由全体当事人推选共同的代表人，也可以由部分当事人推选自己的代表人；推选不出代表人的当事人，在必要的共同诉讼中可由自己参加诉讼，在普通的共同诉讼中可以另行起诉。

(二) 人数不确定的代表人诉讼

人数不确定的代表人诉讼，是指在起诉时如果共同诉讼人的人数不能确定，则由向法院登记的权利人推选出代表人，代替全体共同诉讼人参加诉讼的代表人诉讼。它应符合以下几个条件：

1.当事人一方人数众多，并于起诉时仍未确定。这是与人数确定的代表人诉讼的根本区别。

2.人数为多数一方的当事人之间的诉讼标的属同一种类。也就是说，只有普通共同诉讼才能适用人数不确定的代表人诉讼。

3.当事人推选、协商或法院指定代表人。在这类代表人诉讼中，诉讼代表人原则上由向人民法院登记了权利的那部分当事人推选出来，但在推举不出代表人时，可以在法院组织下协商，协商不成的，可以由法院指定。根据《民诉解释》第77条的规定，其产生方式依次为：(1)推选。由向法院登记了权利的那部分当事人推选出诉讼代表人。(2)协商。在推选不出诉讼代表人时，可以由法院提出人选与当事人协商。(3)指定。协商不成的，可以由法院在起诉的当事人中指定代表人。

四、人数不确定的代表人诉讼的特殊程序

与人数确定的代表人诉讼相比，人数不确定的代表人诉讼具有以下特殊程序。

(一) 公告

法院在受理多数人诉讼时，发现起诉时一方当事人人数尚未确定的，可以发出公告，说明案件情况和诉讼请求，通知权利人在一定期间内向法院登记。这里的权利人，是指主观上认为自己享有权利的人。公告的方式，可以根据纠纷涉及的范围具体确定，如在法院公告栏张贴公告，或在报纸、电视等媒体上发布。公告的期限，由法院根据具体案件的情况确定，但最少不得少于30日。

(二) 登记

登记的目的在于确定当事人的人数，为案件的审理做准备。在公告期内，权利人应当向发布公告的案件管辖法院登记，并证明其与对方当事人的法律关系和所受到的损害。证明不了的，不予登记，但权利人可以另行起诉。由于登记本身并不引起诉讼的发生和诉讼的系属，只是表明自己具有案件当事人的身份，因此权利人未在公告期内登记的，仅表明他不作为本

次诉讼的当事人，对他的实体权利并不会产生不利的影响。

（三）裁判效力

在人数不确定的代表人诉讼中，裁判的效力表现为两个方面：（1）对于已经登记的全体权利人有拘束力；（2）对未参加登记的权利人有预决效力，即未参加登记的权利人在诉讼时效期间内提起诉讼，法院认为其诉讼请求成立的，裁定适用法院已作出的判决、裁定，而无须另行裁判。

五、证券代表人诉讼

我国代表人诉讼制度虽然在1991年民事诉讼法中得以建立，但在相当长的一段时间内没有在实践中真正运行。这一方面是因为缺乏细致的程序规范，在代表人诉讼的启动方式（由法官发起抑或当事人申请），管辖法院（最先立案法院抑或指定法院），特殊程序（能否调解、如何开庭、举证和自认制度的特殊性等）以及最重要的既判力保障（未参加诉讼的其他受害人如何享有同案同判同执行的机会）方面都缺乏相应的规则，导致法院在适用时缺乏可操作性。另一方面也是因为代表人诉讼背后的群体性纠纷，涉及大量的社会问题，需要调动的资源过多，超出了我国法院处理的能力。

这种现象近年来出现了变化。2019年《证券法》修改后，在第95条规定了证券代表人诉讼。其中第95条第1款和第2款是对《民事诉讼法》规定的两类代表人诉讼的重复，被称为普通证券代表人诉讼；而第95条第3款又规定了投资者保护机构可以作为代表人提起特别证券代表人诉讼。2020年7月最高人民法院发布了《关于证券纠纷代表人诉讼若干问题的规定》，这是最高人民法院发布的第一个关于代表人诉讼的司法解释，明确规定了两类证券代表人诉讼的提起程序、审判方式、判决效力等程序事项。

总体来说，两类证券代表人诉讼的区别主要有：第一，诉讼代表人不同。普通代表人诉讼的代表人是投资者，特别代表人诉讼的代表人是投资者保护机构。第二，诉讼加入原则不同。普通代表人诉讼采取“明示加入”规则，必须明确声明参加诉讼才称为当事人；而特别代表人诉讼是“默示加入”规则，投保机构在提起特别代表人诉讼后，法院就将认定投资者范围，符合条件的投资者除非明确向法院声明退出诉讼，都自动具有当事人的身份，如此就可以扩大投资者保护的范围。第三，裁判效力不同。普通代表人诉讼的裁判效力只及于参加诉讼的当事人，没有参加诉讼的投资者可以另行起诉；而特别代表人诉讼对所有法院认定的投资者都具有既判力，能够一次性解决纠纷。当然，这也意味着相关责任人短期内面临巨额赔偿，增大了破产风险，导致判决实现的不确定性增加。

两类证券代表人诉讼在我国司法实践中均已有生效裁判，为快速高效地解决群体性纠纷提供了很好的示范效应。未来我国还可能在消费者保护、个人信息保护、环境资源保护等领域仿效证券投资者保护机制，建立并激活相应的代表人诉讼制度。

第五节　第三人

一、第三人的概念和特征

（一）第三人的概念

民事诉讼的第三人，是指对原告和被告所争议的诉讼标的有独立的请求权，或者虽然没有独立的请求权，但与案件的处理结果有法律上的利害关系，而参加正在进行的诉讼的人。

根据第三人参加诉讼的根据不同，可以将第三人分为有独立请求权的第三人和无独立请求权的第三人。前者对原告和被告所争议的诉讼标的有独立的请求权，后者仅与他人案件的处理结果有法律上的利害关系。

（二）第三人的特征

第三人有以下特征：

1.参加他人正在进行的诉讼。第三人是相

对于原被告而言的，是加入别人的诉讼中的人。第三人的加入，以原被告的诉讼已经开始且尚未终结为条件。

2.第三人在诉讼中具有独立的诉讼地位。第三人既不同于共同诉讼人，又不同于当事人以外的其他诉讼参与人，而属于广义当事人，有独立的诉讼地位。在诉讼中，其或者作为第三方当事人，与本诉中的原被告进行诉讼；或者在形式上辅助一方当事人，与另一方当事人进行诉讼。

3.第三人是与案件有利害关系的人。这种利害关系主要包括两种情形：一是原告和被告争议的诉讼标的使该第三人的利益受到侵害；二是法院对本诉的处理结果可能会对第三人产生有利或不利的影响。这是第三人与代理人、证人、鉴定人和翻译人员的根本区别。

二、有独立请求权的第三人

（一）有独立请求权第三人的概念和诉讼地位

有独立请求权的第三人，是指对原告和被告争议的诉讼标的有独立的请求权，而参加诉讼的人。

有独立请求权的第三人在第三人参加之诉中的地位就是原告，是诉讼的当事人。在诉讼中，有独立请求权的第三人既对抗原诉讼的原告，又对抗原诉讼的被告，即其认为原诉讼的原告或被告，无论谁胜诉，都将损害其的利益；因此，其在参加诉讼时，将原诉讼的原告和被告都作为参加诉讼中的被告。

（二）有独立请求权第三人参加诉讼的条件

有独立请求权的第三人参加诉讼，应符合以下条件：

1.对本诉中的原告和被告争议的诉讼标的主张独立的请求权。这一条件也是有独立请求权第三人参加诉讼的根据。所谓独立的请求权，是指第三人所主张的请求权不同于本诉原告向被告主张的请求权，而是同时直接针对本诉原告和被告的。从主张来看，第三人的主张既不同于原告，也不同于被告。这种独立的请求权包括全部的独立请求权和部分的独立请求权。全部的独立请求权是指请求的内容是全部否定原告和被告的实体权利；部分的独立请求权则是指部分否定原告和被告的实体权利。这种独立请求权的实体权利依据一般是物上请求权，即物权请求权。通常表现为第三人对他人之间争执的标的物主张所有权。

2.所参加的诉讼正在进行中。第三人参加的时间从被告应诉起，到诉讼审理终结止。原则上第三人参加诉讼应在第一审程序中参加，因为如果不允许第三人参加诉讼，则该第三人无法行使上诉权。但法院也允许其在第二审程序中参加诉讼。《民诉解释》第81条第2款规定，第一审程序中未参加诉讼的第三人，申请参加第二审程序的，人民法院可以准许。之所以允许，是期望有独立请求权的第三人能够与本诉讼的原告和被告在二审中达成调解协议，从而解决纠纷，这样便不涉及第三人的上诉权问题。如果不能达成调解协议，二审法院应撤销一审判决，发回重审。

3.以起诉的方式参加。既然是以起诉的方式参加诉讼，就应当符合民事诉讼法关于起诉的条件，也应当预交案件受理费。当然，有独立请求权第三人也可以在辩论终结前撤回参加之诉，再另行确定是否再提起诉讼；因为撤回参加之诉，视为没有提起参加之诉，这一点与一般的起诉没有区别。

三、无独立请求权的第三人

（一）无独立请求权第三人的概念和诉讼地位

无独立请求权第三人，是指虽然对原告和被告之间争议的诉讼标的没有独立的请求权，但与案件的处理结果有法律上的利害关系而参加诉讼的人。

无独立请求权第三人是广义上的当事人，具有自己独立的诉讼地位，主要表现在以下几个方面：(1)无独立请求权第三人以自己名义参加诉讼；(2)无独立请求权第三人可以独立地行使诉讼权利，承担诉讼义务，不受他人制约；(3)在一审判决中，无独立请求权第三人承担实体义务的，享有上诉权；(4)本诉讼的原告和被告之间的调解涉及无独立请求权第三人承担实体义务时，应有该无独立请求权第三人参加；(5)无独立请求权的第三人无权提出管辖异议，无权放弃、变更诉讼请求或者申请撤诉。

（二）无独立请求权第三人参加诉讼的条件

1.与案件处理结果有法律上的利害关系。无独立请求权第三人参加诉讼的根据，不是对本案原告和被告争议的诉讼标的有独立的请求权，而是与他人之间争议案件处理结果有法律上的利害关系。这种利害关系是由无独立请求权第三人与原告和被告在实体法上的牵连关系决定的。正是这种利害关系，使法院对原告和被告之间争议的处理涉及无独立请求权第三人。所谓法律上的利害关系，是指无独立请求权第三人的权利义务将受原告和被告间诉讼结果的影响，从而使权利义务有所增加或减少。无独立请求权第三人与案件处理结果具有法律上的利害关系，包括义务性关系、权利性关系、权利义务性关系三种，其中以义务性利害关系最为常见。

2.所参加的诉讼正在进行。时间是从被告应诉起，到诉讼审理终结止；一般也是在第一审程序中参加，但也允许在二审中参加。这一点与有独立请求权第三人参加诉讼相同。

案例分析　能力训练

3.自己申请参加诉讼或由法院通知其参加诉讼。

【本章主要法律规定】

1.《民事诉讼法》第51～57条

2.最高人民法院《关于适用〈中华人民共和国民事诉讼法〉的解释》第50～82条

第六章
诉讼代理人

本章主要内容提示

本章的重点内容是诉讼代理人的类型及其具体制度。应注意：基于不同的代理目的，不同类别的诉讼代理人，代理权产生的基础不同，决定了他们的代理权限不同。因此，可以代理权产生的基础、代理的权限范围、代理权的行使、代理的后果、代理权的消灭为基本线索来掌握本章的主要内容。

第一节　诉讼代理人概述

一、诉讼代理人的概念

诉讼代理人，是指根据法律规定或当事人的委托，代当事人进行民事诉讼活动的人。

在诉讼中，诉讼代理人代当事人进行民事诉讼活动的权限，被称为诉讼代理权。代当事人实施的诉讼行为，被称为诉讼代理行为。这种诉讼代理行为包括两个方面：代为诉讼行为和代受诉讼行为。前者如提出诉讼请求、陈述案件事实和理由、提供证据等；后者如接受对方当事人提出的调解意见、代当事人接受诉讼文书等。

二、诉讼代理人的特点

诉讼代理人具有以下特点：

1.以被代理人的名义进行诉讼活动。诉讼代理的目的在于维护被代理人的合法权益，因此只能以被代理人的名义进行诉讼，而不能以自己的名义进行诉讼。

2.诉讼代理人是有诉讼行为能力的人。没有诉讼行为能力的人，不能作为诉讼代理人。在诉讼中，如果诉讼代理人丧失了诉讼行为能力，也就丧失了诉讼代理人的资格。

3.在代理权限内实施诉讼行为。诉讼代理人的代理权限，源于法律规定或当事人的授权。凡是超越代理权所实施的诉讼行为，都是无效的诉讼行为，不具有法律效力。

4.代理诉讼的法律后果由被代理人承担。

5.在同一诉讼中，不能代理双方当事人。在诉讼中，双方当事人的利益是对立的，代理人同时为双方当事人代理，可能会损害一方当事人的利益。

三、诉讼代理人的种类

我国民事诉讼法所规定的诉讼代理人分为两类：法定诉讼代理人和委托诉讼代理人。前者是指根据法律规定，代无诉讼行为能力的当事人为诉讼行为的人；后者是指根据当事人或其法定代理人委托，代当事人为诉讼行为的人。

四、民事诉讼代理制度的作用

诉讼代理制度是民事诉讼中一项重要的制度，其作用主要表现在以下三个方面：(1)补充当事人诉讼行为能力。在法定诉讼代理中，诉讼代理制度能够弥补当事人诉讼行为能力的不足。(2)扩张当事人诉讼行为能力。在委托诉讼代理中，诉讼代理制度能够补充当事人诉讼知识和技能的不足。(3)有利于法院正确审理民事案件，维护当事人的合法权益。

第二节　法定诉讼代理人

一、法定诉讼代理人的概念

法定诉讼代理人，是指根据法律规定，代理无诉讼行为能力的当事人进行民事诉讼活动的人。法定代理人最基本的特征在于其代理权的取得，不是基于当事人的委托，而是根据法律的直接规定。

法定诉讼代理人的被代理人，只限于无民事行为能力的人或限制民事行为能力的人。因此，法定诉讼代理人的范围，一般与无民事行为能力的人或限制民事行为能力的人的监护人一致。事先没有确定监护人的，可以在尊重被监护人真实意愿的前提下，由有监护资格的人协商确定；协商不成的，由人民法院在他们之中指定诉讼中的法定代理人。由于是从有监护资格的人中或有监护职责的组织中指定诉讼代理人，因此该被指定的诉讼代理人，仍然属于法定代理人。

二、法定诉讼代理人的诉讼地位

在我国，法定诉讼代理人是为补充无民事行为能力的人或限制民事行为能力的人在诉讼行为能力上的欠缺而设置的，这就决定了法定诉讼代理人在代理权限和诉讼地位上，与委托诉讼代理人有很大的不同。法定诉讼代理人可以按照自己的意志代理被代理人实施所有诉讼行为，如起诉、应诉、放弃或变更诉讼请求、进行调解、提起反诉等。同时，法定诉讼代理人也应履行当事人所应承担的一切诉讼义务。法定代理人无须被代理人的授权即可自由处分诉讼权利和实体权利。

尽管法定诉讼代理人具有类似当事人的诉讼地位，但他们与当事人仍然存在区别：(1)法定诉讼代理人只能以当事人的名义起诉或应诉；(2)裁判所针对的是当事人，而不是法定诉讼代理人；(3)在诉讼中，如果法定诉讼代理人死亡，法院可以另行指定监护人作为法定诉讼代理人继续诉讼，而不一定中止或终结诉讼。

三、法定诉讼代理权的取得和消灭

法定诉讼代理权产生的基础是实体法上的监护权，没有实体法上的监护权，也就没有诉讼法中的法定诉讼代理权。

由于法定诉讼代理权的有无，对诉讼行为是否有效有决定性影响，因此在诉讼中，法院应对法定诉讼代理人的身份进行调查核实，必要时还应要求法定诉讼代理人进行证明。

法定诉讼代理权消灭的原因在于监护权的消灭，具体情况有以下几种：(1)无诉讼行为能力的被代理人具有或恢复了诉讼行为能力；(2)法定诉讼代理人本人丧失了诉讼行为能力；(3)基于收养或婚姻关系而发生的监护权，因收养或婚姻关系被解除，而导致法定诉讼代理权消灭；(4)法定诉讼代理人或被代理人死亡；(5)诉讼结束；(6)其他导致法定诉讼代理权消灭的情况。

在诉讼过程中，如果法定诉讼代理人的监护权消灭，应当及时将法定诉讼代理权消灭的事实告知法院，原法定代理人因法定代理权的消灭而丧失法定代理人的身份。

第三节　委托诉讼代理人

一、委托诉讼代理人的概念和特点

委托诉讼代理人，是指根据当事人、法定代表人或法定代理人的委托，代为进行诉讼活动的人。

委托诉讼代理人具有以下特点：(1)诉讼代理权的发生是基于当事人、法定代表人或法定代理人的委托；(2)诉讼代理的权限范围和代理事项由被代理人决定；(3)委托诉讼代理人必须是具有诉讼行为能力的人。

二、委托诉讼代理人的范围

根据《民事诉讼法》第61条第2款的规定，我国的委托诉讼代理人包括律师、基层法律服务工作者，当事人的近亲属或者工作人员，当事人所在社区、单位以及有关社会团体推荐的公民。

根据《民诉解释》第85条的规定，可以当事人近亲属的名义作为诉讼代理人的人包括：与当事人有夫妻、直系血亲、三代以内旁系血亲、近姻亲关系以及其他有抚养、赡养关系的亲属。

可以作为诉讼代理人的工作人员是指与当事人有合法劳动人事关系的职工。

根据《民诉解释》第87条的规定，有关社会团体推荐公民担任诉讼代理人的，应当符合下列条件：(1)社会团体属于依法登记设立或者依法免予登记设立的非营利性法人组织；(2)被代理人属于该社会团体的成员，或者当事人一方住所地位于该社会团体的活动地域；(3)代理事务属于该社会团体章程载明的业务范围；(4)被推荐的公民是该社会团体的负责人或者与该社会团体有合法劳动人事关系的工作人员。专利代理人经中华全国专利代理人协会推荐，可以在专利纠纷案件中担任诉讼代理人。

根据《民诉解释》第84条的规定，无民事行为能力人、限制民事行为能力人以及其他依法不能作为诉讼代理人的，当事人不得委托其作为诉讼代理人。

三、委托诉讼代理人的权限

委托诉讼代理人的代理权限，源于当事人、法定代表人或法定代理人的委托，因此委托诉讼代理人只能在被代理人授权的范围内实施诉讼行为。只有在被代理人授权范围内实施诉讼代理行为，其行为的法律后果才能由被代理人承担。

当事人在诉讼中的权利，可以分为两类：一类是实体权利或与实体权利密切相关的诉讼权利，如代为承认、放弃、变更诉讼请求；另一类是纯粹的诉讼权利或与实体权利关系不密切的诉讼权利，如申请回避。

对于前一类权利，由于与当事人的利益关系密切，因此民事诉讼法规定，对这类权利，需要被代理人特别授权。所谓特别授权，是指被代理人对涉及自己的实体权利的处分事项，专门、明确地授予诉讼代理人特定权限。当事人向人民法院提交的授权委托书，应当在开庭审理前送交人民法院。授权委托书仅写“全权代理”而无具体授权的，诉讼代理人无权代为承认、放弃、变更诉讼请求，进行和解，提出反诉或者提起上诉。对于后一类权利，由于不涉及被代理人实体权利的处分权限，因此无须被代理人的特别授权。

当事人如果在授权委托书中没有写明代理人在执行程序中有代理权及具体的代理事项，那么代理人的代理权仅限于第一审或第二审程序，在执行程序中没有代理权。

适用简易程序审理的案件，双方当事人同时到庭并径行开庭审理的，可以当场口头委托诉讼代理人，由人民法院记入笔录。

委托诉讼代理人在接受当事人委托后，能否再委托他人代为进行诉讼，民事诉讼法没有规定。但由于诉讼代理关系是建立在委托诉讼代理人与被代理人相互信任的基础上的，具有严格的人身性质，因此，在未经被代理人同意的情况下，不能再委托诉讼代理人，即不能转委托。

一般情况下，民事案件的当事人委托诉讼代理人代为出庭诉讼的，本人可以不出庭；但离婚案件除外。因为离婚案件的核心问题是确认双方是否已经具备解除婚姻关系的条件，因此双方当事人都必须出庭。这既便于法院正确判断，也便于法院进行调解。对此，《民事诉讼法》第65条规定，离婚案件有诉讼代理人的，本人除不能表达意思的以外，仍应出庭；确因特殊情况无法出庭的，必须向人民法院提交书面意见。

在诉讼存续期间，被代理人可以变更代理权限，包括更换委托诉讼代理人，扩大和缩小授权范围。由于诉讼代理权的变更，关系到诉讼行为的效力和对方当事人的利益，因此被代理人变更诉讼代理权限的，应及时书面告知法院，并由法院通知对方当事人或法定代理人。

四、委托诉讼代理权的产生和消灭

由于委托诉讼代理人的诉讼代理权源于被代理人的委托授权，委托诉讼代理人要取得代理权，代为进行诉讼，必须向人民法院提交由委托人签名或者盖章的授权委托书。因为授权委托书是委托诉讼代理人取得诉讼代理权的唯一书面凭证，所以应保证授权委托书的真实性。《民事诉讼法》第62条第3款规定，侨居在国外的中华人民共和国公民从国外寄交或者托交的授权委托书，必须经中华人民共和国驻该国的使领馆证明；没有使领馆的，由与中华人民共和国有外交关系的第三国驻该国的使领馆证明，再转由中华人民共和国驻该第三国使领馆证明，或者由当地的爱国华侨团体证明。《民诉解释》第88条还规定，诉讼代理人除了需要提交授权委托书外，还应当按照下列规定向人民法院提交相关材料：(1)律师应当提交律师执业证、律师事务所证明材料；(2)基层法律服务工作者应当提交法律服务工作者执业证、基层法律服务所出具的介绍信以及当事人一方位于本辖区内的证明材料；(3)当事人的近亲属应当提交身份证件和与委托人有近亲属关系的证明材料；(4)当事人的工作人员应当提交身份证件和与当事人有合法劳动人事关系的证明材料；(5)当事人所在社区、单位推荐的公民应当提交身份证件、推荐材料和当事人属于该社区、单位的证明材料；(6)有关社会团体推荐的公民应当提交身份证件和符合《民诉解释》第87条规定条件的证明材料。

委托诉讼代理权，可因下列原因消灭：(1)诉讼终结；(2)诉讼代理人辞去委托或被代理人解除委托；(3)诉讼代理人死亡或作为被代理人的法人解散。诉讼代理权解除时，当事人应当书面告知人民法院，并由人民法院通知对方当事人。

【本章主要法律规定】

1.《民事诉讼法》第60～65条
2.最高人民法院《关于适用〈中华人民共和国民事诉讼法〉的解释》第83～89条

第七章 民事证据

本章主要内容提示

本章重点内容是证据的概念和证据的种类。

1.证据的分类与证据的种类是不同的。理论上的分类主要是从证据的对应关系来作划分，法律上的种类则注重证据的内容和形式。

2.证据的分类依据的是不同的标准，因此，依据不同标准划分出的证据类型，不可简单对应。

3.各种证据种类中关于证据能力的具体规定，决定其能否进入诉讼，由法院作出审查和判断。

第一节 民事证据概述

一、民事证据的概念

民事证据，是指在民事诉讼中能够证明案件事实真实情况的各种资料。民事证据不仅是当事人证明自己主张的证据材料，也是法院认定争议的案件事实、作出裁判的根据。只有经过质证和认证的证据，才能作为认定案件事实和作出裁判的根据。

二、民事证据的特征

民事证据具有以下几个特征：第一，客观性，即民事证据必须是客观存在的事实。在民事案件中，它是民事法律关系产生、发展、变化的客观记录，真实地表现民事法律关系以及纠纷发生和变化的过程。证人证言、当事人陈述的客观性表现在相关主体陈述的是其通过感官从外部世界感知的事实，而非主观想象、推测的情况。第二，关联性，即民事证据必须与待证的案件事实有内在的联系。这种内在联系具体表现为，证据应当是能够证明待证案件事实的全部或一部分的客观事实。第三，合法性，包括两方面的要求：一是证据应当按法定要求取得，以法律禁止的手段取得的事实材料不可以作为民事诉讼证据；二是实体法要求某些法律行为必须采用法定形式的，作为证明这些法律行为的事实材料就应当具备这些法定形式。《民诉解释》第106条规定："对以严重侵害他人合法权益、违反法律禁止性规定或者严重违背公序良俗的方法形成或者获取的证据，不得作为认定案件事实的根据。"

三、民事证据的证明力

民事证据的证明力，又称证据力，是指民事证据对案件事实认定的影响力。例如，某证人的证言被认定是真实的、与案件的事实有联系且是合法的，那么，该证人证言就具有证明力；某文书被认定是真实的，其所反映的内容也是真实的、与案件的事实有关联且该文书是合法的，该文书就具有证明力。在司法实务中，某一民事证据是否具有证明力，是法官根据证据的判断标准判断的结果。

第二节　民事证据的种类

证据的种类，是指法律根据证据的外在表现形式和对待证事实的证明作用而对证据所划分的类别。

我国民事诉讼法将证据分为八种：书证、物证、视听资料、电子数据、证人证言、当事人陈述、鉴定意见和勘验笔录。

一、书证

书证，是指以文字、符号、图案等表示的思想内容来证明案件待证事实的材料种类。

书证的基本特征是以其所记载的思想内容来证明案件的待证事实。因此，判断某一证据是否是书证，不能以其思想内容的载体作为主要标准，更重要的是以载体所记载的内容来证明案件的待证事实。

根据一定的标准或方式，可以对书证作进一步的分类：根据书证内容的表达方式，可以将书证划分为文字书证、图形书证和符号书证；根据书证反映的内容及其法律后果，可以将书证划分为处分性书证和报道性书证；根据书证的制作者，可以将书证划分为公文书和私文书；根据书证的制作方式，可以将书证划分为原本、复制本、正本、副本、全文本和节录本等。

根据《民事诉讼法》第73条的规定，书证应当提交原件，物证应当提交原物；提交原件或者原物确有困难的，可以提交复制品、照片、副本、节录本；提交外文书证的，必须附有中文译本。《民诉解释》第111条规定，提交书证原件确有困难，包括下列情形：（1）书证原件遗失、灭失或者毁损的；（2）原件在对方当事人控制之下，经合法通知提交而拒不提交的；（3）原件在他人控制之下，而其有权不提交的；（4）原件因篇幅或者体积过大而不便提交的；（5）承担举证证明责任的当事人通过申请人民法院调查收集或者其他方式无法获得书证原件的。存在提交书证原件确有困难的情形，人民法院应当结合其他证据和案件具体情况，审查判断书证复制品等能否作为认定案件事实的根据。

为了解决一方当事人承担证明责任，遇有书证被对方当事人控制而导致本方当事人举证困难时，司法解释规定了文书提出命令。《民诉解释》第112条规定："书证在对方当事人控制之下的，承担举证证明责任的当事人可以在举证期限届满前书面申请人民法院责令对方当事人提交。申请理由成立的，人民法院应当责令对方当事人提交，因提交书证所产生的费用，由申请人负担。对方当事人无正当理由拒不提交的，人民法院可以认定申请人所主张的书证内容真实。"根据2019年《证据规定》第45条的规定，当事人申请人民法院责令对方当事人提交书证的，申请书应当载明所申请提交的书证名称或者内容、需要以该书证证明的事实及事实的重要性、对方当事人控制该书证的根据以及应当提交该书证的理由。对方当事人否认控制书证的，人民法院应当根据法律规定、习惯等因素，结合案件的事实、证据，对于书证是否在对方当事人控制之下的事实作出综合判断。《证据规定》第47条规定："下列情形，控制书证的当事人应当提交书证：（一）控制书证的当事人在诉讼中曾经引用过的书证；（二）为对方当事人的利益制作的书证；（三）对方当事人依照法律规定有权查阅、获取的书证；（四）账簿、记账原始凭证；（五）人民法院认为应当提交书证的其他情形。前款所列书证，涉及国家秘密、商业秘密、当事人或第三人的隐私，或者存在法律规定应当保密的情形的，提交后不得公开质证。”《证据规定》第48条规定：“控制书证的当事人无正当理由拒不提交书证的，人民法院可以认定对方当事人所主张的书证内容为真实。控制书证的当事人存在《最高人民法院关于适用〈中华人民共和国民事诉讼法〉的解释》第一百一十三条规定情形的，人民法院可以认定对方当事人主张以该书证证明的事实为真实。”《民诉解释》第113条规定，持有书证的当事人以妨碍对方当事人使用为目的，毁灭有关书证或者实施其他致使书证不能使用行为的，人民法院可以依照《民事诉讼法》第114条的规定，对其处以罚款、拘留。

二、物证

物证，是指以其存在的外形、特征、质量、性能等证明案件待证事实的物品或痕迹。物证的特点是以其客观存在的形态来证明案件的待证事实，其本身不具有任何的思想内容。向法院提交物证，应提交原物，提交原物确有困难的，可以提交复制品或照片。

物证与书证有时候容易混淆。二者的区别方法在于，是需要运用人的阅读理解能力来提取、识别证据的思想内容，并通过思想内容证明案件的待证事实，还是只需通过感官判断证据的客观存在形态、物理特征，以此证明案件的待证事实。前者为书证，后者为物证。

三、视听资料

视听资料，是指以图像、声音及其他视听信息来证明案件待证事实的录像资料、录音资料等信息材料。视听资料的特点是信息量大、形象或声音逼真、反映一定的法律行为或法律事件往往有一定的连续性和直观性，因而在通常情况下具有较强的真实性和准确性。但是，由于视听资料是运用一定的科学技术手段来制作的，在某些情况下，也就有可能被人利用技术手段进行变造或伪造，而且由于技术上的原因，变造或伪造的视听资料还不易被发现。因此，民事诉讼法要求人民法院对视听资料应当辨别真伪，并结合本案的其他证据，审查确定其能否作为认定事实的根据。

四、电子数据

电子数据，是指通过电子邮件、电子数据交换、网上聊天记录、博客、微博客、手机短信、电子签名、域名等形成或者存储在电子介质中的信息。电子数据与视听资料一样，都是随着科技手段的发展进入诉讼证据领域之中的。因此，在真实性认定、非法证据排除等具体的证据规则适用上，电子数据与视听资料具有一定的共性特征。但电子数据又存在自己的独特性：一方面，视听资料的受众广、门槛低，在数码化时代的今天，一般人都可以轻易地摄制、播放视听资料；而电子数据往往存在代码性特征，接触、阅读、获取、复制、展示电子数据都需要运用比视听资料更复杂的软硬件，因而在证据的收集、审查上，往往需要借助专业机构的辅助。另一方面，视听资料具有形象性，诉讼主体能够比较容易地认知视听资料的内容；而电子数据具有更强的抽象性，在阅读和理解上往往也需要专业人士的判断。

在某些情况下，视听资料与电子数据有一定的交叉，因此，《民诉解释》第116条第3款规定，存储在电子介质中的录音资料和影像资料，适用电子数据的规定。2019年《证据规定》第14条规定，电子数据包括下列信息、电子文件：(1)网页、博客、微博客等网络平台发布的信息；(2)手机短信、电子邮件、即时通信、通讯群组等网络应用服务的通信信息；(3)用户注册信息、身份认证信息、电子交易记录、通信记录、登录日志等信息；(4)文档、图片、音频、视频、数字证书、计算机程序等电子文件；(5)其他以数字化形式存储、处理、传输的能够证明案件事实的信息。

五、证人证言

证人证言，是指当事人之外了解案件有关情况的人向人民法院就自己知道的案件事实所作的陈述。《民事诉讼法》将证人作证作为知道案件有关情况的单位和公民对国家应尽的义务来规定，因此，凡是知道案件情况的单位和个人，都有义务出庭作证。

对证人证言的理解应当注意以下几个问

题：第一，证人本身不是证据，其向人民法院陈述的与案件事实有关的内容才是证据；第二，证人能力与民事行为能力没有直接的关系，限制行为能力甚至无行为能力的人都有可能成为证人，法律只规定不能正确表述意思的人，不能作证；第三，证人不存在回避问题，案件当事人之外的第三人只要知晓案件的有关情况，均可作为证人作证，即使其与案件的一方当事人有利害关系，因此，证人证言在有的情况下是带有倾向性的。

《民事诉讼法》第75条第1款规定，凡是知道案件情况的单位和个人，都有义务出庭作证，有关单位的负责人应当支持证人作证。证人确有困难不能出庭的，经人民法院许可，可以通过书面证言、视听传输技术或者视听资料等方式作证。书面证言应由法院的审判人员在法庭上宣读。所谓“证人确有困难不能出庭”，根据《民事诉讼法》第76条的规定，是指以下情形：（1）因健康原因不能出庭的；（2）因路途遥远，交通不便不能出庭的；（3）因自然灾害等不可抗力不能出庭的；（4）其他正当理由不能出庭的。

根据《民事诉讼法》第77条的规定，证人因履行出庭作证义务而支出的交通、住宿、就餐等必要费用以及误工损失，由败诉一方当事人负担。当事人申请证人作证的，由该当事人先行垫付；当事人没有申请，人民法院通知证人作证的，由人民法院先行垫付。根据《民诉解释》第118条的规定，《民事诉讼法》第77条规定的必要费用，按照机关事业单位工作人员差旅费用和补贴标准计算；误工损失按照国家上年度职工日平均工资标准计算。

六、当事人陈述

当事人陈述，是指当事人就案件事实向人民法院所作的陈述。当事人的陈述往往具有两面性：一是可信性，因为当事人是案件的经历者，因此，他们对案件情况一般了解得最全面、真切，陈述具有可信的一面；二是虚假性，这是因为当事人是案件的利害关系人，案件的处理结果直接关系到其权利义务，基于趋利避害的心理，其在陈述中对有利自己的情况，可能夸大甚至虚构，对不利的情况，则有可能隐瞒，故而其陈述可能有虚假的成分。当事人有真实、完整陈述案件事实的义务。《证据规定》第63条第1、2款规定，当事人应当就案件事实作真实、完整的陈述。当事人的陈述与此前陈述不一致的，人民法院应当责令其说明理由，并结合当事人的诉讼能力、证据和案件具体情况进行审查认定。

根据《证据规定》第89条的规定，当事人在诉讼过程中认可的证据，人民法院应当予以确认。但法律、司法解释另有规定的除外。当事人对认可的证据反悔的，参照《民诉解释》第229条的规定处理。根据《民诉解释》第229条的规定，当事人在庭审中对其在审理前的准备阶段认可的事实和证据提出不同意见的，人民法院应当责令其说明理由。必要时，可以责令其提供相应证据。人民法院应当结合当事人的诉讼能力、证据和案件的具体情况进行审查。理由成立的，可以列入争议焦点进行审理。

作为证据的当事人陈述容易与自认发生混淆。从法律效力来看，作为证据的当事人陈述用以证明案件事实，是法官自由心证作用的对象，并不直接产生法律上的效力；作为自认的陈述免除相对方的举证证明义务，也排除法院进行证据调查。换言之，当事人陈述是证明案件事实的方法或手段之一，而自认等于事实被证明。

关于自认，《证据规定》第3条规定：“在诉讼过程中，一方当事人陈述的于己不利的事实，或者对于己不利的事实明确表示承认的，另一方当事人无需举证证明。在证据交换、询问、调查过程中，或者在起诉状、答辩状、代理词等书面材料中，当事人明确承认于己不利的事实的，适用前款规定。”

2012年修改的《民事诉讼法》还新增了专业人士出庭制度。根据现行《民事诉讼法》第82条和《民诉解释》第122条的规定，当事人可以在举证期限届满前申请1~2名有专门知识的人出庭，代表当事人就鉴定意见进行质证或者对案件事实所涉及的专业问题提出意见。具有专门知识的人在法庭上就专业问题提出的意见，视为当事人的陈述。人民法院准许当事人申请的，相关费用由提出申请的当事人负担。

七、鉴定意见

鉴定意见，是指鉴定人运用自己的专业知识对案件中的相关材料进行鉴别、检验，并就有关专门性问题发表意见。鉴定意见的一个基本特点在于，它是有关专家运用自己所掌握的专门知识对案件问题所作出的分析意见，是人对事物的一种主观上的认识。在这一点上，它与证人证言中证人对自己所见所闻的案件事实所作的客观描述是不一样的。因此，鉴定应当以案件材料为基础，鉴定意见所涉及的问题应当是案件的有关专门性事实问题，而不应当涉及案件的法律问题。

2019年《证据规定》对鉴定意见的程序作出了较为详细的规定，主要涉及以下内容。

1.鉴定的启动。鉴定的启动途径有二：第一，当事人可以申请鉴定。当事人申请鉴定，应当在人民法院指定期间内提出，并预交鉴定费用。申请鉴定的事项与待证事实无关联或者对证明待证事实无意义的，人民法院不予准许。人民法院准许当事人鉴定申请的，应当组织双方当事人协商确定具备相应资格的鉴定人。当事人协商不成的，由人民法院指定。人民法院在审理案件过程中认为待证事实需要通过鉴定意见证明，而当事人没有申请的，法院应当向当事人释明，并指定提出鉴定申请的期间。第二，人民法院委托鉴定。对于符合依职权调查收集证据条件的，人民法院应当依职权委托鉴定，在询问当事人的意见后，指定具备相应资格的鉴定人。鉴定人应当签署承诺书，载明鉴定人保证客观、公正、诚实地进行鉴定，保证出庭作证，如作虚假鉴定应当承担法律责任等内容。

2.鉴材。鉴定除了必须要有具备资质的鉴定人外，还需要确保鉴定材料不被污染。人民法院应当组织当事人对鉴定材料进行质证。未经质证的材料，不得作为鉴定的根据。

3.鉴定书的作出。鉴定人应当在综合了解与鉴定内容相关的案件材料的基础上进行鉴定。经人民法院准许，鉴定人可以调取证据、勘验物证和现场、询问当事人或者证人。鉴定应当在人民法院确定的期限内完成，并出具书面的鉴定书。鉴定书应当包含下列内容：(1)委托法院的名称；(2)委托鉴定的内容、要求；(3)鉴定材料；(4)鉴定所依据的原理、方法；(5)对鉴定过程的说明；(6)鉴定意见；(7)承诺书。鉴定书应当由鉴定人签名或者盖章，并附鉴定人的相应资格证明。委托机构鉴定的，鉴定书应当由鉴定机构盖章，并由从事鉴定的人员签名。

4.当事人鉴定异议的处理。人民法院收到鉴定书后，应当及时将副本送交当事人。当事人对鉴定书的内容有异议的，应当在人民法院指定期间内以书面方式提出。对于当事人的异议，人民法院应当要求鉴定人作出解释、说明或者补充。人民法院认为有必要的，可以要求鉴定人对当事人未提出异议的内容进行解释、说明或者补充。当事人认为鉴定意见存在错误的，还可以申请重新鉴定。人民法院认为鉴定意见存在瑕疵的，可以通过补正、补充鉴定或者补充质证、重新质证等方法解决。人民法院认为鉴定意见无法具备证据资格情形的，可以准许重新鉴定。

5.鉴定人出庭。当事人对鉴定有异议或人民法院认为有必要出庭时，鉴定人应当出庭说明相关情况，如果经人民法院通知，鉴定人拒不出庭的，该鉴定意见不得作为认定事实的根据。

6.鉴定意见的撤销。鉴定意见被采信后，鉴定人无正当理由撤销鉴定意见的，人民法院应当责令其退还鉴定费用，并可以根据情节，依照《民事诉讼法》第114条的规定对鉴定人进行处罚。当事人主张鉴定人负担由此增加的合理费用的，人民法院应予支持。人民法院采信鉴定意见后准许鉴定人撤销的，应当责令其退还鉴定费用。

证人、鉴定人与有专门知识的人的比较如下：

比较项目	证人	鉴定人	有专门知识的人
功能	对事实问题发表意见（感知、记忆、表述）	对专门性问题提出鉴定意见	对鉴定意见及其他专门性问题发表意见
参诉方式	依申请或依职权通知	依申请或依职权	依申请
回避	不适用	适用	一般不适用
费用	谁申请、谁垫付，谁败诉、谁最终承担	谁申请、谁承担	谁申请、谁承担

八、勘验笔录

勘验笔录，是指勘验人员对被勘验的现场或物品所作的客观记录。人民法院认为有必要的，可以根据当事人的申请或者依职权对物证或者现场进行勘验。勘验时应当保护他人的隐私和尊严。民事诉讼法规定，勘验人员进行勘验，必须出示人民法院的证件，并邀请当地基层组织或当事人所在单位派人参加。当事人或当事人的成年家属应当到场，拒不到场的，不影响勘验的进行。

当事人可以就勘验事项向人民法院进行解释和说明，可以请求人民法院注意勘验中的重要事项。

人民法院勘验物证或者现场，应当制作笔录，记录勘验的时间、地点、勘验人、在场人、勘验的经过与结果，由勘验人、在场人签名或者盖章。对于绘制的现场图应当注明绘制的时间、方位、测绘人姓名、身份等内容。

有关单位和个人根据人民法院的通知，有义务保护现场，协助勘验工作。

第三节　民事证据的分类

在民事诉讼证据理论中，根据不同的标准，可以对证据的类别作出不同类别的划分。

一、本证与反证

按照证据与当事人所主张事实的关系，可以把证据分为本证与反证。对当事人主张的事实有肯定性作用的证据，也即由对待证事实承担证明责任的一方当事人提交的证据，称为本证。例如，原告主张被告应返还逾期借款，其向法院提交的被告书写的借条即为借款事实的本证。本证的主要作用是对当事人主张的事实的真实性或可靠性予以肯定。而对对方当事人主张的事实予以否定的证据，也即由对待证事实不承担证明责任的一方当事人提交的证据，则为反证。如前例中，被告向法院提交了一份由原告与被告共同签署的备忘录，载明上述借条只具有形式上的意义，事实上双方当事人并未发生借贷关系。该备忘录即为借款事实的反证。应当注意的是，反证是针对对方当事人所主张的事实的否定。如果被告提出的证据用以证明本方承担证明责任的另一事实，而不是否定原告所主张的事实，则不应认定为是反证，而是新事实的本证。比如，在上例中，被告提出一张由原告书写的被告已返还借款但因借条丢失而无法将借条退还被告的书证，即为证明被告已经返还借款的事实的本证，而不是被告用以否定原告借款给被告这一事实的反证。由此，应当认识到：第一，本证通常情况下由原告提出，但在某些情况下，被告也会提出本证，不能简单地认为原告提出的证据都是本证，被告提出的证据都是反证；第二，本证、反证与案件的主要事实有关，而与案件的诉讼请求没有直接联系，对于某一主要事实承担证明责任的当事人所提交的证据，是本证，反之则为反证，但用以否定对方当事人诉讼请求的证据不一定都是反证。

二、直接证据和间接证据

按照单个证据与证明对象之间的关系，可以把证据分为直接证据和间接证据。直接证据是指能够单独地、直接地证明待证事实的证据。如原告提出购销合同来证明他与被告之间的购销关系，该合同就属直接证据，因为它单独地、直接地证明了原被告之间存在的购销关系这一事实。间接证据是指单个证据无法直接证明待证事实，而得通过与其他证据联合在一起，方有可能证明待证事实的证据。比如，在一起交通肇事损害赔偿案件中，原告指控被告为交通肇事侵权方，其提出的证据有：(1)目击证人的证言，肇事车为黄色小面包车，车号为WZ74××98(中间两位数未看清)，肇事车撞倒原告自行车时，肇事车右灯破裂；(2)被告单位车队证明，发生上述交通事故时，被告驾驶自己的黄色小面包车(车号为WZ74××98)外出办事，第二天被告驾车回单位时该车右灯破裂，被告称是碰到路边的树上造成的。在该案中，原告提供的单个证据并不能直接证明被告为侵权方，但上述几个证据结合在一起，大致就可以证明被告为侵权方。上述各个证据即为间接证据。间接证据因其单个并无法证明待证事实，相对而言，证明力较弱，但其仍具有重要作用：可以为寻找直接证据提供线索；鉴别、印证直接证据；在无法收集到直接证据时，若干个有效的间接证据结合在一起，也能证明一定的待证事实。

三、原始证据与传来证据

按照证据的来源，可以将证据分为原始证据和传来证据。原始证据，是指直接源于案件事实的证据，即所谓的第一手资料。如合同原件、发票原件、遗嘱原件、证人提供的其亲自看到的案件现场的情况等。传来证据是指从原始证据中派生出来的证据，又称派生证据。如合同的复印件、文件的抄本等。传来证据的形成因其经过中间环节，可靠性较差，相对而言证明力较弱。因此，民事诉讼法规定，当事人提供证据应当提供原始证据，只是在提供原始证据有困难的情况下才可以提供传来证据。

第四节　证据保全

一、证据保全的概念

证据保全，是指在证据有可能毁损、灭失，或以后难以取得的情况下，人民法院采取措施对证据进行保护，以固定其证据内容及证明力的一项措施。证据保全的意义，在于保留证据的证明力，使与案件有关的事实材料不因情势变化而无法取得或丧失证明作用，以此来满足当事人证明案件事实和法院查明案件事实的需要。

二、证据保全的条件

证据保全的条件有以下几个：第一，待保全的事实材料应当与案件所涉及的法律关系有关，即应当是能够证明案件有关事实的材料。第二，待保全的事实材料存在毁损、灭失或以后难以取得的可能性。所谓毁损，是指证据材料的品质、外形或数量等发生了变化，丧失了证据材料的原貌。比如，作为证据资料的物品是一些已经开始腐烂的水果，如果不及时对这些水果采取保存措施，到证据调查时，这些水果的状态肯定会发生大的变化而失去了其证明力。所谓灭失，是指证据材料丢失、消失而不复存在。比如，提供证言的证人年事已高或患重病，如果不及时提取其证言，在将来的证据调查时，就可能因证人的死亡而无法取得该证人的证言。所谓以后难以取得，是指因有关情形的存在，有可能使证据材料在将来难以收集到。比如，知晓案件有关情况的人即将出国，或物证、书证等有被转移隐匿的可能等。第三，在时间上，证据保全既可以是在诉讼过程中，也可能是在诉讼（或仲裁程序）启动之前。

三、证据保全的程序

证据保全的提出，根据时间的不同，可以分为以下两种情况：

1.在诉讼过程中需要启动证据保全的，通常情况下是由当事人申请，但在有的情况下人民法院也可以依职权决定。根据《民诉解释》第98条的规定，当事人根据《民事诉讼法》第84条第1款的规定申请保全证据的，可以在举证期限届满前书面提出。证据保全可能对他人造成损失的，人民法院应当责令申请人提供相应的担保。对当事人提出的申请，人民法院应当予以审查，并尽快决定是否同意申请。人民法院决定采取保全措施，应当作出裁定，并及时采取相关的保全措施。

2.在提起诉讼前需要启动证据保全的，利害关系人可以向证据所在地、被申请人住所地或有管辖权的人民法院申请保全证据。当事人在申请证据保全的同时，还必须提供担保。人民法院应当在48小时内裁定是否保全。

四、证据保全的措施

人民法院进行证据保全，可以要求当事人或者诉讼代理人到场。根据当事人的申请和具体情况，人民法院可以采取查封、扣押、录音、录像、复制、鉴定、勘验等方法进行证据保全，并制作笔录。对不同种类的证据，可采取不同的保全措施，一般来讲：对证人证言，可以录音或制作询问笔录；对于物证，可以进行勘验或封存原物；对书证、视听资料、电子数据，尽量提取原件，提取原件有困难的，可采取复制的方法，但应当在调查笔录中说明来源和制作的过程；对需要及时鉴定的有关事项，要及时地进行鉴定。证据保全措施的采用，以服务于保存证据的证明力为目的，在该目的下，采取保全的措施可以灵活多样，甚至可以对一种证据，采取两种或两种以上的保全措施。在符合证据保全目的的情况下，人民法院应当选择对证据持有人利益影响最小的保全措施；申请证据保全错误造成财产损失，当事人请求申请人承担赔偿责任的，人民法院应予支持；人民法院采取诉前证据保全措施后，当事人向其他有管辖权的人民法院提起诉讼的，采取保全措施的人民法院应当根据当事人的申请，将保全的证据及时移交受理案件的人民法院。

有关证据被采取保全措施后，其法律后果为，就该证据能予以证明的争议法律关系中的相关事实，可以免除有关当事人提供证据的责任。

【本章主要法律规定】

1.《民事诉讼法》第66～84条

2.最高人民法院《关于适用〈中华人民共和国民事诉讼法〉的解释》第111～124条

3.最高人民法院《关于民事诉讼证据的若干规定》

第八章 民事诉讼中的证明

本章主要内容提示

本章重点是证明责任和自认制度。通过对这些重点内容的学习，梳理民事证明的线索。

1.证明责任是本章的核心问题，对它的掌握，除了要准确认识它的基本内容外，还需要理解证明责任与证明对象、证明标准、证明程序之间的关系。

2.自认制度可以从以下角度予以把握：自认的适用范围、自认的法律后果、自认与认诺的区别。

第一节 证明对象

一、证明对象的概念

证明对象，是指需要证明主体运用证据来予以证明的与案件有关的事实，又称待证事实。待证事实的确定，是证明活动的起点，只有案件的待证事实确定了，相关的证明活动才有可能展开。待证事实只有在主张该事实存在的一方当事人予以证明，法院查明该事实成立并予以确认时，方可以作为法院判决的根据。若待证事实无法得以证明，法院也无法查明该事实时，当事人的相关主张将得不到法院的支持。

二、证明对象的范围

证明对象的范围，是指哪些事实属于证明对象。作为证明对象的事实主要包括下列几个方面：

1.当事人主张的具有民事实体法意义上的事实，又称为主要事实、基本事实。

该部分事实主要有以下几类：(1)当事人之间产生权利义务关系的法律事实。如结婚登记、合同签订等。(2)当事人之间变更权利义务关系的法律事实，如合同变更。(3)当事人之间消灭权利义务关系的法律事实。如合同解除、离婚登记、收养关系的解除等。(4)妨碍当事人权利行使、义务履行的法律事实。如权利或义务主体丧失行为能力、不可抗力的发生等。(5)当事人之间权利义务发生纠纷的法律事实。如是否构成侵权的事实、一方主张赔偿另一方不同意赔偿的事实等。

2.当事人主张的具有程序意义的事实。

比如，当事人是否符合条件的事实，法院对案件是否有管辖权的事实，某一审判人员是否具有回避情形的事实，当事人耽误上诉期间理由是否正当的事实，等等。

3.证据事实，又称为辅助事实。

证据事实，是指那些证明证据本身是否客观、真实、合法及证明证据本身的证明力大小的事实。如被告提出的证明原告出具的借条上的被告签名属伪造的事实，原告提出的证明被告向法庭提供的原被告间的谈话录音是原告采用法律所禁止的手段而录制的事实，等等。

4.外国法和地方性法规。

国家法律对法官而言属于司法认知的范围，因此，一般情况下，案件所适用的法律是否存在及其内容，并不需要当事人加以证明。但对外国法、地方性法规，法官则未必了解，因此就需要当事人对此加以证明，外国法和地方性法规属于证明对象的范畴。

5.不为一般人所知晓的经验法则。

经验法则，是指人们从生活经验中归纳获得的关于事物因果关系或属性状态的法则或知识。经验法则是否成为证明对象，不能一概而论：属于日常生活领域内的经验法则，因为为一般人所知晓，因此无须加以证明；对于不为一般人所知晓的专门知识领域的经验法则，则应当加以证明。

三、免于证明的事实

根据《民诉解释》第93条的规定，下列事实，当事人无须举证，即这些事实属于免于证明的事实。

1.自然规律以及定理、定律。如中午12时是白天，三角形的两边之和大于第三边，等等。

2.众所周知的事实。如中华人民共和国于1949年10月1日成立。

3.根据法律规定推定的事实。例如，《民法典》第1222条第2、3项规定，医疗机构隐匿或者拒绝提供与纠纷有关的病历资料，遗失、伪造、篡改或者违法销毁病历资料的，推定医疗机构有过错。

案例分析　能力训练

4.根据已知的事实和日常生活经验法则推定出的另一事实。例如，已知某甲从未到过A城市，由此也就可以推定某年某月某日某甲不在A城市。

5.已为人民法院发生法律效力的裁判所确认的事实。例如，B市人民法院的某一生效判决确认甲乙双方签订过H2号购销合同，另一案件又涉及甲乙双方签订H2号购销合同的事实，这个事实就无须证明。2019年《证据规定》第10条第1款第6项在“事实”前面增加了“基本”二字，即“已为人民法院发生法律效力的裁判所确认的基本事实”，这一表述较之前更加准确。

6.已为仲裁机构的生效裁决所证明的事实。

7.已为有效公证书所证明的事实。

上列第2项至第4项规定的事实，当事人有相反证据足以反驳的除外；第5项至第7项规定的事实，当事人有相反证据足以推翻的除外。当然，根据2019年《证据规定》第10条第2款的规定，上列第2项至第5项规定的事实，当事人有相反证据足以反驳的除外；第6项和第7项规定的事实，当事人有相反证据足以推翻的除外。但是，2022年修改的《民诉解释》维持了原2015年《民诉解释》的规定，上列第6项规定的事实，也就是已为仲裁机构的生效裁决所证明的事实，当事人有相反证据足以推翻的除外。在这几个条文中的“推翻”与“反驳”，分别指的是对方当事人承担证明责任，达到“相关事实不存在”的证明标准，及对方当事人承担提出反证的责任，达到“相关事实可能不存在”的效果即可。

8.自认的事实。

所谓自认，是指一方当事人对另一方当事人主张的于己不利的案件事实予以承认。当事人所承认的事实就是自认的事实。自认的法律效果表现在，承认对方事实主张的当事人要受自己承认行为的约束，法院也要受该承认行为的约束。在对方已经承认的情况下，法院应当以该自认的事实作为裁判的依据。《民诉解释》和2019年《证据规定》中规定，一方当事人在证据交换、询问、调查过程中，或者在起诉状、答辩状、代理词等书面材料中，对于己不利的事实明确表示承认的，另一方当事人无需举证证明。由此可见，原则上自认的对象限于另一方当事人承担证明责任的事实。法院在一审中以当事人自认的事实为依据作出判决后，作出自认的当事人在第二审中不能无正当理由推翻自认，二审法院仍然应当以该当事人在一审中自认的事实为依据作出判决。只有存在以下情形之一时，自认才没有约束力：（1）作出自认的当事人在法庭辩论终结以前撤销自认，并且是经对方当事人同意的。（2）作出自认的当事人在法庭辩论终结前撤销自认，并且自认行为是在受胁迫下作出的，或是在重大误解情况下作出的。

自认制度适用案件的范围是有限的，对于涉及身份关系、国家利益、社会公共利益等应当由人民法院依职权调查的事实，不适用自认制度。此外，《民诉解释》第92条第3款规定，自认的事实与查明的事实不符的，人民法院不予确认。

诉讼上的自认不同于诉讼上的认诺。认诺是对对方诉讼请求的承认。自认发生免除对方当事人证明责任的结果，而认诺则发生认诺人败诉的结果。自认的结果有可能导致自认人败诉，但不是其直接效果。

一方当事人对于另一方当事人主张的于己不利的事实既不承认也不否认，经审判人员说明并询问后，其仍不明确表示肯定或者否定的，视为对该事实的承认。

诉讼代理人在代理权限范围内的自认视为当事人的自认。但当事人在场对诉讼代理人的自认明确否认的，不视为自认。

第二节 证明责任

一、证明责任的概念

证明责任，是指当事人对自己提出的事实主张，有提出证据并加以证明的责任，如果当事人未能尽到上述责任，则有可能承担对其主张不利的法律后果。它的基本含义是：第一，当事人对自己提出的事实主张，应当提出证据。第二，当事人应当展开说明、反驳对方质证意见等证明活动，表明自己所提供的证据能够证明其事实主张。第三，若当事人对自己的事实主张不能提供证据或提供证据后不能加以证明，将导致不利的诉讼结果。应根据实体法的构成要件所对应的主要事实，在双方当事人之间分配证明责任。如果对某一主要事实不能提出证据加以证明，承担证明责任的一方当事人就要承担不利的诉讼结果。这种不利结果的归属取决于实体法的规定，不会在诉讼过程中发生转移，因此一般被称为客观的证明责任。相应地，当事人为了证明或反驳某一主要事实而提出证据的行为，被称为主观的证明责任或证据提出责任。

理解证明责任应注意的问题：

1.客观的证明责任是一种不利的后果，这种后果只在作为裁判基础的法律要件事实处于真伪不明的状态时才发生作用。

2.真伪不明是客观的证明责任发生的前提。真伪不明是一种状态，是指法官既不能确定待证事实存在也不能确定待证事实不存在。法官在无法确定作为裁判基础的主要事实存在与否的时候，应当根据法律规定，判断由谁来承担因为该事实不明所带来的不利后果。例如，在借贷关系的诉讼中，如果债权人已经反证没有清偿，法院当然判决债务人返还，债权人胜诉。相反，债务人证明已经清偿，法院则应驳回诉讼请求，债务人胜诉。这两种情形均不存在证明责任后果的问题。但债权人没有能够反证债务人没有清偿债务，债务人也没有能够证明已经清偿，即债务人是否清偿债务的事实处于真伪不明状态时，就存在应当裁判由哪一方当事人承担不利后果的问题。因此，客观的证明责任由谁承担的规定作为一种规范，其作用在于当事实真伪不明时指导法院作出裁判。

3.法院不是证明责任承担的主体，证明责任承担的主体是当事人。而且，在针对某一主要事实时，客观的证明责任只能由一方当事人承担，而不可能由双方当事人同时承担。

4.客观的证明责任由哪一方当事人承担是由法律、法规或司法解释预先确定的，因此在诉讼中不存在原告与被告之间相互转移证明责任的问题。例如，在请求返还借贷的诉讼中，关于借贷关系成立事实的证明责任始终都在债权人一方。在法庭上，法官在一方当事人陈述证据后，让另一方当事人针对同一事实提出相反证据或进行反驳，并不是客观的证明责任的转移，只是主观证明责任或者说是证据提出责任的转换。

5.应当注意作为一种不利后果的证明责任与当事人对自己的事实主张提出证据加以证明的关系。当事人提出证据对自己的事实主张加以证明是当事人的一项权利，即使该当事人对某一主要事实的证明不承担证明责任，当事人也可以对该主要事实提出证据加以反驳。例如，已经还款事实的证明责任在债务人一方，如果关于是否还款的事实真伪不明时，债务人要承担相应的不利后果即败诉。但债权人也可以收集、提出证据证明债务人没有还款，以便在诉讼中争取主动，使债务人没有还款的事实处于确凿无疑的状态；此时，法院也就无须适用证明责任的规则作出判决。权利人在诉讼中应当主动使自己权利存在的事实处于确实的状态，而不是被动地等待权利存在的事实处于真伪不明的状态，然后适用证明责任的规则。

6.证明责任是一种拟制或假定。负有证明责任的一方当事人没有能够证明时，抑制或假定该事实不存在，并依此让该方当事人承担不利后果。但不能证明并不等于该事实就是真的不存在，因此，证明责任规则应当是在法官穷尽证据调查以后，仍然不能作出该事实的存在与否的判断时才能适用。在审理中法院应当注意尽可能地不适用证明责任的规则，而是在查明案件事实的基础上作出裁判。

二、证明责任的分配

证明责任的分配，是指案件所涉及的主要事实由谁来负责提出证据并加以证明，并在未证明时承担不利后果。如上所述，在民事诉讼中，证明责任的主体是民事诉讼当事人。为协助法院查明案件事实而向人民法院提供证据但与案件无法律上的利害关系的其他诉讼参与人不承担证明责任。在一定情形下承担对案件的某些事实进行调查、收集证据职责的法院同样也不承担证明责任。据此，案件的证明责任应当在当事人之间分配。

具体某一主要事实应由谁举证，这就是我们所说的证明责任的分配所要解决的问题。我国《民事诉讼法》第67条第1款规定的“当事人对自己提出的主张，有责任提供证据”，学者们将其归纳为“谁主张，谁举证”原则。依此原则，无论是原告、被告，共同诉讼人、诉讼代表人，还是诉讼中的第三人，都有责任对自己的事实主张提供证据并加以证明。由于法律上关于证明责任的规定过于宽泛，为了适应司法实践的要求，《民诉解释》第91条对证明责任的分配作了原则性的规定，即人民法院应当依照下列原则确定举证证明责任的承担，但法律另有规定的除外：(1)主张法律关系存在的当事人，应当对产生该法律关系的基本事实承担举证证明责任；(2)主张法律关系变更、消灭或者权利受到妨害的当事人，应当对该法律关系变更、消灭或者权利受到妨害的基本事实承担举证证明责任。该条规定的基本事实，即主要事实。

三、证明责任的特殊分配

在某些案件中，由于案件事实的特殊性，法律在分配证明责任时，免除了原告对其主张的引起请求权发生的相关事实进行证明的责任，而确定由被告对这些事实承担证明责任。这就是证明责任的特殊分配。过去一些司法解释曾专门就特殊侵权案件的证明责任进行了分配，但随着中国民事法律体系的完善，证明责任特殊分配逐渐由相关法律来完成。例如，无民事行为能力人在教育机构遭受人身损害，教育机构未尽到教育管理职责的，应当承担责任。如果按照一般的侵权构成要件分配，则教育机构是否尽到职责是人身损害赔偿请求权发生的基本事实，应当由受害人来举证证明教育机构未尽到教育管理职责。但《民法典》第1199条将证明责任分配给了教育机构，需要由其证明自己尽到教育管理职责，才不承担侵权责任。

在《民法典》中，还存在类似的证明责任特殊分配规则。例如，在建筑物、构筑物或者其他设施及其搁置物、悬挂物发生脱落、坠落造成他人损害的情况下，需要由所有人、管理人或者使用人来对自己没有过错承担证明责任。类似的规则也存在于其他法律中。例如，《证券法》第89条第2款规定，在普通投资者与证券公司的纠纷中，将证券公司行为的合法性以及无误导、欺诈行为等事实的证明责任分配给了证券公司，考虑到普通投资者往往是以侵权案件的原告向证券公司提起诉讼，因而法律将证券公司行为构成误导、欺诈等本应作为权利发生基本事实的证明责任进行了特殊分配。

案例分析　能力训练

我国民事法律体系的完善意味着不再需要在《证据规定》中单独规定证明责任的特殊分配。通过民法中各类权利要件的学习，就可以理解是否存在证明责任的特殊分配。

第三节　证明标准

一、证明标准概述

所谓证明标准，是指法院在诉讼中认定案件事实所要达到的证明程度，是法院判断待证事实是否被证明的基准。在诉讼中，如果该待证事实的证明程度没有达到证明标准时，该待证事实就处于真伪不明的状态，或者该待证事实没有被证明。证明程度已达到证明标准时，法院就应当以该事实作为裁判的依据。

证明标准与当事人行使诉讼权利、法院行使审判权以及证明责任问题之间有密切的关系。当有争议的待证事实确定由一方当事人承担证明责任后，紧接着的问题就是，证明应当达到怎样的程度，才能使该待证事实被证明，摆脱真伪不明的状态。如果证明没有达到这一程度，便要由承担证明责任的一方当事人承担相应的不利后果。证明标准的意义在于，对当事人来讲，只有了解它的意义和要求，才能为达到证明标准而收集、提出证据，并对证据予以充分说明，而不至于在证据明显不足时贸然提起诉讼，或者在拥有充足证据时仍未提起诉讼。在诉讼中反证的运用也与证明标准有密切的关联。当负有证明责任的一方当事人的证明已经提出了足够多的证据并进行了充分的说明，法官有可能认定达到证明标准时，对方当事人就必须通过提出反证，将法官的心证拉回到证明标准以下，否则就可能因待证事实被证明而败诉。对于具体认定案件的法官而言，只有明确证明标准，才能够正确把握认定案件事实需要何种程度的证据，才能以此判断待证事实是否得到证明，进而要求当事人进一步补充证据加以证明。

二、民事诉讼的证明标准

理论上，民事诉讼的证明标准应当是一种盖然性的证明要求。所谓盖然性，是指法官从证据资料看，待证事实具有存在的某种可能性。这种事实存在的可能性具有一定的幅度，有较低的盖然性、较高的盖然性、高度的盖然性和充分确信。较低的盖然性无法使法官获得待证事实的确信。较高的盖然性是指证明达到了使法官相信待证事实有较大可能性存在的程度。高度盖然性是指证明虽然没有达到使法官相信待证事实必然存在的程度，但已经达到了有极大可能性或非常可能存在的程度。充分确信是指证明已经达到使法官没有任何合理理由怀疑待证事实存在，或者说达到了必然存在的程度。

一般而言，民事诉讼的证明标准是高度盖然性，这与刑事诉讼的证明标准有所不同，刑事诉讼的证明标准一般要求证明须达到充分确信，使法官确信的状态或能够排除一切合理怀疑。刑事诉讼的证明标准要高于民事诉讼，这是由两种诉讼不同的性质决定的。民事诉讼中，证据一般由当事人自己收集，如果民事诉讼也要求很高的证明标准，会使民事权利很难得以维护和实现，而且民事诉讼涉及的一般是私人人身权利、财产权利，不同于刑事诉讼涉及公共秩序、公共安全的维护。

但在个别情形下，民事诉讼的证明标准也可能发生变化。例如，对于举证特别困难的案件，为减轻当事人的举证负担，有利于权利维护，仅要求较高的盖然性即可。像手术完成后，在患者肚子里发现了手术遗留的纱布，就可以降低患者对医疗机构存在医疗过错的证明标准。又如，根据《证据规定》第86条第1款的规定，当事人对于欺诈、胁迫、恶意串通事实的证明，以及对于口头遗嘱或赠与事实的证明，人民法院确信该待证事实存在的可能性能够排除合理怀疑的，应当认定该事实存在。

第四节　证明程序

一、举证期限

（一）举证期限的概念及意义

1.举证期限的概念。

举证期限，是指法律规定的或法院指定的当事人提供证据的有效期限。

举证期限是一种要求当事人及时实施举证行为的制度。《民事诉讼法》第68条第2款规定：人民法院根据当事人的主张和案件审理情况，确定当事人应当提供的证据及其期限。当事人在该期限内提供证据确有困难的，可以向人民法院申请延长期限，人民法院根据当事人的申请适当延长。当事人逾期提供证据的，人民法院应当责令其说明理由；拒不说明理由或者理由不成立的，人民法院根据不同情形可以不予采纳证据，或者采纳证据但予以训诫、罚款。

2.举证期限制度的意义。

举证期限制度的设立，有利于促使当事人积极举证，提高诉讼效率；有利于防止证据上的“突袭”，有利于法院对诉讼争议问题和证据进行整理。

（二）举证期限的确定

举证期限的确定有两种情形：当事人协商和法院指定。《民诉解释》规定：人民法院应当在审理前的准备阶段确定当事人的举证期限。举证期限可以由当事人协商，并经人民法院准许。人民法院确定举证期限，第一审普通程序案件不得少于15日，第二审案件当事人提供新的证据的不得少于10日。简易程序举证期限不得超过15日，小额诉讼案件的举证期限一般不得超过7日。举证期限届满后，当事人提供反驳证据或者对已经提供证据的来源、形式等方面的瑕疵进行补正的，人民法院可以酌情再次确定举证期限，该期限不受前述规定的限制。存在下列情形的，举证期限按照如下方式确定：（1）当事人依照《民事诉讼法》第130条规定提出管辖权异议的，举证期限中止，自驳回管辖权异议的裁定生效之日起恢复计算；（2）追加当事人、有独立请求权的第三人参加诉讼或者无独立请求权的第三人经人民法院通知参加诉讼的，人民法院应当依照《证据规定》第51条的规定为新参加诉讼的当事人确定举证期限，该举证期限适用于其他当事人；（3）发回重审的案件，第一审人民法院可以结合案件具体情况和发回重审的原因，酌情确定举证期限；（4）当事人增加、变更诉讼请求或者提出反诉的，人民法院应当根据案件具体情况重新确定举证期限；（5）公告送达的，举证期限自公告期届满之次日起计算。

当事人在举证期限内提供证据存在客观障碍，属于《民事诉讼法》第68条第2款规定的“当事人在该期限内提供证据确有困难”的情形。人民法院应当根据当事人的举证能力、不能在举证期限内提供证据的原因等进行综合判断。必要时，可以听取对方当事人的意见。诉讼过程中，当事人主张的法律关系性质或者民事行为效力与人民法院根据案件事实作出的认定不一致的，人民法院应当将法律关系性质或者民事行为效力作为焦点问题进行审理。但法律关系性质对裁判理由及结果没有影响，或者有关问题已经当事人充分辩论的除外。存在上述情形，当事人根据法庭审理情况变更诉讼请求的，人民法院应当准许并可以根据案件的具体情况重新指定举证期限。

当事人申请延长举证期限的，应当在举证期限届满前向人民法院提出书面申请。申请理由成立的，人民法院应当准许，适当延长举证期限，并通知其他当事人。延长的举证期限适用于其他当事人。申请理由不成立的，人民法院不予准许，并通知申请人。

在过去，当事人逾期提交证据原则上会导致“失权”的后果，人民法院一般不再对此类证据组织质证，也不得将此类证据作为认定案件事实的根据。自2015年《民诉解释》施行以后，为了更好地平衡程序正义与实体正义，司法解释对逾期提交证据行为的后果的处理予以适当放宽。首先，当事人因故意或者重大过失逾期提供的证据，人民法院不予采纳。但该证据与案件基本事实有关的，人民法院应当采纳，并依照《民事诉讼法》第68条、第118条第1款的规定予以训诫、罚款。其次，当事人非因故意或者重大过失逾期提供的证据，人民法院应当采纳，并对当事人予以训诫。最后，当事人一方要求另一方赔偿因逾期提供证据致使其增加的交通、住宿、就餐、误工、证人出庭作证等必要费用的，人民法院可予以支持。

二、证据交换

我国民事诉讼中的证据交换，是指诉讼答辩期届满之后、开庭审理以前，在人民法院的主持下，当事人之间相互明示其持有证据的行为或过程。《民事诉讼法》第136条第4项对证据交换作了规定：“需要开庭审理的，通过要求当事人交换证据等方式，明确争议焦点。”

证据交换制度的主要内容包括下面几个方面：

1.证据交换制度的启动。证据交换被认为是法院诉讼管理的事项，因此证据交换在我国是由法院组织进行的。即便当事人没有提出证据交换申请，法院认为证据较多或者复杂疑难的案件，也应当进行证据交换。

2.证据交换须在审判人员的主持下进行。由审判人员对证据进行整理，没有异议的证据将记录在卷。这些证据在开庭中可免予质证。对有异议的证据，按照需要证明的事实分类记录在卷，并记载异议的理由。通过证据交换，确定双方当事人争议的主要问题。

3.证据交换的时间。对于证据较多或者复杂疑难的案件，证据交换的时间应当在答辩期间届满后、开庭审理前。如果将证据交换的时间提前至提交起诉状和提交答辩状期间届满前，则因为此时当事人双方之间对各自的主张还没有较充分的了解，起不到证据交换的效果。开庭审理后进行证据交换又失去了证据交换的意义。

应当注意的是，证据交换与举证时限有密切的关系，即证据交换受证据举证期间的限制，证据交换不能早于举证时限期间届满。因此，当人民法院组织当事人交换证据的，交换证据之日就是举证期限届满之日。当事人申请延期举证，经法院准许的，证据交换期日就要相应顺延。

关于证据交换时间的确定有两种方式：一种是当事人协商，另一种是法院指定。当事人协商的，需要经过法院认可。当事人可以协商在证据交换期间中的任何时间进行证据交换。

当事人收到对方的证据后有反驳证据需要提交的，人民法院应当再次组织证据交换。

三、人民法院调查收集证据

人民法院调查收集证据包括两种情形：一种是根据自己的需要依职权主动调查收集证据，另一种是根据当事人的申请调查收集证据。

（一）法院主动调查收集证据

根据《民事诉讼法》第67条第2款的规定，人民法院认为审理案件需要的证据，人民法院应当调查收集。由于民事诉讼贯彻处分原则和辩论原则，因此作为裁判依据的证据应当由当事人提出，当事人收集有困难的，可向法院申请调查收集，所以一般情况下，法院不宜依职权主动收集。主动收集将违背当事人诉讼权利平等原则、处分原则和辩论原则，因此应当对民事诉讼法所规定的"审理案件需要"加以限制。依照《民诉解释》第96条第1款的规定，"人民法院认为审理案件需要的证据"，是指以下情形：(1)涉及可能损害国家利益、社会公共利益的；(2)涉及身份关系的；(3)涉及《民事诉讼法》第58条规定的诉讼的；(4)当事人有恶意串通损害他人合法权益可能的；(5)涉及依职权追加当事人、中止诉讼、终结诉讼、回避等程序性事项的。

(二)法院根据当事人申请调查收集证据

根据《民事诉讼法》第67条第2款的规定，当事人及其诉讼代理人因客观原因不能自行收集的证据，人民法院应当调查收集。《民诉解释》进一步明确此种情况虽然人民法院应当收集，但必须有当事人的申请，并满足一定条件。这样的规定符合处分原则和辩论原则。

申请法院调查收集证据的条件是：

1.实质要件方面必须属于以下几种情形之一：(1)证据由国家有关部门保存，当事人及其诉讼代理人无权查阅调取的；(2)涉及国家秘密、商业秘密或者个人隐私的；(3)当事人及其诉讼代理人因客观原因不能自行收集的其他证据。

2.形式要件方面：(1)提出申请的人必须是当事人本人或其代理人。(2)须提交申请书。当事人申请法院调查收集证据的，在程序上还要向法院提出书面申请。申请书应当载明被调查人的姓名或者单位名称、住所地等基本情况、所要调查收集的证据名称或者内容、需要由人民法院调查收集证据的原因及其要证明的事实以及明确的线索。(3)符合申请提交的期限。当事人及其诉讼代理人申请人民法院调查收集证据，不得迟于举证期限届满。

当事人申请调查收集的证据，与待证事实无关联、对证明待证事实无意义或者其他无调查收集必要的，人民法院不予准许。法院对当事人及其诉讼代理人的申请不予准许的，应当通知申请人。当事人的申请被准许的，法院即按照有关调查的规定对有关证据进行调查和收集。

四、质证

(一)质证的概念

所谓质证，是指当事人、诉讼代理人及第三人在法庭的主持下，对当事人及第三人提出的证据就其真实性、合法性、关联性以及证明力的有无、大小予以说明和质辩的活动或过程。质证制度的意义在于，通过质证程序使审理更加公开，法院能够正确地认定证据，保障当事人的程序权利。

《民诉解释》第103条第1款规定，证据应当在法庭上出示，由当事人互相质证。未经当事人质证的证据，不得作为认定案件事实的根据。人民法院应当组织当事人围绕证据的真实性、合法性以及与待证事实的关联性进行质证，并针对证据有无证明力和证明力大小进行说明和辩论。

(二)质证的主体

质证的主体，是指在质证过程中对证据予以说明、质辩的主体。质证的主体范围包括当事人、诉讼代理人和第三人。法院是证据认定的主体，不是质证的主体。

(三)质证的客体

质证的客体，是指质证主体质证行为的对象。质证的客体是证据，其范围是当事人向法院提出的证据，包括根据当事人的申请由法院调查收集的证据。在质证时，根据当事人申请由法院调查收集的证据作为提出申请的一方当事人所提供的证据。

(四)质证的程序

在法庭审理中，质证按照以下程序进行：(1)原告出示证据，被告、第三人与原告进行质证；(2)被告出示证据，原告、第三人与被告进行质证；(3)第三人出示证据，原告、被告与第三人进行质证。

(五)质证中应当注意的几个问题

1.当事人在审理前的准备阶段或者人民法院调查、询问过程中发表过质证意见的证据，视为质证过的证据。

2.涉及国家秘密、商业秘密、个人隐私或者法律规定应当保密的证据，不得公开质证。但不公开质证并不等于不质证，不公开质证可以理解为质证涉及国家秘密、商业秘密和个人隐私的证据时，不得有不得接触该国家秘密、不该了解该商业秘密和知晓该隐私的人在场。

3.人民法院认为有必要的，可以要求当事人本人到庭，就案件有关事实接受询问。在询问当事人之前，可以要求其签署保证书。保证书应当载明据实陈述、如有虚假陈述愿意接受处罚等内容。当事人应当在保证书上签名或者捺印。当事人无正当理由拒不到场、拒不签署或宣读保证书或者拒不接受询问的，人民法院应当综合案件情况，判断待证事实的真伪。待证事实无其他证据证明的，人民法院应当作出不利于该当事人的认定。当事人应当就案件事实作真实、完整的陈述。当事人的陈述与此前陈述不一致的，人民法院应当责令其说明理由，并结合当事人的诉讼能力、证据和案件具体情况进行审查认定。当事人故意作虚假陈述妨碍人民法院审理的，人民法院应当根据情节，依照《民事诉讼法》第114条的规定进行处罚。

4.人民法院可以对出庭的具有专门知识的人进行询问。经法庭准许，当事人可以对出庭的具有专门知识的人进行询问，当事人各自申请的具有专门知识的人可以就案件中的有关问题进行对质。具有专门知识的人不得参与专业问题之外的法庭审理活动。

5.鉴定人依照《民事诉讼法》第81条的规定出庭作证的，人民法院应当在开庭审理3日前将出庭的时间、地点及要求通知鉴定人。委托机构鉴定的，应当由从事鉴定的人员代表机构出庭。鉴定人应当就鉴定事项如实答复当事人的异议和审判人员的询问。当庭答复确有困难的，经人民法院准许，可以在庭审结束后书面答复。人民法院应当及时将书面答复送交当事人，并听取当事人的意见。必要时，可以再次组织质证。

鉴定人拒不出庭作证的，鉴定意见不得作为认定案件事实的根据。人民法院应当建议有关主管部门或者组织对拒不出庭作证的鉴定人予以处罚。当事人因鉴定人拒不出庭作证申请重新鉴定的，人民法院应当准许。

经法庭许可，当事人可以询问鉴定人、勘验人。询问鉴定人、勘验人不得使用威胁、侮辱等不适当的言语和方式。

6.证人应当出庭，接受审判人员和当事人的询问，这是对证人证言进行质证的基本形式。但如果证人在审理前的准备阶段或者人民法院调查、询问等双方当事人在场时陈述证言的，视为出庭作证，可以不用再专门进行质证。

证人在出庭作证之前应当签署保证书，并在法庭上宣读保证书的内容。但无民事行为能力人和限制民事行为能力人作为证人的除外。证人拒绝签署或者宣读保证书的，不得作证。证人确有困难不能出庭作证，经人民法院同意，可以以书面证言、视听传输技术或者视听资料等方式作证。

证人作证时应当客观陈述其亲身感知的事实，不得使用猜测、推断或者评论性语言。证人作证前也不得旁听法庭审理，作证时应当就其作证的事项进行连续陈述，不得宣读事先准备的书面材料。

对证人证言质证的方式主要是对证人进行询问。审判人员以及获得审判人员许可的当事人及其诉讼代理人都可以对证人进行询问；但当事人及其诉讼代理人对证人的询问与待证事实无关，或者存在威胁、侮辱证人或不适当引导证人等情形的，审判人员应当及时制止。人民法院认为有必要的，还可以要求证人之间进行对质。

7.对书证、物证、视听资料进行质证时，当事人有权要求出示证据的原件或者原物，但出示原件或者原物确有困难（不宜搬动或不易保存），可以提供人民法院核对无异的复制件或者复制品的除外。要求出示证据的原件或者原物主要目的在于有效地质证证据的法律效力和证明力。

五、认证

（一）认证的概念

所谓认证，是指法庭对经过质证或者当事人在证据交换中认可的各种证据材料作出审查判断，确认其能否作为认定案件事实的根据。

认证的目的是确认证据能否作为认定案

件事实的依据，是正确认定案件事实的前提和基础。认证的具体内容是对作为认证对象的证据资料是否具有证明力及证明力大小进行审查确认。

（二）认证的基本要求

认证的正确与否关系到公正裁判与否。认证虽然是审判人员的判断，但这种判断并不是主观随意的，必须遵循基本要求和原则性规范。人民法院应当按照法定程序，全面、客观地审核证据，依照法律规定，运用逻辑推理和日常生活经验法则，对证据有无证明力和证明力大小进行判断，并公开判断的理由和结果。

当事人对认证理由和结果有异议的，可以向法庭提出自己的意见，但应当服从法庭对证据的最终认定。

（三）认证的方法

审判人员对单一证据可以从下列方面进行审核认定：（1）证据是否为原件、原物，复制件、复制品与原件、原物是否相符；（2）证据与本案事实是否相关；（3）证据的形式、来源是否符合法律规定；（4）证据的内容是否真实；（5）证人或者提供证据的人，与当事人有无利害关系。

审判人员对案件的全部证据，应当从各证据与案件事实的关联程度、各证据之间的联系等方面进行综合审查判断。

《民诉解释》第104条第2款规定，能够反映案件真实情况、与待证事实相关联、来源和形式符合法律规定的证据，应当作为认定案件事实的根据。

对以严重侵害他人合法权益、违反法律禁止性规定或者严重违背公序良俗的方法形成或者获取的证据，不得作为认定案件事实的根据。

（四）认证中应当注意的几个问题

1.关于调解或和解认可的事实能否作为证据的问题。《民诉解释》第107条规定，在诉讼中，当事人为达成调解协议或者和解协议作出妥协而认可的事实，不得在后续的诉讼中作为对其不利的根据，但法律另有规定或者当事人均同意的除外。

2.不能独立作为认定案件事实的依据。认证应当是法官根据具体情况，按照认证的基本要求和原则进行的，但为了防止认定的随意性，对有些能够确定的情形，制度上也会规定具体的认证规则。例如，按照《证据规定》第90条，下列证据不能单独作为认定案件事实的依据：（1）当事人的陈述；（2）无民事行为能力人或者限制民事行为能力人所作的与其年龄、智力状况或者精神健康状况不相当的证言；（3）与一方当事人或者其代理人有利害关系的证人陈述的证言；（4）存有疑点的视听资料、电子数据；（5）无法与原件、原物核对的复制件、复制品。

3.当事人对欺诈、胁迫、恶意串通事实的证明，以及对口头遗嘱或者赠与事实的证明，人民法院确信该待证事实存在的可能性能够排除合理怀疑的，应当认定该事实存在。

4.与诉讼保全、回避等程序事项有关的事实，人民法院结合当事人的说明及相关证据，认为有关事实存在的可能性较大的，可以认定该事实存在。

5.对负有举证证明责任的当事人提供的证据，人民法院经审查并结合相关事实，确信待证事实的存在具有高度可能性的，应当认定该事实存在。对一方当事人为反驳负有举证证明责任的当事人所主张事实而提供的证据，人民法院经审查并结合相关事实，认为待证事实真伪不明的，应当认定该事实不存在。

6.国家机关或者其他依法具有社会管理职能的组织，在其职权范围内制作的文书所记载的事项推定为真实，但有相反证据足以推翻的除外。必要时，人民法院可以要求制作文书的机关或者组织对文书的真实性予以说明。

7.单位向人民法院提出的证明材料，应当由单位负责人及制作证明材料的人员签名或者盖章，并加盖单位印章。人民法院就单位出具的证明材料，可以向单位及制作证明材料的人员进行调查核实。必要时，可以要求制作证明材料的人员出庭作证。单位及制作证明材料的人员拒绝人民法院调查核实，或者制作证明材料的人员无正当理由拒绝出庭作证的，该证明材料不得作为认定案件事实的根据。

8.对于电子数据的真实性，人民法院应当综合考察以下内容：（1）生成、存储、传输电子数据所依赖的客观物质环境是否完整可靠；（2）保存、传输、提取电子数据的方法是否可靠，主体是否适当，形成过程是否正常；（3）电子数据的提供主体是否适当，如果是由适当的主体提供，例如，中立第三方平台或者以档案管理方式保管提供，则一般应当认定其具有真实性。

【本章主要法律规定】

1.《民事诉讼法》第66～84条

2.最高人民法院《关于适用〈中华人民共和国民事诉讼法〉的解释》第90～124条

3.最高人民法院《关于民事诉讼证据的若干规定》

第九章
人民法院调解

本章主要内容提示

本章重点是人民法院调解制度在民事诉讼中的具体运用，包括相关的程序和法律后果。

1.人民法院调解制度在民事诉讼中占有十分重要的地位，人民法院调解既是基本原则，又是具体诉讼制度。

2.人民法院调解制度的核心在于调解中的具体制度规则，如调解的适用范围，调解运用时应当注意的问题，调解结案与判决结案的不同，调解的效力，等等。

第一节 人民法院调解概述

一、人民法院调解的概念和性质

人民法院调解，又称诉讼中调解，是指在民事诉讼中双方当事人在法院审判人员的主持和协调下，就案件争议的问题进行协商，从而解决纠纷所进行的活动。

人民法院调解包括调解活动的进行和以调解的方式结案。在诉讼中进行了调解活动，但因各种原因，没有形成调解协议，仍应当认为人民法院进行了调解。

二、人民法院调解与诉讼外调解、诉讼中和解的区别

(一) 人民法院调解与诉讼外调解的区别

与诉讼外调解相比较，人民法院调解有以下特点：

1.人民法院调解发生在诉讼过程中。当事人在此过程中所进行的行为，属诉讼行为，对当事人产生诉讼上的法律效力。诉讼外调解发生在诉讼之外，当事人的行为无诉讼上的意义。

2.人民法院调解是在人民法院审判人员的主持下进行的。人民法院进行调解活动，依据的是其审判职权，所进行的活动属于审判活动，具有诉讼上的意义，具有司法的性质。诉讼外调解的主持者是人民调解委员会的委员、行政机关的工作人员、仲裁机构的仲裁员、行业调解协会的调解员等，所进行的活动不属于审判活动，不具有司法的性质。

应当注意的是，根据2020年修正的最高人民法院《关于人民法院民事调解工作若干问题的规定》(以下简称《民事调解规定》)第1条的规定，在诉讼中经各方当事人同意，人民法院可以委托与当事人有特定关系或者与案件有一定联系的企业事业单位、社会团体或者其他组织，和具有专门知识、特定社会经验、与当事人

有特定关系并有利于促成调解的个人对案件进行调解，达成调解协议后，人民法院应当依法予以确认。根据《人民调解法》和《民事诉讼法》规定，具有给付内容的人民调解协议书，当事人可以在法律规定的条件下向法院请求司法确认，法院经司法确认程序，依法制作确认人民调解协议书的裁定，该裁定可以作为执行的根据。

3.人民法院调解要遵循一定的法律原则和程序。在我国，根据《民事诉讼法》的规定，人民法院调解要遵循当事人自愿和合法的原则，应当在事实清楚的基础上，分清是非，进行调解。人民法院组织调解还需要遵守一定的程序。诉讼外调解虽然也要求当事人自愿和合法，但这对他们而言不是法律规定的原则，在查清事实和分清是非的问题上不像法院调解那样严格。在程序上，诉讼外调解也不如法院调解规范。

4.人民法院调解如果成功，其所形成的调解书或不需要制作调解书的调解协议生效后，与生效的判决书具有同等的法律效力。人民法院制作的调解书送达双方当事人，双方当事人签收送达的调解书后，即具有法律效力，诉讼结束；对不需要制作调解书的调解协议，应当记入笔录，由双方当事人、审判人员、书记员签名或者盖章后，即具有法律效力，诉讼结束。具有给付内容的调解书具有执行力。诉讼外调解，除仲裁机构制作的调解书对当事人有拘束力外，在其他机构调解人员主持下达成的调解协议，未经人民法院的司法确认，对当事人只有相当于合同的效力。

（二）人民法院调解与诉讼中和解的区别

诉讼中和解，是指当事人在诉讼过程中通过自行协商，就案件争议问题达成协议，并共同向法院陈述协议的内容，要求结束诉讼从而终结诉讼的制度。人民法院调解与诉讼中和解相比较，有以下几点区别：

1.性质不同。前者含有法院行使审判权的性质，后者则是当事人在诉讼中对自己诉讼权利和实体权利的处分。

2.参加的主体不同。前者由法院和双方当事人共同参加，后者由双方当事人自行参加。

3.效力不同。根据人民法院调解达成协议制作的调解书生效后，诉讼归于终结，有给付内容的调解书具有执行力；当事人在诉讼中和解的，一般由原告申请撤诉，经法院裁定准许后结束诉讼，和解协议不具有执行力。

应当注意的是，人民法院调解与诉讼中和解并不是完全没有关系。根据《民事调解规定》第2条规定，二者的联系表现为以下两点：第一，当事人在诉讼过程中自行达成和解协议的，当事人可以申请人民法院依法确认和解协议并制作调解书。第二，当事人在和解过程中可以申请人民法院对和解活动进行协调，人民法院可以委派审判辅助人员或者邀请、委托有关单位和个人从事协调活动。

第二节　人民法院调解的原则

人民法院调解的原则，是指法院在进行调解时应遵循的行为准则。根据《民事诉讼法》第96条的规定，人民法院应当遵循以下三项原则。

一、当事人自愿原则

当事人自愿原则，是指无论是调解活动的进行还是调解协议的形成，都要建立在当事人自愿的基础上。该项原则的具体要求是：第一，在程序上，以调解的方式解决纠纷，须基于当事人自愿；第二，在实体上，达成调解协议，须尊重当事人的意愿。《民诉解释》第145条规定，人民法院审理民事案件，应当根据自愿、合法的原则进行调解。当事人一方或者双方坚持不愿调解的，应当及时裁判。人民法院审理离婚案件，应当进行调解，但不应久调不决。

二、查明事实与分清是非的原则

查明事实与分清是非的原则是指人民法院调解应当在事实已经基本清楚、当事人之间的权利义务关系已经基本明了的基础上进行。该项原则的具体要求是：人民法院进行调解活动，必须在基本查明案件事实，分清当事人是非的基础上进行。人民法院不应在对事实缺乏基本了解把握的情况下，贸然开始调解活动。

三、合法原则

合法原则，是指人民法院调解在程序上要遵循法律程序，形成的调解协议不可违反国家的法律规定的原则。该项原则的具体要求是：第一，人民法院进行调解活动，程序上要合法。当事人不愿进行调解或不愿继续进行调解的，不应诱骗、强迫当事人进行调解；调解未成的，不应久调不决，而应及时判决；等等。第二，人民法院进行调解，调解协议内容应当不违反国家的法律规定。根据《民事调解规定》第10条的规定，调解协议具有下列情形之一的，人民法院不予确认：（1）侵害国家利益、社会公共利益的；（2）侵害案外人利益的；（3）违背当事人真实意思的；（4）违反法律、行政法规禁止性规定的。

第三节　人民法院调解的程序

一、调解的开始

《民诉解释》第142条及第143条规定，人民法院受理案件后，经审查，认为法律关系明确、事实清楚，在征得当事人双方同意后，可以径行调解。但适用特别程序、督促程序、公示催告程序的案件，婚姻等身份关系确认案件以及其他依案件性质不能进行调解的民事案件，不得调解。

根据《民事诉讼法》的相关规定，人民法院调解在诉讼的各阶段、各审级中均可进行，甚至在起诉以后尚未立案之前，也可以进行调解。具体来讲，在立案以前，如果当事人不反对，而人民法院又认为该案件适宜调解的，可以先行调解，再通过诉调对接的方式，固定调解结果；在立案以后，人民法院在一审、二审和再审的各个阶段均可以进行调解。庭审中的调解，通常情况下是在法庭辩论结束后进行。根据司法实践，调解可以当庭进行，也可以在休庭之后另定日期进行。调解的开始，一般由当事人提出申请，法院也可以依职权主动提出建议，在征得当事人同意后开始调解。

二、调解的进行

人民法院的调解在审判人员的主持下进行。调解工作既可以由合议庭共同主持，也可以由合议庭中的一个审判员主持。调解既可以在法庭上进行，也可以在当事人所在地进行。法院进行调解，可以用简便方式通知当事人、证人到庭。法院进行调解，可以邀请有关单位和个人协助。被邀请的单位和个人，应当协助法院进行调解。这里所说的有关单位和个人，主要是指当事人所在的单位或对案件事实有所了解的单位以及当事人的亲友。由他们来协助调解，有利于缓解诉讼的紧张气氛，解除当事人思想上的一些疑虑，促成调解协议的达成。

人民法院调解应当在当事人的参加下进行。当事人应当出庭，当事人不能出庭的，经其特别授权，可由其委托代理人参加调解，达成的调解协议，可由委托代理人签名。

调解原则上要采取面对面的形式。根据《民事调解规定》第5条的规定，法院根据需要也可以对当事人分别作调解工作。无诉讼行为能力的当事人进行调解，应当由其法定代理人代为进行。离婚案件原则上应由当事人亲自参加调解，确有困难无法亲自参加调解的，本人不能表达意志的除外，当事人应就离与不离问题出具书面意见。

调解协议通常是在调解方案的基础上形成的。调解方案原则上应当由当事人自己提出，双方当事人都可以提出调解方案。根据《民事调解规定》第6条的规定，主持调解的人员也可以提出调解方案供当事人协商时参考。调解协议的内容超出当事人提出的诉讼请求的，只要不违反自愿原则、合法原则，人民法院可以准许。调解协议可以约定一方提供担保或者案外人为当事人提供担保。当事人或案外人提供担保符合《民法典》规定的条件时生效。案外人提供担保的，人民法院在制作调解书时应当列明担保人，并将调解书送交担保人。担保人不签收调解书的，不影响调解书生效。

《民诉解释》第146条第1、3款规定，民事案件的调解过程不公开，但当事人同意公开的除外。主持调解以及参与调解的人员，对调解过程以及调解过程中获悉的国家秘密、商业秘密、个人隐私和其他不宜公开的信息，应当保守秘密，但为保护国家利益、社会公共利益、他人合法权益的除外。在调解中，当事人对对方当事人主张的事实予以认可，但最终双方当事人未能达成调解协议的，该事实的认可在之后的诉讼中无效。

三、调解的结束

调解因当事人拒绝继续调解或双方达成调解协议而结束。当事人拒绝继续调解而未达成调解协议的，人民法院应当对案件继续审理，并及时作出裁判。调解达成协议的应要求双方当事人在调解协议上签名或者盖章，并根据情况决定是否制作调解书。根据《民诉解释》第146条第2款的规定，调解协议内容不公开，但为保护国家利益、社会公共利益、他人合法权益，人民法院认为确有必要公开的除外。

第四节　调解书及调解的效力

一、调解书

调解书是人民法院以调解协议为主要内容制作的法律文书。《民事诉讼法》第100条第1、2款规定，调解达成协议，法院应当制作调解书。调解书应当写明诉讼请求、案件的事实和调解结果。调解书由审判人员、书记员署名，加盖人民法院印章，送达双方当事人。

制作调解书的目的是明确当事人之间的权利义务关系，同时也表明法院对当事人之间的协议予以认可。因此，法律规定，法院通过调解活动，当事人自愿达成调解协议的，一般应制作调解书。但是在某些特殊情况下，当事人达成调解协议的，法律规定可以不制作调解书。根据《民事诉讼法》第101条的规定，可以不制作调解书的案件有：（1）调解和好的离婚案件；（2）调解维持收养关系的案件；（3）能够即时履行的案件；（4）其他不需要制作调解书的案件。对于不需要制作调解书的调解协议，应当记入笔录，由双方当事人、审判人员、书记员签名或盖章后，即具有法律效力。

调解书由法院按照法定的格式依据调解协议的内容制作。调解书的具体内容主要包括：首部包括制作调解书的法院的名称、案件的编号、当事人及其诉讼代理人的基本情况、案由等。主文包括案件的事实和调解的结果，该部分为调解书的核心部分。要求写得具体、明确，尤其是调解的结果部分，以避免当事人在履行调解书时发生争议。尾部包括案件审判人员、书记员的签名、调解书的制作时间和法院的印章。

《民诉解释》第148条规定，当事人自行和解或者调解达成协议后，请求人民法院按照和解协议或者调解协议的内容制作判决书的，人民法院不予准许。无民事行为能力人的离婚案件，由其法定代理人进行诉讼。法定代理人与对方达成协议要求发给判决书的，可根据协议内容制作判决书。

二、调解的效力

调解的效力，是指人民法院主持调解成功，双方当事人达成调解协议，并依法定程序接受调解协议所产生的法律后果。

（一）调解发生效力的时间

双方当事人达成调解协议的，对于不需要制作调解书的案件而言，双方当事人、审判人员、书记员在调解协议上签名或盖章后，调解即具有法律效力。该类案件，当事人请求制作调解书的，人民法院审查确认后可以制作调解书送交当事人。当事人拒收调解书的，不影响调解协议的效力。需要制作调解书的案件，调解书需经当事人签收后才发生法律效力的，应当以最后收到调解书的当事人签收的日期为调解书生效日期。除《民事诉讼法》规定的不需要制作调解书的案件外，一般情况下，调解书送达之前，当事人一方或双方反悔的或调解书送达时当事人拒绝签收的，调解不成立，法院应对案件继续进行审理。

《民事调解规定》第12条规定，对调解书的内容既不享有权利又不承担义务的当事人不签收调解书的，不影响调解书的效力。《民诉解释》第150条规定，人民法院调解民事案件，需由无独立请求权的第三人承担责任的，应当经其同意。该第三人在调解书送达前反悔的，人民法院应当及时裁判。

（二）调解的法律效力

调解协议或调解书生效后，与生效判决具有同等的法律效力，具体表现在以下几个方面：

1.诉讼结束，当事人不得以同一事实和理由再行起诉。换言之，生效调解书与生效判决书一样，禁止对同一案件重复起诉。

2.一审的调解协议或调解书发生法律效力后，当事人不得上诉。

3.当事人在诉讼中争议的法律关系中的争议归于消灭，当事人之间实体上的权利义务关系依调解协议的内容予以确定。

4.具有给付内容的调解书，具有强制执行力。当负有履行调解书义务的一方当事人未按调解书履行义务时，权利人可以根据调解书向人民法院申请强制执行。

三、相关问题的处理

《民诉解释》第144条规定，人民法院审理民事案件，发现当事人之间恶意串通，企图通过和解、调解方式侵害他人合法权益的，应当依照《民事诉讼法》第115条的规定处理，即驳回原告的诉讼请求，并根据情节的轻重予以罚款、拘留；构成犯罪的，依法追究刑事责任。当事人单方捏造民事案件基本事实，向人民法院提起诉讼，企图侵害国家利益、社会公共利益或者他人合法权益的，适用上述规定。

《民事调解规定》就调解中的一些问题作了具体的规定。

第13条规定，当事人以民事调解书与调解协议的原意不一致为由提出异议，法院审查后认为异议成立的，应当根据调解协议裁定补正民事调解书的相关内容。第14条规定，当事人就部分诉讼请求达成调解协议的，法院可以就此先行确认并制作调解书。当事人就主要诉讼请求达成调解协议，请求法院对未达成协议的诉讼请求提出处理意见并表示接受该处理结果的，法院的处理意见是调解协议的一部分内容，制作调解书的记入调解书。

第15条规定，调解书确定的担保条款条件或者承担民事责任的条件成就时，当事人申请执行的，法院应当依法执行。不履行调解协议的当事人按照前款规定承担了调解书确定的民事责任后，对方当事人又要求其承担《民事诉讼法》第264条规定的迟延履行责任的，法院不予支持。

【本章主要法律规定】

1.《民事诉讼法》第96～102条

2.最高人民法院《关于适用〈中华人民共和国民事诉讼法〉的解释》第142～151条

3.最高人民法院《关于人民法院民事调解工作若干问题的规定》

4.《人民调解法》

第十章
民事诉讼保障制度

本章主要内容提示

本章的重点是重要的期间、送达、保全、先予执行、对妨害民事诉讼的强制措施的相关制度规则。

1.应注意一些重要的期间的规定，如答辩期、上诉期、申请再审期等。

2.应当知晓期间耽误的法律后果，以及法定期间与指定期间的区别。

3.掌握各种送达方式的具体运用，包括适用的具体条件和送达后的法律后果。

4.知晓对各类特定文书在送达方式上的限制，如调解书不可适用留置送达和公告送达，支付令不可适用公告送达。

5.保全的类型包括财产保全、行为保全和证据保全，比较三者在适用条件上的差异。

6.对《民诉解释》和其他重要司法解释中关于保全的具体规则予以关注，明确保全的法定条件及其例外规则。

7.比较财产保全与先予执行在适用条件上的区别。

8.妨害民事诉讼行为的构成：主体包括案外人，主观上需故意，时间上一般是在诉讼过程中。

9.对妨害民事诉讼的强制措施的具体适用：主要在于拘传、罚款和拘留的适用条件，须注意比较其相互之间的区别。

第一节　期　　间

一、期间的概念

期间，是指法院、诉讼参与人进行或完成某种诉讼行为应遵守的时间。狭义的期间指的是期限，广义的期间包括期限和期日。

期限，是指法院或诉讼参与人单独完成或进行某种诉讼行为的一段时间。比如，《民事诉讼法》规定，人民法院决定受理起诉或裁定不予受理的期限是7日，当事人不服一审判决的上诉期限为15日。

期日，是指法院与当事人、其他诉讼参与人会合进行一定诉讼活动的日期。比如，案件的开庭期日、案件的宣判期日等。

二、期间的种类

根据《民事诉讼法》第85条第1款的规定，期间包括法定期间和人民法院指定的期间。这里的期间是指期限，不包括期日。

（一）法定期间

法定期间，是指由法律明文规定的期间。行为主体在法定期间内依法实施的诉讼行为具有法律效力，而不遵守法定期间，行为主体则丧失了实施某种诉讼行为的权利，即使实施了该行为，也不产生相应的法律效力。比如，当事人不服一审判决的上诉期间为15日，超过该法定期限，当事人即丧失了行使上诉权的机会，即使坚持将上诉状提交给法院，也不会产生上诉的法律后果。

法定期间包括绝对不可变期间和相对不可变期间。绝对不可变期间，是指该期间经法律确定后，任何机构和人员都不得改变，如当事人申请再审的期间等。相对不可变期间，是指该期间经法律确定后，在通常情况下不可改变，但遇到有关法定事由，法院可对其依法予以变更，如一审的案件审理期间，适用诉讼时效中止、中断、延长等规则的期间等。

（二）指定期间

指定期间，是指人民法院根据案件审理时遇到的具体情况和案件审理的需要，依职权决定当事人及其他诉讼参与人进行或完成某种诉讼行为的期间，如法院指定当事人补正诉状的期间、限定当事人提供证据的期间等。指定期间在通常情况下不应任意变更，但如遇有特殊情况，法院可依职权变更原指定的期间。

三、期间的计算

根据《民事诉讼法》第85条的规定，期间按下列方法进行计算：

1.期间以时、日、月、年作为表示单位。

2.期间的起算，期间开始的时、日，不计算在期间内。例如，当事人于2018年3月13日接到一审判决书，上诉期为15日，其具体上诉期为2018年3月14日至28日。

3.法定期间或指定期间的最后一日是法定休假日的，以法定休假日后的第一日为期间届满的日期。法定休假日是指国家法定的公众节假日，如元旦、春节、劳动节、国庆节及星期六、星期日等。不包括非公众的、只适用于特定群体的节假日，如教师节、学校的寒暑假等。应当注意，法定期间或指定期间的开始日以及期间中的一些日期是法定休假日的，应当计算在期间内而不应从期间中扣除。

4.诉讼文书的在途期间不包括在期间内。诉讼文书在期满前交邮的，无论人民法院收到诉讼文书是在原定的期间内还是超过了原定的期间届满日，均不算过期。该诉讼文书的交付日期，以该文书交邮时邮局在该文书邮件上所盖的邮戳上的日期为准。应当注意，法律规定的在途期间不计算在内的期间，只是指诉讼文书的在途期间，而不包括当事人为进行诉讼行为而产生的在途期间。

四、期间的耽误和延展

期间的耽误，是指当事人在法定期间或指定期间内，没有进行或完成应进行或完成的行为。在通常情况下，当事人耽误了期间，意味着其丧失了实施有关诉讼行为的资格，即使其实施了有关诉讼行为，也不产生相应的法律后果。但是，期间的耽误，是出于不可抗力或非当事人主观方面的过失等原因，在此情况下，法律允许当事人申请延展有关期间。

《民事诉讼法》第86条规定：当事人因不可抗拒的事由或者其他正当理由耽误期限的，在障碍消除后的10日内，可以申请顺延期限，是否准许，由人民法院决定。这一规定表明当事人耽误期间是因不可抗力，即是因当事人不可预见、无法避免的客观情况，如地震、洪水等自然灾害；或因有正当的理由，如必须参加一个关系到国家重大利益的活动等，而使当事人无法在规定的期间内进行或完成诉讼行为。在这些情况下，当事人可以申请顺延期间。当事人申请顺延期间的，应当在出现妨碍诉讼行为的有关障碍消除后的10日内提出。

第二节　送　达

一、送达的概念

民事诉讼中的送达，是指法院依法定的程序和方式将诉讼文书和法律文书送交当事人及其他诉讼参与人的行为。

送达具有以下特征：送达是法院的职权行为，因此，当事人向法院送交诉讼文书的行为不是送达；送达应当依法定的程序和方式进行，未按法定的程序和方式进行送达不产生送达的法律后果；送达的对象是当事人以及诉讼参与人，送交的是诉讼文书和法律文书；送达的地址具有恒定性，当事人在后续诉讼和执行程序中未书面变更送达地址的，其在第一审程序中确认的送达地址可以作为第二审程序、审判监督程序、执行程序的送达地址。

二、送达回证

送达回证，是指人民法院用以证明完成了送达行为的格式化的诉讼文书，其基本内容包括：送达法院的名称，受送达人，送达的诉讼文书的名称，送达的处所和时间，送达的基本情况，受送达人或有关见证人的签名或盖章。

三、送达方式

送达方式，是指法院进行送达所采用的方法。《民事诉讼法》第87～95条对送达方式作了规定，具体规定的送达方式有以下几种。

（一）直接送达

直接送达，是指由法院的送达人员将需送达的诉讼文书、法律文书直接交给受送达人或其同住成年家属、代收人、诉讼代理人的送达方式。根据《民事诉讼法》的有关规定和最高人民法院的有关司法解释，送达时，受送达人本人不在的，可交给其同住的成年家属签收（离婚诉讼中，向一方当事人送达时，在受送达人不在的情况下，不可以交给在身份上既是该方当事人的成年家属又作为另一方当事人的人代收）；受送达人指定了代收人的，可交给代收人签收。向法人或者其他组织送达诉讼文书，应当由法人的法定代表人、其他组织的主要负责人或者办公室、收发室、值班室等负责收件的人签收或盖章。受送达人有诉讼代理人的，人民法院既可以向受送达人送达，也可以向诉讼代理人送达。

在现实中，大量的直接送达是人民法院通知当事人到人民法院领取。根据《民诉解释》的规定，当事人到达人民法院，拒绝签署送达回证的，视为送达。审判人员、书记员在送达回证上注明送达情况并签名，即可视为完成直接送达。

（二）电子送达

电子送达，是指人民法院采用传真、电子邮件等信息化手段，将送达文书的电子版本发送至受送达人的接收终端的送达方式。随着社会科技水平的不断发展，电子技术和手段在人们的生活中发挥着越来越重要的作用，既节约了沟通交流的成本，又提高了文件传递的效率。因此，《民事诉讼法》将电子送达确定为法定的送达方式，奠定了电子送达的合法地位。2021年《民事诉讼法》修正时，第90条将判决书、裁定书、调解书也纳入了电子送达的客体范围。然而，由于电子送达属于新生事物，存在一些不确定性问题，因此立法者也对其适用予以较多的限制：第一，电子送达的前提是受送达人同意，并向法院提供电子送达的地址，受送达人应当在送达地址确认书中予以确认。第二，电子送达的判决书、裁定书、调解书，受送达人提出需要纸质文书的，人民法院应当提供。由于电子送达无法直接签收，因而《民事诉讼法》规定，电子送达的送达日期为送达信息到达受送达人特定系统的日期。

（三）留置送达

留置送达，是指在向受送达人或有资格接受送达的人送交需送达的诉讼文书、法律文书时，受送达人或有资格接受送达的人拒绝签收，送达人依法将诉讼文书、法律文书留放在受送达人住所的送达方式。留置送达适用的条件是受送达人或有资格接受送达的人拒绝签收需送达的诉讼文书或法律文书。在进行留置送达时，送达人可以邀请有关基层组织或受送达人所在单位的代表到场作为见证人，法院的送达人员向见证人说明情况，在送达回证上记明受送达人拒收的事由和送达的日期，由送达人、见证人在送达回证上签名或盖章。法院也可以把诉讼文书留在受送达人的住所，并采取拍照、录像等方式记录送达过程，即产生留置送达的法律效果。此外，人民法院在定期宣判时，当事人拒不签收判决书、裁定书的，也应视为送达，并在宣判笔录中记明。

（四）委托送达

委托送达，是指受诉人民法院直接送达确有困难，而委托其他人民法院将需送达的诉讼文书送交受送达人的送达方式。委托送达，应当是在负责送达的法院进行直接送达有困难的情形下进行；委托送达的只能是其他法院，而不可以委托其他机构或组织。在程序上，委托法院应当出具委托函，并附需要送达的诉讼文书和送达回证。接受委托的法院应当自收到委托函及相关诉讼文书之日起10日内代为送达，受送达人在送达回证上签收的日期为送达日期。

（五）邮寄送达

邮寄送达，是指受诉人民法院在直接送达有困难的情况下，通过邮局以挂号信、司法专递的方式将需送达的诉讼文书或法律文书邮寄给受送达人的送达方式。根据最高人民法院的有关司法解释，邮寄送达，应当附有送达回证。受送达人未在送达回证上签收但在邮件回执上签收的，视为送达，签收日期为送达日期。

（六）转交送达

转交送达，是指受诉法院基于受送达人的有关情况而将需送达的诉讼文书、法律文书交有关机关、单位转交受送达人的送达方式。根据民事诉讼法有关规定，适用转交送达的情况有三种：第一，受送达人是军人的，通过其所在部队团以上单位的政治机关转交；第二，受送达人被监禁的，通过其所在监所转交；第三，受送达人被采取强制性教育措施的，通过其所在强制性教育机构转交。负责转交的机关、单位在收到诉讼文书、法律文书后，必须立即交受送达人签收，受送达人在送达回证上注明的签收日期为送达日期。

（七）公告送达

公告送达，是指受诉人民法院在受送达人下落不明或采取上述方法均无法送达时，而将需送达的诉讼文书、法律文书的主要内容予以公告，公告经过一定期限即产生送达后果的送达方式。公告送达实际上是一种推定送达，即公告后受送达人有可能知道公告内容，也可能不知道公告的内容，但法律规定均视为送达。按照《民事诉讼法》第95条的规定，自发出公告之日起，经过30日，即视为送达。法院采取公告的方式送达，应当在案卷中记明公告送达的原因和公告送达的经过。

四、送达的效力

送达的效力，是指诉讼文书或法律文书送达后所产生的法律后果。送达的效力因所送达的诉讼文书或法律文书的内容不同，而有不同的体现。送达的法律效力有以下几方面的表现：

1.判决书、调解书的效力开始发生。比如，二审判决书，一审、二审的调解书送达后，判决书、调解书发生法律效力。

2.有关的诉讼期限开始计算。例如，一审判决书送达后，当事人上诉期限从送达的次日起开始计算。

3.当事人及其他诉讼参与人知晓应在何时参加某一诉讼活动，若不参加，将承担相应的法律后果。例如，被告接到传票传唤，无正当理由不到庭，法院可缺席判决；被告必须到庭的，可强制其到庭。

4.标志着有关诉讼法律关系的产生或消灭。比如，法院向被告送达起诉状副本，标志着法院与被告产生了诉讼上的法律关系；法院向当事人送达了二审判决，标志着人民法院与当事人诉讼上的法律关系消灭。

第三节　保　　全

一、保全的概念与对象

民事保全，是指为保证执行将来的判决或者保证实现债权人权利，人民法院根据利害关系人的申请，或者依据职权，对相关财产采取保护措施，或者命令债务人为或者不为一定行为的制度。保全制度的意义主要在于维护利害关系人和当事人的合法权益，保证法院裁判在社会实践中能得到真正的实现，避免损害的扩大。

根据保全的对象，可以将民事保全具体划分为财产保全、行为保全、证据保全等类型。其中证据保全已经在本书第七章中作了介绍。财产保全，是指人民法院根据申请或者依照职权，依法对相关主体的财产采取强制性保全措施，以防止财产被转移、隐匿、损害等。行为保全，又称临时禁令，是指人民法院根据申请或者依照职权，对相关主体的侵害或者有侵害可能的行为采取强制措施，禁止其为或者不为一定行为，以防止当事人的利益受到不应有且难以弥补的进一步损害。行为保全制度原来只存在于知识产权法、海事诉讼法等特别法中。现行《民事诉讼法》将行为保全纳入其中，使其适用范围扩大到各类民事诉讼。

二、保全的种类

民事诉讼法规定的保全包括诉前保全和诉讼保全。

（一）诉前保全

诉前保全，是指在诉讼发生前，法院根据利害关系人的申请，对有关的财产采取保全措施或者对有关行为予以限制的制度。

诉前保全的适用，应当符合一定的条件。就财产保全来说，其实质条件是：利害关系人与他人之间存在争议的法律关系所涉及的财产处于情况紧急的状态下，不立即采取财产保全措施将有可能使利害关系人的合法权益遭受不可弥补的现实危险。其程序条件是：必须由利害关系人向被保全财产所在地、被申请人住所地或者对案件有管辖权的人民法院提出申请，并提供担保。行为保全的条件与之类似，也强调保全的紧迫性、利害关系人提出申请、提供担保等要件。《民诉解释》第152条第2款规定，利害关系人申请诉前财产保全的，应当提供相当于请求保全数额的担保；情况特殊的，人民法院可以酌情处理。申请诉前行为保全的，担保的数额由人民法院根据案件的具体情况决定。

（二）诉讼保全

诉讼保全，是指在诉讼过程中，为了保证法院的判决能顺利实施，法院根据当事人的申请，或在必要时依职权决定对有关财产采取保护措施或者对有关行为予以限制的制度。

诉讼保全的适用，也应当符合一定的条件，其实质条件是：因一方当事人的行为或其他原因，可能使人民法院作出的判决难以执行或不能实现，或者可能使当事人的利益遭到不应有的损害。其程序条件是：在诉讼中由当事人向受诉法院提出申请，或由法院依职权决定；法院无论是接受申请还是依职权决定诉讼保全，应当根据案件的具体情况，决定当事人是否应当提供担保以及担保的数额。

三、保全的申请和裁定

无论是诉前保全还是诉讼保全，当事人、利害关系人都需要向法院提交申请书。根据最高人民法院《关于人民法院办理财产保全案件若干问题的规定》（以下简称《财产保全规定》）第1条第2款规定，申请书应当载明下列事项：（1）申请保全人与被保全人的身份、送达地址、联系方式；（2）请求事项和所根据的事实与理由；（3）请求保全数额或者争议标的；（4）明确的被保全财产信息或者具体的被保全财产线索；（5）为财产保全提供担保的财产信息或资信证明，或者不需要提供担保的理由；（6）其他需要载明的事项。作为执行根据的法律文书生效后，进入执行程序前，债权人申请财产保全的，应当写明生效法律文书的制作机关、文号和主要内容，并附生效法律文书副本。

当事人、利害关系人申请财产保全，应当向人民法院提供明确的被保全财产信息。

当事人在诉讼中申请财产保全，确因客观原因不能提供明确的被保全财产信息，但提供了具体财产线索的，人民法院可以依法裁定采取财产保全措施。

法院进行财产保全，由立案、审判机构作出裁定，一般应当移送执行机构实施。

法院接受财产保全申请后，应当在5日内作出裁定；需要提供担保的，应当在提供担保后5日内作出裁定；裁定采取保全措施的，应当在5日内开始执行。对情况紧急的，必须在48小时内作出裁定；裁定采取保全措施的，应当立即开始执行。要求申请人提供担保而申请人拒绝提供的，人民法院裁定驳回申请。

当事人对法院作出的保全裁定不服的，可以自收到裁定书之日起5日内向作出裁定的人民法院申请复议。人民法院应当在收到复议申请后10日内审查。裁定正确的，驳回当事人的申请；裁定不当的，变更或者撤销原裁定。复议期间不停止裁定的执行。

利害关系人对保全裁定不服申请复议的，由作出裁定的人民法院依照《民事诉讼法》第111条的规定处理。

四、保全的担保

如上所述，进行诉前财产保全和诉讼保全，都可能涉及担保问题。《财产保全规定》对保全的担保作出了比较具体的规定。

法院依照《民事诉讼法》第103条的规定责令申请保全人提供财产保全担保的，担保数额不超过请求保全数额的30%；申请保全的财产系争议标的的，担保数额不超过争议标的价值的30%。利害关系人申请诉前财产保全的，应当提供相当于请求保全数额的担保；情况特殊的，人民法院可以酌情处理。

财产保全期间，申请保全人提供的担保不足以赔偿可能给被保全人造成的损失的，人民法院可以责令其追加相应的担保；拒不追加的，可以裁定解除或者部分解除保全。

申请保全人或第三人为财产保全提供财产担保的，应当向人民法院出具担保书。担保书应当载明担保人、担保方式、担保范围、担保财产及其价值、担保责任承担等内容，并附相关证据材料。

第三人为财产保全提供保证担保的，应当向人民法院提交保证书。保证书应当载明保证人、保证方式、保证范围、保证责任承担等内容，并附相关证据材料。

对财产保全担保，人民法院经审查，认为违反《民法典》《公司法》等有关法律禁止性规定的，应当责令申请保全人在指定期限内提供其他担保；逾期未提供的，裁定驳回申请。

针对司法实践中有保险人为申请保全人提供担保的情形，《财产保全规定》规定，保险人以其与申请保全人签订财产保全责任险合同的方式为财产保全提供担保的，应当向人民法院出具担保书。担保书应当载明，因申请财产保全错误，由保险人赔偿被保全人因保全所遭受的损失等内容，并附相关证据材料。

金融监管部门批准设立的金融机构以独立保函形式为财产保全提供担保的，人民法院应当依法准许。

不是所有案件进行财产保全都需要提供担保。《财产保全规定》第9条规定，当事人在诉讼中申请财产保全，有下列情形之一的，人民法院可以不要求提供担保：(1)追索赡养费、扶养费、抚育费、抚恤金、医疗费用、劳动报酬、工伤赔偿、交通事故人身损害赔偿的；(2)婚姻家庭纠纷案件中遭遇家庭暴力且经济困难的；(3)人民检察院提起的公益诉讼涉及损害赔偿的；(4)因见义勇为遭受侵害请求损害赔偿的；(5)案件事实清楚、权利义务关系明确，发生保全错误可能性较小的；(6)申请保全人为商业银行、保险公司等由金融监管部门批准设立的具有独立偿付债务能力的金融机构及其分支机构的。法律文书生效后，进入执行程序前，债权人申请财产保全的，人民法院可以不要求提供担保。

无论是诉前保全还是诉讼保全，法院责令

提供担保的，都应当书面通知。

五、保全的范围

（一）财产保全的范围

根据民事诉讼法的有关规定，财产保全限于请求的范围或与本案有关的财物。结合司法实践来看，所谓请求的范围，是指保全的财产价值与诉讼请求相当或与利害关系人的请求相当；与本案有关的财物，是指本案的标的物，可供将来执行法院判决的财物或利害关系人请求予以保全的财物。

（二）行为保全的范围

行为保全的适用范围限于金钱请求以外的请求，通常是请求相对人为一定的行为（作为）或不为一定行为（不作为）。作为方面，包括办理证照手续、转移所有权、交付特定物、返还原物、恢复原状等各类行为；不作为方面，主要包括排除妨碍、停止侵害等行为。所有上述行为，都必须限于与本案请求有关的事项。

六、保全的措施

（一）财产保全的措施

1.一般措施。

根据民事诉讼法的有关规定，财产保全的一般措施有：查封、扣押、冻结或法律规定的其他方法。法院采取财产保全的方法和措施，依照执行程序相关规定办理。查封、扣押动产的，人民法院可以直接控制该项财产；查封不动产的，人民法院应当张贴封条或者公告，并可以提取保存有关财产权证照。

法院在财产保全中采取查封、扣押、冻结财产措施时，应当妥善保管被查封、扣押、冻结的财产。不宜由法院保管的，法院可以指定被保全人负责保管；不宜由被保全人保管的，可以委托他人或者申请保全人保管。查封、扣押、冻结担保物权人占有的担保财产，一般由担保物权人保管；由法院保管的，质权、留置权不因采取保全措施而消灭。

被查封、扣押的财产，原则上任何人都不得使用、处分，但被查封、扣押物是不动产或特定动产（如车辆），若由法院指定被保全人负责保管的，如果继续使用对该财产的价值无重大影响，可以允许被保全人继续使用。比如，《财产保全规定》规定，人民法院对厂房、机器设备等生产经营性财产进行保全时，指定被保全人保管的，应当允许其继续使用。财产保全期间，被保全人请求对被保全财产自行处分，法院经审查，认为不损害申请保全人和其他执行债权人合法权益的，可以准许，但应当监督被保全人按照合理价格在指定期限内处分，并控制相应价款。被保全人请求对作为争议标的的被保全财产自行处分的，须经申请保全人同意。法院准许被保全人自行处分被保全财产的，应当通知申请保全人；申请保全人不同意的，可以依照《民事诉讼法》第236条的规定提出异议。

被查封、扣押物是季节性商品，鲜活、易腐烂变质以及其他不易长期保存的物品，法院可以责令当事人及时处理，由法院保存价款；必要时，法院可予以变卖，保存价款。

被保全财产系机动车、航空器等特殊动产的，除被保全人下落不明的以外，人民法院应当责令被保全人书面报告该动产的权属和占有、使用等情况，并予以核实。

人民法院查封、扣押、冻结已登记的不动产、特定动产及其他财产权，应当通知有关登记机关办理登记手续。未办理登记手续的，不得对抗其他已经办理了登记手续的查封、扣押、冻结行为。查封尚未进行权属登记的建筑物时，人民法院应当通知其管理人或者该建筑物的实际占有人，并在显著位置张贴公告。扣押尚未进行权属登记的机动车辆时，人民法院应当在扣押清单上记载该机动车辆的发动机编号。该车辆在扣押期间权利人要求办理权属登记手续的，人民法院应当准许并及时办理相应的扣押登记手续。

可供保全的土地、房屋等不动产的整体价值明显高于保全裁定载明金额的，法院应当对该不动产的相应价值部分采取查封、扣押、冻结措施，但该不动产在使用上不可分或者分割会严重减损其价值的除外。

对银行账户内资金采取冻结措施的，法院应当明确具体的冻结数额。

被保全人有多项财产可供保全的，在能够实现保全目的的情况下，法院应当选择对其生产经营活动影响较小的财产进行保全。

法院在财产保全中采取查封、扣押、冻结措施，需要有关单位协助办理登记手续的，有关单位应当在裁定书和协助执行通知书送达后立即办理。针对同一财产有多个裁定书和协助执行通知书的，应当按照送达的时间先后办理登记手续。

法院对抵押物、质押物、留置物可以采取财产保全措施，但抵押权人、质权人、留置权人有优先受偿权。

所谓法律规定的其他方法，根据最高人民法院的有关司法解释，主要是限制被申请人的到期收益或到期债权的行使，即法院对债务人到期应得的收益，可以采取保全措施，限制其支取，有关单位有义务协助法院执行。债务人的财产不能满足保全请求，但对他人有到期债权的，法院可以依债权人的申请裁定该他人不得对本案债务人清偿，该他人要求偿付的，由法院提存财物或价款。

2.被申请人财产信息的查询与利用。

当事人在诉讼中申请财产保全，确因客观原因不能提供明确的被保全财产信息，但提供了具体财产线索的，法院根据当事人提供的财产信息依法裁定采取财产保全措施的，在该裁定执行过程中，申请保全人可以向已经建立网络执行查控系统的执行法院，书面申请通过该系统查询被保全人的财产。申请保全人提出查询申请的，执行法院可以利用网络执行查控系统，对裁定保全的财产或者保全数额范围内的财产进行查询，并采取相应的查封、扣押、冻结措施。法院利用网络执行查控系统未查询到可供保全财产的，应当书面告知申请保全人。

法院对查询到的被保全人财产信息，应当依法保密。除依法保全的财产外，不得泄露被保全人其他财产信息，也不得在财产保全、强制执行以外使用相关信息。

(二)行为保全的措施

法院作出行为保全裁定后，一般应当向被请求人发出命令或强制令，责令被请求人作为或不作为。如果被请求人不履行命令，人民法院可以采取强制措施，迫使其履行，或者采取替代性方式，确保权利人权利受到保护，相关费用由被请求人承担。

(三)财产保全措施的延续与解除

1.财产保全措施的延续。

财产保全措施的延续，是指在某些情况下，财产保全的情态或争议解决的状态发生了变化，但基于一定的情形，原财产保全措施继续有效。财产保全措施的延续包括自动延续和申请人申请延续。

依据相关司法解释的规定，下列情形下，财产保全措施主动延续：利害关系人申请诉前财产保全，在法院采取保全措施后30日内依法提起诉讼或者申请仲裁的，诉前财产保全措施自动转为诉讼或仲裁中的保全措施；进入执行程序后，保全措施自动转为执行中的查封、扣押、冻结措施。自动转为诉讼、仲裁中的保全措施或者执行中的查封、扣押、冻结措施的，期限连续计算，人民法院无需重新制作裁定书。

财产保全措施的期限即将届满的，申请人可以申请延续。申请保全人申请续行财产保全的，应当在保全期限届满7日前向法院提出；逾期申请或者不申请的，自行承担不能续行保全的法律后果。

法院进行财产保全时，应当书面告知申请保全人明确的保全期限届满日以及前述有关申请续行保全的事项。

2.财产保全措施的解除。

财产保全措施的解除，是指法院采取财产保全措施后，案件的相关情形已经发生了变化，根据申请人、被申请人的申请而解除保全措施。

《财产保全规定》第22条规定，财产纠纷案件，被保全人或第三人提供充分有效担保请求解除保全，法院应当裁定准许。被保全人请求对作为争议标的的财产解除保全的，须经申请保全人同意。

法院采取财产保全措施后，有下列情形之一的，申请保全人应当及时申请解除保全：

(1)采取诉前财产保全措施后30日内不依法提起诉讼或者申请仲裁的；

（2）仲裁机构不予受理仲裁申请、准许撤回仲裁申请或者按撤回仲裁申请处理的；

（3）仲裁申请或者请求被仲裁裁决驳回的；

（4）其他人民法院对起诉不予受理、准许撤诉或者按撤诉处理的；

（5）起诉或者诉讼请求被其他人民法院生效裁判驳回的；

（6）申请保全人应当申请解除保全的其他情形。

法院收到解除保全申请后，应当在5日内裁定解除保全；对情况紧急的，必须在48小时内裁定解除保全。

申请保全人未及时申请人民法院解除保全，应当赔偿被保全人因财产保全所遭受的损失。

被保全人申请解除保全，人民法院经审查认为符合法律规定的，应当在5日内裁定解除保全；对情况紧急的，必须在48小时内裁定解除保全。

解除以登记方式实施的保全措施的，应当向登记机关发出协助执行通知书。

此外，财产保全裁定执行中，人民法院发现保全裁定的内容与被保全财产的实际情况不符的，应当予以撤销、变更或补正。

法院根据申请人的申请而采取保全措施的，如果由于申请人的错误而导致被申请人因财产保全而遭受损失的，申请人应承担赔偿责任。

（四）行为保全的程序

行为保全的程序，与财产保全基本相同，可参照财产保全制度施行。但由于行为保全制度的目的不在保护财产，而在于保障权利，因此，行为保全措施不因被申请人提供担保而解除。

对知识产权案件，根据2018年最高人民法院《关于审查知识产权纠纷行为保全案件适用法律若干问题的规定》第12条和第13条的规定，人民法院采取的行为保全措施，一般不因被申请人提供担保而解除，但是申请人同意的除外。人民法院裁定采取行为保全措施的，应当根据申请人的请求或者案件具体情况等因素合理确定保全措施的期限。裁定停止侵害知识产权行为的效力，一般应当维持至案件裁判生效时止。人民法院根据申请人的请求，追加担保等情况，可以裁定继续采取保全措施。申请人请求续行保全措施的，应当在期限届满前7日内提出。

七、财产保全相关问题的处理

《民诉解释》就财产保全的相关问题作了规定，这些规定的内容主要有：

1.当事人向采取诉前保全措施以外的其他有管辖权的人民法院起诉的，采取诉前保全措施的人民法院应当将保全手续移送受理案件的人民法院。诉前保全的裁定视为受移送人民法院作出的裁定。

2.对当事人不服一审判决提起上诉的案件，在第二审人民法院接到报送的案件之前，当事人有转移、隐匿、出卖或者毁损财产等行为，必须采取保全措施的，由第一审人民法院依当事人申请或者依职权采取。第一审人民法院的保全裁定，应当及时报送第二审人民法院。

3.第二审人民法院裁定对第一审人民法院采取的保全措施予以续保或者采取新的保全措施的，可以自行实施，也可以委托第一审人民法院实施。再审人民法院裁定对原保全措施予以续保或者采取新的保全措施的，可以自行实施，也可以委托原审人民法院或者执行法院实施。

4.法律文书生效后，进入执行程序前，债权人因对方当事人转移财产等紧急情况，不申请保全将可能导致生效法律文书不能执行或者难以执行的，可以向执行法院申请采取保全措施。债权人在法律文书指定的履行期间届满后5日内不申请执行的，人民法院应当解除保全。

5.对申请保全人或者他人提供的担保财产，人民法院应当依法办理查封、扣押、冻结等手续。

6.人民法院裁定采取保全措施后，除作出保全裁定的人民法院自行解除或者其上级人民法院决定解除外，在保全期限内，任何单位不得解除保全措施。

7.财产保全的被保全人提供其他等值担保财产且有利于执行的，人民法院可以裁定变更保全标的物为被保全人提供的担保财产。

8.保全裁定未经人民法院依法撤销或者解除，进入执行程序后，自动转为执行中的查封、扣押、冻结措施，期限连续计算，执行法院无需重新制作裁定书，但查封、扣押、冻结期限届满的除外。

第四节　先予执行

一、先予执行的概念和适用范围

（一）先予执行的概念

先予执行，是指法院在终局判决之前，为解决权利人生活或生产经营的急需，依法裁定义务人预先履行义务的制度。

（二）先予执行的适用范围

民事诉讼法规定的先予执行适用的案件范围包括：第一，追索赡养费、扶养费、抚养费、抚恤金、医疗费用的案件；第二，追索劳动报酬的案件；第三，因情况紧急需要先予执行的案件。根据《民诉解释》第170条，所谓情况紧急，是指下列情况：需要立即停止侵害、排除妨碍的；需要立即制止某项行为的；追索恢复生产、经营急需的保险理赔费的；需要立即返还社会保险金、社会救助资金的；不立即返还款项，将严重影响权利人生活和生产经营的。

上述类型的案件，需要先予执行的，还应当满足下列条件：

第一，当事人之间权利义务关系明确，即当事人之间谁享有权利、谁负有义务是明确的。先予执行是预先实现权利人的权利，如果当事人之间谁享有权利、谁承担义务不明确，也就无所谓预先实现权利的问题。在司法实践中，要求案件的基本事实是清楚的，法院根据案情能够判断出谁是权利人以及权利人享有什么性质的权利。就被申请人承担的义务的性质而言，通常属于给付、返还或赔偿义务的性质。

第二，申请人有实现权利的迫切需要，即如果申请人不预先实现有关的权利，则其生活或生产就会遇到极大的困难。

第三，当事人向法院提出了申请。当事人是否因生活或生产的急需而需要立即实现有关的权利，当事人自己最清楚，因此，先予执行的申请应当由当事人主动向法院提出，法院不能主动依职权裁定采取先予执行的措施。

第四，被申请人有履行的能力。因为只有被申请人具有履行的能力，申请人的申请才有可能实现，法院作出的先予执行的裁定才有实际意义。

二、先予执行的程序

（一）先予执行的申请

先予执行的申请由权利人向受诉法院以书面的形式提出，法院不能在没有权利人提出申请的情况下依职权主动采取措施。当事人申请先予执行，法院认为有必要让申请人提供担保的，可以责令申请人提供担保，当事人不提供担保的，驳回申请。

（二）先予执行的裁定及执行

法院对当事人提出的先予执行的申请应当进行审查，审查的内容主要是两个方面：一是申请先予执行的案件是否属于先予执行的范围；二是申请是否符合先予执行的条件。法院对符合先予执行条件的申请，应当及时作出先予执行的裁定。裁定送达后即发生法律效力，当事人对先予执行裁定不服的，可以自收到裁定书之日起5日内向作出裁定的人民法院申请复议。人民法院应当在收到复议申请后10日内审查。裁定正确的，驳回当事人的申请；裁定不当的，变更或者撤销原裁定。但复议期间不停止先予执行裁定的执行。利害关系人对先予执行的裁定不服申请复议的，由作出裁定的人民法院依照《民事诉讼法》第111条的规定处理。

（三）先予执行裁定的最终处理

根据民事诉讼法的规定，法院在案件审理

终结时，应当在裁判中对先予执行的裁定及该裁定的执行情况予以说明及提出处理意见。权利人胜诉，先予执行正确的，法院应在判决中说明权利人应享有的权利在先予执行中已得到全部或部分的实现。权利人败诉，先予执行错误的，法院应在判决中指出先予执行是错误的，责令申请人返还因先予执行所取得的利益或裁定采取执行回转措施强制执行，被申请人因先予执行遭受损失的，申请人应当赔偿。

保全与先予执行的适用条件比较如下：

比较项目	诉前保全	诉中保全	执行前保全	仲裁前保全	仲裁中保全	先予执行
启动方式	依申请	依申请或依职权	依申请	依申请	依申请	依申请+诉中
担保	应当	可以	可以不	—	—	可以
文书	裁定+可复议+复议期间不停止裁定的执行+造成损失的可诉讼					

第五节 对妨害民事诉讼的强制措施

一、对妨害民事诉讼的强制措施的概念

对妨害民事诉讼的强制措施，是指在民事诉讼中，对有妨害民事诉讼秩序行为的行为人采取的排除其妨害行为的一种强制措施。

二、对妨害民事诉讼的强制措施的性质和特征

对妨害民事诉讼的强制措施制度，是一项保障民事诉讼正常进行的辅助性制度。从性质上讲，它是一种排除妨害的强制性手段，是对行为人的一种教育手段；从目的上讲，它是为了维护民事诉讼秩序；从直接功能上说，它是对妨害民事诉讼的行为予以排除。它既不同于刑事制裁、民事制裁和行政制裁，也不同于刑事诉讼中的强制措施，而有其自己的特征，这些特征主要有：

1.对妨害民事诉讼的强制措施的作出依据的是民事诉讼法的有关规定，针对的是妨害民事诉讼秩序的行为。刑事制裁、民事制裁和行政制裁，都是因为被制裁者违反了有关的实体法律规范，制裁的作出依据的是有关的实体法，针对的是违反实体法的行为。刑事诉讼强制措施的作出，依据的是刑事诉讼法的有关规定，针对的是有关人员有可能逃脱刑事追诉或刑事制裁的情形。

2.对妨害民事诉讼的强制措施的目的，是保障民事诉讼的顺利进行，维护的是民事诉讼秩序。刑事制裁、民事制裁和行政制裁，都具有对行为人进行惩罚的目的，维护的是社会生活、民事、经济和管理秩序。刑事诉讼的强制措施的目的，则是保证有关人员在必须被追诉或受到刑事制裁时能受到追诉或刑事制裁。

3.对妨害民事诉讼的强制措施只有法院有权适用。刑事制裁由法院适用；民事制裁有可能由法院决定，也可能由仲裁机构裁决，还有可能由当事人根据合同的约定依法自觉接受；行政制裁则是由行政机构决定。有权适用刑事诉讼强制措施的，包括法院、检察院和公安机关。

4.对妨害民事诉讼的强制措施主要是作为一种教育手段来运用，如果教育的目的达到了，行为人保证不再进行妨害民事诉讼秩序的行为，法院可以即时改变原来的决定或减轻对行为人的处罚。而刑事制裁、民事制裁、行政制裁和刑事诉讼的强制措施的决定只要决定本身没有错误，通常是不可以即时予以改变的。此外，在制度适用的对象、适用的条件和适用的具体措施等方面，对妨害民事诉讼的强制措施也有不同于刑事制裁、民事制裁、行政制裁和刑事诉讼的强制措施的特点。

三、对妨害民事诉讼的强制措施的意义

对妨害民事诉讼的强制措施的意义主要有如下几个方面：第一，保障法院正常地行使审判权；第二，保障当事人诉讼权利的有效行使，促使当事人履行诉讼义务；第三，维持正常的诉讼秩序，保证诉讼的正常进行；第四，教育公民遵守国家的法律，维护国家的法律权威。

四、妨害民事诉讼行为的构成

妨害民事诉讼的行为，是指在民事诉讼过程中，行为主体故意破坏和扰乱正常的诉讼秩序，妨碍民事诉讼活动正常进行的行为。

妨害民事诉讼的行为的构成要件如下：

1.行为主体。根据民事诉讼法的规定，妨害民事诉讼的行为主体，既可以是案件的当事人，也可以是其他诉讼参与人，还可以是案外人。因为对妨害民事诉讼的强制措施是针对妨害民事诉讼秩序的行为的，因此，无论是谁，只要其行为妨害了民事诉讼秩序，法院就可以对其采取强制措施，而不论其是否为案件的当事人或其他诉讼参与人。

2.行为人实施了妨害民事诉讼的行为。行为人在诉讼中实施了具体的妨害民事诉讼秩序的行为，该行为在客观上妨碍和干扰了民事诉讼的正常进行，引起了妨害民事诉讼秩序的后果。行为可能表现为作为，如伪造证据或毁灭证据、指使他人作伪证等；也可以是不作为，如被告经传票传唤无正当理由拒绝到庭，有义务协助法院采取保全措施的人员拒绝协助法院开展工作等。

3.行为人实施妨害民事诉讼的行为主观上是故意的。所谓主观上的故意，是指行为人在主观上希望或放任妨害民事诉讼结果的发生。也就是说，行为人明知自己的行为有可能造成妨害民事诉讼秩序的结果且追求或放任这种结果的发生。如果行为人是因为过失而造成妨害民事诉讼秩序的结果的，如因为大意或疏忽而丢失了证据等，不构成妨害民事诉讼的行为。

4.行为人实施妨害民事诉讼秩序的行为一般是在诉讼过程中。如果是在诉讼之前或在诉讼结束之后，行为人所实施的在形式上与妨害民事诉讼秩序类似的行为，虽然有可能也是违法的，但一般不能认为该行为构成妨害民事诉讼秩序。但根据最高人民法院的有关司法解释，在个别特殊情况下，在诉讼外实施的行为，符合一定情形的，也构成妨害民事诉讼的行为，即在法院执行终结6个月内，被执行人或者其他人对已执行的标的有妨害行为的，法院可以依申请排除妨害，并可以依照民事诉讼法的相关规定进行处罚。

同时具备上述四个要件，就构成妨害民事诉讼的行为，法院可以对行为人依法采取强制措施。

五、妨害民事诉讼行为的种类

根据民事诉讼法和最高人民法院有关司法解释的规定，妨害民事诉讼的行为有下列几种：

1.必须到庭的当事人，经两次传票传唤，无正当理由拒不到庭。

2.违反法庭规则、扰乱法庭秩序的行为。如未经允许在开庭时录音、录像、拍照，以移动通信等方式现场传播审判活动，冲击法庭和在法庭上哄闹等。

3.以暴力、威胁或者其他方法阻碍司法工作人员执行职务的行为，包括：(1)在人民法院哄闹、滞留，不听从司法工作人员劝阻的；(2)故意毁损、抢夺人民法院法律文书、查封标志的；(3)哄闹、冲击执行公务现场，围困、扣押执行或者协助执行公务人员的；(4)毁损、抢夺、扣留案件材料、执行公务车辆、其他执行公务器械、执行公务人员服装和执行公务证件的；(5)以暴力、威胁或者其他方法阻碍司法工作人员查询、查封、扣押、冻结、划拨、拍卖、变卖财产的；(6)以暴力、威胁或者其他方法阻碍司法工作人员执行职务的其他行为。

4.故意串通，非法勾结，利用诉讼程序和执行程序骗取文书，侵害他人权益、国家利益和社会公共利益的行为。这些恶意诉讼的行为主要包括：第一，当事人之间恶意串通，通过诉讼、调解等方式逃避债务、侵占他人财产的行为。第二，当事人单方捏造民事案件基本事实，向人民法院提起诉讼，企图侵害国家利益、社

会公共利益或者他人合法权益的行为。第三，被执行人与他人恶意串通，通过诉讼、仲裁、调解等方式逃避履行法律文书确定的义务的行为。

5.有义务协助调查、执行的单位或组织拒不履行协助义务，这些行为包括：第一，有关单位拒绝或者妨碍法院调查取证的行为。第二，有关单位接到人民法院协助执行通知书后，拒不协助查询、扣押、冻结、划拨、变价财产的行为。第三，有关单位接到人民法院协助执行通知书后，拒不协助扣留被执行人的收入，办理有关财产权证照转移手续，转交有关票证、证照或者其他财产的行为。第四，其他拒绝协助执行的行为。按照《民诉解释》的规定，这些行为包括：(1)允许被执行人高消费的；(2)允许被执行人出境的；(3)拒不停止办理有关财产权证照转移手续、权属变更登记、规划审批等手续的；(4)以需要内部请示、内部审批，有内部规定等为由拖延办理的。

六、对妨害民事诉讼的强制措施的种类

根据民事诉讼法的规定，对妨害民事诉讼强制措施的种类有以下五种：拘传、训诫、责令退出法庭、罚款、拘留。

(一)拘传

拘传，是指对于必须到庭的当事人，经法院传票传唤，无正当理由拒绝出庭的，法院派出司法警察，强制被传唤人到庭参加诉讼活动的一种措施。

(二)训诫

训诫，是指法院对妨害民事诉讼秩序行为较轻的人，以口头方式予以严肃的批评教育，并指出其行为的违法性和危害性，令其以后不得再犯的一种强制措施。

(三)责令退出法庭

责令退出法庭，是指法院对于违反法庭规则的人，强制其离开法庭的措施。

(四)罚款

罚款，是指法院对实施妨害民事诉讼行为情节比较严重的人，责令其在规定的时间内，交纳一定数额金钱的强制措施。依照《民事诉讼法》第118条第1款的规定，对个人的罚款金额，为人民币10万元以下；对单位的罚款金额，为人民币5万元以上100万元以下。

(五)拘留

拘留，是指法院对实施妨害民事诉讼行为情节严重的人，将其留置在特定的场所，在一定期限内限制其人身自由的强制措施。拘留期限为15日以下。

根据民事诉讼法的规定，拘留措施也可以对妨碍民事诉讼的单位的主要负责人或直接责任人员适用。

除上述强制措施外，民事诉讼法还规定，妨害民事诉讼行为情节特别严重、构成犯罪的，依法追究其刑事责任。

七、对妨害民事诉讼的强制措施的适用

(一)拘传的适用

采取拘传措施应具备三个条件：一是拘传的对象是法律规定或法院认为必须到庭才能查清案件基本事实的当事人；二是该当事人必须经过传票传唤；三是当事人无正当理由拒不到庭。

2017年最高人民法院《关于认真贯彻实施民事诉讼法及相关司法解释有关规定的通知》对拘传措施的适用提出了具体的要求：(1)在审理案件中，应当依法审慎适用拘传措施。对必须到庭的被告，人民法院适用拘传的，应当符合《民事诉讼法》第112条和《民诉解释》第174条规定，限于负有赡养、抚育、扶养义务或者是不到庭就无法查清案情的被告。有独立请求权的第三人参加的民事诉讼、被告提出反诉的诉讼，本诉原告相对于有独立请求权的第三人、反诉人处于被告地位，可以依照上述法律和司法解释规定适用拘传。(2)对于原告经传票传唤无正当理由拒不到庭或者未经法庭许可中途退庭的，应当依照《民事诉讼法》第146条的规定按撤诉处理。依照《民事诉讼法》第148条、《民诉解释》第238条的规定，当事人有违反法律的行为需要依法处理，人民法院裁定不准撤诉或者不按撤诉处理的案件，原告经传票传唤无正当理由拒不到庭的，应当依照《民事诉讼法》第

148条第2款的规定缺席判决。属于《民事诉讼法》第115条规定的虚假诉讼或者第58条规定的公益诉讼案件，对不到庭就无法查明案件基本事实的原告，可以依照《民诉解释》第174条第2款的规定适用拘传。(3)在执行程序中适用《民诉解释》第482条采取拘传措施的，应当严格遵守法定的条件与程序。执行法院在采取拘传措施前必须经过依法传唤，对于无正当理由拒不到场的被执行人，被执行人的法定代表人、负责人或者实际控制人，应进行说服教育，经说服教育后仍拒不到场的，才能采取拘传措施。对于已经控制被执行人的财产且财产权属清晰、没有必要调查询问的被执行人、被执行人的法定代表人、负责人或者实际控制人，不宜采取拘传措施。

采取拘传措施必须严格遵守法定的时间期限，不能以连续拘传的形式变相羁押被拘传人。

适用拘传措施，应由本案合议庭或者独任审判员提出意见，报经院长批准，然后填写拘传票，交司法警察直接送达被拘传人，令其随票到庭。被拘传人拒绝随票到庭的，司法警察可以使用械具强制其到庭。

(二)训诫的适用

适用训诫措施，由合议庭或独任制审判员决定，以口头方式指出行为人的错误事实、性质及危害后果，并当庭责令妨害者立即改正。训诫的内容应记入庭审笔录，并由被训诫人签名或盖章。

(三)责令退出法庭的适用

适用责令退出法庭，由合议庭或独任审判员决定，由审判长或独任审判员口头宣布，责令行为人退出法庭。作出责令退出法庭的决定后，行为人应主动退出法庭；否则，司法警察可以强制其退出法庭。被责令退出法庭者的违法事实应当记入庭审笔录。

(四)罚款和拘留的适用

罚款和拘留是比较严厉的强制措施，直接涉及行为人的经济利益和人身自由，因而法律规定了较为严格的适用程序。

罚款和拘留由合议庭或独任审判员提出处理意见，报请院长批准后执行，但紧急情况下可以先采取拘留措施，而后报告院长补办批准手续。法院决定罚款和拘留，应当制作决定书，并将此决定书正式通知或出示给行为人，并在采取拘留措施后24小时内通知其家属。当事人对罚款或拘留不服的，可以向上一级人民法院申请复议一次，但是复议期间不停止决定的执行。同时，被拘留人在拘留期间承认并改正错误、表现较好的，法院可以决定提前解除拘留。罚款和拘留既可以单独适用，也可以合并适用，但对同一妨害民事诉讼行为的罚款、拘留不得连续适用。

【本章主要法律规定】

1.《民事诉讼法》第85～95、103～120条
2.最高人民法院《关于适用〈中华人民共和国民事诉讼法〉的解释》第125～141、152～193条
3.最高人民法院《关于审查知识产权纠纷行为保全案件适用法律若干问题的规定》第12、13条

第三编
诉讼程序

本编导读

民事诉讼审判程序包括诉讼案件的审判程序和特殊类型案件的审判程序。本编是关于诉讼案件的审判程序的内容。民事诉讼案件的审判程序是审理诉讼案件的步骤和过程，这些步骤和过程是民事诉讼相关制度的载体。民事诉讼审判程序与民事诉讼制度密切相关，民事诉讼制度是基础，是解决民事纠纷的实质性的内容，民事审判程序是民事诉讼制度的表现形式，有什么样的诉讼制度，相应地，就要有什么样的程序来表现，没有制度基础的程序是空洞的，而没有程序来表现的制度则无法在诉讼中得以实现，制度决定程序，程序反映制度，两者相辅相成。民事诉讼程序的步骤和过程表现为不同的诉讼阶段，不同的诉讼阶段解决不同的问题，各自都具有一定的独立性。不同的诉讼，阶段虽然解决的问题不同，但它们的目的是共同的，因此，不同的程序阶段相互之间又有十分密切的联系，前一个阶段完成的任务往往为后一个阶段奠定基础，后一个阶段的任务往往也是前一阶段任务的继续。我们应当在对不同的诉讼阶段有个独立认识的基础上，对不同的诉讼阶段有个整体的把握，同时还需要理解不同阶段之间的相互关系。

目前，我国民事诉讼法规定的诉讼案件的审判程序包括：普通程序、简易程序（包括简易程序中的小额诉讼）、二审程序和再审程序。关于涉外民事诉讼程序，我国民事诉讼法以涉外民事诉讼程序的特别规定来表现。普通程序、简易程序（小额诉讼程序）是一审程序；上诉程序是二审程序，是通常意义的救济程序，我国实行两审终审制，所以二审也是终审；再审程序是对生效裁判的案件再一次进行审理的程序，是特殊的救济程序；涉外民事诉讼的特别规定只对涉外民事诉讼的特殊问题作出规定。此外，公益诉讼案件和第三人撤销之诉案件的审理从原理上讲，应当适用普通程序予以审理。

普通程序是各级法院审理一审诉讼案件通常所适用的审判程序。普通程序在民事诉讼中占有十分重要的地位：它适用于各级法院审理一审诉讼案件；它规定的内容最完整、全面，从当事人起诉到法院裁判，整个程序过程都作了系统的规定；它是其他诉讼案件审判程序的基础：其他审判程序在审理案件过程中，遇有本程序未规定的内容，适用普通程序的相关规定。在立法意义上，普通程序相对于其他诉讼案件的审理程序，具有通则性的意义；从学习民事诉讼法学的角度看，把握普通程序的内容，为掌握其他审判程序奠定了一个好的基础。当然，民事诉讼制度与民事诉讼程序之间的关系，在普通程序中也得到了最为集中的反映。在具体问题的把握上，普通程序中的起诉与受理、开庭审理、诉讼中止、诉讼终结、延期审理、撤诉制度等都需要给予比较多的关注。

简易程序是基层法院审理简单的诉讼案件所适用的一审程序。它是普通程序的简化，考生应当把握好简易程序方便、快捷的特点。比如，法院适用简易程序可以当即受理、当即进行审理，独任审判，程序简便、灵活，审限较短，可以口头送达，判决书可以简化，等等。简易程序的设立，主要目的是提高诉讼效率、降低诉讼成本。应当注意的是，简易程序虽然简便，但它仍然需要保证案件的公正审判，需要保证当事人诉讼权利的有效行使。简易程序中的小额诉讼适用于基层法院审理数额较小的财产争议案件，并实行一审终审。从纠纷的解决与审判程序相互适应性的角度讲，法律增设小额诉讼程序是有积极意义的。考生要掌握小额诉讼程序一审终审的特点，其救济不适用上诉制度，符合再审条件的可以通过再审程序救济，但适用小额诉讼裁判案件的再审有一些不同于一般案件再审的特点。

公益诉讼案件的审理从原理上讲，应当适用普通程序，因为其涉及国家或社会公共利益，有相当的社会影响。对公益诉讼的把握，主要有以下三点：(1)谁可以作为公益诉讼的原告，起诉的条件与通常的诉讼有何不同；(2)公益诉讼案件的审理与一般诉讼案件的审理有何不同，如证据的提供、证明责任的分配、诉讼中的和解和调解、判决的既判力等；(3)对检察院作为公益诉讼的主体和环境公益诉讼进行特别的关注，包括对相关司法解释的内容。

第三人撤销之诉相对复杂，从制度的性质到制度的具体运用，都有不少内容值得关注。从性质上讲，第三人撤销之诉应当属于特殊的救济制度，因此，案件应当适用普通程序进行审理。但是，第三人撤销之诉有其特殊之处：一是从形式来看，它是对符合条件的第三人的权益予以保护的制度，该第三人与原案件的当事人有关，因此，运用这项制度是要在保护第三人利益的同时，考虑对案件原来当事人利益的维护；二是从救济的时间上看，它是在有一个生效判决存在的情况下的事后救济，因此，运用这项制度时，应当考虑到有一个生效判决的存在。基于以上认识，在理解和把握第三人撤销之诉时，应当注意：(1)第三人撤销之诉提起的条件，它与通常的诉讼提起的条件有何不同；(2)第三人撤销之诉与当事人申请再审之间的关系、第三人撤销之诉与案外人申请再审的关系，以及第三人撤销之诉与案外人提出执行异议之诉的关系。相关的司法解释中都有规定这些内容，考生们应当熟练掌握。

二审程序是一审法院的上级法院基于当事人的上诉而对案件进行审理所适用的审判程序。二审程序因当事人上诉而发生，故又称上诉审程序。我国实行两审终审，二审程序因此也就是通常意义上的终审程序。二审程序与一审程序密切相关，其审理的对象是同一个案件，但二审是在一审的基础上进行的，因此二审又有一些不同于一审的特点：审理的范围原则上受上诉请求的限制；案件审理原则上由专职法官组成的合议庭负责，特别情况下也可以独任审判；原则上开庭审理，但基于一定的情形也可以不开庭；判决送达后即发生法律效力；等等。其中，二审与一审最大的一个不同，在于适用二审程序审理案件时，案件已经存在一个一审法院作出的未生效的判决。因此，二审法院对案件进行审判，不仅要考虑当事人在二审中提出的诉求、辩论意见和证据，还要考虑一审判决对二审活动的影响，二审的调解不同于一审的调解，主要就是这个原因。二审法院的判决，不仅要考虑解决当事人的纠纷，还需要对一审的判决表明自己的态度，即二审法院不仅承载解决争议的审判功能，还有对一审法院的审判进行监督的功能。考生除了要掌握二审的特点之外，还要注意二审法院对上诉的处理和二审中调解制度的运用。

再审程序是判决生效后，基于一定的理由，相关法院对生效判决所涉及的案件再一次进行审理的程序。再审程序是一种特殊救济程序，具有补救性质，不同于一般意义的救济。再审的特殊性就在于，它是在案件已经有了一个生效判决的情况下，对案件再次进行审理。因此，再审程序的设立充分考虑到了这一情况，在再审的事由、再审的法院、再审的程序、再审的裁判等方面都突出了不同于通常的诉讼程序的特点，考生应当对这些内容予以重点掌握。

上述各个审判程序都是独立的程序，都有各自的功能，但各个程序相互之间有着密切的联系。普通程序作为基础程序，为各个程序的设立奠定基础，并为各程序表现自身的特点提供参照，同时为各程序适用相关制度提供支持。在具体关系上，简易程序在一定意义上是普通程序的简化，两者的界限主要表现在适用的案件是否“简单”，而事实上，案件是否“简单”，在很多方面只有相对的意义，如此，立法上规定了适应简易程序审理的案件类型，在审理过程中，发现案件实际上不简单，可以转为普通程序审理。而适用普通程序审理的案件，如果当事人协商选择简易程序，法院同意适用简易程序，也可以适用简易程序。小额诉讼程序实行一审终审，主要就是基于案件属于“小额”争议，而在具体程序的适用上，与简易程序大致相同。一审与二审的关联在于案件的同一，因此，两者有连续性。两者的区别主要在功能上，并由此表现在案件审理范围、审理形式、裁判效力的不同。再审程序突出特殊的补救性特点，使其有不同于通常诉讼的程序的功能，但同样需要强调的是，在审理的对象上，再审审理的案件与一审、二审审理的案件都是同一的，正是有这样的一种联系，使再审的审理范围、审理的方式乃至裁判的作出，都要受到一审、二审案件审理的过程或结果的影响。考生应当弄懂、弄通法律或司法解释中这方面的内容。

涉外民事诉讼在民事诉讼法中用专门的一编作了特别规定，立法作出这样的安排，一方面是因为涉外民事诉讼有一定的特殊性，另一方面也是为了在司法实践中方便适用。但应当认识到，这样的一种立法安排，主要是为了便于适用，并不意味着涉外民事诉讼的审理就有专门的程序。立法只是就涉外民事诉讼作出特别的规定，这些特别规定表明：在审理涉外民事诉讼案件时，有特别规定的适用特别规定，没有特别规定的，适用一般规定；特别规定与一般规定都作了规定的，两者有冲突的，优先适用特别规定，两者没有冲突的，意味着两者都应当适用。涉外民事诉讼的特殊性，主要体现在“涉外”上。由于涉外案件的某些涉外因素的存在，立法就相关问题的解决或处理作出了与非涉外案件不同的特殊规定，这些规定通常都是在具备一定“涉外”的条件下适用。因此，在把握这些制度时，除了解其具体内容之外，一定要特别注意这些制度适用的具体条件。在一般意义上，一个案件，无论在主体、内容方面，还是在客体方面，只要具有一个涉外因素，就可以构成涉外案件。但是，具有某一涉外因素的涉外案件是否就当然适用涉外民事诉讼案件的特别规定，是需要特别予以注意的一个问题，因为民事诉讼法关于涉外民事诉讼的特别规定中的一些具体制度的适用，往往要求涉外案件中的当事人或其他诉讼因素要具备一些具体的情形，才可以适用涉外民事诉讼的特别规定。比如，涉外案件中关于答辩期为30日的规定，只适用于在中华人民共和国领域内没有住所的涉外案件的当事人，而不是适用于所有涉外案件的当事人。

涉外民事诉讼的一般原则只对涉外民事诉讼案件的审理有指导意义。各项一般原则的适用，从不同的角度来体现国家的主权，基于主权的要求，往往也有一定的条件限制或具体的要求。在具体制度方面，涉外民事诉讼的特别规定，主要是在维护国家主权的原则的指导下，结合涉外民事诉讼的特点，针对涉外民事诉讼的具体情形作出的。在管辖制度方面，确定管辖考虑了维护我国当事人的合法利益，确定了案件与管辖法院有最低限度的联系的原则，这样的规定，也符合国际惯例。在送达、期间方面，同样考虑了涉外案件，特别是涉外案件当事人的特点，规定了一些与非涉外案件内容不同的制度。考生可以通过与非涉外案件相对应的内容的比较来掌握这些内容。司法协助则是基于国与国之间的协议或互惠关系，不同的国家的法院之间相互提供司法上的帮助。我国法律对这项制度规定的内容，同样体现了对国家主权的维护和我国履行国际社会义务的精神。

法院的裁判，是当事人进行诉讼和法院审理案件的结果。广义的裁判包括判决、裁定、决定和命令，狭义的裁判指的是判决与裁定。判决是法院对当事人的实体上的权利义务予以确定的意思表示，裁定是法院对诉讼过程中的程序性问题进行处置所作出的意思表示。法院裁判应当针对当事人的诉讼请求作出、应当在对案件进行了审理的基础上作出、应当以法定的形式作出、应当以法院的名义作出。判决的内容不仅要包括法院对当事人实体权利义务的确定，还应当包括法院对案件的审理过程、对案件事实的认定以及对认定理由的说明、对法律的适用等。而对裁定的掌握，主要集中于裁定的适用范围和裁定的效力，特别要注意可以提起上诉的裁定的种类。另外，还要注意裁定与决定的区别，包括在一些具体事项上的适用。比如，延期审理是用决定，而不是裁定。

第十一章
普通程序

本章主要内容提示

本章的重点为起诉与受理、基本程序阶段、诉的撤回、缺席判决等。

1.起诉与受理：起诉是当事人实施的诉讼行为，需要符合法定条件；受理是法院经审查当事人起诉符合法定条件，决定对案件予以审理的行为，受理将产生相应的法律后果。

2.普通程序的基本程序阶段：起诉与立案登记、审理前的准备、开庭审理。

3.诉的撤回。诉的撤回包括当事人申请撤诉和法院依法定情形视为当事人撤诉两种。当事人申请撤诉需要符合法律规定的条件，法院视为当事人撤诉需要具备法定情形。撤诉将产生相应的法律后果。

4.缺席判决。缺席判决是相对于对席判决而言，其适用需要具备法定情形。

本章难点是准确区分延期审理、诉讼中止和诉讼终结。延期审理，是已经确定的开庭期日因特殊情形无法进行，待阻却事由消除后，另择期日开庭；诉讼中止是特定情形使诉讼程序暂时无法继续进行，待阻却诉讼程序的障碍消除后，再恢复诉讼；诉讼终结是特定情形使诉讼继续进行已无意义，因而需要结束诉讼程序。要重点区别各种制度适用的法定情形，以及法律效果的差异。

第一节　普通程序概述

普通程序，是指人民法院审理第一审民事案件通常所适用的程序。普通程序构成了整个民事审判程序的基础，民事诉讼法的基本原则、制度在该程序中都有充分的体现。普通程序在民事诉讼程序中处于十分重要的地位，具有其他程序无法取代的功能和作用，普通程序的基本特点如下：

第一，普通程序具有基础性。普通程序为一审程序，是人民法院审理民事案件的一个基础程序，是第二审程序、再审程序等其他后续程序启动的基础。此外，人民法院适用其他程序审理民事案件时，其他程序没有规定的，要适用普通程序的相关规定，这也说明普通程序是其他程序适用的基础。

第二，普通程序具有完整性。从原告提起诉讼开始到人民法院审查登记立案，从庭前准备到开庭审理至最后作出判决，以及包括在审理过程中可能出现的特殊情况的处理，如中止审理、延期审理等，民事诉讼法都作了详尽的规定。普通程序的各个诉讼阶段相互衔接、严谨周密，构成了一个完整的程序体系。

第三，普通程序具有广泛的适用性。首先，普通程序能够适用于各级人民法院审理第一审民事案件；其次，普通程序适用于除简单民事案件以外的其他民事案件的一审审理；最后，人民法院适用简易程序、二审程序及再审程序审理民事案件时，相关程序无特别规定的，应当比照适用普通程序的相关规定进行审理。

由于我国现行《民事诉讼法》中没有关于程序总则的单独规定，而普通程序又具有上述基本特点，因此，普通程序的规定在民事诉讼法中具有程序通则的作用。

第二节　普通程序的基本程序阶段

一、起诉、先行调解、立案登记

（一）起诉的条件、方式和起诉状的内容

民事诉讼中的起诉，是指当事人认为自己的权利或依法由自己管理、支配的民事权益受到侵害或与他人发生争议时，以自己的名义向人民法院提出诉讼请求，要求人民法院通过审判予以保护的诉讼行为。民事诉讼奉行“不告不理”的原则，没有当事人的起诉，人民法院就不会启动审判程序。因此，当事人起诉的诉讼行为是普通程序开始的前提条件。

当事人的起诉要得到人民法院的受理，必须具备法律规定的起诉条件。起诉条件包括积极条件和消极条件，起诉的积极条件为《民事诉讼法》第122条所规定，起诉的消极条件为《民事诉讼法》第127条所规定；同时，起诉还需要符合一定形式上的要求。起诉应当符合如下条件：

1.起诉的积极条件。起诉的积极条件，是原告起诉时必须满足的缺一不可的条件。根据《民事诉讼法》第122条的规定，原告起诉时必须符合以下条件：

（1）原告必须是与本案有直接利害关系的公民、法人或其他组织。这一条件包含了两层含义：第一，原告必须具备民事诉讼权利能力，即具有当事人能力。根据《民事诉讼法》的规定，享有民事诉讼权利能力的主体包括公民、法人和其他组织。只有具备当事人能力的人，其权利受到侵害或者与他人发生争议时，才可以作为原告提起诉讼，这是原告的起诉能被法院受理的一个诉讼要件。第二，原告必须是正当当事人，即与案件存在法律上的“利害关系”。“利害关系”，是指请求人民法院保护的利益是原告自己的利益或者受其管理和支配的利益（如财产代管人等）。直接的利害关系实际上是一种民事权利义务关系，只有与被起诉的案件具有这种利害关系，才有起诉的资格，法院的判决才会对其产生拘束力。应当注意的是，这是对一般的民事案件提起诉讼而言的，对于公益诉讼案件的起诉主体资格，依照法律规定确定。

（2）有明确的被告。此条件也包含两方面的内容：一是被告应当具备当事人能力；二是被告应当是明确的。所谓明确的被告，是指原告在起诉时必须在起诉状中载明是谁侵害了其民事权益或者与其发生了争议，被告应特定化。民事纠纷是在特定的民事主体之间发生的，原告在起诉时就应当明确、具体地提出被诉的相对方当事人，以便人民法院解决他们之间的民事纠纷。原告在起诉时，只要起诉状记载的被告的姓名或者名称、住所等信息具体明确，足以使被告与他人相区别，可以被特定，就可被视为被告是明确的。需要注意的是，在立案审查阶段，人民法院只需审查原告起诉的被告是否明确即可，对于被告是否适格不予审查，被告是否适格的问题应当在案件审理中加以判断。

案例分析　能力训练

（3）有具体的诉讼请求、事实和理由。原告起诉必须明确指出要求人民法院保护其民事权益的内容，向被告主张的实体权利请求的具

体内容，以及提出诉讼请求所依据的事实和理由，这是起诉的核心内容。具体的诉讼请求，可以向人民法院明确救济的方式及审判保护的范围；事实和理由，可以向人民法院明确支持原告诉讼请求的事实依据和法律依据。

（4）属于人民法院受理民事案件的范围和受诉人民法院管辖。这个条件涉及民事案件的法院主管与管辖两个问题。首先，原告提起诉讼要求解决的纠纷，必须属于人民法院解决民事纠纷的范围；其次，当事人应当向对本案享有管辖权的人民法院提起诉讼，这也是受诉人民法院对具体民事案件行使审判权的基础。

原告起诉时必须同时具备上述四个条件，缺少其中任何一个条件，人民法院都不能受理其起诉，第一审程序也无法启动。这是原告提起诉讼的积极条件。

2.起诉的消极条件。起诉的消极条件，是原告起诉时不应存在的情形。根据《民事诉讼法》第127条的规定，具体包括以下情形：

（1）不属于人民法院对民事案件的主管。比如，原告起诉的案件属于行政纠纷、当事人双方签订了有效的仲裁协议等案件，原告只能通过行政诉讼、仲裁等方式加以解决。

（2）不属于受诉人民法院管辖。原告应当向对被诉案件有管辖权的人民法院起诉，如果本院对案件没有管辖权，即不能受理案件，应当告知原告向有管辖权的人民法院起诉。

（3）属于重复诉讼的案件。对判决（包括裁定、调解书）已经发生法律效力的案件，当事人又起诉的，人民法院不予受理。对符合法定事由的，当事人可以通过再审程序加以救济。

（4）在禁诉期的案件。法律对一些特定案件规定了在一定期间内不得起诉。比如《民法典》第1082条规定："女方在怀孕期间、分娩后一年内或者终止妊娠后六个月内，男方不得提出离婚……"又比如，判决不准离婚和调解和好的离婚案件，判决、调解维持收养关系的案件，没有新情况、新理由，原告在6个月内又起诉的，人民法院不予受理。

起诉的方式，以书面起诉为原则，以口头起诉为例外。《民事诉讼法》第123条规定，起诉应当向人民法院递交起诉状，并按照被告人数提出副本。书写起诉状确有困难的，可以口头起诉，由人民法院记入笔录，并告知对方当事人。

依照《民事诉讼法》第124条的规定，起诉状应当载明以下内容：（1）当事人的基本情况。当事人是个人的，写明其姓名、性别、年龄、民族、职业、工作单位、住所和联系方式等；当事人是法人或其他组织的，写明其名称、住所、法定代表人或主要负责人的姓名、职务和联系方式等。（2）原告的诉讼请求，以及诉讼请求所依据的事实和理由。（3）证据和证据来源，证人的姓名、住所等。起诉状应当按照法律规定的内容书写，内容有欠缺的，受诉人民法院应告知原告限期补正。

（二）先行调解

当事人起诉到人民法院的民事纠纷，适宜进行调解的，人民法院在征得当事人同意的情况下可以组织调解。调解达成协议的，当事人双方可以向人民法院申请司法确认；人民法院也可以在立案后制作调解书送达双方当事人。

当事人拒绝调解的，人民法院不得进行调解。

（三）人民法院对起诉的审查与立案登记

人民法院在接到当事人的起诉后，应当及时进行审查，审查的内容包括以下两个方面：首先是形式审查。人民法院应当审查起诉状有无遗漏或错误，若存在，应当通知当事人予以补充或补正；发现起诉状中有谩骂和人身攻击言辞的，人民法院应当说服当事人修改；若起诉状中列写的被告信息不足以认定被告是明确的，人民法院可以告知原告补正。其次是对起诉条件的审查。人民法院应当根据《民事诉讼法》第122条和第127条的规定，对原告起诉是否符合法定条件进行审查。

立案登记，是指人民法院经过审查，认为原告的起诉符合民事诉讼法规定的条件，而决定予以立案审理的行为。一般来讲，原告的起诉行为并不必然引起诉讼程序的开始，起诉还必须经过人民法院审查并立案登记以后，诉讼程序才真正发生。因此，一审普通程序的启动，必须以原告的起诉行为与人民法院的立案登记行为的结合为要件。

人民法院认为起诉符合法定条件的，应当在7日内立案并通知当事人；人民法院认为起诉不符合法定条件的，应当在7日内裁定不予受理；原告对不予受理裁定不服的，可以在裁定送达之日起10日内提起上诉。人民法院在立案后发现起诉不符合法定条件的，应当裁定驳回起诉；当事人对驳回起诉的裁定不服的，可以在裁定送达之日起10日内提起上诉。

近些年，互联网法院的兴起方便了民众进行诉讼。最高人民法院也就互联网法院审理案件的若干程序问题作出了相应的司法解释。最高人民法院《关于互联网法院审理案件若干问题的规定》第7条就互联网法院在线审查起诉和立案登记作了规定，互联网法院在线接收原告提交的起诉材料，并于收到材料后7日内，在线作出以下处理：（1）符合起诉条件的，登记立案并送达案件受理通知书、诉讼费交纳通知书、举证通知书等诉讼文书。（2）提交材料不符合要求的，及时发出补正通知，并于收到补正材料后次日重新起算受理时间；原告未在指定期限内按要求补正的，起诉材料作退回处理。（3）不符合起诉条件的，经释明后，原告无异议的，起诉材料作退回处理；原告坚持继续起诉的，依法作出不予受理裁定。

起诉条件如下所示：

起诉的积极条件	起诉的消极条件
原告与本案有直接利害关系	主管：行诉案件、或裁或审、其他机关处理
有明确的被告	管辖：告知向有管辖权的法院起诉
具体的诉讼请求和事实理由	重复诉讼：一事不再理/禁止重复起诉
属于法院主管和受诉法院管辖	禁诉期：调解和好及判决不准离婚的案件+孕产妇特别保护+撤诉或按撤诉处理的离婚案件

（四）对当事人起诉时几种特殊情况的处理

根据《民事诉讼法》第127条及最高人民法院相关司法解释的规定，人民法院在审查当事人的起诉时，发现有下列情况的，应分别情形，予以处理。

1.裁定不予受理、驳回起诉的案件，原告再次起诉的，符合起诉条件的，人民法院应当予以受理；当事人撤诉或人民法院按撤诉处理后，当事人以同一诉讼请求再次起诉的，人民法院应当予以受理。但是，在第二审程序中或者在再审程序中，经其他当事人同意原审原告撤回起诉的除外。

2.当事人达成的仲裁条款、仲裁协议无效、失效或者内容不明确无法执行的，人民法院有权依法受理当事人一方的起诉。当事人一方向人民法院起诉时未声明有仲裁协议，人民法院受理后，对方应诉答辩，且未在首次开庭前提出异议的，视为该人民法院有管辖权。

3.夫妻一方下落不明，另一方诉至人民法院，只要求离婚，不申请宣告下落不明人失踪或者死亡的案件，法院应当受理，并对下落不明的人用公告送达诉讼文书。

4.赡养费、扶养费、抚养费案件，裁判发生法律效力后，因新情况、新理由，一方当事人再行起诉要求增加或减少费用的，人民法院应当作为新案件处理。

5.当事人超过诉讼时效期间起诉的，人民法院应予受理。受理后对方当事人提出诉讼时效抗辩，人民法院经审理认为抗辩事由成立的，判决驳回原告的诉讼请求。

（五）案件受理的法律后果

原告的起诉被人民法院受理后，就意味着第一审程序的开始，并由此产生以下法律后果：第一，受诉人民法院依法取得对本案的审判权。受诉人民法院受理了原告的起诉，就依法取得了对本案的审判权，有权开始对案件进行审理并作出判决。第二，受诉人民法院对该案件取得排他性管辖权。原告的起诉被受诉人民法院受理以后，其他法院对该案不得行使管辖权，当事人也不得就同一诉讼标的，对同一对方当事人，以同一诉讼理由另行提起诉讼。第三，案件的利害关系人取得了本案诉讼当事人的地位。人民法院受理案件以后，争议双方原告、被告的诉讼地位就加以确定，依法享有各自的诉讼权利、承担相应的诉讼义务。第四，诉讼时效中断。原告起诉成立后，诉讼时效即告中断。

二、审理前的准备

审理前的准备，是指人民法院受理案件后，至开庭审理之前，为保证庭审的正常进行，由审理本案的合议庭进行的一系列诉讼活动。审理前的准备是适用普通程序审理民事案件的法定程序，人民法院在受理了原告的起诉后，尚不能立即进入开庭审理阶段，还必须经过一个庭前准备阶段。充分做好审理前的准备工作，有利于当事人之间充分交换诉讼资料，有利于审判人员了解案件的基本情况，掌握双方当事人的诉讼请求，收集、调查必要的证据，使开庭审理顺利进行，对及时、公正地解决纠纷具有重要意义。依照我国《民事诉讼法》和有关司法解释的规定，审理前的准备工作主要有：

(一)在法定期间内送达诉讼文书

根据《民事诉讼法》第128条及相关司法解释的规定，法院审理前准备工作的内容之一是在法定期间向当事人送达相关诉讼文书。首先，人民法院在受理案件后，应当向原告、被告送达案件受理通知书、应诉通知书和举证通知书。举证通知书应当载明举证责任的分配原则与要求、可以向人民法院申请调查收集证据的情形、人民法院根据案件情况指定的举证期限以及逾期提供证据的法律后果等内容。其次，人民法院应当在立案之日起5日内将起诉状副本发送被告。被告收到起诉状副本后，应当在15日内提出答辩状。人民法院在收到被告答辩状后，应当在5日内将答辩状副本发送原告。被告在法定期间不提交答辩状的，不影响法院对案件的审理。

被告在收到起诉状副本后，若认为受理案件的法院没有管辖权，应当在提交答辩状期间提出管辖权异议。人民法院对当事人提出的管辖权异议，应当审查。异议成立的，应当将案件移送到有管辖权的人民法院审理；异议不成立的，裁定驳回当事人的异议。

被告未提出管辖权异议，并应诉答辩或者提出反诉的，视为受诉人民法院对案件有管辖权，此为应诉管辖，也被称为默示协议管辖。但是，该管辖违反级别管辖和专属管辖规定的，受诉人民法院不能取得对该案的管辖权。

(二)告知当事人诉讼权利义务及合议庭组成人员

当事人在诉讼中享有广泛的诉讼权利，也承担相应的诉讼义务，如果当事人不了解自己所享有的诉讼权利和承担的义务有哪些，不利于当事人合法权益的保护，也不利于人民法院审判的正常进行。根据《民事诉讼法》第129条的规定，人民法院应当在受理案件通知书和应诉通知书中向当事人告知其所享有的诉讼权利和承担的诉讼义务，或者口头告知。

根据法律规定，人民法院适用普通程序审理民事案件原则上应当采用合议制，为保障当事人充分行使申请回避的权利，合议庭组成后，法院应当在3日内把审判人员告知当事人。基层人民法院审理的基本事实清楚、权利义务关系明确的第一审民事案件，可以由审判员一人适用普通程序独任审理。但对具有下列情形之一的案件，应当依法组成合议庭，不得由审判员一人独任审理：(1)涉及国家利益、社会公共利益的案件；(2)涉及群体性纠纷，可能影响社会稳定的案件；(3)产生较大社会影响、人民群众广泛关注的案件；(4)新类型或者疑难复杂的案件；(5)法律明确规定应当适用合议庭审理的案件；(6)其他不宜采用独任制审理的案件。

当事人对人民法院审理案件的审判组织享有异议权，认为案件由审判员一人独任审理违反法律规定的，可以向人民法院提出异议。异议成立的，人民法院应当裁定转由合议庭审理；异议不成立的，裁定驳回异议。在案件审理过程中，人民法院发现案件不宜由审判员一人独任审理的，应当裁定转由合议庭审理。

（三）确定举证期限

审理前的准备工作中最为重要的一项内容是对证据材料的准备，为保证诉讼公正以及程序有序、高效进行，《民事诉讼法》和最高人民法院的相关司法解释规定了举证时限制度。根据司法解释，关于举证期限的确定有两种方式：一是人民法院指定，二是当事人协商并经人民法院同意。在第一审普通程序中，人民法院指定举证期限原则上不少于15日。

（四）召集庭前会议

庭前会议，是指在答辩期届满后，人民法院组织双方当事人为开庭进行的实体审理所实施的诉讼准备行为。根据《民诉解释》第225条的规定，庭前会议主要包括以下内容：

1.明确原告的诉讼请求和被告的答辩意见，这对法院确定案件的审理对象及范围具有重要意义。

2.审查处理当事人增加、变更诉讼请求的申请和提出的反诉，以及第三人提出的与本案有关的诉讼请求。

3.根据当事人的申请决定调查收集证据，委托鉴定，要求当事人提供证据，进行勘验，进行证据保全。

4.组织交换证据。证据的交换有利于实现诉讼的公平进行，避免“证据突袭”。根据《民事诉讼法》第136条和相关司法解释的规定，对需要开庭审理的案件，通过要求当事人交换证据等方式，明确争议焦点。证据交换具体包括以下内容：（1）证据交换由当事人提出申请或特定情况下由法院依职权组织当事人进行。（2）交换证据的时间，可以由当事人协商确定并经人民法院认可，也可以由人民法院直接指定。（3）证据交换应当由审判人员主持，在证据交换的过程中，审判人员对当事人无异议的证据应当记录在卷；对有异议的证据，按照需要证明的事实分类记录在卷并记载异议的理由。

5.归纳争议焦点。人民法院根据当事人的诉讼请求、答辩意见以及证据交换的情况，组织双方当事人整理和归纳争议焦点。当事人双方争议焦点的整理，是审前准备程序的重要内容之一，法院应当就归纳的争议焦点征求双方当事人的意见。争点，包括事实上的争点和法律上的争点。争点的确定，为庭审集中审理创造了条件。

6.进行调解。由于庭前会议明确当事人诉讼请求、确定争点以及组织双方互相交换证据，为双方和解或者法院主持调解打下了一定的基础。在召开庭前会议时，人民法院可以根据案件的具体情况组织双方当事人进行调解，及时解决纠纷。

（五）审阅诉讼材料，调查收集必要的证据

审理前准备阶段的诉讼材料主要包括原告的起诉状和被告提交的答辩状，以及相关的证据材料。对这些材料，审判人员应当进行认真审核，以便归纳、明确当事人争议的焦点以及确定应当由人民法院自己收集调查的证据的范围。

值得注意的是，在民事诉讼中举证责任是由当事人承担的，大量的或主要的证据应当由当事人及其诉讼代理人自行收集，人民法院的主要职责是对当事人提供的证据进行审查、认定。按照《民事诉讼法》及司法解释的规定，在特殊情况下受诉人民法院也可以主动收集证据，法院依职权收集证据的范围、程序，应当严格按照《民事诉讼法》及最高人民法院相关司法解释的规定进行。根据《民事诉讼法》第134条的规定，受诉人民法院在必要时也可以委托外地人民法院调查。受托人民法院收到委托书后，应当在30日内完成调查，因故不能完成的，也应在30日内函告委托人民法院。

（六）追加当事人

在审理前的准备工作中，如果人民法院发现在共同诉讼中应当参加诉讼的当事人没有参加诉讼，应当通知其参加诉讼，或者由当事人向人民法院申请追加。此外，本案的处理结果如果与第三人存在法律上的利害关系，第三人可以申请参加诉讼，或由人民法院通知其参加诉讼。追加当事人是为充分保障当事人的诉讼权利，保障人民法院正确行使审判权而设立的诉讼制度。

（七）选择审理案件适用的程序

《民事诉讼法》第136条对人民法院受理的

案件，根据不同情形规定了多种程序选择：

1.转为督促程序。对于当事人没有实质性争议的案件，如果符合督促程序规定的条件的，可以将案件转为督促程序审理。督促程序为非讼程序，其审理程序简便、迅速，可以及时实现当事人的权利主张。

2.庭前调解。对于适宜调解的案件，开庭前人民法院可以主持调解，及时解决纠纷。

3.确定适用普通程序或简易程序审理案件。如果受诉法院为基层人民法院时，对于第一审案件的审理存在选择适用普通程序或简易程序的问题。对于简单民事案件或当事人协议适用简易程序的案件，人民法院可以决定适用简易程序审理，其他案件适用普通程序审理。

三、开庭审理

开庭审理，是指人民法院在当事人和其他诉讼参与人的参加下，依照法定程序和方式，全面审查证据、认定案件事实，并依法作出裁判的诉讼活动。开庭审理是第一审普通程序中最重要、最关键的程序阶段，是人民法院行使审判权及当事人行使诉权的重要阶段。案件中所涉及的一切证据、事实，都要在开庭审理阶段审查、认定。同时，开庭审理可以保障当事人充分行使诉讼权利，并通过主张、辩论、质证等诉讼权利的行使保护自己的合法权益。

案例分析　能力训练

开庭审理的任务是：审查、核实证据的真实性及证明力，查明案件真实情况，分清责任是非，正确适用法律，依法作出裁判。人民法院应当围绕当事人争议的事实、证据和法律适用等焦点问题进行审理活动。

开庭审理的方式有两种：一是线下开庭方式，二是在线视频开庭方式。线下开庭方式，即人民法院通知当事人和其他诉讼参与人在确定的期日到人民法院，由合议庭组织进行的庭审方式；在线视频开庭方式，又称线上开庭方式，是由人民法院利用网络技术通过在线视频审理案件的开庭方式。人民法院开庭审理案件，可以采取在线视频开庭方式进行。但有下列情形之一的，不适用在线庭审：(1)双方当事人明确表示不同意，或者一方当事人表示不同意且有正当理由的；(2)双方当事人均不具备参与在线庭审的技术条件和能力的；(3)需要现场查明身份、核对原件、查验实物的；(4)人民法院认为存在其他不宜适用在线庭审情形的。

诉讼主体的在线诉讼活动与线下诉讼活动具有同等的效力。采用在线庭审方式审理的案件，在审理过程中如果出现上述不宜适用在线庭审情形导致无法继续在线审理的，人民法院应当将案件转为线下开庭方式审理。已经完成的在线庭审活动，具有法律效力。

适用普通程序审理的案件，开庭审理应当在答辩期限届满并做好必要的准备工作后进行。当事人明确表示不提交答辩状，或者在答辩期限届满前已经答辩，或者同意在答辩期间开庭的，也可以在答辩期限届满前开庭审理。

开庭审理，由以下几个既相对独立又相互联系的阶段组成。

(一)庭审准备

庭审准备是开庭审理的最初阶段，是衔接审理前准备与开庭审理的一个阶段，庭审准备主要完成两项工作：(1)告知当事人及其他诉讼参与人出庭日期。人民法院在确定开庭期日后，应当在开庭3日前告知当事人及其他诉讼参与人；当事人或其他诉讼参与人在外地的，应当留有必要的在途时间。人民法院应当采用传票传唤当事人出庭，对其他诉讼参与人以通知书通知其到庭。(2)发布开庭审理公告。对于公开开庭审理的案件，人民法院应当在开庭3日前发布公告，公告当事人的姓名、案由及开庭的时间和地点。

(二)开庭审理

开庭审理应当围绕当事人争议的事实、证据和法律适用等焦点问题进行，这是法院开庭审理的范围。一般而言，依照普通程序开庭审理案件，合议庭应当按照法定的阶段和顺序进行。同时，合议庭也可以根据案件审理的实际需要并征得当事人的同意，将法庭调查和法庭辩论合并进行。

1.宣布开庭。开庭审理前，首先由书记员

查明当事人和其他诉讼参与人是否到庭，并向审判长报告，同时向全体诉讼参与人和旁听群众宣布法庭纪律；其次由审判长或者独任审判员宣布开庭，核对当事人身份，宣布案由和审判人员、法官助理、书记员等的名单；最后告知当事人有关诉讼权利义务，并询问当事人是否提出回避申请。当事人提出回避申请的，人民法院应当依法作出处理。

2.法庭调查。法庭调查，是指审判人员在法庭上对案件事实、证据进行全面审查、核实的诉讼活动。法庭调查是庭审的重要环节，是对案件进行实体审理的重要阶段。通过双方当事人对案件事实的陈述、举证、质证，人民法院审查、核实、认证，为查清案件事实和正确适用法律提供客观依据。

依照《民事诉讼法》第141条的规定，法庭调查按下列顺序进行：

（1）当事人陈述。法庭调查首先由当事人对自己的诉讼请求及其所根据的事实和理由、反驳对方的事实和理由，加以陈述，具体按原告、被告、第三人及其诉讼代理人的先后顺序进行陈述。在各当事人陈述之后，合议庭应当组织当事人围绕整理的争议焦点进行其他证据的调查。

（2）证人出庭作证。根据法律规定，凡是了解案情的人都有义务作证。证人出庭作证时，法庭首先应当查明证人的身份，并告知证人的权利、义务，如实向法院提供证言。证人作证后，经法庭许可，当事人及其诉讼代理人可以向证人发问。证人因特殊情况不能出庭作证的，经法庭许可提交的书面证言、视听资料等证词材料，交由双方当事人质证。

（3）出示书证、物证、视听资料和电子数据。书证应当当庭宣读，物证应当当庭展示，视听资料应当当庭播放，电子数据应当当庭演示，并由当事人相互质证。

（4）宣读鉴定意见。鉴定意见要当庭宣读，对于鉴定意见的形成过程、科学根据等，鉴定人应到庭加以说明。经法庭许可，当事人及其诉讼代理人可以向鉴定人发问。当事人也可以申请1~2名具有专门知识的人出庭，代表当事人对鉴定意见进行质证。当事人对鉴定意见存在疑问的，有权申请重新鉴定，是否准许，由人民法院决定。

（5）宣读勘验笔录。勘验笔录由法庭当庭宣读，如有照片或图表应当当庭出示。经法庭许可，当事人及其诉讼代理人可以向勘验人发问。当事人对勘验结果有疑问的，有权申请重新勘验，是否准许，由人民法院决定。

从上述规定我们可以看出，案件中所涉及的所有证据，无论是当事人提供的，还是人民法院依职权调查收集到的，都必须经过当事人的相互质证。合议庭在当事人质证的基础上，对证据的客观性、关联性、合法性及证明力加以认定；未经过庭审质证的证据材料不能作为法院裁判认定事实的根据。

法庭调查结束前，审判长应当就法庭调查认定的事实和当事人争议的问题进行归纳总结。然后，由审判长宣布法庭调查结束，进入法庭辩论阶段。

3.法庭辩论。法庭辩论，是指在审判人员的主持下，当事人及其诉讼代理人就法庭调查的事实、证据，阐明自己的意见，反驳对方的主张，相互进行辩论的诉讼活动。法庭辩论，是当事人行使辩论权比较集中的一个阶段，通过辩论，能够对案件有争议的问题进一步进行审查、核实，分清是非责任，为人民法院正确适用法律作出公正裁判打下基础。

在法庭辩论中，审判人员应当为当事人提供平等的辩论机会，正确引导当事人围绕争议焦点进行辩论。法庭辩论应当按照法定顺序进行：（1）原告及其诉讼代理人发言；（2）被告及其诉讼代理人发言；（3）第三人及其诉讼代理人发言；（4）互相辩论。在法庭辩论过程中，审判人员应当认真听取、引导当事人进行辩论，但不得与当事人辩论。

法庭辩论终结，由审判长或者独任审判员按照原告、被告、第三人的先后顺序征询各方最后意见。审判长在征得各方当事人的同意后，可依法进行调解，调解不成的，应当及时进行判决。

在适用普通程序审理案件时，人民法院原则上应当严格遵守上述程序阶段的顺序。不过，为使法院针对个案的审理更加顺畅、有效，在庭审中，人民法院也可以根据案件的具体情况灵活把握庭审程序，在征得当事人同意的前提下，可以将法庭调查和法庭辩论两个庭审阶段合并进行。

4.合议庭评议和宣判。法庭辩论终结后，当事人不愿调解或调解未能达成协议的，合议庭应当对案件及时进行评议。合议庭应当就案件事实的认定、是非责任的划分、适用的法律及处理结果进行评议。合议庭评议实行少数服从多数的原则，评议结果及不同意见应当如实记入评议笔录，由合议庭成员签字；合议庭评议应当保密。

合议庭评议后，无论是公开审理还是不公开审理的案件，都必须公开宣告判决。判决的宣告，有当庭宣判和择日定期宣判两种形式：当庭宣判的，应当在10日内向当事人发送判决书；定期宣判的，宣判后立即向当事人发送判决书。人民法院在宣告判决时，应当告知当事人上诉权利、上诉期限和上诉的法院。宣告离婚判决时，还必须告知当事人在判决书发生法律效力前不得另行结婚。

（三）审理期限

根据《民事诉讼法》第152条的规定，人民法院适用普通程序审理民事案件，应当在立案之日起6个月内审结。根据司法解释的规定，有特殊情况需要延长审限的，独任审判员或者合议庭应当在期限届满15日前向本院院长提出申请，并说明详细情况和理由，院长应当在期限届满5日前作出决定。经本院院长批准延长审限后尚不能结案，需要再次延长的，应当在期限届满15日前报请上级人民法院批准，上级人民法院应当在审限届满5日前作出决定。由本院院长批准，可以延长6个月；还需要延长的，报请上级人民法院批准。根据司法解释的规定，适用普通程序审理民商事案件，延期开庭审理次数不超过两次。根据《民诉解释》第243条的规定，审限是从立案之日起至裁判宣告、调解书送达之日止的期间，但公告期间、鉴定期间、双方当事人和解期间、审理当事人提出管辖权异议以及处理人民法院之间的管辖争议期间不应计算在内。

（四）庭审笔录

庭审笔录，是指人民法院在开庭审理过程中，由书记员对法庭审理的全过程所作的书面记录。庭审笔录真实地记录了人民法院开庭审理的全部活动，是人民法院重要的诉讼文书，其有以下几项重要功能：第一，可以固定法院审理中涉及的案件事实及证据，是人民法院作出裁判的根据，也为二审及再审提供重要的依据；第二，可以固定法院开庭审理的活动过程，作为审查法院审理程序是否合法的依据。鉴于合议庭评议阶段的保密性，评议笔录应另行制作。

庭审笔录应由书记员当庭记录，必须将法庭审理的全部活动全面、客观、准确地记入笔录，由审判人员和书记员签名。庭审笔录应当当庭宣读，也可以告知当事人和其他诉讼参与人当庭或者在5日内阅读。当事人和其他诉讼参与人认为对自己的陈述记录有遗漏或者差错的，有权申请补正。人民法院如果不予补正，应当将当事人的申请记录在案。庭审笔录应当由当事人和其他诉讼参与人签名或者盖章。拒绝签名盖章的，记明情况附卷。

第三节 撤诉和缺席判决

一、撤诉

撤诉，是指在人民法院受理案件之后、宣告判决之前，当事人要求撤回其提起的诉的行为。撤诉是当事人对其诉讼权利行使处分权的表现，包括申请撤诉和按撤诉处理两种情况。

（一）申请撤诉的条件

申请撤诉，是指当事人在人民法院对案件作出实体判决以前，以积极明确的意思表示，向人民法院提出撤诉申请的诉讼行为。

申请撤诉应当符合以下条件：

1.申请撤诉必须有合格的主体。在第一审普通程序中，申请撤诉的主体包括原告、有独立请求权的第三人和提出反诉的被告，法定诉讼代理人以及经当事人特别授权的委托诉讼代理人。

2.申请撤诉必须是当事人自愿。申请撤诉是当事人对自己诉讼权利的处分，除非当事人提出明确、真实的撤诉要求，其他任何人不得强迫当事人撤诉，人民法院也不得动员当事人撤诉。

3.撤诉必须在法定期间内提出。当事人若要撤回其提出的诉，应当在法院立案之后、宣告判决之前提出。对当事人申请撤诉作时间上的要求，一方面是维护正常的诉讼秩序；另一方面，法院一旦作出判决，当事人提出的诉就已为法院的裁判所解决，也就无诉可撤。

4.撤诉必须经法院审查同意。这一条件体现了当事人撤诉权利行使的相对性，即要受到人民法院的必要干预。根据《民诉解释》第238条的规定，如果当事人有违反法律的行为需要依法处理的，人民法院可以不准许撤诉或不按撤诉处理；如果原告在法庭辩论终结后申请撤诉，被告不同意的，人民法院也可以不准许原告的撤诉申请。

（二）按撤诉处理的情形

按撤诉处理，是指当事人虽然没有提出撤诉申请，但其在诉讼中的一定行为已经表明他不愿意继续进行诉讼，因而，法院依法决定撤销案件不再继续进行审理的行为。

根据《民事诉讼法》及司法解释的规定，按撤诉处理的情形为：(1)原告经传票传唤，无正当理由拒不到庭；(2)原告未经法庭许可中途退庭；(3)原告应预交而未预交案件受理费，人民法院应当通知其预交，通知后仍不交纳，或申请缓、减、免未获人民法院批准仍不交纳诉讼费用的，按撤诉处理；(4)无民事诉讼行为能力的原告的法定诉讼代理人，经法院传票传唤无正当理由拒不到庭的，可按撤诉处理；(5)有独立请求权的第三人经法院传票传唤，无正当理由拒不到庭的，或未经法庭许可中途退庭的，可按撤诉处理。

（三）对有独立请求权第三人参加诉讼后原告的撤诉问题

有独立请求权的第三人参加诉讼是以本诉的存在为前提和基础的，若其参加诉讼后本诉原告申请撤诉被法院准许后或本诉原告有被视为撤诉的情形时，有独立请求权第三人提出的诉的审理就成为问题。根据《民诉解释》第237条的规定，有独立请求权的第三人参加诉讼后，原告申请撤诉，人民法院依法准许原告撤诉后，有独立请求权的第三人作为另案原告，原案原告、被告作为另案被告，诉讼继续进行。

（四）原告撤回本诉对反诉的影响

反诉是基于本诉的存在由被告向原告提出的反请求，当人民法院准许本诉原告撤诉后，被告提起的反诉应该如何处理？依诉讼原理，反诉尽管是基于与本诉存在牵连关系并且以本诉的存在为前提提出的诉，但反诉具有独立性。这种独立性表现在，反诉一旦合法成立，其就不因本诉的撤回而消灭。因此，在本诉撤回后，反诉应当作为一个独立的案件由人民法院继续审理。

（五）撤诉的法律后果

无论是当事人申请撤诉还是按撤诉处理的，都会产生一定的法律后果：(1)终结诉讼程序。法院裁定准许撤诉或按撤诉处理后，诉讼程序便告结束，人民法院不能对案件再继续进行审理和作出判决，这是撤诉最直接的法律后果。(2)诉讼费用由撤诉的当事人负担。当事人撤诉的，由撤诉的当事人负担诉讼费用，但减半收取。(3)诉讼时效重新开始计算。原告起诉后，诉讼时效中断，而自人民法院裁定准予撤诉之日起，诉讼时效重新开始计算。

二、缺席判决

缺席判决，是相对于对席判决而言的，是指人民法院在一方当事人无正当理由拒不参加庭审或未经许可中途退庭的情况下，依法对案件所作出的判决。人民法院应当根据到庭的当事人

案例分析　能力训练

诉讼请求、双方的诉辩理由以及已经提交的证据及其他诉讼材料进行审理的结果，依法作出缺席判决。根据《民事诉讼法》及司法解释的规定，缺席判决适用于下列情形：

1.原告不出庭或中途退庭按撤诉处理，被告提出反诉的。根据法律规定，原告无正当理由拒不出庭或者未经许可中途退庭的，按撤诉处理；但在被告提起反诉的情况下，法院仍应就被告提出的反诉进行审理，原告拒不出庭或者未经许可中途退庭的，法院可以缺席判决。

2.被告经传票传唤，无正当理由拒不到庭的，或未经法庭许可中途退庭的。

3.法院裁定不准撤诉的，原告经传票传唤，无正当理由拒不到庭的。

4.无民事诉讼行为能力被告方的法定代理人，经传票传唤无正当理由拒不到庭的。

5.在借贷案件中，债权人起诉时，债务人下落不明的，人民法院受理案件后公告传唤债务人应诉。公告期限届满，债务人仍不应诉，借贷关系明确的，经审理后可缺席判决。在审理中债务人出走，下落不明，借贷关系明确的，可以缺席判决。

缺席判决与对席判决具有同等法律效力。对于缺席判决，人民法院同样应当依照法定的方式和程序，向缺席的一方当事人送达判决书，并保障当事人上诉权利的充分行使。

第四节 延期审理、诉讼中止和诉讼终结

一、延期审理

延期审理，是指在遇有法定事由时，人民法院已经确定的开庭期日或者正在进行的开庭审理无法继续进行，而顺延至另一个期日进行审理的制度。

根据《民事诉讼法》第149条的规定，有下列情形之一的，可以延期审理：

1.必须到庭的当事人和其他诉讼参与人有正当理由没有到庭的。

2.当事人临时提出回避申请的。

3.需要通知新的证人到庭，调取新的证据，重新鉴定、勘验，或者需要补充调查的。

4.其他应当延期的情形。根据司法解释的规定，其他情形主要是指不可抗力或者意外事件导致庭审无法正常进行的情形。

延期审理只能发生在开庭审理阶段，延期审理前已进行的诉讼行为，对延期后的审理仍然有效。但延期的时间不计算在审理期限内。

二、诉讼中止

诉讼中止，是指在诉讼进行过程中，因出现某种特定情况，诉讼无法继续进行或不宜进行，因而法院裁定暂时停止诉讼程序的制度。

根据《民事诉讼法》第153条第1款的规定，有下列情形之一的，应当中止诉讼：

案例分析 能力训练

1.一方当事人死亡，需要等待继承人表明是否参加诉讼的；

2.一方当事人丧失诉讼行为能力，尚未确定法定代理人的；

3.作为一方当事人的法人或者其他组织终止，尚未确定权利义务承受人的；

4.一方当事人因不可抗拒的事由，不能参加诉讼的；

5.本案必须以另一案的审理结果为依据，而另一案尚未审结的；

6.其他应当中止诉讼的情形。

需要严格把握诉讼中止的条件。例如，原告甲与被告乙签订借款协议，乙共向原告借款人民币100万元，并由丙承担连带担保责任。当日乙收到借款100万元。后因乙拖欠多名债权人款项数额较大，无法及时偿还，甲遂起诉丙承担连带担保责任。丙答辩称被告乙涉嫌非法吸收公众存款罪，已经被公安机关拘留，要求法院诉讼中止。在本案中，原告起诉的基本事实是

丙承诺向原告承担连带担保责任，与乙是否触犯非法吸收公众存款罪属于不同的法律关系，即便乙构成非法吸收公众存款罪，也并不必然导致本案中的借款协议无效，所以法院应当继续审理该案，不应裁定诉讼中止。

诉讼中止，是诉讼程序的一种阻却状态。在诉讼中止期间，人民法院停止对该案的审理行为，当阻却法院审理程序的事由消除后，法院即裁定恢复对案件的审理。

三、诉讼终结

诉讼终结，是指在诉讼进行过程中，因出现某些特殊情况，诉讼程序继续进行已没有必要或不可能继续进行，从而由人民法院裁定终结诉讼程序的制度。

根据《民事诉讼法》第154条的规定，适用诉讼终结的情形有：

1.原告死亡，没有继承人，或者继承人放弃诉讼权利的；

2.被告死亡，没有遗产，也没有应当承担义务的人的；

3.离婚案件中的一方当事人死亡的；

4.追索赡养费、扶养费、抚养费以及解除收养关系案件的一方当事人死亡的。

诉讼终结并没有解决当事人之间的实体权益问题，因此人民法院以裁定的形式终结诉讼程序。诉讼终结的裁定既可以是书面的，也可以是口头的。诉讼终结的裁定一经作出即发生法律效力，当事人不得上诉，也不得申请复议，自裁定送达当事人之日起或宣布之日起发生法律效力。诉讼终结的案件，当事人不得以同一事实和理由，就同一诉讼标的再行起诉，法院也不得再行受理此案。

案例分析　能力训练

【本章主要法律规定】

1.《民事诉讼法》第122～159条

2.最高人民法院《关于适用〈中华人民共和国民事诉讼法〉的解释》第208～255条

3.最高人民法院《关于民事诉讼证据的若干规定》

4.最高人民法院《关于互联网法院审理案件若干问题的规定》第7条

第十二章
简易程序

本章主要内容提示

本章的重点为简易程序的适用范围、简易程序特殊审理规则、小额诉讼审理规则。

1.简易程序的适用范围：简易程序适用的法院为基层人民法院，适用的案件为简单民事案件、当事人协商适用简易程序的案件。

2.简易程序的特殊审理规则：方便起诉与答辩、较短的举证期限、独任制、灵活的庭审程序等。

3.小额诉讼审理规则：法院的告知义务、一审终审、当事人合意选择适用小额诉讼、当事人对法院适用小额诉讼的异议、小额诉讼程序的转换。

本章的难点在于准确理解和把握简易程序的适用问题。当事人对于简易程序的适用有选择权和异议权：一方面，当事人对原本应适用普通程序的案件可以协商并经法院同意适用简易程序审理；另一方面，当事人有权对法院依职权适用简易程序审理案件提出异议，若当事人的异议成立的，应当转为普通程序审理。此外，还应准确理解小额诉讼与简易程序的关系。小额诉讼是规定在简易程序中针对小额案件的审理规则，除其适用的特定案件以及一审终审的特殊规则外，应当适用简易程序的审理规则。

第一节　简易程序的概念和适用范围

一、简易程序的概念

简易程序，是指基层人民法院及其派出法庭审理简单民事案件所适用的简便易行的诉讼程序。简易程序是第一审程序中与普通程序相并列独立的诉讼程序，但在内容上，简易程序是在普通程序基础上的简化，人民法院在适用简易程序审理民事案件时，简易程序中未作规定的，适用普通程序的规定进行审理。

二、简易程序的适用范围

简易程序适用的范围，是指哪些法院以及哪些民事案件能够适用简易程序来加以审理。根据《民事诉讼法》和相关司法解释的规定，简易程序的适用范围是：

（一）适用简易程序的法院

根据《民事诉讼法》的规定，可以适用简易程序审理民事案件的人民法院，仅限于基层人民法院和它的派出法庭。基层人民法院的派出法庭包括两种形式：一种是基层人民法院在其辖区内的乡、镇常设的人民法庭；另一种是基层人民法院为巡回审判，临时派出的审判组织。

（二）适用简易程序审理的案件

根据法律规定，适用简易程序审理的民事案件应当为简单民事案件和当事人双方约定适用简易程序的案件。

1.简单民事案件。

根据《民事诉讼法》第160条第1款的规定，基层人民法院及其派出法庭适用简易程序审理的民事案件，仅限于事实清楚、权利义务关系明确、争议不大的简单民事案件。所谓“事实清楚”，是指当事人双方对争议的事实陈述基本一致，并能提供相应的证据，无须人民法院调查收集证据即可判明事实、分清是非；所谓“权利义务关系明确”，是指谁是责任的承担者，谁是权利的享有者，关系明确，无须审判人员作深入的分析判断，就可以认定双方当事人之间的权利义务关系；所谓“争议不大”，是指当事人对案件的是非、责任无原则分歧。上述三个条件，是互相联系、不可分割的一个整体，是认定简单民事案件的标准。只有同时具备这三个条件，才构成简单的民事案件，才能适用简易程序审理。

2.当事人双方约定适用简易程序的案件。

法律赋予当事人选择适用简易程序的权利，当事人对基层人民法院和它派出的法庭适用普通程序审理的案件，可以通过协商自愿选择适用简易程序，经人民法院审查同意后，可以适用简易程序审理。

根据《民事诉讼法》和最高人民法院相关司法解释的规定，下列案件不得适用简易程序审理：(1)起诉时被告下落不明的案件；(2)发回重审的案件；(3)共同诉讼中当事人一方或者双方当事人人数众多的案件；(4)法律规定应当适用特别程序、审判监督程序、督促程序、公示催告程序和企业法人破产还债程序审理的案件；(5)涉及国家利益、社会公共利益的案件；(6)第三人起诉请求或者撤销生效判决、裁定、调解书的案件；(7)人民法院认为不宜适用简易程序审理的案件。

(三)当事人对适用简易程序的异议及其处理

根据司法解释的规定，当事人对人民法院适用简易程序有权提出异议。当事人一方或者双方就适用简易程序提出异议后，人民法院应当进行审查。异议成立的，应当将案件转为普通程序审理；异议不成立的，裁定驳回，裁定以口头方式作出的，应当记入笔录。人民法院在审理过程中发现不宜适用简易程序的，应当依职权将案件转为普通程序审理。案件由简易程序转为普通程序审理的，转为普通程序前，双方当事人已确定的事实，可以不再进行举证、质证。

第二节　简易程序的具体适用

一、起诉与答辩

(一)起诉的方式与内容

依照法律规定，适用简易程序的民事案件，原告起诉有两种方式：一是书面起诉方式，二是口头起诉方式。《民事诉讼法》第161条第1款规定：“对简单的民事案件，原告可以口头起诉。”最高人民法院《关于适用简易程序审理民事案件的若干规定》(以下简称《简易程序若干规定》)第4条第1款规定：“原告本人不能书写起诉状，委托他人代写起诉状确有困难的，可以口头起诉。”

原告起诉状的内容应包括当事人的基本情况、联系方式、诉讼请求、事实理由及相关证据和证据来源。当事人口头起诉的，人民法院应将上述内容予以准确记录，将相关证据予以登记。人民法院应当将上述记录和登记的内容向原告当面宣读。原告确认无误后应当签名或者捺手印。

(二)被告答辩的方式

在简易程序中，被告答辩的方式有两种：口头答辩与书面答辩。《简易程序若干规定》第7条及《民诉解释》第266条规定：双方当事人到庭后，被告同意口头答辩的，人民法院可以当即开庭审理；被告要求书面答辩的，人民法院应当合理确定答辩期间，将提交答辩状的期限和开庭的

案例分析　能力训练

具体日期告知各方当事人。

二、审理前准备

(一)诉状送达的特别规定

简易程序要求诉状能够快速有效地送达原告和被告,因此,要求原告起诉或被告答辩时能提供准确的送达地址。《简易程序若干规定》第8~10条规定了如下处理方法:

人民法院按照原告提供的被告的地址或者其他联系方式无法通知被告应诉的,按以下情况分别处理:(1)原告提供了被告准确的送达地址,但人民法院无法向被告直接送达或留置送达应诉通知书的,应当将案件转为普通程序审理;(2)原告不能提供被告准确的送达地址的,人民法院经查证后仍不能确定被告送达地址的,可以以被告不明确为由裁定驳回原告起诉。

被告到庭后拒绝提供自己的送达地址和联系方式的,人民法院应当告知其拒不提供送达地址的后果。经人民法院告知后被告仍不提供的,按下列方式处理:(1)被告是自然人的,以其户籍登记中的住所地或者经常居住地为送达地址;(2)被告是法人或者非法人组织的,应当以其在登记机关登记、备案中的住所为送达地址。

因当事人自己提供的送达地址不准确、送达地址变更未及时告知人民法院,或者当事人拒不提供自己的送达地址而导致诉讼文书未能被当事人实际接收的,按下列方式处理:(1)邮寄送达的,以邮件回执上注明的退回之日视为送达之日;(2)直接送达的,送达人当场在送达回证上记明情况之日视为送达之日。

(二)举证期限的特别规定

适用简易程序审理的民事案件,举证期限由人民法院确定,也可以由当事人双方协商一致并经人民法院批准,但不得超过15日。当事人双方均表示不需要举证期限的,人民法院可以立即开庭审理或者确定开庭日期。

人民法院应当将举证期限和开庭的具体日期通知双方当事人,并向当事人说明逾期举证以及拒不到庭的法律后果,由各方当事人在笔录和开庭传票的送达回证上签名或者捺手印。在适用简易程序审理案件时,人民法院负有告知义务,应对不依法履行相应义务可能产生的法律后果向当事人说明。

(三)审判组织

根据《民事诉讼法》第163条的规定,适用简易程序审理民事案件时,由审判员一人独任审理。需要说明的是,独任制不等于审判员自审自记,审判员一人独任审理时,应当由书记员担任记录。

(四)开庭方式的选择

当事人双方可以就开庭方式进行选择并向法院提出申请,由人民法院决定是否准许。经双方当事人同意,可以采用视听传输技术等方式开庭。

三、开庭审理

(一)传唤当事人及其他诉讼参与人

简易程序采取了灵活多样的传唤方式通知当事人及证人出庭,可以采取捎口信、电话、传真、电子邮件等简便方式随时传唤双方当事人、证人。应当注意的是,以上述方式发送的开庭通知,未经当事人确认或者没有其他证据足以证明当事人已经收到的,人民法院不得将其作为按撤诉处理和缺席判决的根据。

(二)对当事人诉讼权利义务的告知

根据司法解释的规定,在简易程序中,开庭前已经书面或者口头告知当事人诉讼权利义务,或者当事人各方均委托律师代理诉讼的,审判人员除告知当事人申请回避的权利外,可以不再告知当事人其他的诉讼权利义务。对没有委托律师、基层法律服务工作者代理诉讼的当事人,审理过程中审判人员可以对回避、自认、举证责任等相关内容向其作必要的解释或者说明,并在庭审过程中适当提示当事人正确行使诉讼权利、履行诉讼义务,指导当事人进行正常的诉讼活动。

(三)法庭调查和辩论

依照简易程序审理案件,审理程序比较简便。在开庭审理时,审判人员可以根据当事人的诉讼请求和答辩意见归纳出争议焦点,经当事人确认后,由当事人围绕争议焦点举证、质证和辩论。本着简便易行的原则,法院在进行法庭调查、法庭辩论时，可以不按法定顺序进行。当事人对案件事实无争议的，审判人员可以在听取当事人就适用法律方面的辩论意见后径行判决、裁定。

适用简易程序审理的民事案件，原则上应当一次开庭审结，但人民法院认为确有必要再次开庭的除外。

适用简易程序审理案件，可以简化庭审程序，具体可以简化的内容包括：

1.开庭前已经通过庭前会议或者其他方式完成当事人身份核实、权利义务告知、庭审纪律宣示的，开庭时可以不再重复；

2.经庭前会议笔录记载的无争议事实和证据，可以不再举证、质证；

3.庭审可以直接围绕诉讼请求或者案件要素进行。

简化庭审程序审理案件时，人民法院应当保障当事人答辩、举证、质证、陈述、辩论等诉讼权利。

（四）简易程序的审理期限

人民法院适用简易程序审理民事案件，应当在立案之日起3个月内审结。有特殊情况需要延长的，经本院院长批准，可以延长，但累计不得超过4个月。

四、宣判、判决书的送达与判决书的简化

（一）宣判方式

人民法院适用简易程序审理民事案件，判决结案的宣判方式有两种：当庭宣判和定期宣判，除人民法院认为不宜当庭宣判的以外，均应当当庭宣判。

（二）判决书的送达

当庭宣判的案件，人民法院应当告知当事人或者诉讼代理人领取裁判文书的期间和地点以及逾期不领取的法律后果，当事人在指定期间内领取裁判文书之日即为送达之日；当事人在指定期间内未领取的，指定领取裁判文书期间届满之日即为送达之日。此外，当事人也可以当庭要求人民法院邮寄送达判决书。当事人因交通不便或者其他原因要求邮寄送达裁判文书的，人民法院可以按照当事人自己提供的送达地址邮寄送达。人民法院根据当事人自己提供的送达地址邮寄送达的，邮件回执上注明收到或者退回之日即为送达之日。

定期宣判的案件，宣判之日即为送达之日，当事人的上诉期自定期宣判的次日起开始计算。当事人在定期宣判的日期无正当理由未到庭的，不影响该裁判上诉期间的计算。

（三）判决书的简化

适用简易程序审理的民事案件，也应制作完整的裁判文书。但有下列情形之一的，人民法院在制作裁判文书时对认定事实或者判决理由部分可以适当简化：

1.当事人达成调解协议并需要制作民事调解书的；

2.一方当事人在诉讼过程中明确表示承认对方全部诉讼请求或者部分诉讼请求的；

3.涉及自然人的隐私、个人信息或者商业秘密的案件，当事人一方要求简化裁判文书中的相关内容，人民法院认为理由正当的；

4.当事人双方一致同意简化裁判文书的。

基层人民法院适用简易程序审理案件时，可以采取以下方式简化裁判文书：(1)对于能够概括出案件固定要素的，可以根据案件要素载明原告、被告意见、证据和法院认定理由、依据及裁判结果；(2)对于一方当事人明确表示承认对方全部或者主要诉讼请求的、当事人对案件事实没有争议或者争议不大的，裁判文书可以只包含当事人基本信息、诉讼请求、答辩意见、主要事实、简要裁判理由、裁判依据和裁判主文。

第三节　对小额案件审理的特别规定

所谓小额案件，是指当事人争议的标的数额不超过法律规定的一定数额的金钱给付案

件。根据我国经济发展的实际状况，《民事诉讼法》第165条将小额案件定义为：标的数额为各省、自治区、直辖市上年度就业人员年平均工资50%以下的案件。需要注意的是，对小额案件的审理并不存在独立小额诉讼程序，其是在简易程序基础上针对小额案件的特殊性作出的特别规定，其仍属于简易程序的范畴，是一般规定与特别规定的关系。

案例分析　能力训练

一、小额诉讼适用的条件及范围

（一）适用小额诉讼审理的条件

根据《民事诉讼法》及《民诉解释》的规定，适用小额诉讼特别规定审理的案件，应当符合以下两个条件：

1.属于简单民事案件。即属于事实清楚、权利义务关系明确、争议不大的简单金钱给付民事案件，即案件是可以适用简易程序审理的案件，同时仅限于金钱给付的简单民事案件。如果诉讼请求超出了金钱给付，即便是微小的财产性诉求，也不得适用小额诉讼程序。

2.争议的标的数额小。即争议的标的数额应当在各省、自治区、直辖市上一年度就业人员年平均工资50%以下。

（二）当事人选择适用小额诉讼程序

法律赋予当事人选择适用小额诉讼程序的权利。对于标的额超过各省、自治区、直辖市上年度就业人员年平均工资50%但在2倍以下的案件，当事人双方也可以约定适用小额诉讼的程序。

（三）不适用小额诉讼程序审理的案件

小额诉讼程序主要是解决以金钱给付为标的的案件，对人身关系纠纷、审理难度较大、时间耗费较长的案件，不适宜适用小额诉讼程序审理。根据《民事诉讼法》第166条的规定，以下案件不适用小额诉讼程序审理：

1.人身关系、财产确权案件；

2.涉外案件；

3.需要评估、鉴定或者对诉前评估、鉴定结果有异议的案件；

4.一方当事人下落不明的案件；

5.当事人提出反诉的案件；

6.其他不宜适用小额诉讼的程序审理的案件。

二、小额案件审理程序的特别规定

小额案件所涉及的利益较小，从费用相当原则及考虑诉讼的效率化，其审理规则与其他案件应有所差别。最高人民法院的相关司法解释对此作了特别规定。

1.人民法院的告知义务。

小额诉讼因采一审终审制，当事人对法院审理小额诉讼案件所作之裁判无上诉的权利。因此，对该程序的适用，法院应当特别提示相关程序规则，以便当事人妥当行使诉讼权利和合理进行诉讼。根据司法解释的规定，人民法院审理小额诉讼案件，应当向当事人告知该类案件审理的审判组织、一审终审、审理期限、诉讼费用交纳标准等相关事项。

2.期间的特别规定。

小额诉讼以追求效率为首要目标，对其相关期间规定必然较简易程序更短。主要涉及对举证期限、答辩期间和审理期限的特别规定。

审理小额诉讼案件，当事人的举证期限由人民法院确定，也可以由当事人双方协商一致并经人民法院准许，但一般不超过7日。被告要求书面答辩的，人民法院可以在征得被告同意的基础上合理确定答辩期间，但最长不得超过15日。

人民法院适用小额诉讼的程序审理案件，应当在立案之日起2个月内审结。有特殊情况需要延长的，经本院院长批准，可以延长1个月。

3.裁判效力。

人民法院审理小额诉讼案件所作的裁判，实行一审终审，当事人不得提起上诉。这里既包括人民法院对小额案件实体所作的判决，也包括人民法院对当事人提出管辖权异议所作的裁定、当事人的起诉不符合《民事诉讼法》第122条规定的起诉条件而需要驳回起诉所作的裁定，均为一审终审。

4.程序转换。

人民法院审理小额诉讼案件时，因当事人

申请增加诉讼请求或者变更诉讼请求、提出反诉、追加当事人等，致使案件不符合适用小额诉讼程序条件的，或因当事人对法院按照小额诉讼案件审理提出有理由的异议的，人民法院应当适用简易程序的其他规定审理案件，或者裁定转为普通程序审理。程序转换后，在之前审理程序中双方当事人已确认的事实，可以不再进行举证、质证。

5.对适用小额案件审理程序的异议及处理。

由于小额诉讼采取一审终审的制度。为保障当事人的程序利益，当事人对人民法院按照小额诉讼案件审理有异议的，应当在开庭前提出异议。经审查异议成立的，人民法院应当适用简易程序的其他规定审理案件，或者裁定转为普通程序审理；异议不成立的，裁定驳回。

6.裁判文书的简化。

人民法院按照小额诉讼案件审理时，所作裁判文书可以适当进行简化，主要记载当事人基本信息、诉讼请求、裁判主文等内容即可，体现了小额诉讼案件审理程序的立法宗旨。

【本章主要法律规定】

1.《民事诉讼法》第160～170条

2.最高人民法院《关于适用〈中华人民共和国民事诉讼法〉解释》第256～281条

3.最高人民法院《关于适用简易程序审理民事案件的若干规定》

第十三章
第二审程序

本章主要内容提示

本章的重点为上诉的提起、上诉案件的审理、上诉的撤回、上诉案件的调解。

1.上诉的提起：上诉提起的条件、上诉提起的途径。

2.上诉案件的审理：上诉案件审判组织形式是由审判员组成的合议庭，上诉审理范围以当事人请求的范围为原则，上诉审理的方式以开庭审理为原则，以径行裁判为例外。

3.上诉的撤回：撤回上诉的条件、撤回上诉的法律后果。

4.上诉案件的调解：上诉调解达成协议的，必须制作调解书，调解书送达生效后一审判决视为撤销。

本章的难点在于准确理解上诉中撤回起诉和上诉中对特殊请求的调解。上诉中原审原告申请撤回起诉，需要经其他当事人的同意，且不损害国家利益、社会公共利益、他人合法权益，二审法院同意撤回上诉应当一并裁定撤销一审判决。二审法院对一审判决不准离婚案件认为应当判决离婚、一审漏判的诉讼请求、必须参加诉讼的当事人没有参加一审程序的案件，只能进行调解而不能进行判决（离婚案件当事人同意的除外），调解不成的，应当裁定撤销原判决，发回重审；对于在第二审程序当事人增加诉讼请求和提出反诉的，法院只能进行调解而不能进行判决（当事人同意的除外），调解不成的，告知当事人另行提起诉讼。

第一节　第二审程序概述

一、第二审程序的概念

第二审程序，是指因当事人不服地方各级人民法院尚未生效的一审判决或裁定而依法向上一级人民法院提起上诉，要求撤销或变更原判决或裁定，上一级人民法院据此对案件进行审理所适用的程序。由于我国民事诉讼实行两审终审制度，第二审法院作出的判决、裁定是终审的判决、裁定，当事人对二审判决、裁定不能再行上诉。因此，第二审程序又称终审程序。

第二审程序并不是民事诉讼的必经程序，第二审程序仍然遵循“不告不理”的程序启动机制，即只能在当事人行使上诉权依法提起上诉时，法院才能启动二审程序对上诉案件予以审理。如果当事人在上诉期限内均不提出上诉，法院不得依职权主动启动第二审程序。

二、第二审程序与第一审程序的联系与区别

从我国民事诉讼法的相关规定分析，我国上诉审采纳的是续审主义，即第二审以第一审的审理为基础，第一审程序是第二审程序的前提和基础，第二审程序是第一审程序的继续和发展。第二审人民法院审理上诉案件，首先适用第二审程序的有关规定；第二审程序没有规定的，要比照适用第一审普通程序的有关规定。

第二审程序与第一审程序虽然都属于诉讼案件的审理程序，但毕竟是两种不同的诉讼程序，其主要区别如下：

1.程序发生的根据不同。第一审程序是基于当事人的起诉权和第一审人民法院的管辖权而发生；第二审程序是基于当事人的上诉权和第二审人民法院的审判监督权而发生。

2.程序性质不同。依照《人民法院组织法》《民事诉讼法》的规定，第一审程序是案件在第一审人民法院审理的程序，是初审；第二审程序是案件在第二审人民法院审理的程序，是续审。它们分别是两个审级的人民法院所适用的审理程序。

3.审判组织不同。第一审程序包括普通程序和简易程序，分别实行的是合议制和独任制的审判组织形式。适用合议制时，合议庭可以由审判员组成，也可以由审判员与陪审员共同组成。第二审程序的审判组织通常是合议制的一种，只有特殊情况下独任，合议庭只能由审判员组成，不吸收陪审员参加。

4.审理的对象不同。第一审是因当事人之间的权利义务争议而引起，审理的对象是双方争议的事实及权利义务关系；第二审是因当事人不服一审裁判而引起，审理的对象是当事人上诉请求所涉及的一审法院认定的事实和适用的法律。

5.审结期限不同。第一审普通程序的审结期限一般为6个月，简易程序为3个月。适用第二审程序审理案件，对判决不服的，审结期限为3个月；对裁定不服的，审结期限为30日。

6.裁判的效力不同。地方各级人民法院所作出的第一审判决（小额诉讼判决除外）和法律准许上诉的裁定，在法定的上诉期内不发生法律效力；而第二审人民法院作出的判决、裁定，一经宣判和送达，即发生法律效力，是终审的判决和裁定。

第二节　上诉的提起与受理

一、上诉的提起

上诉，是指当事人对第一审法院作出的判决、裁定，在法定期间内声明不服，依法请求上一级人民法院对上诉请求事项进行审理并撤销或者变更原判决、裁定的诉讼行为。提起上诉必须具备法定的条件和遵守相应的程序。

（一）提起上诉的条件

1.有法定的上诉对象。民事诉讼法对当事人可以提起上诉的对象作了明确的规定，可以提起上诉的判决包括：地方各级人民法院适用普通程序和简易程序审理后作出的第一审判决，第二审法院发回重审后作出的判决，以及按照第一审程序对案件再审后作出的判决。可以提起上诉的裁定包括：不予受理的裁定、对管辖权有异议的裁定以及驳回起诉的裁定。

按非讼程序审理后作出的裁判、人民法院适用小额诉讼程序审理的案件、第二审法院的终审裁判，以及最高人民法院的一审裁判，当事人都不能提起上诉。

2.有合法的上诉人和被上诉人。上诉是因当事人对第一审裁判声明不服，请求二审法院予以撤销或者改判，因此，上诉人与被上诉人必须是参加第一审程序的诉讼当事人。包括：第一审程序中的原告和被告、有独立请求权的第三人。一审法院判决承担民事责任的无独立请求权的第三人可以作为上诉人与被上诉人，一审法院判决未承担民事责任的无独立请求权的第三人可以作为被上诉人，不可以作为上诉人。

关于上诉审当事人诉讼地位的确定，一般情况下，提起上诉的一方为上诉人，未提起上诉的对方当事人为被上诉人；双方当事人和第三人均上诉的，皆为上诉人。必要的共同诉讼中一人或部分人提出上诉的，应按下列情况分别处理：(1)上诉是针对与对方当事人之间权利义务分担有意见，不涉及其他共同诉讼人利益的，对方当事人为被上诉人，未上诉的同一方当事人依原审诉讼地位列明；(2)上诉仅对共同诉讼人之间的权利义务分担有意见，不涉及对方当事人利益的，未上诉的同一方当事人为被上诉人，对方当事人依原审诉讼地位列明；(3)上诉对双方当事人之间以及共同诉讼人之间权利义务分担有意见的，未上诉的其他当事人均为被上诉人。

3.在法定期间内提起上诉。根据《民事诉讼法》第171条的规定：当事人不服地方人民法院第一审判决的，有权在判决书送达之日起15日内向上一级人民法院提起上诉。当事人不服地方人民法院第一审裁定的，有权在裁定书送达之日起10日内向上一级人民法院提起上诉。上诉期间从判决书、裁定书送达之日起计算。诉讼参加人各自分别不同时间接收裁判文书的，从各自的起算日分别开始计算；任何一方的上诉期未满，裁判处于一种不确定状态，只有当各方当事人的上诉期都届满后均未提起上诉时，裁判才发生法律效力。

4.必须提交上诉状。当事人不服一审法院裁判提起上诉时，必须递交上诉状。一审宣判时或判决书、裁定书送达时，当事人口头表示上诉的，人民法院应当告知当事人在上诉期间内提交上诉状，未在法定上诉期间提交上诉状的，视为未上诉，一审裁判发生法律效力。

上诉状应写明以下内容：第一，当事人的姓名，当事人是法人或者其他组织的，还应写明法人或其他组织的全称及法定代表人或者主要负责人的姓名。第二，原审法院的名称、案件的编号和案由。第三，上诉的请求和理由。这一部分是上诉状的核心部分。上诉请求是上诉人提起上诉所要达到的目的；上诉的理由是上诉人提出上诉的根据，是上诉人向上诉法院对一审法院在认定事实和适用法律方面持有异议的全面陈述；上诉请求和理由决定了二审法院对案件的审理范围。

（二）提起上诉的途径

上诉状原则上应当通过原审人民法院提出，并且按照对方当事人或者代表人的人数提出副本。法律之所以这样规定，一方面是为了便利当事人行使上诉权；另一方面有利于原审人民法院协助二审法院送达相关诉讼文书，完成对上诉材料、原审案卷的整理与报送工作。

如果当事人直接向第二审人民法院提出上诉的，第二审人民法院应当在5日内将上诉状移交给原审人民法院。当事人通过第二审人民法院提起上诉的，第二审人民法院不得拒绝接收上诉状或者告知当事人通过原审人民法院提起上诉，以确保当事人上诉权的行使。

二、上诉的受理

上诉的受理，是指第二审人民法院按照立案程序要求，对当事人提起的上诉进行审查，对符合上诉条件的案件予以立案审理的行为。

（一）诉讼文书的接收与送达

原审法院收到当事人的上诉状及副本后，应当在5日内将上诉状副本送达对方当事人。对方当事人收到上诉状副本后，应当在15日内提出答辩状。对方当事人提交答辩状的，原审人民法院应当在收到答辩状之日起5日内将答辩状副本送达上诉人。对方当事人不提出答辩状的，不影响人民法院对案件的审理。

需要注意的是，原审法院对当事人的上诉不进行审查，因上诉的立案审查权为第二审人民法院所享有，原审法院仅仅是协助二审法院完成相应的诉状送达工作，并依法将案件报送第二审人民法院。

（二）诉讼案卷和证据的报送

原审人民法院收到上诉状、答辩状后，应当在5日内连同全部案卷和证据，报送到第二审人民法院，以保证第二审人民法院对上诉案件的立案审查及审理。

（三）上诉的审查

第二审人民法院收到第一审人民法院报送

的上诉材料及一审案件卷宗材料后，应当审查以下内容：(1)当事人的上诉材料及一审法院案件卷宗材料是否齐备；(2)上诉人递交的上诉状的时间是否是在法定上诉期限内提出的；(3)是否交纳了上诉费用等。第二审人民法院经审查有关材料无误的，应当予以立案，并向当事人发送案件受理通知书和上诉案件应诉通知书。

第三节　上诉案件的审理

第二审人民法院审理上诉案件，应当适用二审程序的规定进行。然而，民事诉讼法仅根据第二审案件的特点制定了第二审特殊的审理规则，程序并不完整。所以，第二审人民法院在审理上诉案件时，第二审程序没有规定的，应当比照适用第一审普通程序的相关规定。

一、二审法院对上诉案件审理的范围

根据《民事诉讼法》第175条的规定，第二审人民法院应当对当事人上诉请求所涉及的事实认定问题和适用法律问题进行审理。因此，我国民事诉讼第二审既是事实审，又是法律审。同时，第二审人民法院审理的事实问题和法律问题，应当限定在上诉人的上诉请求范围以内，即要受当事人上诉请求范围的限制，体现了法院对当事人处分权的尊重。对当事人没有提出的一审裁判中的事实问题和法律问题原则上不予审理。

当然，第二审人民法院在审理中发现上诉请求没有涉及的原判决存在违反法律禁止性规定、侵害社会公共利益或者他人合法权益的情形时，应依法予以纠正，可不受上诉请求范围的限制。这既体现了当事人自由处分与国家干预相结合的特点，又反映了我国第二审法院审判监督的职能。

二、第二审的审判组织形式

第二审法院审理上诉案件通常为合议制，特殊情况下才可以独任，而且，二审合议庭只能由审判员组成，陪审员不参加，这是由第二审的职能所决定的。中级人民法院对第一审适用简易程序审理结案的上诉案件和不服民事裁定的上诉案件，在事实清楚、权利义务关系明确的情况下，经双方当事人同意，可以由审判员一人独任审理。

三、上诉案件的审理方式及地点

第二审人民法院审理上诉案件，以开庭审理为原则，即应当传唤双方当事人和其他诉讼参与人到庭，进行法庭调查，法庭辩论，并在此基础上进行评议和宣判。开庭审理既可以在本院进行，也可以到案件发生地或原审人民法院所在地进行。

案例分析　能力训练

在特殊情况下，经阅卷和调查、询问当事人，对没有提出新的事实、证据或者理由的上诉案件，人民法院认为不需要开庭审理的，第二审也可以不开庭审理。第二审人民法院可以不开庭审理的案件包括：(1)不服不予受理、驳回起诉和管辖权异议裁定的；(2)当事人提出的上诉请求明显不能成立的；(3)原判决、裁定认定事实清楚，但适用法律有错误的；(4)原判决严重违反法定程序，需要发回重审的。

四、上诉案件的调解

第二审人民法院审理上诉案件时，可根据自愿、合法原则，主持双方当事人进行调解。调解达成协议的，应当制作调解书，由审判员、书记员签名，并加盖人民法院印章。调解书经上诉人、被上诉人双方签收后，即产生与终审判决同等的法律效力。调解书送达当事人后，一审判决即视为撤销，在第二审法院的调解书中，不写“撤销原判”。

二审程序中如果出现特定情形，不能直接裁判的，也可以通过调解解决纠纷，以便提高诉讼的效率。这些情形包括：

（1）当事人在第一审程序中已经提出的诉讼请求，原审人民法院未作审理、判决，第二审人民法院根据当事人自愿可以组织调解，调解不成的，应当裁定撤销原判，发回重审。

（2）必须参加诉讼的当事人或者有独立请求权的第三人，在第一审程序中未参加诉讼，第二审人民法院根据当事人自愿可以组织调解，调解不成的，应当裁定撤销原判，发回重审。

需要注意的是，在第二审程序中，作为当事人的法人或者其他组织可能会发生合并或者分立的情形，在这种情况下就要变更诉讼主体。如果是分立的，第二审人民法院应当将分立后的法人或者其他组织列为共同诉讼人；如果是合并的，第二审人民法院应当将合并后的法人或者其他组织列为当事人。但是，在这种情况下，变更后的当事人并不属于新参加诉讼的当事人，原当事人已经实施的诉讼行为对其有约束力，二审法院可对此作出判决。

（3）一审判决不准离婚的案件，上诉后，第二审人民法院认为应当判决离婚，可以根据当事人自愿原则，与子女抚养、财产分割问题一并调解；调解不成，应当裁定撤销原判，发回重审。

（4）二审程序中，原审原告增加独立的诉讼请求或者原审被告提出反诉，第二审人民法院可以根据当事人自愿原则就新增加的诉讼请求和反诉进行调解；调解不成的，告知当事人另行起诉。

上述事项出现后二审法院之所以不能直接对纠纷作出裁判，是因为相关请求在第一审程序中没有进行审理，如果二审法院直接判决，就会损害当事人的审级利益，故而在前三种原判有误的情况下，只能撤销原判发回重审，而在第四种原判无错误的情形下，应当告知当事人另行起诉。

考虑到对当事人程序选择权的尊重，上述部分案件在调解不成的情况下，二审法院也可以在当事人同意的情况下，作出裁判。一是一审判决不准予离婚的案件，二审法院经审理认为应当判决离婚，当事人同意二审法院就离婚、子女抚养和财产分割问题一并审理的，二审法院可以一并裁判；二是在二审程序中，原审原告增加独立的诉讼请求或者原审被告提出反诉的，当事人同意由二审法院一并审理的，第二审人民法院可以一并裁判。

五、上诉的撤回与起诉的撤回

（一）二审中上诉的撤回

撤回上诉，是指上诉人在二审法院受理案件后、二审判决宣告前，将其提起的上诉予以撤回的一种诉讼行为。

申请撤回上诉必须具备以下条件：第一，申请撤回上诉的主体只限于提起上诉的上诉人、上诉人的法定代理人，被上诉人无权申请撤回上诉；第二，撤回上诉的申请必须在第二审判决宣告前提出；第三，撤回上诉必须取得第二审人民法院的同意。

二审法院裁定准许或者不准许撤回上诉，可以用书面形式，也可以用口头形式。审判实践中，准许撤回上诉的一般用书面裁定，而不准许撤回上诉的则大多采用口头裁定。二审法院裁定上诉人不准撤回上诉的，诉讼继续进行；裁定准许撤回上诉的，二审程序即告终结，同时一审法院的裁判发生法律效力。

法院裁定准许撤回上诉后，将会产生以下法律效果：（1）在对方当事人未上诉的情况下，二审程序终结；（2）在对方当事人未提起上诉的情况下，第一审裁判发生法律效力；（3）撤回上诉的当事人承担第二审的上诉费用，减半收取。

（二）二审中起诉的撤回

在第二审程序中，原则上不得撤回起诉。为充分尊重当事人的程序权利，以及及时化解纠纷，在符合一定条件的情况下，原审原告在二审程序中也可以撤回起诉。

根据《民诉解释》第336条的规定，二审撤回起诉需要符合以下条件：

1.原审原告提出申请。撤诉是当事人行使处分权的表现，二审中撤回起诉需要由提起诉讼的原审原告提出，其他人无权申请撤回起诉。

2.其他当事人同意。撤回起诉不仅涉及原审原告权利行使的问题，也关涉诉讼中其他当事人的程序利益和实体利益，特别是其他当事人因诉讼已花费大量的人力、物力和精力，原审原告二审中撤回起诉，必然导致已进行的诉讼活动都没有实际意义。因此，从利益平衡的角度来看，原审原告撤回起诉需要经其他当事人同意方为妥当，司法解释为此也作了明确的规定。

3.须经人民法院同意。撤回起诉会影响到法院对案件的审理，在尊重当事人行使处分权的同时，人民法院对当事人行使诉讼权利有审查和监督的权力，原审原告在二审程序中撤回起诉必须经人民法院同意。如果原审原告申请撤回起诉，经其他当事人同意，且不损害国家利益、社会公共利益、他人合法权益的，人民法院也可以允许原审原告撤回起诉。

第四节　上诉案件的裁判

一、上诉案件的裁判

第二审的审理对象是当事人上诉请求所涉及的事实认定和法律适用问题，因此，针对一审裁判的不同情况，二审法院对上诉案件将会作出不同裁判。

（一）对第一审判决提起上诉案件的裁判

1.判决驳回上诉，维持原判。二审法院经过审理，认为原判对上诉请求所涉及的有关事实认定清楚、适用法律正确的，应当判决驳回上诉，维持原判。

2.依法改判、撤销或者变更。二审法院经过审理，认为原判决认定事实错误或者适用法律错误的，应当以判决方式依法改判、撤销或者变更；如果认为原判决认定的基本事实不清的，可以查清事实后依法改判。

3.裁定撤销原判，发回重审。第二审人民法院经过审理，认为有下列情形之一的，应当裁定撤销原判，发回重审：(1)原判决认定基本事实不清的；(2)原判决遗漏当事人的；(3)原判决严重违反法定程序的。根据司法解释的规定，严重违反法定程序的情形主要包括：审判组织的组成不合法的；应当回避的审判人员未回避的；无诉讼行为能力的当事人未经法定代理人代为诉讼的；违法剥夺当事人辩论权利的。发回原审法院重审的案件，仍应按一审普通程序另行组成合议庭审理，审理后作出的裁判为一审裁判，当事人不服的仍可以上诉。根据《民事诉讼法》第177条第2款的规定，对于发回重审的案件，当事人再提出上诉的，第二审人民法院不得再次发回。我们认为，对于该条款应当作限缩性的解释，也即，对于事实认定不清等情形，不能再次发回，必须由二审法院直接查明事实。但是，对原审中存在严重违反法定程序的情况，由于第一审程序在审判程序上的不合法，如果二审法院直接改判，相当于承认了第一审程序的合法性，因此对于重审的第一审裁判存在严重违反法定程序的情况下，第二审法院应当裁定撤销原判，发回重审，以确保诉讼程序的正当性。

（二）对第一审裁定提起上诉案件的裁定

二审法院对当事人不服一审法院裁定的上诉案件的处理，也一律使用裁定。二审人民法院对裁定的审理，应当根据不同情况作出裁定：对于原裁定认定事实清楚、适用法律正确的，裁定驳回上诉，维持原裁定；第二审人民法院查明第一审作出的不予受理裁定有错误的，应在撤销原裁定的同时，指令第一审人民法院立案；查明第一审人民法院作出的驳回起诉裁定有错误的，应在撤销原裁定的同时，指令第一审人民法院进行审理；查明第一审人民法院作出的管辖权异议裁定有错误的，应在撤销原裁定的同时，指令第一审人民法院继续审理或移送给有管辖权的人民法院进行审理。

二、第二审裁判的效力

我国实行两审终审制，第二审法院即终审

法院，第二审法院的裁判为终审裁判，其法律效力主要体现在以下三个方面：

1.不得对裁判再行上诉。第二审法院的裁判是对当事人之间实体权利义务的最终确认，一经送达当事人，即发生法律效力，当事人不得就此再行上诉。如果当事人认为第二审法院的裁判有错误，只能按照审判监督程序向法院申请再审。

2.不得重新起诉。当事人不得就同一诉讼标的，以同一事实和理由重新起诉。但是，判决不准离婚、调解和好的离婚案件以及判决维持收养关系的案件、调解维持收养关系的案件除外。

3.具有强制执行的效力。对于第二审法院作出的具有给付内容的裁判，如果义务人拒不履行义务的，对方当事人有权向法院申请强制执行；在特殊情况下，人民法院也可以依职权采取强制执行措施，从而保护当事人合法权益的实现。

三、第二审程序的审理期限

上诉案件既包括对第一审法院的判决不服提起上诉的案件，也包括对第一审法院的裁定不服提起上诉的案件。按照《民事诉讼法》第183条的规定，第二审法院审理不服判决的上诉案件，应当在第二审法院立案之日起3个月内审结。有特殊情况需要延长的，报请本院院长批准，由院长根据案件的具体情况，在保证案件审判质量的原则下，予以审批。第二审法院审理不服裁定的上诉案件，应当在二审法院立案之日起30日内作出终审裁定。

【本章主要法律规定】

1.《民事诉讼法》第171～183条

2.最高人民法院《关于适用〈中华人民共和国民事诉讼法〉的解释》第315～340条

第十四章
审判监督程序

本章主要内容提示

本章的重点是审判监督程序的启动和具体的审判程序。应注意审判监督程序的设置目的是纠正已经生效裁判的错误，因而在完整的审判监督程序中需要解决两个问题：第一，原审裁判是否确有错误，此即再审的启动阶段；第二，原审裁判应当如何纠正，此即再审的审理阶段。

1.比较启动再审三种方式的关系，如当事人申诉、申请抗诉和申请再审三者之间不同的制度内涵和联系；

2.比较再审审理程序与第一审、第二审程序的异同，再审审理程序本身需要借用第一审、第二审程序，但在审理范围、审理方式等方面又与第一审、第二审程序存在明显差异；

3.比较案外人申请再审与执行程序中案外人执行标的异议制度、第三人撤销之诉等相关制度之间的关系。

第一节　审判监督程序概述

一、审判监督程序的概念

审判监督程序即再审程序，是指对已经发生法律效力的判决、裁定、调解书，人民法院认为确有错误，对案件再行审理的程序。审判监督程序只是纠正生效裁判错误的法定程序，不是案件审理的必经程序，也不是诉讼的独立审级。我国司法改革的目标之一即是通过诉讼化的方式改造当事人对生效裁判的申诉信访，以程序化的方式吸纳当事人对终审裁判的不满，以明确的程序条件、次数限制、时间要求等来避免当事人和国家在已经生效的裁判上的无限投入。因此，审判监督程序不仅仅具有纠错的意义，还是我国司法制度走向现代化的一块重要拼图。

二、审判监督程序的特点

审判监督程序不同于其他的诉讼程序，有其独具的特点：

1.审判监督程序是对已经发生法律效力的裁判进行再审的程序，它不是第一审、第二审程序的继续和发展，不是民事诉讼的必经程序。

2.审判监督程序的设置目的主要是纠正已经生效的民事裁判文书中的错误，确保裁判的正确性和合法性，保护当事人的合法权益。但审判监督程序一旦启动，将对司法的终局性和确定性构成消极影响，因而其启动条件有较为严格的限制。如果过度使用再审程序，虽然可能有利于促进个案公正，但却可能损害法治的整体秩序。

3.审判监督程序分为两个阶段，即再审的提起阶段和再审的审理阶段。再审的提起阶段中，因为启动主体的不同，提起再审的程序和条件也有明显的差别；再审的审理阶段中，没有独立的诉讼程序，应根据原审的审级和再审法院的级别，分别适用一审普通程序或二审程序进行审理。

4.再审的提起阶段中主要的审理对象是原裁判是否存在足以启动再审的事由，因此其适用的直接法律依据是民事诉讼法中关于再审条件的规定。而再审的审理阶段的审理对象是原案件，因此其适用的直接法律依据主要是民商事实体法律。

第二节　基于审判监督权提起再审

在再审的提起阶段，根据提起主体的不同，有不同的条件和程序。人民法院发现已经发生法律效力的判决、裁定、调解书确有错误的，基于审判监督权应当决定对案件提起再审。

一、人民法院提起再审的条件

（一）原审裁判确有错误

人民法院对民事案件作出判决，一经宣告或送达，就具有约束力，不得随意撤销、变更。只有在人民法院确定原审裁判确有错误时，方能依职权提起再审。《民事诉讼法》对人民法院自行提起再审时原审裁判“确有错误”的具体类型未作明确规定，实质上赋予了人民法院较大的裁量空间，从解释学上看，应当认为原审裁判在事实认定、法律适用和程序运行中存在重大缺陷，导致裁判结果的不公正。

人民法院享有独立的审判监督权，在发现原生效裁判或调解协议有损害国家利益、社会公共利益等错误情形时，应当提起再审，不以当事人申请再审或人民检察院抗诉为前置条件，但当事人的申诉控告和人民检察院的检察建议，可以作为人民法院发现原审裁判是否存在错误的线索和凭据。

（二）由具有审判监督权的主体依法提起

根据《民事诉讼法》第209条的规定，对民事案件基于审判监督权提起再审的人或机关是：各级人民法院院长及审判委员会、上级人民法院及最高人民法院。提起再审的主体不同，相应地提起再审的程序也不尽相同。

（三）提起再审的对象是人民法院制作的生效的民事判决书、裁定书、调解书

本级和下级人民法院经过诉讼程序制作的生效的民事判决书和民事调解书，只要确有错误，均是人民法院提起再审的对象。根据《民事诉讼法》和相关司法解释的规定，可以提起再审的民事裁定，仅限于不予受理的裁定、驳回起诉的裁定和按自动撤回上诉处理的裁定。

（四）提起再审的次数限制

人民法院基于审判监督权提起再审，不受时限的限制，只要发现原审法律文书确有错误后，均可以提起。但为了确保司法的终局性和安定性，根据司法解释的规定，在同一案件中，人民法院提起再审的次数，一般应当限于一次。

二、人民法院提起再审的程序

由于人民法院提起再审是基于自身的审判监督权，并不需要当事人的介入，因此其在程序上的规定较为简单，只要人民法院认为应当再审的，就可以作出再审裁定，启动再审。

（一）本院院长及审判委员会对本院裁判提起再审

对人民法院作出的生效裁判文书和调解书，本院院长及审判委员会应当行使审判监督权，对本院审判人员和合议庭的审判工作进行监督。其具体程序为，本院院长认为已发生法律效力的判决、裁定、调解书确有错误，需要再审的，应当提交审判委员会讨论。审判委员会认为符合再审条件，决定再审的案件，应当作出

提起再审裁定书。

(二)上级人民法院提起再审

上级人民法院对下级人民法院已经发生法律效力的判决、裁定或调解书，发现确有错误的，有权提起再审。根据司法解释，上级人民法院提起再审后，应该自行提审。

上级人民法院对下级人民法院提起再审的程序较为简单。上级人民法院发现下级人民法院已经生效的判决、裁定或调解书确有错误，应予再审的，即可作出提起再审裁定书。

第三节 基于检察监督权的抗诉提起再审

人民检察院是我国的法律监督机关。按照民事诉讼法的规定，人民检察院有权对人民法院的民事审判活动实行法律监督，具体的监督方式有二：第一，上级人民检察院对下级人民法院发生法律效力的裁判，认为确有错误的，依照法定的程序和方式，提请同级人民法院进行再审，即通过抗诉行使检察监督权；第二，各级人民检察院对同级人民法院发生法律效力的裁判，认为确有错误的，可以向同级人民法院提出检察建议，人民法院可以根据检察建议确定是否依职权启动再审。

一、抗诉和检察建议的启动

人民检察院启动抗诉或检察建议的条件，是认为人民法院的生效裁判确有错误。司法实践中，人民检察院发现错误裁判的途径有三：一是当事人向人民检察院提出检察监督申请；二是案外人向人民检察院控告举报；三是人民检察院依职权自行发现错误裁判，从而启动检察监督。其中，当事人申请是主要渠道。

民事诉讼法对当事人申请启动抗诉和检察建议作出了具体规范：

1.当事人申请监督的情形：(1)人民法院驳回再审申请；(2)人民法院逾期未对再审申请作出裁定；(3)再审判决、裁定有明显错误。

2.当事人申请监督的期间：当事人申请检察监督，应当在人民法院作出驳回再审申请裁定或者再审判决、裁定发生法律效力之日起6个月内提出。但人民法院依职权启动检察监督时，没有时间限制。

3.当事人申请监督的管辖检察院：当事人应当向作出原生效民事判决、裁定、调解书的法院所在地同级检察院提出监督申请。当事人向原审上级法院申请再审被驳回后，依然应当向原审同级检察院申请检察监督。当事人认为检察机关不依法受理其监督申请的，可以向上一级检察机关申请监督。上一级检察机关认为当事人监督申请符合受理条件的，应当指令下一级检察机关受理，必要时也可以直接受理。

4.人民检察院的审查程序：人民检察院应当在3个月内审查当事人的申请，作出是否提出抗诉或检察建议的决定，在审查过程中，人民检察院享有调查权，可以调阅人民法院的诉讼卷宗，向当事人或者案外人调查核实有关情况；确有必要的，还可以组织当事人进行听证，组织专家咨询论证。

5.当事人申请的次数限制：以一次为限。对检察机关已经作出决定的案件，当事人再次申请的，检察机关不予受理。

民事诉讼法的上述规范是为了解决再审启动时，当事人多头申请、重复申请导致司法资源浪费的问题。希望通过对当事人向检察机关申请检察监督进行适当规制，形成再审启动机制上“法院纠错先行，检察监督在后”的局面，鼓励当事人在穷尽法院系统内的救济渠道后，再启动检察监督机制，从而适度限制再审的启动，确保司法的终局性。因此，对于当事人未向法院申请再审，或者法院已经启动再审尚未审结的案件，检察机关不予受理当事人的监督申请。同时，为了确保对再审裁判的监督，检察院有权根据当事人的申请或主动依职权对存在有明显错误的再审判决、裁定提出抗诉或者再审检察建议，人民法院不得以次数为由不予受理。

二、抗诉和检察建议的事由

抗诉和检察建议必须具有法定的事由，是人民检察院行使抗诉权的条件。《民事诉讼法》和最高人民检察院发布的《人民检察院民事诉讼监督规则》对检察院抗诉和检察监督的事由进行了细化。

有下列情形之一的，人民检察院可以提出抗诉：

（一）认定基本事实的证据或证明程序存在严重错误

1.有新的证据，足以推翻原判决、裁定的。新的证据具体是指：（1）原审庭审结束前已客观存在但庭审结束后新发现的证据；（2）原审庭审结束前已经发现，但因客观原因无法取得或者在规定的期限内不能提供的证据；（3）原审庭审结束后原作出鉴定意见、勘验笔录者重新鉴定、勘验，推翻原意见的证据；（4）当事人在原审中提供的，原审未予质证、认证，但足以推翻原判决、裁定的主要证据。

2.原判决、裁定认定的基本事实缺乏证据证明的。所谓基本事实，即对原判决、裁定的结果有实质影响、用以确定当事人主体资格、案件性质、具体权利义务和民事责任等主要内容所依据的事实。所谓缺乏证据证明，具体包括的情形主要有：（1）没有证据支持，或者认定的基本事实所依据的证据虚假、缺乏证明力的；（2）所依据的证据不合法的；（3）违反逻辑推理或者日常生活法则的。

3.原判决、裁定认定事实的主要证据是伪造的。

4.原判决、裁定认定事实的主要证据未经质证的。但当事人在原审中拒绝发表质证意见或者质证中未对证据发表质证意见的除外。

5.对审理案件需要的主要证据，即人民法院认定案件基本事实所必需的证据，当事人因客观原因不能自行收集，书面申请人民法院调查收集，人民法院未调查收集的。

（二）原审审理程序存在严重错误

1.审判组织的组成不合法或者依法应当回避的审判人员没有回避的。审判组织的组成不合法，具体情形有：（1）应当组成合议庭审理的案件独任审判的；（2）人民陪审员参与第二审案件审理的；（3）再审、发回重审的案件没有另行组成合议庭的；（4）审理案件的人员不具有审判资格的。

2.无诉讼行为能力人未经法定代理人代为诉讼或者应当参加诉讼的当事人，因不能归责于本人或者其诉讼代理人的事由，未参加诉讼的。

3.违反法律规定，剥夺当事人辩论权利的，具体是指：（1）不允许或严重限制当事人行使辩论权利的；（2）应当开庭审理而未开庭审理的；（3）违反法律规定送达起诉状副本或者上诉状副本，致使当事人无法行使辩论权利的；（4）违法剥夺当事人辩论权利的其他情形。

4.未经传票传唤，缺席判决的。

5.原判决、裁定遗漏或者超出诉讼请求的。但当事人未对一审判决、裁定遗漏或者超出诉讼请求提起上诉的除外。

（三）原判决、裁定适用法律确有错误

法律适用错误主要包括：（1）适用的法律与案件性质明显不符的；（2）认定法律关系主体、性质或者法律行为效力错误的；（3）确定民事责任明显违背当事人约定或者法律规定的；（4）适用已经失效或者尚未施行的法律的；（5）违反法律溯及力规定的；（6）违反法律适用规则的；（7）明显违背立法本意的；（8）适用诉讼时效规定错误的。

（四）据以作出原判决、裁定的法律文书被撤销或者变更

由于一些法律文书具有较强的事实预决效力，因此在案件审理时会依据该类法律文书对事实直接认定，无须当事人再举证。而一旦这些文书被撤销或变更，无异于釜底抽薪，导致原裁判的事实认定缺乏依据。因此，对于可能产生此种事实预决效力的民事判决书、裁定书、调解书、仲裁裁决书，在其被撤销或者变更后，根据其作出的裁判就具备了再审的可能性。需要强调的是，根据《民诉解释》的规定，并非所有的公证文书被撤销都构成再审事由，这是因为

一般的公证文书只具有较高的证明力，并非直接具备预决效力，司法解释只规定具有强制执行效力的公证债权文书被撤销后可以构成再审的理由。此外，行政机关作出的行政裁决书也仅仅具有证据的效力，而不属于强制执行的公证债权文书。

（五）原审审判人员在审理该案时存在贪腐枉法行为

审判人员在审理该案件时有贪污受贿、徇私舞弊、枉法裁判行为，且该行为已经相关刑事法律文书或纪律处分决定确认的，将严重动摇案件审理的公正性，因此构成再审事由。

（六）调解书损害国家利益、社会公共利益

调解书是根据当事人的调解协议作出，原则上不构成检察监督的对象。因此，只有调解书损害国家利益和社会公共利益时，检察机关才能提起抗诉。

在上述（一）（二）（四）（六）的情形下，人民检察院还可以以检察建议的方式向同级人民法院提出再审检察建议，供人民法院决定是否启动再审。而对于法律适用错误和审判人员存在贪腐枉法行为这两类事由，检察机关应当以抗诉方式启动再审。此外，如果原生效裁判是人民法院再审后作出，或者是经人民法院审判委员会讨论作出，检察机关也应当以抗诉方式启动再审。

三、抗诉的程序

（一）抗诉的提出

抗诉的提出，是指哪一级别的人民检察院对哪一级别的人民法院已经发生法律效力的判决、裁定，可以向哪一级别的人民法院提出。根据我国民事诉讼法的规定，最高人民检察院对各级人民法院已经发生法律效力的判决、裁定，上级人民检察院对下级人民法院已经发生法律效力的判决、裁定，均可以提出抗诉。地方各级人民检察院对同级人民法院已发生法律效力的判决、裁定，不得直接提出抗诉，而只能提出检察建议，或者提请上级人民检察院提出抗诉。

（二）抗诉的方式

抗诉的方式，是指人民检察院对人民法院的生效裁判提出抗诉采取的方式。人民检察院决定对人民法院的生效裁判提出抗诉的，应当制作抗诉书。抗诉书是人民检察院对人民法院的生效裁判提出抗诉的法律文书，也是人民检察院行使检察监督权引起对抗诉案件再行审理的法律文书。有证据的，人民检察院向人民法院提交抗诉书的同时，可以向人民法院提供证据，或者证据来源。

（三）抗诉的对象

人民检察院提起抗诉的对象，只能是人民法院已经生效的民事裁定书和民事判决书，以及损害国家利益、社会公共利益的调解书。其中裁定书限定于不予受理和驳回起诉的裁定。由于调解书系根据双方当事人合意的调解协议制作，属于私权处分的范围，因此人民检察院一般不能对调解书提起抗诉。民事诉讼法明确规定，只有损害国家利益、社会公共利益的调解书，人民检察院方能提起抗诉或检察建议。由于法律并未对国家利益和社会公共利益作出具体限定，因而各级检察院将在司法实践中享有较大的自由裁量空间，应当谨慎使用。

（四）人民法院对抗诉的接受

根据民事诉讼法的规定，人民检察院提起抗诉，不受时间的限制。对于人民检察院依法提出抗诉的案件，人民法院都应当再审，即只要人民检察院提出抗诉，人民法院就应当接受，并不需要院长提交审判委员会讨论。接受抗诉的人民法院应当自收到抗诉书之日起30日内作出提起再审的裁定，进入再审审理。但如果人民检察院的抗诉不符合法定的情形，人民法院可以建议人民检察院予以补正或者撤回；不予补正或者撤回的，应当函告人民检察院不予受理。

四、检察建议的审查程序

再审检察建议是同级人民检察院以检察建议书的方式，针对同级人民法院作出的生效裁判，向其提出的再审建议。再审检察建议应当经人民检察院检察委员会讨论决定后方能向人民法院提交，并报上一级人民检察院备案。检察建议是人民检察院对民事诉讼进行监督的重要方式，尤其是与抗诉相比，它可以由同级检察院直接向作出生效裁判的同级法院发出，程序上更为便捷，但也因此，其并不具有直接启动再审的效力，需要人民法院予以审查。

接受检察建议的人民法院应当参照抗诉审查的方式进行审查，如果符合法定的条件，且各项材料齐全的，应当受理。对于不符合条件的，可以建议人民检察院予以补正或者撤回；不予补正或者撤回的，应当函告人民检察院不予受理。

受理后，人民法院应当组成合议庭，在3个月内进行审查。如果发现原判决、裁定、调解书确有错误，需要再审的，由院长提交审判委员会讨论作出再审裁定，并通知当事人参加再审程序。如果经审查，决定不予再审的，应当书面回复人民检察院。

第四节 基于诉权的申请再审

申请再审，是指当事人和特定的案外人认为生效的民事裁判文书或调解书确有错误，向人民法院申请对案件再次审理的诉讼行为。人民法院如果接受当事人的再审申请，应当作出裁定，提起再审。法律对申请再审规定了一系列的条件，申请再审符合这些条件的，才能启动再审审理。《民事诉讼法》和相关司法解释对申请再审的条件和程序进行了细致的规定。

一、申请再审的条件

（一）申请再审的主体必须合法

根据民事诉讼法的规定，有权提出申请再审的是原审中的当事人，即原审中的原告、被告、有独立请求权的第三人和判决其承担义务的无独立请求权的第三人以及上诉人和被上诉人。因为第三人死亡或者终止发生权利义务承担时，相关承继人可以取得再审申请权；但是，当事人将裁判文书或调解书中的债权转让后，受让人不得再提出再审申请。

此外，司法解释纳入了案外人申请再审的情形：（1）根据《民诉解释》的规定，案外人是必须共同进行诉讼的当事人因不能归责于本人或者其诉讼代理人的事由未参加诉讼的，可以自知道或者应当知道之日起6个月内申请再审。这也符合《民事诉讼法》第211条第8项规定的“……应当参加诉讼的当事人，因不能归责于本人……的事由，未参加诉讼的”。（2）根据《民诉解释》的规定，案外人对原判决、裁定、调解书确定的执行标的物主张权利提出执行标的异议被驳回后，认为作为执行根据的生效法律文书损害其民事权益的，可以自执行异议裁定送达之日起6个月内向作出原判决、裁定、调解书的人民法院申请再审。这一规定为案外人在执行异议被驳回后提供了一项通过撤销原判来实现救济的途径。但该规定的适用有较大的限制，除了必须执行标的异议前置外，还明确要求必须是“申请人认为原判内容错误且损害其民事权益”。我们认为：对给付之诉，由于原审裁判主要解决的是请求权问题，并不直接涉及物权变动，案外人即便对标的物主张权利，也不能主张原判内容损害其民事权益；对确认之诉，尽管原审裁判可能作出确认物权归属的直接判断，但由于判决的相对性，以及物权公示公信的基本原则，确认判决本身仅仅是对物权状态的确认，也并不妨碍案外人另行提起诉讼主张权利，不会直接损害其民事权益；只有形成之诉的裁判可能直接根据《民法典》第229条导致物权设立、变更、转让或者消灭，因此案外人如果不撤销原判，确实将导致自己的财产权利受到损害。此外，这一情形与第三人撤销之诉也存在竞合，最高人民法院采取了允许当事人自行选择的解释方案，如果案外人启动了执行异议程序，则无权再另行启动第三人撤销之诉。

如果没有满足这些条件，则不应通过再审程序来对案外人进行救济。例如，刘某因为劳务纠纷对建筑公司提起诉讼，要求建筑公司支付劳务费10万元。最终法院作出生效判决，判决驳回了刘某的诉讼请求。后马某以自己也与刘某一起和建筑公司签订了劳务合同，该判决驳回刘某诉讼请求导致自己无法向建筑公司主张权利为由，向法院申请再审。这一申请不能得到法院的支持，因为刘某和马某虽然一起签订劳务合同，但根据债的相对性，其并非必须共同进行诉讼的当事人，且法院驳回刘某诉讼请求的判决并不能在法律上直接阻断马某的权利，因此马某应该以另行起诉的方式来寻求救济，而非申请再审。

（二）申请再审的对象是已经发生法律效力的判决、裁定和调解书

根据民事诉讼法的规定，当事人可以对已经发生法律效力的判决、裁定和调解书申请再审。可以申请再审的判决，包括地方各级人民法院作为一审法院作出的依法可以上诉，但当事人在法定期间内未提起上诉的判决，第二审人民法院作出的终审判决以及最高人民法院作出的一审判决。小额诉讼的判决能否申请再审，理论界存在争议，现行司法解释肯定其可以作为申请再审的对象。可以申请再审的裁定包括各级人民法院作出的不予受理、驳回起诉的裁定和对违反海事案件专门管辖的管辖权异议裁定，以及第二审人民法院作出的按自动撤回上诉处理的裁定。可以申请再审的调解书包括一审法院和二审法院在当事人达成调解协议的基础上制作的调解书。

比较特殊的是离婚案件。为了维护婚姻关系的稳定，当事人对已经发生法律效力的解除婚姻关系的判决和调解书，不得申请再审。但当事人可以就生效的离婚判决、调解书中确定的财产分割问题申请再审，人民法院应当依法审查再审申请，如果符合再审条件，应当进行再审审理。然而，如果当事人就原离婚判决、调解书中未处理的夫妻共同财产申请再审，法院应当驳回再审申请，告知当事人另行起诉。

（三）申请再审必须符合法定的事由

当事人对人民法院裁判已经生效的案件申请再审，必须具备应当再审的法定事实和理由。《民事诉讼法》将当事人申请再审的事由与人民检察院提起抗诉的事由进行了统一处理，使二者完全一致。需要特别说明的是，如果申请人提供的新的证据，能够证明原判决、裁定认定基本事实或者裁判结果错误的，人民法院应当责令再审申请人说明其逾期提供该证据的理由；拒不说明理由或者理由不成立的，可以依法对其训诫、罚款。下列情形可以视为理由成立：（1）在原审庭审结束前已经存在，因客观原因于庭审结束后才发现的；（2）在原审庭审结束前已经发现，但因客观原因无法取得或者在规定的期限内不能提供的；（3）在原审庭审结束后形成，无法据此另行提起诉讼的。

而对于生效的调解书，当事人申请再审的理由为调解违反自愿原则或者调解协议的内容违反法律，如果当事人能够提出证据证明上述事由，也可以申请再审，经人民法院审查属实的，应当裁定再审。

根据司法解释，向法院申请再审以一次申请为原则。因此，人民法院原则上不再受理下列情形的再审申请：（1）再审申请被驳回后再次提出申请；（2）对再审判决、裁定提出申请；（3）在人民检察院对当事人的申请作出不予提出再审检察建议或者抗诉决定后又提出申请；（4）在上一次再审中撤回了再审申请的。当事人如果对前次再审裁判的结果有异议，可以向人民检察院寻求救济。

（四）申请再审必须在法定期限内提出

根据民事诉讼法的规定，当事人申请再审，应当在判决、裁定发生法律效力后6个月内提出。该期间不适用中止、中断和延长的规定。但对于因以下事由申请再审的，再审申请期间为知道或应当知道相应情形之日起6个月：（1）有新的证据，足以推翻原判决、裁定的；（2）原判决、裁定认定事实的主要证据是伪造的；（3）据以作出原判决、裁定的法律文书被撤销或者变更的；（4）审判人员审理该案件时有贪污受贿、徇私舞弊、枉法裁判行为的。同理，前述案外人申请再审的时限也应当相应缩减为：在判决、裁定、调解书发生法律效力后6个月内，或者自知道或应当知道利益被损害之日起6个月内。当事人对调解书申请再审的时间，民事诉讼法未直接作出规定。但从立法的总体精神看，对调解书申请再审的时间与对判决、裁定申请再审的时间应是一致的。

《民事诉讼法》修正后大幅缩短了再审申请期间，一方面是吸收大陆法系国家的经验，与法治发达国家保持一致；另一方面也再次体现全国人大适度限制再审，确保司法终局性的立法理念。

（五）申请再审须向有管辖权的法院提出

当事人认为已经发生法律效力的判决、裁定和调解书有错误的，原则上应当向原审人民法院的上一级人民法院申请再审。但对于当事人一方人数众多或者当事人双方均为公民的案件，当事人也可以向原审人民法院申请再审。此时，如果双方当事人分别向原审法院和上一级法院申请再审且不能协商一致的，由原审人民法院受理。

（六）申请再审应当提交必要的材料

当事人申请再审的，应当提交再审申请书，已经发生法律效力的判决书、裁定书、调解书，身份证明及相关证据材料，并按对方当事人人数提供申请书副本。申请材料不符合法定要求时，或有人身攻击等内容时，人民法院应当要求再审申请人予以补正。人民法院还可以根据需要，要求申请人补充有关材料。为保证对方当事人的诉讼权利，人民法院在收到再审申请书之日起5日内向再审申请人发送受理通知书，并将应诉通知书和再审申请书副本等材料发送对方当事人。

再审申请书应当载明的内容包括：(1)再审申请人与被申请人及原审其他当事人的基本信息；(2)原审人民法院的名称、原审裁判文书案号；(3)具体的再审请求；(4)申请再审的法定情形及具体事实、理由。

二、再审申请的审查程序

与人民法院基于审判监督权自行提起再审和人民检察院基于检察监督权抗诉提起再审不同，当事人和案外人基于诉权提起的仅仅是再审申请，并不必然导致再审的提起，因此，再审申请的提出也不会影响原生效法律文书的执行活动。只有人民法院经过审查，认定再审申请符合法定事由，作出再审裁定，才进入再审审理阶段。因此，《民事诉讼法》和相关司法解释还专门对再审申请的审查程序作出了细致的规定。

（一）审查的主体

人民法院审查再审申请时，应当由审判员组成合议庭，围绕再审事由是否成立进行审查。

（二）审查的方式

人民法院在审查再审申请时，有三种审查方式：

1.径行裁定。这是指人民法院仅通过审查当事人或案外人提交的书面材料，就可以直接确定再审事由是否成立，作出是否再审的裁定。这种简便的审查方式主要适用于明显不符合再审申请条件，如超过再审申请时间、不符合法定再审事由的种类，因而可以直接驳回再审申请的情形。

2.调卷审查。这是指人民法院通过调取、查阅原审卷宗，再认定再审申请事由是否成立。调卷审查是司法实践中最主要的审查方式。

3.询问当事人。这是指人民法院在调阅卷宗的基础上，根据案情需要，可以通过采取询问当事人的方式，完成再审申请审查。但对于“有新的证据，足以推翻原判决、裁定”为由提出的再审申请，人民法院必须询问当事人。询问当事人既可以是单方询问，也可以是双方同时到场。

由于再审审查只是针对再审事由，而非案件本身，因而审查期间，人民法院不得根据当事人的申请委托鉴定、勘验。

（三）审查的结果

1.人民法院经过审查，如果认为申请再审事由不成立的，应当裁定驳回再审申请。驳回再审申请的裁定一经送达，即发生法律效力。

2.人民法院经过审查，如果认为申请再审事由成立，应当作出提起再审裁定，并指定再审的审理法院。

3.在审查过程中，如果申请人主动撤回再审申请，或经传票传唤，无正当理由拒不接受询问，人民法院可以裁定准予撤回再审申请，或按撤回再审申请处理，终结审查程序。

4.在审查过程中，如果发生下列情形，人民法院可以裁定终结审查：(1)申请再审人死亡或者终止，无权利义务承受人或者权利义务承受人声明放弃再审申请；(2)在给付之诉中，负有给付义务的被申请人死亡或者终止，无可供执行的财产，也没有应当承担义务的人；(3)当事人达成执行和解协议且已履行完毕，但当事人在执行和解协议中声明不放弃申请再审权利的除外；(4)他人未经授权以当事人名义申请再审；(5)原审或上一级法院已经裁定再审；(6)不符合再审申请以一次为限的申请。

(四)审查中的竞合

审查中的竞合，是指人民法院在审查一方当事人的再审申请时，又出现了其他提起再审的因素，人民法院应当依法以不同的方式处理：

1.与检察监督权的竞合。在人民法院审查当事人的再审申请期间，人民检察院又对该案提出抗诉，由于抗诉必然启动再审审理，所以人民法院应终结对再审申请的审查，作出再审裁定。在再审审理时，应将申请再审人提出的具体再审请求纳入审理范围。

2.与诉权的竞合。在人民法院审查一方当事人的再审申请期间，该案其他当事人也提出再审申请，人民法院应当将双方都列为申请再审人，对双方的再审申请一并审查。

(五)审查的期限

根据民事诉讼法的规定，人民法院应在自收到再审申请书之日起3个月内审查完毕，但公告期间、当事人和解期间等不计入审查期限。如果有特殊情况无法在3个月内审查完毕，需要延长审查期的，须由本院院长批准。

再审的启动方式比较如下：

比较项目	法院启动	检察院启动	当事人启动
事由	原裁判确有错误	《民事诉讼法》第211条规定的13项事由	《民事诉讼法》第211条规定的13项事由
再审文书	各类裁判书、调解书	判决书，不予受理和驳回起诉的裁定书，损害国家利益、社会公共利益的调解书	判决书、不予受理和驳回起诉的裁定书、违反自愿合法原则的调解书
效力	必然引发再审	抗诉必然引发再审，检察建议须由法院审查	由法院审查后决定是否裁定再审

第五节　再审案件的审判程序

无论审判监督程序基于哪种方式启动，一旦人民法院作出了再审裁定，就意味着再审提起阶段结束，进入再审审理阶段，适用再审的审判程序加以解决。

一、再审审理的管辖法院

再审审理的案件管辖权，归属于作出再审裁定提起再审的人民法院。因此，在人民法院基于审判监督权自行提起再审的案件中，即为裁定再审的法院；在人民检察院抗诉启动再审程序的案件中，即为受理抗诉并裁定再审的法院；在当事人申请再审的案件中，即为审查再审申请并裁定再审的法院。

根据《民事诉讼法》和相关司法解释的规定，再审审理的管辖权可以转移。为了平衡司法资源的配置，当拥有再审审理管辖权的法院是原审人民法院的上级法院时，可以根据案件的复杂程度和影响大小，从便利当事人行使诉讼权利和便利人民法院审理的角度出发，依法将案件指令给原审人民法院再审，或者指定给与原审同级的其他人民法院再审，实现管辖权的向下转移。下级法院接到上级法院的再审裁定后，应根据裁定内容进行再审审理，并将再审结果上报给上级法院。

再审审理管辖权的转移根据再审程序启动方式的不同，会有不同的条件。在人民法院依职权启动再审时，不能转移再审管辖权，应当由作出再审裁定的法院负责再审的审理。而在人民检察院抗诉启动再审和当事人申请再审时，应当分别满足下列条件，方可转移再审审理的管辖权：

1.在人民检察院抗诉的情形下，唯有抗诉的事实和理由属于《民事诉讼法》第211条第1~5项时，即原审裁判系因为证据问题而导致事实认定出现不当或错误的，上级人民法院方可转移再审审理管辖权，将案件指令给原审人民法院，或指定给与原审人民法院同级的其他下级人民法院进行再审审理。

2.在当事人或案外人申请再审的情形下，只有最高人民法院和高级人民法院在下列情形下，可以转移再审审理管辖权，将案件指令再审或指定再审：(1)依据《民事诉讼法》第211条第4、5、9项裁定再审的；(2)发生法律效力的判决、裁定、调解书是由第一审法院作出的；(3)当事人一方人数众多或者当事人双方为公民的；(4)经审判委员会讨论决定的其他情形。中级人民法院无权将案件指定或指令给基层人民法院再审。

3.在下列情形下，即便符合上述转移管辖权的条件，上级法院也应当自行提审：(1)原判决、裁定系经原审人民法院再审审理后作出的；(2)原判决、裁定系经原审人民法院审判委员会讨论作出的；(3)原审审判人员在审理该案件时有贪污受贿、徇私舞弊、枉法裁判行为的；(4)原审人民法院对该案无再审管辖权的；(5)需要统一法律适用或裁量权行使标准的；(6)其他不宜指令原审人民法院再审的情形。

二、再审审理的审判程序

人民法院审理再审案件，并无独立程序，须根据原审案件的审理程序和再审审理法院的审级来确定审判程序的适用：

1.如果再审审理法院是原审法院或与原审法院同级的人民法院，案件原本是第一审法院审结的，再审时仍按第一审程序进行审理，审理后作出的裁判属于未确定的裁判，当事人不服的，可以提起上诉。案件原来是第二审法院审结的，再审时仍按第二审程序进行审理，审理后作出的裁判为终审裁判，当事人不得再提起上诉。

2.如果再审审理法院是上级人民法院或最高人民法院，则一律适用二审程序进行审理。

三、再审审理的特殊性

尽管再审审理并无专门的诉讼程序，需要借助一审程序或二审程序，但再审审理独特的诉讼特性，依然使其产生了与一审、二审民事诉讼不同的程序特征：

(一)裁定中止原法律文书的执行

无论是因为人民法院基于审判监督权启动再审，还是人民检察院通过抗诉或者当事人通过申请启动再审，只要人民法院决定再审后，原则上都应当在作出再审裁定的同时，中止原判决、裁定、调解书的执行，并及时通知双方当事人，以避免因为执行而给当事人带来不必要的损失。但是，对于追索赡养费、扶养费、抚养费、抚恤金、医疗费用、劳动报酬等案件，由于其涉及当事人的基本生活和生命健康，民事诉讼法规定可以不中止执行。

(二)另行组成合议庭

人民法院审理再审案件，一律实行合议制。如果由原审人民法院再审的，应当另行组成合议庭。

(三)再审审理范围

人民法院应当在具体的再审请求范围内审理再审案件。当事人超出原审范围增加、变更诉讼请求的，不属于再审审理范围。但涉及国家利益、社会公共利益，或者当事人在原审诉讼中已经依法要求增加、变更诉讼请求，原审未予审理且客观上不能形成其他诉讼的除外。

如果适用第二审程序进行再审，并作出撤

销原判、发回重审的裁定后，尽管原审所有裁判均被撤销，纠纷重新回到原点，但既有程序会对诉讼的进程有影响。重审的审理依然应当围绕当事人原诉讼请求进行审理。当事人变更其在原审中的诉讼主张、质证及辩论意见的，应说明理由并提交相应的证据，理由不成立或证据不充分的，人民法院不予支持。也只有在下列情形时，才能申请变更、增加诉讼请求和提出反诉：(1)原审未合法传唤缺席判决，影响当事人行使诉讼权利的；(2)追加新的诉讼当事人的；(3)诉讼标的物灭失或者发生变化致使原诉讼请求无法实现的；(4)当事人申请变更、增加的诉讼请求或者提出的反诉，无法通过另诉解决的。

(四)再审审理时当事人的确定

民事再审案件的当事人应为原审案件的当事人。原审案件当事人死亡或者终止的，其权利义务承受人可以申请再审并参加再审诉讼。如果审理过程中人民法院发现原审判决遗漏了应当参加的当事人，如果适用一审普通程序再审，可以追加当事人，作出新判决；如果适用二审程序再审，可以根据当事人自愿的原则予以调解，调解不成的，裁定撤销一审、二审判决，发回原审人民法院重审。因案外人申请人民法院裁定再审的，需要根据再审的审理程序分别确定：(1)在按第一审程序再审时，应追加其为当事人，作出新的判决；(2)在按第二审程序再审时，经调解不能达成协议的，应撤销原判，发回重审，重审时应追加案外人为当事人。

(五)再审审理的方式

再审审理一般应当采取开庭审理方式，但按照第二审程序审理的，双方当事人已经其他方式充分表达意见，且书面同意不开庭审理的除外。在开庭过程中，当事人应当明确其再审请求。

对于人民检察院提出抗诉的案件，人民法院应当在开庭3日前通知人民检察院派员出席法庭，以监督人民法院对案件的处理。同时，由于案件是基于抗诉而进行再审的，因此，人民检察院也应当派员出席法庭，人民检察院因履行法律监督职责向当事人或者案外人调查核实的情况，还应当向法庭提交并予以说明，由双方当事人进行质证，使检察监督权得以完整合法地实现。

(六)撤回抗诉、撤回再审申请和撤回起诉

在再审审理过程中，诉讼可能因为人民检察院撤回抗诉，当事人撤回再审申请或撤回起诉而告终结。

抗诉的撤回有两种情形：第一，人民检察院撤回抗诉的，人民法院应当准予。第二，在再审过程中，申请抗诉的当事人经传票传唤，无正当理由拒不到庭的，或者未经法庭许可中途退庭的，在不损害国家利益、社会公共利益或第三人利益的条件下，人民法院应当裁定终结再审程序。因抗诉撤回而终结再审程序时，应同时恢复对原判决的执行。

再审申请的撤回也有两种情形：第一，申请再审人在再审期间撤回再审申请的，是否准许，由人民法院裁定。裁定准许的，应终结再审程序。第二，申请再审人经传票传唤，无正当理由拒不到庭的，或者未经法庭许可中途退庭的，可以裁定按自动撤回再审申请处理。再审申请撤回后，再审程序终结，并恢复原裁判文书的执行。

再审审理中撤回起诉，是指按照第一审程序审理再审案件时，一审原告申请撤回起诉的，是否准许，由人民法院裁定。裁定准许的，应当同时裁定撤销原判决、裁定、调解书。一审原告在再审审理程序中撤回起诉后重复起诉的，人民法院不予受理。

(七)再审审理的裁判方式

1.对民事裁判文书的再审。

经过再审审理后，人民法院可以依法作出裁判文书。如果双方当事人在再审中达成调解协议，人民法院在确认其不违背自愿和合法原则后，应当制作调解书。

由于再审程序的目的就是纠正确有错误的生效法律文书，因此，再审审理后的裁判文书应当对原生效法律文书的效力作出回应，确认是否撤销原生效判决。人民法院经再审审理认为，原判决、裁定认定事实清楚、适用法律正确的，应予维持；原判决、裁定在认定事实、适用

法律、阐述理由方面虽有瑕疵，但裁判结果正确的，人民法院应在再审判决、裁定中纠正上述瑕疵后予以维持；按第二审程序再审的案件不符合法定的起诉条件的，或符合法定不予受理情形的应当裁定撤销一审、二审判决，驳回起诉。

在适用二审程序审理再审案件时，需要慎重对待发回重审。根据司法解释，只有原审人民法院有严重违反法定程序情形或未对基本事实进行过审理时，方能撤销原判，发回重审，发回重审的裁定应当阐明发回重审的具体理由。如果原审法院仅仅是对基本事实审查不清或认定事实错误，再审法院应当通过庭审查明事实后依法直接作出裁判，不得以基本事实不清为由裁定发回重审。

由于调解书是根据当事人的调解协议制作而成，调解书一经各方当事人签收生效后，原判决、裁定视为被撤销。

2.对民事调解书的再审。

经过再审审理后，如果人民法院认为原调解协议违背自愿合法原则，可以作出新的裁判，消除纠纷；也可以再次调解，重新达成合法有效的调解协议，并据此作出调解书。如果人民法院认为原调解协议内容并不违背自愿合法原则，应当作出驳回再审申请的裁定，终结再审程序。

（八）裁定终结再审

除了正常经过审理作出再审裁判或调解书，在再审中发生如下事项后，法院可以裁定终结再审：（1）再审申请人在再审期间撤回再审请求，人民法院准许的；（2）再审申请人经传票传唤，无正当理由拒不到庭的，或者未经法庭许可中途退庭，按撤回再审请求处理的；（3）人民检察院撤回抗诉的；（4）有《民诉解释》第400条第1项至第4项规定情形的。对于人民检察院提出抗诉裁定再审的案件，申请抗诉的当事人有前述情形，且不损害国家利益、社会公共利益或者他人合法权益，人民法院应当裁定终结再审程序。再审程序终结后，人民法院裁定中止执行的原生效判决自动恢复执行。

【本章主要法律规定】

1.《民事诉讼法》第209～224条

2.最高人民法院《关于适用〈中华人民共和国民事诉讼法〉的解释》第373～424条

3.最高人民法院《关于适用〈中华人民共和国民事诉讼法〉审判监督程序若干问题的解释》

第十五章 公益诉讼与第三人撤销之诉

本章主要内容提示

本章的重点是公益诉讼和第三人撤销之诉的起诉受理条件、审判对象、审理程序、裁判效力等与通常的民事诉讼程序不同之处。本章的难点在于，通过将特殊诉讼程序与其他类型的程序予以比较对照，厘清相关诉讼制度之间的区别和联系。例如，公益诉讼与代表人诉讼的关系，公益诉讼与受害人自行提起的私益诉讼的关系，第三人撤销之诉与案外人再审、执行标的异议之诉的关系。

第一节 公益诉讼

一、公益诉讼概述

2012年修正《民事诉讼法》增设了公益诉讼制度，2017年《民事诉讼法》再次修正，专门增加了民事检察公益诉讼制度。最高人民法院、最高人民检察院近年来也不断出台关于公益诉讼的司法解释。因此，公益诉讼已经是我国民事诉讼程序中一项十分重要的特别诉讼内容。

民事公益诉讼，是指特定的机关或有关社会团体，根据法律的授权，对违反法律法规损害社会公共利益的行为，向法院提起民事诉讼，由法院通过审判来追究违法者的法律责任并进而维护社会公共利益的诉讼活动。根据起诉主体的不同，民事公益诉讼可以分为两类，一是由法律特别规定的机关和团体提起的普通民事公益诉讼，二是检察机关提起的民事检察公益诉讼。在实践中，公益诉讼主要是针对环境污染、侵犯众多消费者合法权益等公共性违法行为而设置的诉讼救济机制。规定公益诉讼是为保护社会公益另辟蹊径，提供一条不同于行政监管的道路。

公益诉讼制度有下列特点：第一，诉讼目的的特殊性。民事公益诉讼的目的是维护社会公共利益，不同于普通民事诉讼仅牵涉私人民事纷争，公益诉讼具有重大的社会价值。第二，起诉主体的法定性、特殊性与广泛性。法定性，是指公益诉讼的原告必须以获得法定授权的机关团体为前提，个人不能成为公益诉讼的原告；特殊性和广泛性，是指民事公益诉讼的原告并不限于遭受违法行为侵害的直接利害关系人，而在传统民事诉讼领域，原告必须是与案件有直接利害关系的当事人。第三，民事公益诉讼的提起并不以存在实际损害为前提条件，可以针对那些给社会公众或不特定多数人造成潜在危害的不法行为提起民事公益诉讼。

民事公益诉讼和代表人诉讼虽然都是我国

解决群体性纠纷的诉讼机制，且在民事诉讼法中的位置也都规定在第五章“诉讼参加人”的第一节“当事人”中，但二者在性质上存在较大的区别。代表人诉讼是因为当事人人数众多而推选代表进行诉讼的制度安排，因此其依然是以民事私权为诉讼标的的程序，在诉讼程序的设置上，重点要解决代表人的产生、代表人行为的效力以及代表人诉讼对相关受害人的影响，而在其他程序设置上都应当适用普通民事诉讼的规则，当事人一旦参加代表人诉讼，也就需要受判决既判力的约束。而公益诉讼的诉讼标的是法律明确规定的公共利益，无论其权利的产生还是实施都有赖于特别法的专门规定，由于其在性质上已经并非保护民事私权，因而其在程序设置上与普通民事诉讼存在显著区别，虽然《民事诉讼法》仅仅规定了其主体和案件范围，但最高人民法院却用司法解释的方式，对其起诉受理条件、管辖、审理程序、裁判效力、调解等作出专门的规范，不啻于重构了一项专门的诉讼程序。因此，公益诉讼并不影响民事主体就自己的私权损害提起普通民事诉讼。

二、普通民事公益诉讼的程序设置

普通民事公益诉讼，是指根据《民事诉讼法》第58条第1款的规定，由法律规定的机关和有关组织针对损害社会公共利益的行为提起的公益诉讼。其适用的法律依据还包括最高人民法院出台的相关司法解释。

1.普通民事公益诉讼的适用范围和起诉主体。

根据《民事诉讼法》第58条第1款的规定，环境保护法、消费者权益保护法等法律规定的机关和有关组织对污染环境、侵害众多消费者合法权益等损害社会公共利益的行为，可以提起公益诉讼。由于存在法律的明确规定，目前我国普通民事公益诉讼的案件主要是环境民事公益诉讼和消费民事公益诉讼两种类型。相关的起诉主体主要是《环境保护法》第58条第1款规定的依法在设区的市级以上人民政府民政部门登记的专门从事环境保护公益活动连续5年以上且无违法记录的社会组织和《消费者权益保护法》第47条规定的中国消费者协会以及在省、自治区、直辖市设立的消费者协会。此外，《个人信息保护法》也规定，由国家网信部门确定的组织可以对违法处理个人信息侵害众多个人权益的行为提起公益诉讼。

应当注意，随着我国法治的发展和社会的进步，在其他领域中也不断出现新的公益诉讼的可能。例如，我国《文物保护法》第65条第1款规定“造成文物灭失、损毁的，依法承担民事责任”，但未确定提起民事诉讼的主体。在司法实践中，不乏环保组织、文物保护组织向人民法院提起文物保护公益诉讼的先例。

2.起诉受理条件。

根据司法解释，相关机构提起公益诉讼，应当满足下列条件，才能得到受理：(1)有明确的被告；(2)有具体的诉讼请求；(3)有社会公共利益受到损害的初步证据；(4)属于人民法院受理民事诉讼的范围和受诉人民法院管辖。

以上条件中第(1)项和第(2)项与普通民事诉讼基本相同。第(3)项要求的初步证据是指社会公共利益遭受损害的材料，这是民事公益诉讼在受理环节上的特殊要求。一方面，通过初步证据确定案件有提起诉讼进行保护的必要，因此社会公共利益受到损害不仅应当包括已经存在的现实损害，也包括构成现实威胁的损害风险；另一方面，初步证据虽然不需要达到确实、充分的标准，但也需要具有一定的证明力，例如人数众多的消费者权益受到侵害时，应当有10人以上的消费者主张权利受损，起诉时就应当有初步证据证明消费者的人数超过10人。第(4)项主要涉及公益诉讼管辖规则，《民诉解释》规定，公益诉讼案件由侵权行为地或者被告住所地中级人民法院管辖。具体而言，环境民事公益诉讼案件由污染环境、破坏生态行为发生地、损害结果地或者被告住所地法院管辖，因污染海洋环境提起的公益诉讼，由污染发生地、损害结果地或者采取预防污染措施地海事法院管辖。对同一侵权行为分别向两个以上人民法院提起公益诉讼的，由最先立案的人民法院管辖，必要时由它们的共同上级人民法院指定管辖。

3.审理程序。

《民诉解释》等司法解释对民事公益诉讼在审理程序上的特殊之处进行了细致规定：

（1）告知程序。人民法院受理公益诉讼案件后，应当在10日内书面告知相关行政主管部门。告知的目的是让相关行政主管部门了解案件的启动和进行，从而便利行政机关和司法机关在公益保护上相互配合。需要注意，司法解释规定的是告知程序，并非前置程序，因此公益诉讼的受理和审理并不以行政机关前置处理为前提。此种规则是否合理，理论上有不同的看法。一种观点认为，公益诉讼应当作为行政执法的补充，只有在行政机关不作为的情况下，才应当通过司法程序介入相关的公益保护。但我国现行法目前没有采纳此种行政执法优先的观点，因而人民法院只需要告知行政机关，并不以行政机关的回复作为程序推进的前提。

（2）当事人的追加。人民法院受理公益诉讼案件后，依法可以提起诉讼的其他机关和有关组织，可以在开庭前向人民法院申请参加诉讼。人民法院准许参加诉讼的，列为共同原告。虽然是公益诉讼，但依然需要遵循民事诉讼不告不理的基本原理。因此，人民法院不能主动依职权追加公益诉讼的原告，而只能在其他具有诉权的主体在开庭前向人民法院提出参加诉讼的申请后，为了提高审理效率，保护公共利益，裁定准许其作为共同原告参加诉讼。

（3）和解、调解与撤诉。由于公益诉讼案件中当事人处理的是公共利益，因此其虽然可以和解、调解与撤诉，但处分权受到一定限制，要接受法院的广泛监督。《民诉解释》规定，当事人达成和解或者调解协议后，人民法院应当将和解或者调解协议进行公告。公告期间不得少于30日。公告的目的是充分听取社会反馈，帮助法院判断和解或调解协议的合法性。公告期满后，人民法院经审查，和解或者调解协议不违反社会公共利益的，应当出具调解书；和解或调解协议违反社会公共利益的，不予出具调解书，继续对案件进行审理并依法作出裁判。关于公益诉讼的撤诉，《民诉解释》规定，公益诉讼案件的原告在法庭辩论终结后申请撤诉的，人民法院不予准许。这是因为提起公益诉讼原本就是为了保护公共利益，而原告享有的撤诉权是以私权自治为基础，与公益诉讼无法兼容。

（4）反诉。公益诉讼案件审理过程中，被告以反诉方式提出诉讼请求的，人民法院不予受理。这一规则说明公益诉讼的功能是保护公共利益，而并非一次性解决案涉纠纷。

4.公益诉讼裁判效力。

公益诉讼的判决效力主要涉及公益诉讼判决作出并生效后，是否遮断其他主体就该事件再次提起诉讼。其他主体主要包括两方面：（1）其他有权提起公益诉讼的主体，如果没有在诉讼中申请作为共同原告参加诉讼，而是在裁判生效后另行提起公益诉讼，法院不予准许。这说明，公益诉讼判决在主观范围层面具有扩张效力，对同一事件引起的公益诉讼具有遮断效力。（2）侵权行为的受害人如果在公益诉讼提起或判决后，又以自己的名义提起私益诉讼，人民法院应当受理。这说明，公益诉讼的裁判在客观范围方面没有扩张效力，其仅仅只解决公益诉讼部分的审理，并不影响私益诉讼的提起。当然，公益诉讼判决中确认的事实，可以发生预决效力，在后续的私益诉讼中可作为免证事实。

除了上述特殊规定，公益诉讼的其他起诉、审理、裁判程序都应当参照适用普通民事诉讼程序的内容。需要强调的是，不能认为公益诉讼相关司法解释中的规则都是公益诉讼的特殊情况，其中一些规则也完全适用于普通民事诉讼程序。例如，最高人民法院在环境保护和消费者保护公益诉讼的司法解释中都规定，法院认为诉讼请求不足以保护社会公共利益的，可以向原告释明变更或者增加停止侵害、恢复原状等诉讼请求。这一关于释明的规定并不具备特殊性，属于注意性规定。因为这种对诉讼请求的释明在普通民事诉讼中也完全可以进行，司法解释的规定仅仅体现出重视和强调，但并不代表其在制度设计上与普通民事诉讼有所区别。

三、民事检察公益诉讼的程序设置

2017年修正的《民事诉讼法》增加了民事检察公益诉讼的特别条款，建立了民事检察公益诉讼制度。这一制度虽然还在发展期，但已经成为民事公益诉讼的重要类型。近年来，我国多部法律修改时，都增加了提起民事检察公益诉讼的条款。结合法律和最高人民法院、最高人民检察院《关于检察公益诉讼案件适用法律若干问题的解释》、最高人民检察院《人民检察院公益诉讼办案规则》等司法解释，民事检察公益诉讼主要具有以下特殊规则：

1.案件范围。根据现行法律，民事检察公益诉讼的范围主要包括：(1)破坏生态环境和资源保护的行为；(2)食品药品安全领域侵害众多消费者合法权益的行为；(3)侵害妇女平等就业、农村土地承包和集体收益、土地征收征用补偿分配权益和宅基地使用权益，贬低损害妇女人格，未采取合理措施预防和制止性骚扰等严重损害妇女权益的行为；(4)侵害未成年人权益的行为；(5)侵害军人荣誉、名誉和其他相关合法权益，严重影响军人有效履行职责使命，致使社会公共利益受到损害的行为；(6)经营者实施的损害社会公共利益的垄断行为；(7)违反安全生产法规，造成重大事故隐患或者导致重大事故，致使国家利益或者社会公共利益受到侵害的行为；(8)实施电信网络诈骗，侵害国家利益和社会公共利益的行为；(9)个人信息处理者违法处理个人信息，侵害众多个人权益的行为；等等。这一范围较之普通民事公益诉讼明显扩大。并且，由于《民事诉讼法》采取了概括式规定，因此对于并非法条明确列举的损害社会公共利益的行为，人民检察院也有权力提起检察公益诉讼。例如，某地检察机关在履职过程中发现桥梁、铁路等公共交通设施存在安全隐患，在经过法定程序后，提起了检察公益诉讼，要求相关业主及时消除危险，得到了人民法院的支持，保护了人民生命、财产的安全。

2.诉前公告。检察机关提起公益诉讼之前，应当依法公告，公告期间为30日。公告的目的是督促普通民事公益诉讼的起诉主体提起诉讼。如果公告期满，法律规定的普通公益诉讼原告不提起诉讼的，人民检察院才可以向人民法院提起诉讼。这一规则确立了检察机关断尾原则，只有在没有适格主体提起诉讼的情况下，检察机关才具有公益诉讼的诉权，这一规定符合检察机关法律监督机构的定位。如果公告期内，有社会组织提起了普通民事公益诉讼，检察机关可以作为支持起诉的主体，参与民事公益诉讼，为社会组织提供事实调查、法律适用等方面的支持。

3.当事人地位。由于检察机关是法律监督机关，因此其在公益诉讼中一审的地位是公益诉讼起诉人，而并非原告，但在具体诉讼权利上，参照原告适用。如果检察机关对一审判决不服，根据司法解释的规定应当依法提起上诉，检察机关在二审中的地位应为上诉人，而非抗诉人，因此参加二审的检察机关依然是一审中的公益诉讼起诉人，其上一级检察院可以派员支持。这一规定符合民事诉讼双方当事人对抗的基本原理。

4.刑事附带民事公益诉讼。人民检察院可以在对损害社会公共利益的犯罪行为提起刑事公诉时，向人民法院提起刑事附带民事公益诉讼，并应履行诉前公告程序。刑事附带民事公益诉讼制度决定了基层人民法院因为对刑事诉讼的管辖权，可以附带地获得对相应检察公益诉讼的管辖权。

除上述特殊规定外，检察公益诉讼应当参照适用普通民事公益诉讼规则。

第二节　第三人撤销之诉

一、第三人撤销之诉概述

（一）第三人撤销之诉的概念

为了规制恶意诉讼，保护自然人和法人的合法权利，2012年修正《民事诉讼法》新增了第三人撤销之诉制度，赋予没有参加诉讼的有独立请求权第三人和无独立请求权第三人通过提起诉讼的方式，撤销原生效法律文书的权利。根据立法原意，我国的第三人撤销之诉，是指当第三人因不可归责于己的事由而未参加原案审理，但原案的生效判决、裁定、调解书使其民事权益受到损害，其可以请求法院撤销或改变原案生效判决、裁定、调解书中对其不利部分的诉讼程序。

（二）第三人撤销之诉的特征

我国的第三人撤销之诉有以下几个特征：

1.属于一种事后救济机制。第三人撤销之诉是在原案已经生成具备法律效力的判决、裁定、调解书之后，对非因自身原因而未能参加原案诉讼程序中的第三人所提供的事后救济机制，以扭转其合法民事权益受损的局面。因此，第三人撤销之诉与普通诉讼中第三人参加诉讼不同，是一种事后救济。

2.属于一种特殊的、非通常的救济机制。第三人撤销之诉赋予了第三人一种特殊的形成诉权，可以通过诉讼的方式，撤销已经生效的裁判文书。其特殊性主要在于对原裁判之既判力的冲击和挑战。就我国目前的立法来看，在增设第三人撤销之诉制度前，对生效裁判的既判力产生冲击的程序制度只有再审程序。鉴于此，在适用第三人撤销之诉的过程中，须有效平衡保护第三人民事权益与维护司法权威和秩序之间的关系，通过适当的程序配置来避免该救济路径被滥用，进而最大限度地发挥该制度的预设功能。

3.属于一种以保护第三人的民事实体权益为主要目的的诉讼程序。第三人撤销之诉的前提是，第三人的民事权益受到生效判决的损害。第三人未能获得充分的事前程序保障，并非启动撤销之诉的唯一或核心事由，若第三人的民事权益并未受到原案判决、裁定、调解书的损害，则其无权提起第三人撤销之诉。

4.提起主体具有法定性与特定性。法定性是指有权提起第三人撤销之诉的适格主体由民事诉讼法明确规定；而特定性则是指有权提起撤销之诉的只能是前诉当事人以外的第三人，并且该当事人还必须满足一定的条件，即非因可归责于本人的事由而未能参加诉讼、与本诉有法律上的利害关系。

（三）第三人撤销之诉与审判监督程序的关系

第三人撤销之诉和案外人提起审判监督程序在功能上具有相似性，都是撤销原生效判决来维护原审案外人的实体权益。因此二者存在竞合。为了避免案外人为寻求救济滥用程序权利、冲击生效裁判确定的民事法律秩序，司法解释明确规定：

1.案外人已经提起第三人撤销之诉的，不可以再向法院申请再审；反之亦然。

2.案外人已经提起第三人撤销之诉后，人民法院因其他事由对原案裁定再审的，再审程序可以吸纳第三人撤销之诉，这是因为再审程序和第三人撤销之诉都涉及原判是否需要撤销，因此两个诉可以合并在同一个再审程序中进行。当然，由于此时可能涉及不同法院，因此需要通过移送管辖等方式来完成再审审理程序对第三人撤销之诉的吸纳。再审审理时按照第一审程序审理的，人民法院应当对第三人的诉讼请求一并审理，所作的判决可以上诉；按照第二审程序审理的，人民法院可以调解，调解达不成协议的，应当裁定撤销原判决、裁定、调解书，发回一审法院重审，重审时应当列明第三人。

二、第三人撤销之诉的程序设置

根据诉讼原理和《民诉解释》的一些具体规定，对第三人撤销之诉的内容概括如下：

1.诉讼主体。有权提起第三人撤销之诉的必须是当事人以外的第三人，但并非一切案外人均有权启动该程序，其须对原案的诉讼标的享有独立的请求权或者与原案的裁判结果有法律上的利害关系。该第三人应当具备诉的利益，即其民事权益受到了原案判决、裁定、调解书的损害。此种受到损害的权利，原则上应当是绝对权或具有优先性的权利，如原审判决错误地变更了标的物所有权归属，原所有权人可能受到侵害；或者原审判决错误地要求被告向原告交付标的物，损害了对标的物享有担保物权或者优先受偿权的案外人的利益。因此，原审当事人的普通债权人原则上不具备提起第三人撤销之诉的利益，不是第三人撤销之诉的适格原告。但是，债权人有证据证明，裁判文书主文确定的债权内容部分或者全部虚假的，也即原审存在虚假诉讼的情况，原审双方当事人实质上是以诉讼的方式转移财产、逃避执行，从而对普通债权人进行侵害，符合第三人撤销之诉的适用条件。下列主体一般不具备第三人撤销之诉的原告资格：(1)原案漏列的必要共同诉讼当事人、原案生效裁判文书确认债权的受让人，此时其作为诉讼标的的直接主体，救济程序应为申请再审；(2)原案当事人系法人、非法人组织的，其分支机构、出资人、股东、成员，由合伙负责人或者执行人实施诉讼的全体合伙人、著作权集体管理组织实施诉讼的著作权人、业主委员会基于业主大会的决定实施诉讼的业主等任意诉讼被担当人，此时其诉讼权利已经被原案当事人行使，不应当认为其未参加原案审判。

此外，启动主体还应满足程序性要求，即其未能参加原案的诉讼程序是因不能归责于己的事由。因不能归责于本人的事由未参加诉讼，是指没有被列为生效判决、裁定、调解书的当事人，且无过错或者无明显过错的情形。包括：(1)不知道诉讼而未参加的；(2)申请参加未获准许的；(3)知道诉讼，但因客观原因无法参加的；(4)因其他不能归责于本人的事由未参加诉讼的。

第三人提起撤销之诉，人民法院应当将该第三人列为原告，生效判决、裁定、调解书的当事人列为被告，将生效判决、裁定、调解书中没有承担责任的无独立请求权的第三人列为第三人。

2.诉讼客体。依据我国现行法律的规定，第三人撤销之诉的客体为损害了第三人民事权益的发生法律效力的判决、裁定、调解书。这些判决、裁定的主文，调解书中处理当事人民事权利义务的结果损害了第三人的民事权益。需要注意的是，并非所有的生效裁判和调解书都可以被提起第三人撤销之诉。对非讼程序、公益诉讼、涉及身份关系的裁判，都不属于第三人撤销之诉的客体。因此，离婚诉讼的判决，对解除婚姻关系、子女抚养等身份关系的判项，第三人不能提起撤销之诉，但财产分割等部分的判项，可以作为第三人撤销之诉的客体。此外，财产保全、管辖权异议、准许撤诉等程序性裁定，其功能是推动诉讼程序的顺利进行，即便对第三人利益有影响，也不能被撤销，否则将危害诉讼秩序的稳定。如果第三人认为损害其利益的不是原裁判的主文，而是原裁判的审理程序、事实认定及裁判理由，亦不能提起第三人撤销之诉。

3.提起诉讼的期限、条件与受理法院。依据《民事诉讼法》的规定，第三人可以自知道或应当知道其民事权益受到损害之日起6个月内，向作出该判决、裁定、调解书的人民法院提起诉讼。《民诉解释》规定，第三人提起第三人撤销之诉，应当提供存在下列情形的证据材料：(1)因不能归责于本人的事由未参加诉讼；(2)发生法律效力的判决、裁定、调解书的全部或者部分内容错误；(3)发生法律效力的判决、裁定、调解书内容错误损害其民事权益。

《民诉解释》第291条规定，人民法院应当在收到起诉状和证据材料之日起5日内送交对方当事人，对方当事人可以自收到起诉状之日起10日内提出书面意见。人民法院应当对第三人提交的起诉状、证据材料以及对方当事人的书面意见进行审查。必要时，可以询问双方当事人。经审查，符合起诉条件的，人民法院应当在收到起诉状之日起30日内立案。不符合起诉条件的，应当在收到起诉状之日起30日内裁定不予受理。

4.审理方式与相关制度。人民法院对第三人撤销之诉案件，应当组成合议庭开庭审理。原审审判组织的成员，不能参加第三人撤销之诉的合议庭。受理第三人撤销之诉案件后，原告提供相应担保，请求中止执行的，人民法院可以准许。需要注意的是，第三人撤销之诉审理过程中作出中止执行裁定的应当是受诉法院。但该第三人也可能不在诉讼中通过提供担保的方式申请中止执行，而是直接在执行过程中向执行法院提出执行标的异议，此时执行法院经过审理认为异议成立的，也可以裁定中止执行。

5.诉的合并。第三人往往希望在提出第三

人撤销之诉的同时，请求人民法院对原审诉讼标的的权属等实体权利予以一次性解决，因此会同时提出相应的确权或履行合同的诉讼请求。但这些请求是否能够与撤销之诉合并审理，需要满足以下两方面的条件。(1)程序条件，第三人提出的其他实体权利请求，必须符合诉的一般条件。例如，如果提出合同履行请求，而该合同存在管辖协议、仲裁协议等规则，使受诉法院没有管辖权，则该诉不能成立，自然也不存在合并的可能。(2)实体条件，从制度功能上看，第三人撤销之诉本应只审查原判是否需要撤销。如果直接改变原判中对相关标的物的权利归属或一并处理第三人与原审当事人之间的法律关系，虽然有利于一次性解决纠纷，但既会增加第三人撤销之诉的复杂性，也会产生低级别法院改判高级别法院裁判结果的审级风险。因此，最高人民法院最终认定，第三人的权利主张要与撤销内容直接相关，如涉及所有权归属，由于一物一权原则，如果原判对物权的归属存在错误，而第三人又主张物权，那么可以在撤销原判的同时确认物权归第三人所有。对一般的履行请求权，原则上不应当允许诉的合并。

6.裁判的作出与裁判的法律效力。《民诉解释》第298条规定，对第三人撤销或者部分撤销发生法律效力的判决、裁定、调解书内容的请求，人民法院经审理，按下列情形分别处理：(1)请求成立且确认其民事权利的主张全部或部分成立的，改变原判决、裁定、调解书内容的错误部分；(2)请求成立，但确认其全部或部分民事权利的主张不成立，或者未提出确认其民事权利请求的，撤销原判决、裁定、调解书内容的错误部分；(3)请求不成立的，驳回诉讼请求。对第三人撤销之诉的裁判不服的，当事人可以上诉。原判决、裁定、调解书的内容未改变或者未撤销的部分继续有效。原判被撤销后，原诉讼当事人之间的争议依然存在的，可以通过另行起诉解决纠纷。

【本章主要法律规定】

1.《民事诉讼法》第58～59条

2.最高人民法院《关于适用〈中华人民共和国民事诉讼法〉的解释》第50～82、282～301条

第十六章
民事裁判

本章主要内容提示

本章的重点是民事判决、裁定、决定的不同功能。判决、裁定和决定分别是法院在诉讼中解决和处理不同问题所作出的意思表示，它们的区别不仅仅表现在解决问题的不同、表现形式的不同，而且在救济方式上也有很大的区别：决定都不许上诉，允许上诉的裁定包括不予受理、驳回起诉、管辖异议等情况，而诉讼案件的一审判决原则上都允许上诉。对裁定或决定进行复议的多数是作出裁定或决定的法院，少数是上级法院。

本章的难点是各种民事裁判文书在结构上的细微差别，需要结合司法实务，通过撰写文书，理解文书的内容和结构。

第一节　民事裁判的概念

法院在审理民事案件的过程中，根据案件的事实和国家的法律，针对审理案件过程中发生的各种问题按法定程序所作的结果性的处理，通常称民事裁判。它由国家专门审判机关作出，主要依据是国家的法律，因此体现了国家的意志。民事裁判有广义和狭义之分。广义的民事裁判包括人民法院的判决、裁定和决定等，还包括人民法院认可的调解协议。它们各有自己独立的适用范围和适用条件，法律效力也有所区别。狭义的民事裁判仅指人民法院作出的判决和裁定。

法院裁判是人民法院解决民事争议过程中所作出的意思表示，它体现了人民法院对具体案件及案件审理过程中特定问题的态度，对解决民事案件中的实体性和程序性问题具有重要的意义。

第二节　判　　决

一、民事判决的概念和种类

法院审理民事案件，根据查明和认定的案件事实，正确适用法律，以国家审判机关的名义，对案件中的民事实体权利义务争议作出权威性的判定，称为判决。

民事判决必须采用书面形式作出。法院依据一定的格式以解决案件实体问题为主要内容而作出的法律文书称为判决书，判决书是人民法院对案件行使审判权的重要表现，也是诉讼中的重要法律文书。

民事判决按不同的标准、不同的角度，可以作不同的分类：

1.民事判决就其所解决的诉的性质不同，可以分为给付判决、确认判决和形成判决。给付判决是确定当事人之间实体权利、义务关系，责令负有义务的当事人履行一定义务的判决。给付判决的特点是，它使当事人一方产生实体义务，如果负有义务的当事人不履行义务，享有权利的一方当事人可以申请法院强制执行。确认判决是确认当事人之间的某种法律关系存在或者不存在的判决，如确定当事人之间存在或不存在收养关系的判决。形成判决是支持当事人提出的诉讼请求，判决变更当事人之间原有法律关系的判决，如准予离婚的判决。

2.民事判决根据双方当事人是否出庭，分为对席判决和缺席判决。在双方当事人或者他们的代理人参加法庭审理后作出的判决，是对席判决。缺席判决是在一方当事人拒不到庭参加法庭审理的情况下作出的判决。根据民事诉讼法的规定，被告经传票传唤，无正当理由拒不到庭的，可以缺席判决。如果原告成为反诉之诉的被告，经传票传唤，无正当理由拒不到庭的，也可以缺席判决。

3.民事判决根据其案件的审理程序，可分为一审判决、二审判决和再审判决。地方各级法院适用第一审程序对民事案件审理终结后，根据事实和法律所作出的处理决定，是一审判决。中级以上法院适用二审程序审理上诉案件所作的判决是二审判决。我国实行二审终审原则，故二审判决也叫终审判决。再审判决是案件原审法院或其上级人民法院、最高人民法院，按照再审程序，对案件再次审理后所作的判决。

对民事判决进行分类在理论上具有重要的意义，不同的判决具有自身的特点，其作出的条件和适用的情况不同，诉讼程序也有区别。

二、民事判决的内容

判决书是判决的表现形式，根据《民事诉讼法》的规定，应包括四个部分：

1.案由、诉讼请求、争议的事实和理由。案由是对案件内容和性质的概括，应简明确定“离婚”“继承”“债务”“赡养”等案件性质。诉讼请求应记明当事人的诉讼主张、事实和理由；争议的事实和理由应记明双方发生争议的法律事实、经过和焦点，以及各方所持的理由。

2.判决认定的事实、理由和适用的法律依据。判决认定的事实是法院经过审理已经查明的事实，认定事实在于全面客观地揭示案情。这部分往往以“本院经审理查明”开头，对于当事人的争议焦点应当重点分析，并按照民事举证责任分配和证明标准，根据审查认定的证据有无证明力、证明力大小，对待证事实存在与否进行认定。要说明事实认定的结果、认定的理由以及审查判断证据的过程。

判决的理由是审判组织针对当事人的诉讼请求，根据认定的案件事实，依照法律规定，明确当事人争议的法律关系，阐述原告请求是否成立，依法应当如何处理。这部分往往以“本院认为”开头，应当明确纠纷的性质、案由。在论述理由时，应当首先援引法律、法规、司法解释、最高人民法院的指导性案例等法源性资料。由于我国法律规范以成文法为主，无法对民事生活的方方面面都作出细致的规范，可能存在法源性资料不足或者需要细化解释的情况。但由于我国不是判例法国家，除了最高人民法院的指导性案例具有类似于司法解释的法源地位，可以在判决理由中被直接援引外，其他法院的案例包括最高人民法院作出的判决都并不直接构成我国的法律渊源，不能直接作为法源性资料使用。近年来我国越来越重视类案裁判的标准统一，并希望通过类案检索来实现法律适用上的统一。因此，在判决理由部分，法官可以通过援引其他法院的判决来作为填补法律漏洞或解释具体法律的论证性材料。但是，在援引其他法院的案例时，必须注意要全面地检索，对可能存在相反观点的案例，更需要通过类比论证等方式来说明本案与前案的区别，从而排除其适用，而不能只援引符合法官观点的裁判，否则就可能构成法官造法。同理，对各级人民法院、行政机关或相关机构发布的不具有法源效力的规范性文件、法学理论界的学说观点、比较法的经验，法官也应当在穷尽检索的前提下，作为论证性材料予以使用。

判决适用的法律依据是判决主文作出的法律依据。这部分往往在判决主文的前一段，即"判决如下"之前的内容。根据《立法法》和最高人民法院《关于裁判文书引用法律、法规等规范性法律文件的规定》，民事判决书必须明确载明判决结果所依据的法律、法律解释、行政法规、地方性法规或者自治条例和单行条例以及与之相关的司法解释，但不得引用《宪法》和各级人民法院关于审判工作的指导性文件、会议纪要、各审判业务庭的答复意见以及人民法院与有关部门联合下发的文件，也不得引用指导性案例，这些内容只能在前述"判决的理由"部分予以阐述说明。

3.判决结果和诉讼费用的负担。确定当事人的实体权利义务，明确诉讼费用的负担，是判决的主文部分，要求做到简洁、明确、便于履行和强制执行。人民法院准予当事人减交、免交诉讼费用的，应当在判决文书中载明。

4.上诉期限和上诉法院。这一部分应记明：如不服本判决，自收到判决书的次日起15日内，向本院提出上诉书状，上诉于某人民法院。

此外，在此四部分内容之前，还应有标题，具体包括法院的名称和案号。在此四部分之后，还应有落款，具体包括参与审判案件的审判人员、书记员署名、日期、核对戳，并加盖法院印章。

上述判决内容是一审诉讼案件判决的内容，二审和再审诉讼案件的判决，在内容上与此有所不同，区别主要是需要简要概述一审和原审的基本情况，并载明上诉人、再审申请人、抗诉机关或再审启动机关对案件的具体诉求。非讼程序的判决则需要按照其程序特点分别写明。

另外，根据民事诉讼法的规定，调解达成协议的无民事行为能力人的离婚案件和涉外案件，人民法院可以应当事人、法定代理人的要求，根据调解协议制作判决书，此种判决书也应当写明该判决书的协议依据。

三、民事判决的法律效力

法院判决的效力，是指判决所发生的实际作用。从法律上看，判决的效力，主要包括既判力、执行力和形成力。

（一）既判力

既判力，是指判决生效后所具有的确定效力，具体来说分为形式上的确定力和实质上的确定力。

形式上的确定力，是指判决一经生效，当事人就不得以此法律上的事实提起诉讼或者提起上诉。"一事不再理"，往往就是因为已经存在前诉生效判决，当事人不能再提起相同的诉讼。当然，由于我国存在法定的审判监督程序，当事人还可以通过再审来改变判决，但这并不与判决形式上的确定力冲突。

实质上的确定力，是指生效判决确定的实体权利义务不得争执，不容改变。当事人和法院都受到该判决内容的拘束，不得在以后的诉讼中作出与判决内容相反的主张和判断。例如，甲起诉乙解除合同，后经过法院审理认为解除权不成立，驳回了甲的诉讼请求。后乙起诉甲履行该合同，由于有前诉判决的存在，甲不能在后诉中主张自己曾经解除过该合同。

既判力是判决最强的效力，因此也需要对其效力范围进行一定的限制。学理上，既判力的范围限制主要集中在以下三个方面：

1.既判力的客观范围。既判力的客观范围，是指既判力对哪些法律关系或实体请求权有拘束力。大陆法系国家的民事诉讼法学理论普遍认为，终局判决只对其判决主文内容中确定的诉讼标的具有既判力，因而形成了诉讼标的的范围等于既判力客观范围的共识。《民诉解释》第247条第1款规定，当事人就已经提起诉讼的事项在诉讼过程中或者裁判生效后再次起诉，同时符合下列条件的，构成重复起诉：（1）后诉与前诉的当事人相同；（2）后诉与前诉的诉讼标的相同；（3）后诉与前诉的诉讼请求相同，或者后诉的诉讼请求实质上否定前诉裁判结果。这一规则第(2)(3)项明确了我国民事判决的既判力客观范围限于已决判决涉及的民事法律关系中诉讼请求具体体现的请求权内容。

既判力的客观范围在实务中的疑难问题主要涉及“一事不再理”。具体而言主要集中在以下几个领域：

第一,既判力的载体。我国裁判文书制作上将判决主文置于最后,因此一般的阅读顺序决定了裁判理由在判决主文之前,加之我国并不承认中间确认之诉,因而对于裁判理由中审判庭认定的事实和法律关系是否依然有既判力的效力,实践中不乏争议。例如,甲起诉乙依据合同支付价款,乙在诉讼中提出合同已经解除的抗辩。无论最后判决主文是支持原告还是被告,都不会直接涉及合同解除的认定,但法院很可能在裁判理由中对于合同解除作出具体的认定。那么,关于价款的给付判决生效后,双方是否还可以再就合同已经解除的问题另行提起诉讼呢?理论界一般认为并不可以,但不可再诉的理论基础却并非判决的既判力的客观范围,而是既判力的时间范围,或者诉的利益。换言之,如果在该案判决后,乙再以其他解约事由提出解除合同的诉讼,前诉判决既判力无法遮断,法院应当受理。

第二,诉讼抵销。诉讼抵销是前述既判力载体的一个例外。虽然在大陆法系国家,严守既判力的客观范围等于判决主文的等式,但也普遍通过民事诉讼法立法承认诉讼抵销的例外。虽然判决主文只会针对原告的诉讼请求作出处理,不会直接涉及抵销问题,但裁判理由中对被告抵销抗辩的认定,同样会发生既判力。因此无论该抵销抗辩是否得到支持,被告都不能再以抵销抗辩中的主动债权另行提起诉讼。我国民事诉讼法对抵销问题并无明确规定,虽然理论界有学者主张,应当采纳大陆法系国家关于抵销抗辩的裁判理由应当具有既判力,但在民事诉讼法未作明确规定之前,司法实务中普遍都不会赋予诉讼抵销抗辩明确的既判力。因此,除非被告以反诉的方式提出了抵销,否则本诉判决的既判力客观范围无法及于抵销。

第三,部分请求。如果一个请求权的法律效果可以拆分,那么当权利人在诉讼请求中仅主张部分法律效果,获得生效判决后,是否可以再就同一请求权的其他法律效果另行起诉,这是民事诉讼中既判力客观范围的疑难问题。我国民事诉讼法对这一问题没有明确的规定。我们认为,从一次性解决纠纷的角度出发,对于部分请求应当限制,否则原告可以将诉讼无限度地切割,既消耗司法资源,也增加对方当事人不必要的诉累。因此,原则上部分请求应当产生全部的既判力,但是也应承认存在例外情形。例如,原告因为无法负担高额的诉讼费用,因此先提起一元钱的损害赔偿请求,待胜诉后再就全部金额进行索赔。对于原告有合理理由提起部分请求的情形,不应一概认为既判力客观范围已经及于全部请求权,因而应当允许原告后续就未起诉部分的内容再次提起诉讼。

2.既判力的主观范围。既判力的主观范围,是指判决所确定的民事法律关系对哪些主体发生既判力。我国传统民事诉讼法学对既判力的主观范围缺乏深入的认识,往往从维护司法权威性的角度,以法院的判决应当受到所有社会主体尊重为由,认为既判力具有普遍的适用范围。但是,从大陆法系民事诉讼法学原理看,一般认为,既判力应当具有相对性,只有诉讼当事人受到既判力的约束。其原因在于:首先,从本体论的角度看,既判力所解决的民事法律关系原本就应当存在主体范围,而根据当事人适格理论,只有争议民事法律关系的民事主体才是适格的当事人,因此,既判力的主观范围限于当事人足以解决民事纠纷,无须扩大到所有主体。其次,从程序保障论的角度看,当事人以外的主体并没有参加诉讼,没有获得程序参与的机会,如果要受既判力的约束,对其并不公平。需要注意的是,缺席判决的当事人同样要受既判力的约束,因为缺席判决的当事人是自己放弃了参与诉讼的机会。

我国民事诉讼司法实务没有明确采取既判力的相对性理论,这就会出现较多的争议。例如,甲起诉乙要求确认涉案财产归甲所有,获得生效的胜诉判决后,以物权人身份向案外人丙主张物权。如果采取既判力相对性理论,丙不受前诉判决约束，双方如果就该财产的物权发生争议，完全可以另起诉讼；但如果采取既判力普遍性理论，则丙也须接受前诉判决的约束，承认甲是真正的物权人。这对丙来说显然不公，为此我国民事诉讼法建立了案外人申请再审、第三人撤销之诉等多项救济机制。

因此，应当在我国推动既判力相对性理论的普及，避免无限制地扩大既判力的适用主体，导致人民法院在判决时瞻前顾后，承载不必要的事实查明负担。事实上，《民诉解释》第247条第1款第1项将相同的当事人作为“一事不再理”的判断标准之一，已经可以作为既判力相对性的规则。当然，对于一些特殊情形，也应当建立既判力主观范围的扩张规则。例如，对于作为当事人的自然人死亡或法人的合并、分立等情形，应当承认既判力向其权利义务承受者发生扩张；对于公司法上的股东会决议诉讼、董事会决议诉讼等，也应当适当建立既判力扩张规则，避免不同股东对同一决议反复提起诉讼。

3.既判力的时间范围。既判力的时间范围，是指生效判决的既判力对诉讼标的在某个具体时间点予以确定，当事人就超出该时间点的相同诉讼标的再提起诉讼的，后诉法院应当予以受理。民事法律关系基于法律行为或其他法律事实可以不断变动，但判决却追求明确的确定效力，因此必须划出一个时间点作为标准时，判决仅仅对该标准时上的法律关系作出认定，当事人如果因为超过标准时后的法律关系变化发生争议，只能通过另诉予以解决。

例如，甲公司与乙公司订立买卖合同后，乙公司迟延发货，甲公司遂起诉乙公司要求依约交付货物，法院认为乙公司迟延是基于特殊疫情的不可抗力，作出了驳回甲公司诉讼请求的生效判决。但3个月后，疫情已经解除，乙公司也恢复了交货条件，依然拒绝交货，甲公司再次起诉乙公司，虽然诉讼标的依然是同一份合同上的履行请求权，但由于标准时之后发生了新的法律事实，因此法院应当受理该诉讼。

《民诉解释》第248条规定，裁判发生法律效力后，发生新的事实，当事人再次提起诉讼的，人民法院应当依法受理。该规则将既判力标准时定为裁判生效之时，虽然与大陆法系国家一般将标准时确定为最后一次口头辩论终结之时略有差异，但依然是我国首次确立既判力时间范围的规则，值得肯定。

（二）执行力

民事判决的执行力，是指原告胜诉的给付之诉的民事判决具有作为执行根据，从而进行强制执行的效力。执行力只是对给付判决而言，没有给付内容的判决，不具有执行力。确认判决和形成判决不必执行，也不可能执行。此外，要具有执行力，还必须给付内容明确，如果给付内容不清楚，如判决主文仅仅表述为“被告在七日内履行合同”，却没有明确说明合同履行的具体内容，那么这一判决实质上是没有执行力的。根据最高人民法院《关于人民法院立案、审判与执行工作协调运行的意见》第15条的规定，执行机构发现判决主文执行内容不明确的，应当通过法定途径与作出裁判的审判部门联系，由其作出书面答复或补正裁定。

（三）形成力

民事判决的形成力，是指形成之诉的胜诉判决具有的直接变更、消灭涉案法律关系的效力。原告发动形成之诉的目的，即通过诉讼方式变更、消灭某一法律关系，如果其诉讼请求得到支持，则该胜诉判决生效之时，即为法律关系变更、消灭之日。相反，如果原告诉讼请求未得到法院支持，则该败诉判决仅仅产生既判力，而不发生形成力。

形成力是形成之诉的胜诉判决特有的效力，确认之诉和给付之诉的判决均不具有该效力，因为确认之诉是对某一法律关系状态的确认，并非由判决直接变更法律关系；而给付之诉是对原告请求权的认可，具体法律关系的改变还需要由被告履行相关义务。一个值得分析的问题是，原告起诉解除合同且得到法院支持的判决，是否具有形成力。事实上，形成之诉必须是原告基于形成诉权（如撤销权）提起的诉讼，而一般的普通形成权（如解除权）并不需要通过诉讼方式来行使，只要单方意思表示到达对方即可发生效力。因此，合同解除诉讼的本质不是通过判决来解除合同，而是要求法院对已解除的合同状态予以确认，属于确认之诉，故其判决不会发生形成力。

以上所讲判决的效力，都是针对生效判决而言。根据我国民事诉讼制度，准予上诉的地方各级人民法院的第一审民事判决，即按普通程序和简易程序审理案件作出的判决，在上诉期间15日内，如果当事人不上诉，上诉期限届满即发生法律效力。不准上诉的地方各级法院的第一审民事判决，即按简易程序审理的小额诉讼案件和按特别程序审理案件作出的判决，以及最高人民法院的第一审民事判决、中级以上法院所作的第二审民事判决，自判决送达之日起发生法律效力。实践中可能出现的问题是，由于送达方式的不同，当事人收到文书的时间并不完全一致，此时判决的生效时间需要以最后一位当事人收到裁判文书的日期为准。

第三节　裁　　定

一、民事裁定的概念

法院在审理民事案件时，对所发生的程序上应解决的事项，所作出的具有法律意义的意思表示，称为裁定。

根据《民事诉讼法》的规定，裁定适用于下列范围：不予受理，对管辖权有异议的，驳回起诉，保全和先予执行，准许或者不准许撤诉，中止或者终结诉讼，补正判决书中的笔误，中止或者终结执行，撤销或者不予执行仲裁裁决，不予执行公证机关赋予强制执行效力的债权文书，其他需要裁定解决的事项。可见，裁定适用于解决诉讼程序上发生的事项，目的在于保证案件审理的顺利进行。判决书中的笔误，是指法律文书误写、误算，诉讼费用漏写、误算和其他笔误，而不是指判决对事实认定的错误或法律适用的错误。

关于诉讼保全和先行给付问题，虽然涉及民事权利和义务，但诉讼保全和先行给付裁定不是对有争议的权利义务关系的最后决定，故仍属诉讼程序的范畴。

裁定与判决有明显的区别，主要有：

1.适用的事项不同。裁定解决的是诉讼过程中的程序性问题，目的是使人民法院有效地指挥诉讼，清除诉讼中的障碍，推进诉讼进程。判决解决的是当事人双方争执的权利义务问题，即实体法律关系，目的是解决民事权益纠纷，使当事人之间的争议得以解决。

2.作出的依据不同。裁定根据的事实是程序性事实，依据的法律是民事诉讼法，可以在诉讼过程中的任何阶段作出。判决根据的事实是法院认定的民事法律关系发生、变更和消灭的事实，依据的法律是民法、经济法等实体法，判决通常只能在案件审理的最后阶段作出。

3.形式、上诉范围、上诉期限和法律效力不同。裁定可以采取口头形式或者书面形式，而判决必须采取书面形式。只有不予受理的、对管辖权有异议的和驳回起诉的裁定，根据民事诉讼法的规定，准许当事人在裁定后10日内上诉，其他裁定一经作出，立即生效；而判决允许上诉的范围比较广泛，地方各级法院作出的第一审判决，在判决作出后15日内准许上诉。裁定的效力及于程序，随程序性事实的改变，裁定可以相应改变，如对中止诉讼的裁定，在中止诉讼的原因消除后，应作出恢复诉讼程序的新裁定；而判决的效力及于实体，非经法定程序不得改变。

二、民事裁定的内容

法院以书面形式作出的含有对程序性事项处理决定的法律文书，称裁定书。裁定书应具备事实、理由和主文三部分，这是裁定的基本内容。此外，裁定书的首部应有法院的全称、裁定书标题、编号以及当事人的基本情况。裁定书的尾部一般由审判员、书记员署名，按照审判监督程序决定再审的裁定，由院长署名。裁定书应由书记员签名证明正本与原本相同。裁定书应加盖人民法院印章。

民事裁定也可以采取口头形式，口头裁定必须由书记员记入笔录。

三、民事裁定的效力

根据民事诉讼法的规定，不予受理、对管辖权有异议和驳回起诉的一审裁定，当事人不服可以上诉，其他裁定一经法院作出即发生法律效力；有些裁定，法律赋予当事人异议的权利，但这并不影响裁定的执行效力。比如，财产保全和先予执行的裁定，当事人如果不服可以申请复议一次，复议期间，不停止裁定的执行。

民事裁定具有法律上的拘束力，当事人、诉讼参与人、审判人员应按裁定的规定为一定行为或不为一定行为。由于裁定是法院指挥诉讼的手段，用于解决程序性问题，作用于诉讼过程，因此，不参与诉讼的单位和人员一般与裁定无关。换句话说，裁定对社会一般不具有拘束力，裁定的拘束力通常只及于当事人、诉讼参与人和审判人员。但是，有时裁定的内容涉及其他单位和个人，如诉讼保全的裁定，需要银行冻结当事人的存款，这时裁定就对其他单位和个人产生拘束力。裁定对人民法院的拘束力有一定的相对性，法院通常应当根据裁定进行活动，如裁定将简易程序改为普通程序，人民法院就应当按普通程序进行审理；裁定准许当事人撤诉，就不能对案件继续审理。对于仅仅涉及指挥诉讼活动的裁定，法院可以根据一定情况作出，也可以根据一定情况撤销，如诉讼保全的裁定，法院既有权作出，也有权撤销。

个别裁定还具有执行力，法院有权依权利人的申请或依职权强制执行。只有具有给付内容或者由法律特别规定的裁定才具有执行力，如诉讼保全和先行给付的裁定等。

个别裁定还会因案件情况的变化而失去效力。比如，裁定中止诉讼的，中止原因消除恢复诉讼程序时，不必撤销原裁定，从法院通知或者准许当事人双方继续进行诉讼时起，中止诉讼的裁定即失去效力。

四、判决书、裁定书的查阅

为了保证案件裁判的公正性，以及便于民众对法院审判活动的监督，法律规定公民、法人或者其他组织可以申请查阅法院生效的判决书、裁定书。

《民诉解释》规定，公民、法人或者其他组织申请查阅发生法律效力的判决书、裁定书的，应当向作出该生效裁判的人民法院提出。申请应当以书面形式提出，并提供具体的案号或者当事人姓名、名称。

对于查阅判决书、裁定书的申请，人民法院根据下列情形分别处理：(1)判决书、裁定书已经通过信息网络向社会公开的，应当引导申请人自行查阅；(2)判决书、裁定书未通过信息网络向社会公开，且申请符合要求的，应当及时提供便捷的查阅服务；(3)判决书、裁定书尚未发生法律效力，或者已失去法律效力的，不提供查阅并告知申请人；(4)发生法律效力的判决书、裁定书不是本院作出的，应当告知申请人向作出生效裁判的人民法院申请查阅；(5)申请查阅的内容涉及国家秘密、商业秘密、个人隐私的，不予准许并告知申请人。

随着我国信息技术的发展，裁判文书的查阅方式主要以人民法院在互联网上公布裁判文书、公民通过网络直接查阅裁判文书为主。为此，最高人民法院也专门发布了《关于人民法院在互联网公布裁判文书的规定》，强调通过互联网公布裁判文书，应当依法、全面、及时、规范。

第四节　决　　定

一、民事决定的概念

在诉讼进行中，为了保证人民法院能够公正地审理民事案件，维护正常的诉讼秩序，正确处理人民法院内部的工作关系，法院对诉讼中发生的某些特定事项所作出的判断，称为民事决定。

民事决定适用于两个方面：其一，用于处理有关回避和对妨害民事诉讼的强制措施方面的问题，对这种决定准许与决定有直接利害关系的人申请复议一次。其二，用于处理人民法院内部工作关系方面的问题，如有关审判组织事项的决定，有关诉讼期限事项的决定，有关审判程序事项的决定，这类决定不涉及诉讼参与人的诉讼权利和民事权利，当事人不得申请复议。

民事决定适用的事项具有两个特点：一是被判定的事项具有亟须解决的紧急性，如不及时解决，民事诉讼就难以进行。例如，关于审判人员是否回避的决定，直接关系到法庭的组成问题，如不迅速解决，就无法审理案件。二是被决定的事项，一般不属于诉讼程序本身的问题，但与诉讼程序有联系。例如，妨害民事诉讼的行为属于诉讼中的特定事项，本身不是诉讼程序的组成部分，但是如不及时采取强制措施，诉讼程序就难以继续进行。

决定与判决不同：判决用于处理案件的实体问题，而决定用于处理某些特定事项；判决在案件审理的最后阶段作出，而决定是在案件审理的过程中作出；判决必须采用书面形式，而决定可以采用书面形式，也可以采用口头形式并记入笔录。

决定与裁定不同：裁定用于处理程序性的问题，而决定主要不是解决程序问题；裁定的主要作用在于指挥诉讼活动，推进诉讼的进程，而决定的主要作用在于排除诉讼中的障碍，保证诉讼活动正常进行。

二、民事决定的内容

民事决定可以采取书面形式，制作民事决定书。民事决定书除应记明事实、理由和决定内容外，还应在开头部分写明作出决定的法院全称、决定书编号、案由、当事人或被决定人的基本情况，在结尾部分由作出决定的组织、人员署名，载明是否准许申请复议，作出决定的年、月、日，并加盖人民法院印章。

民事决定除法律明确规定必须用书面方式的以外，可以采取口头的形式，口头决定由书记员记入笔录。

三、民事决定的效力

民事决定是对特定事项作出的职务判定，一经作出，立即发生法律效力。根据民事诉讼法的规定，有些决定可以申请复议一次，但复议期间不停止案件的审理，不停止决定的执行。例如，驳回申请回避的决定，对妨害民事诉讼行为人采取罚款、拘留的决定，都可以申请复议一次，但复议期间并不影响其效力，无论复议的结果如何，人民法院都应继续审理案件，执行决定的内容。民事裁判的比较如下所示：

比较项目	民事判决	民事裁定	民事决定
适用对象	实体问题	以程序问题为主	特殊事项
具体情形	一个诉讼标的对应一个生效判决	撤销仲裁裁决，补正判决书中的笔误，不予执行公证机关赋予强制执行效力的债权文书，中止或终结诉讼，中止或终结执行，不予受理，驳回起诉，管辖权异议，保全与先予执行	回避，延期审理，罚款、拘留，诉讼费用减免缓，法院自行启动再审，法院对顺延期限申请的回应
救济机制	上诉， 再审	原级复议：保全、先予执行。 上一级复议：执行管辖异议、执行行为异议、承认和执行外国法院裁判。 上诉：不予受理、驳回起诉、管辖权异议。 上诉、再审：不予受理、驳回起诉	原级复议：回避。 上一级复议：罚款、拘留

【本章主要法律规定】

《民事诉讼法》第155～159条

第十七章
涉外民事诉讼程序

本章主要内容提示

本章主要阐述我国涉外民事诉讼程序的特殊问题，包括我国涉外民事诉讼程序的基本原则、管辖、期间与送达以及司法协助等。

1.《民事诉讼法》在2023年进行了修正，重点修改了涉外民事诉讼的有关内容，具体包括：修改管辖的相关规定，增加平行诉讼的一般规定、不方便法院原则等相关条款；进一步修改涉外送达的相关规定；完善涉外民事案件司法协助制度，增设域外调查取证相关规定；完善外国法院生效判决、裁定承认与执行的基本规则。

2.涉外民事诉讼程序与国内民事诉讼程序的区别和联系：注意比较涉外民事诉讼程序在一般原则、管辖、期间、送达等诉讼制度上与国内民事诉讼程序的区别，掌握适用涉外民事诉讼程序的前提条件。

3.重点掌握涉外民事诉讼程序的管辖制度：注意涉外民事案件适当联系原则的规定、涉外协议管辖、涉外应诉管辖、我国法院专属管辖、排他性管辖协议选择外国法院管辖的效力、处理国际平行诉讼的一般原则。

4.涉外民事诉讼程序中特有的司法协助：应当结合国际私法的知识，掌握承认和执行外国法院判决、裁定的程序，注意把握外国法院承认和执行我国法院判决、裁定与我国法院承认和执行外国法院判决、裁定的不同，了解仲裁裁决与法院判决、裁定在承认和执行上的差异。

第一节 涉外民事诉讼程序概述

一、涉外民事诉讼程序的概念和特征

（一）涉外民事诉讼程序的概念

涉外民事诉讼程序，是指人民法院受理、审判、执行具有涉外因素的民事案件所适用的程序。一般来说，民事诉讼的涉外因素主要表现在三个方面：

1.诉讼主体具有涉外因素。例如，当事人一方或者双方是外国人、无国籍人、外国企业或者组织。

2.诉讼内容具有涉外因素。例如，引起当事人之间民事关系的发生、变更或者消灭的法律事实发生在我国领域外。

3.诉讼客体具有涉外因素。例如，当事人要求继承的遗产在我国领域外。

根据《民事诉讼法》及其司法解释的规定，具有下列情形之一的，法院可以认定为涉外民事案件：

（1）当事人一方或者双方是外国人、无国籍人、外国企业或者组织的；

（2）当事人一方或者双方的经常居所地在中华人民共和国领域外的；

（3）标的物在中华人民共和国领域外的；

（4）产生、变更或者消灭民事关系的法律事实发生在中华人民共和国领域外的；

（5）可以认定为涉外民事案件的其他情形。

（二）涉外民事诉讼程序的特征

由于涉外民事案件与一般民事案件在诉讼主体、诉讼内容和诉讼客体等方面有所区别，法院在审理涉外民事案件时，不仅要优先适用涉外民事诉讼程序的特殊规定，还要适用或参照我国缔结、参加的国际条约的有关规定。同时，在没有特别规定的情形下，还要使用我国民事诉讼法的相关规定。

与一般民事诉讼程序相比，涉外民事诉讼程序具有以下特点：

1.法律适用的基本原则特别性。涉外民事诉讼除了要考虑国内民事诉讼法的基本原则外，还要考虑诸如国家主权原则、国民待遇原则、平等互惠原则、尊重国际条约原则等涉外民事诉讼的基本原则。

2.涉外民事诉讼与国内民事诉讼有不同的法律问题。一国法院在审理涉外民商事案件时，通常要适用国内法中关于审理民商事案件的一般诉讼程序，但涉外民商事案件涉及的某些具体问题在国内民事诉讼无须考虑。例如，国际条约与国内法的关系，涉外民事诉讼管辖权的规定，外国人或无国籍人在内国涉外民事诉讼中地位的规定，审判和执行涉外民事案件应当适用的特殊程序制度，国际司法协助等。

3.涉外民事诉讼在具体制度上与国内民事诉讼有所不同。由于涉外民事诉讼涉及涉外因素，在诉讼文书的送达、当事人的传唤等程序上，所花费的时间相对于国内民事诉讼而言更长，所需要采取的方式也更为特殊。因此，在期间、送达等方面均存在一些特殊规定。

4.涉外民事诉讼的程序问题经常需要考虑法律适用问题。在法律的选择上，既可能涉及选择适用程序法的问题，又会涉及选择适用实体法的问题，而国内民事诉讼则不存在这些问题。例如，程序问题的法律适用、管辖协议的准据法、判决承认与执行中的准据法问题等。

我国现行《民事诉讼法》第四编对涉外民事诉讼程序作了特别规定，但涉外民事诉讼程序并不是与审判程序和执行程序一样的完全独立的程序。第四编与《民事诉讼法》其他各编是特别规定与一般规定的关系，第四编有特别规定的，适用特别规定，没有特别规定的，适用其他各编的规定。比如，当事人诉讼权利平等原则、辩论原则、诚信原则等均适用于涉外民事诉讼。

二、涉外民事诉讼程序的一般原则

在涉外民事诉讼程序中，人民法院、当事人以及诉讼参与人除遵守民事诉讼法的一般原则外，还应当遵守涉外民事诉讼程序的一般原则。我国《民事诉讼法》第5条、第二十三章对涉外民事诉讼程序的一般原则作了规定，主要包括以下内容：

（一）适用我国民事诉讼法的原则

人民法院审理涉外民事案件，在程序法上只能适用我国民事诉讼法。在本国领域内进行民事诉讼，程序法适用法院地国家的法律，是国际上公认的一条准则，也是国家司法主权的重要体现。适用我国民事诉讼法原则主要体现为：

1.外国人、无国籍人、外国企业和组织在我国领域内进行民事诉讼，都必须遵守我国民事诉讼法。

2.凡是属于人民法院管辖的案件，人民法院均有权受理；人民法院专属管辖的案件，任何外国法院都无权受理。

3.人民法院受理涉外民事案件后，应当依照我国民事诉讼法规定的程序进行审判。

4.任何外国法院的判决、裁定和外国仲裁机构的裁决必须经我国法院依法审查并裁定承认后，才能在我国领域内发生法律效力；需要执行的，才能按照我国民事诉讼法规定的执行程序予以执行。

人民法院审理涉及我国香港、澳门特别行政区和我国台湾地区的民事诉讼案件，应当如何适用法律，《民事诉讼法》没有明确规定。对此，《民诉解释》明确规定："人民法院审理涉及香港、澳门特别行政区和台湾地区的民事诉讼案件，可以参照适用涉外民事诉讼程序的特别规定。"首先，要判断案件是否属于涉港澳台民事案件，可从民事法律关系的主体、客体、内容三个方面进行考量，只要有一项涉及港澳台因素即可。其次，在认定案件为涉港澳台民事案件后，应优先适用涉港澳台的特别规定，如最高人民法院与港澳台有关部门签署的区际司法协助安排、最高人民法院出台的司法解释等。最后，若没有特别规定，则参照《民事诉讼法》关于涉外民事诉讼程序的规定；若涉外民事诉讼程序部分也未作规定，则适用《民事诉讼法》其他各编的相关规定。

（二）遵守我国缔结或参加的国际条约的原则

人民法院审理涉外民事案件，应当遵守我国缔结或参加的国际条约。除我国声明保留的条款外，当《民事诉讼法》与我国缔结或者参加的国际条约有不同规定时，应当适用国际条约。

国际条约的效力大于国内法，当本国法律与本国缔结或者参加的国际条约有不同规定时，应当适用国际条约，这是国际法的准则。所谓声明保留的条款，是指我国在缔结或者参加国际条约时未承认和接受的条款。人民法院在处理涉外案件时，对我国缔结或者参加的国际条约声明保留的条款不予适用。

（三）司法豁免原则

在涉外民事诉讼领域，民事司法豁免主要包括外交特权与豁免、外国国家及其财产豁免。

1.外交特权与豁免。

对享有外交特权与豁免权的外国人、外国组织或者国际组织提起民事诉讼，应当依照我国缔结或参加的国际条约以及我国有关法律的规定，赋予其免受我国司法管辖的权利。外交特权与豁免，是指为了便于外交代表或者具有特殊身份的外交官员有效地执行职务，各国根据其缔结或者参加的国际条约、国际惯例，或者根据平等互惠的原则，给予驻在本国的外交代表和以外交官员身份来本国执行职务的人员以特别权利和优惠待遇。对享有外交特权与豁免权的外国人、外国组织或者国际组织提起民事诉讼，应当依照中华人民共和国有关法律和中华人民共和国缔结或者参加的国际条约的规定办理。

民事司法豁免权，是指外交代表和有特殊身份的外交官员的民事行为及其财产免受驻在国法院管辖的权利。民事司法豁免权包括管辖豁免、民事诉讼程序豁免和执行豁免。管辖豁免是指不能对享有司法豁免权的人提起民事诉讼，即使提起，法院也不应受理；诉讼程序豁免是指享有司法豁免权的人即使同意法院受理案件，法院在诉讼过程中，也不能对其采取强制措施；执行豁免是指享有司法豁免权的人即使参加诉讼并败诉，法院也不能对其强制执行。这三种豁免是相互独立的，放弃何种豁免权必须明确表示。对享有司法管辖豁免权的外国人提起的民事诉讼，在一般情况下，我国法院不予受理。但是民事管辖豁免并不是绝对的，上述人员只能在我国法律和我国缔结或者参加的国际条约规定的范围内享有民事上的司法管辖豁免权。

我国有关司法豁免权规定的法律有1986年公布的《外交特权与豁免条例》、1990年公布的《领事特权与豁免条例》。我国缔结或者参加的国际条约主要是指我国于1975年加入的《维也纳外交关系公约》、1979年加入的《维也纳领事关系公约》，还包括我国与一些国家和国际组织签订的有关特权与豁免的条约等。

凡依照我国有关法律和我国缔结或者参加的国际条约的规定，享有司法豁免权的外交代表，我国法院不受理对其提起的民事诉讼。但是，下列情形除外：

（1）外交代表的派遣国政府明示放弃管辖豁免的（但不包括放弃对判决的执行，如果要放弃对判决的执行必须另行作出明确表示）；

（2）享有司法豁免的外交代表主动提起诉讼，对与本诉直接有关的反诉不享有豁免权；

（3）外交代表以私人身份进行遗产继承诉讼的；

（4）外交代表在我国境内从事公务范围以外的职业或者商业活动的诉讼的。

2.外国国家及其财产豁免。

外国国家及其财产豁免制度，也称主权豁免制度，是指一国对涉及外国国家及其财产的民事案件，基于一定原则所确定的本国法院不予管辖或者在特定情形下予以管辖的专门制度安排。《民事诉讼法》在2023年修正时新增关于外国国家及其财产豁免的诉讼规则：涉及外国国家的民事诉讼，适用中华人民共和国有关外国国家豁免的法律规定；有关法律没有规定的，适用《民事诉讼法》。

国家豁免问题是外交和司法领域的一个重要问题。国家及其财产豁免权的内容一般包括以下几个方面：司法管辖豁免，即未经一国明确同意，任何其他国家的法院都不得受理以该外国国家为被告或者以该外国国家财产为诉讼标的的案件；诉讼程序豁免，即未经一国同意，不得强迫其出庭作证或提供证据，不得对该外国国家财产采取财产保全等诉讼程序上的强制措施；强制执行豁免，即非经该外国国家明示同意，受诉法院不得依据有关判决对该外国国家财产实行强制执行。即便是美国这样实行限制豁免的国家，也是区别对待管辖豁免和执行豁免问题。如果违反外国国家意愿而对其财产采取强制执行措施，势必会对国家间关系带来严重后果。这意味着，即便外国国家不享有管辖豁免，则原告胜诉后也将面临执行豁免障碍。

在20世纪50年代以前，基于国家主权平等、“平等者之间无管辖权”的理念，对涉及外国国家及其财产的民事案件，各国普遍采取绝对豁免原则，即不论外国国家从事活动或者行为的性质如何，一国法院都不予管辖。随着国家以国际民商事主体身份频繁参与国际经济活动，为了保护本国公民和法人的合法利益，一些国家，特别是欧美发达国家，逐渐转向限制豁免原则，并为此专门制定了国内法。限制豁免原则，就是根据国家行为的性质，将外国国家行为区分为“主权行为”和“非主权行为”，相应地将外国国家财产区分为“主权财产”和“商业财产”，据此明确对外国国家的主权行为和主权财产给予管辖豁免，对非主权行为和国家商业财产不再给予管辖豁免。许多国家通过缔结国际条约、制定国内法律等方式实行限制豁免原则和制度，还有些国家通过司法实践确立了限制豁免原则。1972年《关于国家豁免的欧洲公约》和2004年《联合国国家及其财产管辖豁免公约》均明确规定了限制豁免制度。

我国《外国国家豁免法》于2024年1月1日起施行，明确了我国的外国国家豁免政策由绝对豁免转向限制豁免，明确外国国家在我国法院享有管辖豁免、其财产享有司法强制措施豁免的原则，同时规定了外国国家及其财产不享有豁免的一些例外情形。《民事诉讼法》与《外国国家豁免法》在适用上是一般法与特别法的关系：《民事诉讼法》是规范民事诉讼制度的基本法律，是民事诉讼领域的“一般法”，它对民事案件的管辖、审判、执行等作出全面规定；《外国国家豁免法》的内容具有特定性，是对以外国国家为诉讼当事人的民事案件作出的特别规定，是民事诉讼领域的“特别法”。

（四）委托中国律师代理诉讼的原则

外国当事人在我国进行民事诉讼的，可以委托诉讼代理人代为诉讼。凡委托律师代理出庭诉讼的，必须委托中华人民共和国律师，外国律师不能以律师的身份参加诉讼。涉外民事诉讼中的外籍当事人，可以委托本国人为诉讼代理人，也可以委托本国律师以非律师身份担任诉讼代理人。

外国驻华使领馆官员，受本国公民的委托，可以以个人名义担任诉讼代理人，但在诉讼中不享有外交或者领事特权和豁免。外国驻华使领馆授权其本馆官员，在作为当事人的本国国民不在中华人民共和国领域内的情况下，可以以外交代表身份为其本国国民在中华人民共和国聘请中华人民共和国律师或者中华人民共和国公民代理民事诉讼。

外国人当事人参加诉讼，应当向人民法院提交用以证明自己身份的材料；委托中国律师或者其他人代理诉讼时，应当提交授权委托书。外国人、无国籍人、外国企业和组织委托中国律师或其他人代理诉讼，应当在人民法院法官的见证下签署授权委托书，或者经过我国公证机构公证签署授权委托书。在我国领域内没有住所的外国人从中华人民共和国领域外寄交或托交的授权委托书，应当经所在国公证机关证明，并经中华人民共和国驻该国使领馆认证，或者履行中华人民共和国与该所在国订立的有关条约中规定的证明手续，才具有效力。

(五)使用我国通用的语言、文字的原则

一个国家的法院审理涉外民事案件时，使用本国语言和文字是国际上通行的做法，体现了国家主权原则。

为了维护国家的尊严和法院行使司法权的严肃性，人民法院在审理涉外民事案件时，应当使用我国的语言文字，包括人民法院的审理活动和发布的法律文书。外国当事人提供的有关诉讼材料是外文的，应当同时向人民法院提交中文翻译件。当事人对中文翻译件有异议的，应当共同委托翻译机构提供翻译文本；当事人对翻译机构的选择不能达成一致的，由人民法院确定。外国当事人要求提供翻译的，人民法院可以提供，以方便外国当事人进行诉讼，便于人民法院对案件的审理。因提供翻译所需的费用，由要求提供翻译的当事人承担。

随着我国对外开放的力度加大，为营造稳定、公平、透明、便捷的法治化国际营商环境，服务和保障“一带一路”建设，我国加大了人民法院国际商事法庭的建设。对国际商事法庭审理的案件，如果当事人提交的证据材料系英文且经对方当事人同意，可以不提交中文翻译件。

第二节 涉外民事诉讼管辖

一、涉外民事诉讼管辖的原则

涉外民事诉讼管辖，是指一国法院对涉外民事案件的审判权限和内部分工。为了维护我国的国家尊严，正确解决涉外民事纠纷，保护我国当事人的合法权益，同时为了尊重其他国家的主权和法律制度，我国《民事诉讼法》在确定我国法院对涉外民事诉讼的管辖时，主要遵循以下三项原则：

一是维护国家主权原则。涉外民事诉讼管辖直接关系到国家主权，它是国家主权在涉外民事诉讼中的具体体现。《民事诉讼法》在确定涉外民事诉讼管辖时一直坚持国家主权原则，当事人关于管辖权的约定，不得损害我国主权。

二是诉讼与法院所在地适当联系原则。《民事诉讼法》在诉讼与法院所在地实际联系的原则之外，将“其他适当联系”原则作为人民法院管辖涉外民事纠纷案件的根据，更加便于中外当事人通过人民法院解决纠纷，更好地维护各方当事人的权益。

三是尊重当事人原则。涉外民商事纠纷当事人协议选择我国法院管辖的，《民事诉讼法》取消了“实际联系”的要求。涉外民商事纠纷当事人通过排他性协议选择外国法院管辖的，在不违反专属管辖的规定，不涉及我国主权、安全或者社会公共利益的前提下，可以排除我国法院的管辖权。

在涉外民事诉讼程序中，可以遵循如下步骤来确定管辖法院：第一，我国参加或缔结的国际条约中可适用的规定；第二，经识别后在《民事诉讼法》第四编“涉外民事诉讼程序的特别规定”中寻找管辖权根据；第三，如没有规定，在《民事诉讼法》第二章的一般规定中寻找管辖权根据。在确定具体的管辖法院时，还需要考虑司法解释的相关规定。

二、涉外民事诉讼的级别管辖

涉外民事诉讼的级别管辖是指我国人民法院对一定范围涉外民事案件的审判权限和各级

各类人民法院受理第一审涉外民事案件的分工权限。

2022年最高人民法院《关于涉外民商事案件管辖若干问题的规定》规定，基层人民法院管辖第一审涉外民商事案件，法律、司法解释另有规定的除外。中级人民法院管辖争议标的额大的、案情复杂或者一方当事人人数众多的、其他在本辖区有重大影响的第一审涉外民商事案件。高级人民法院管辖诉讼标的额人民币50亿元以上（包含本数）或者其他在本辖区有重大影响的第一审涉外民商事案件。

三、涉外民事诉讼的地域管辖

我国《民事诉讼法》第四编并未对涉外民事诉讼的一般管辖作出特殊规定，因此适用《民事诉讼法》第二章的一般规定。

（一）地域管辖

为了方便人民法院审理被告在我国领域内无住所的涉外案件，更好维护国家主权、安全和发展利益，平等保护中外当事人合法权益，《民事诉讼法》增加了管辖涉外案件的类型，扩大了人民法院的管辖依据。

根据《民事诉讼法》的规定，因涉外民事纠纷，对在中华人民共和国领域内没有住所的被告提起除身份关系以外的诉讼，合同签订地、合同履行地、诉讼标的物所在地、可供扣押财产所在地、侵权行为地、代表机构住所地位于中华人民共和国领域内的，可以由合同签订地、合同履行地、诉讼标的物所在地、可供扣押财产所在地、侵权行为地、代表机构住所地人民法院管辖。除前款规定外，涉外民事纠纷与中华人民共和国存在其他适当联系的，可以由人民法院管辖。

由此可见，涉外民事诉讼程序的地域管辖规则有以下特点：

1.人民法院对各类财产案件均可以行使管辖权。《民事诉讼法》在涉外民事诉讼地域管辖上的特别规定主要适用财产案件，对于身份关系的案件，应当适用国内民事诉讼的管辖规则。

2.主体条件是被告在我国领域内没有住所。如果被告在我国领域内有住所，不论其国籍如何，依据司法主权的地域效力范围，我国法院均有管辖权。被告住所地与经常居住地不一致的，只要其经常居住地在我国领域内，我国法院也可以行使管辖权。

特殊地域管辖突破实际联系，以适当联系为原则。上述规定体现了诉讼与法院所在地实际联系的原则，实际联系体现为：（1）合同在我国领域内签订或者履行的，由合同签订地或者履行地人民法院管辖；（2）诉讼标的物所在地在我国领域内的，由标的物所在地人民法院管辖；（3）被告有财产在我国领域内可供扣押的，由被告可供扣押的财产所在地人民法院管辖；（4）侵权行为或者侵权结果发生在我国领域内的，由侵权行为发生地或者结果地人民法院管辖；（5）被告在我国领域内设有代表机构的，由代表机构所在地人民法院管辖。

该条第2款则强调与我国具有“其他适当联系”作为案件管辖的连结点。即使我国法院与涉外民事案件不具有实际联系，也可以依据其他适当联系行使管辖权。例如，最高人民法院在“康文森无线许可有限公司与中兴通讯股份有限公司标准必要专利许可纠纷管辖权异议上诉案”[①]中指出，对于在中国境内没有住所和代表机构的被告提起的涉外民事纠纷案件，中国法院是否具有管辖权，应审查该纠纷与中国是否存在适当联系。判断被告在中国没有住所和办事机构的标准必要专利许可纠纷是否与中国存在适当联系，可以考虑许可标的所在地、专利实施地、合同签订地、合同履行地等是否在中国境内。前述地点之一在中国境内的，应当认为该案件与中国存在适当联系，中国法院对该案件具有管辖权。

（二）专属管辖

专属管辖是指依照国际条约或国内立法，某些涉外案件只能由特定国家的法院独占管辖，而排除任何其他国家法院对此类案件的管辖权。通常情况下，被列入专属管辖的案件一般都与一国的政治、经济、法律或公共秩序有

① 参见最高人民法院（2019）最高法知民辖终157号民事裁定书。

密切联系。专属管辖的效力即具有独占并且排他的管辖权，也就是凡属于一国专属管辖的案件，其他任何国家的法院均无管辖权，也不允许当事人协议选择其他国家的法院管辖。《民事诉讼法》拓展了我国法院的管辖范围，新增了我国法院有权对在我国领域内设立的法人、非法人组织的法定事项提起的诉讼和审查授予的知识产权的有效性提起的诉讼进行管辖的规定。

下列民事案件，由人民法院专属管辖：

（1）因在中华人民共和国领域内设立的法人，或者其他组织的设立、解散、清算，以及该法人或者其他组织作出的决议的效力等纠纷提起的诉讼；

（2）因与在中华人民共和国领域内审查授予的知识产权的有效性有关的纠纷提起的诉讼；

（3）因在中华人民共和国领域内履行中外合资经营企业合同、中外合作经营企业合同、中外合作勘探开发自然资源合同发生纠纷提起的诉讼。

《民事诉讼法》第34条规定："下列案件，由本条规定的人民法院专属管辖：（一）因不动产纠纷提起的诉讼，由不动产所在地人民法院管辖；（二）因港口作业中发生纠纷提起的诉讼，由港口所在地人民法院管辖；（三）因继承遗产纠纷提起的诉讼，由被继承人死亡时住所地或者主要遗产所在地人民法院管辖。"这一规定主要是针对国内案件而言，就涉外案件而言，由于本条规定的是双边性管辖权的依据，很难构成"专属性"的管辖。

（三）协议管辖

协议管辖，是指双方当事人出于方便考虑，在不违背国内专属管辖的前提下，以协商一致的方式来选择管辖法院。协议管辖是契约自由和私法自治原则在涉外民事诉讼领域的自然延伸。

《民事诉讼法》规定了涉外协议管辖制度。根据当事人选择的法院不同，涉外协议管辖可以分为协议选择我国法院管辖、协议选择外国法院管辖两类情形。

1.协议选择我国法院管辖。

涉外民事纠纷的当事人书面协议选择人民法院管辖的，可以由人民法院管辖。当事人约定不明时，根据管辖协议，起诉时能够确定管辖法院的，从其约定；不能确定的，依照民事诉讼法的相关规定确定管辖。由此可见，当事人协议选择我国法院管辖的，需满足以下条件：

（1）管辖协议须采用书面协议形式。

（2）当事人选择我国法院管辖，应当体现双方的真实意思，符合《民法典》关于法律行为有效性的规定。

（3）选择我国法院管辖的，不再要求争议与我国有"实际联系"。只要当事人协议选择我国法院管辖的，我国法院均享有管辖权。

2.排他性管辖协议选择外国法院管辖。

当事人订立排他性管辖协议选择外国法院管辖且不违反中国民事诉讼法对专属管辖的规定，不涉及中华人民共和国主权、安全或者社会公共利益的，人民法院可以裁定不予受理；已经受理的，裁定驳回起诉。

由此可见，与选择我国法院的管辖协议效力不同，当事人协议选择外国法院管辖的，则需要满足以下条件，才能排除我国法院的管辖权：

（1）当事人订立的管辖协议是排他性管辖协议。对同一争议，我国法院和外国法院均享有管辖权时，产生的管辖权积极冲突，根据司法主权原则，我国法院依法行使管辖权，不受外国法院是否已经行使管辖权的影响。但是为了避免浪费司法资源和维护当事人的意思自治，当事人可以订立排他性管辖协议选择外国法院管辖，赋予被选择法院或者被选择地的法院专有、排他的管辖权。只有排他性管辖协议具有排除其他法院的管辖权的效力，非排他性管辖协议则不具有此效力。

（2）排他性管辖协议选择外国法院管辖，不得违反我国法律对专属管辖的规定，不涉及我国主权、安全或者社会公共利益。否则，构成对强制性规定和公共秩序的违反，管辖协议将被认定为无效。

在司法实践中，关于排他性管辖协议存在若干争议问题。例如，排他性管辖协议的认定问题。当事人在合同中约定“可”向某国法院起诉的，是否应视为排他性管辖？对此，最高人民法院在“徐某某与张某某股权转让合同纠纷案”[①]中指出，当事人在合同中约定一方违约，对方“可”向某国法院起诉的管辖条款，结合其他合同条款可推断双方当事人具有选择该国法院管辖的真实意思和特定意图，且不违反我国《民事诉讼法》关于涉外管辖及专属管辖规定的情况下，应视为排他性管辖，当事人认为还可向其他国家法院起诉的，没有合同依据。

又如，排他性管辖协议还经常涉及不对称管辖条款的问题。不对称管辖权条款是涉外金融合同文件中常见条款，此类文件通常约定当事人一方必须在指定国家（或地区）的法院对另一方提起诉讼，而另一方则可以任意选择司法辖区进行起诉。最高人民法院在“交通银行信托有限公司与中国国储能源化工集团股份公司合同纠纷再审案”[②]中指出，基于当事人对诉讼权利的自由处分原则，双方可以约定不对称的管辖条款，即一方权利受到管辖约束，另一方不受约束，这是对一方诉讼权利义务重大的例外限制，这种例外应当具有当事人清晰明确的意思表示，没有明确表示的情况下，不能推定、解读出构成不公平不平等的权利义务。因此，人民法院判定当事人的约定是否构成不对称管辖条款，应当坚持表述清晰、明确、严格的认定标准，避免对双方当事人协议管辖法院方面的意思自治造成不适当的妨碍。案涉协议管辖条款中虽然强调了被上诉人应当遵守香港特别行政区法院的排他性管辖权，但并没有上诉人可以不受该管辖条款约束且可以依法向其他有管辖权的法院起诉的表述，再综合案涉合同的表述，应当认定案涉协议管辖条款的内容不构成不对称管辖条款，上诉人与被上诉人同等受该管辖条款约束，香港特别行政区法院对本案享有排他管辖权。

（四）应诉管辖

应诉管辖，也称默示协议管辖，是指双方当事人在没有管辖协议的情况下，一方当事人向法院起诉，另一方当事人对法院行使管辖权不提出异议，并应诉答辩或者提出反诉的，视为人民法院有管辖权。应诉管辖实际上是通过对当事人意图的推定，进而确定人民法院的管辖权。应诉管辖需要同时满足以下条件：

（1）被告对中华人民共和国人民法院管辖未提出异议。

（2）被告应诉答辩或者提出反诉。“应诉答辩”应该理解为被告就案件的实质进行了答辩，如果是特别出庭抗议管辖权，则意味着对人民法院的管辖权提出了异议。

（五）集中管辖

集中管辖，是指将以往分散由各基层人民法院、中级人民法院管辖的涉外民商事件集中交由少数受案较多、审判力量较强的中级人民法院和基层人民法院管辖。

为正确审理涉外民商事案件，最高人民法院《关于涉外民商事案件管辖若干问题的规定》对有关涉外民商事案件诉讼管辖的问题实施集中管辖。高级人民法院根据本辖区的实际情况，认为确有必要的，经报最高人民法院批准，可以指定一个或数个基层人民法院、中级人民法院分别对一审涉外民商事案件实行跨区域集中管辖。实行跨区域集中管辖的，高级人民法院应及时向社会公布该基层人民法院、中级人民法院相应的管辖区域。

2018年最高人民法院成立了最高人民法院国际商事法庭，审理国际商事案件。作为最高人民法院的常设审判机构，国际商事法庭受理下列案件：

（1）当事人依照《民事诉讼法》第277条的规定协议选择最高人民法院管辖且标的额为人民币3亿元以上的第一审国际商事案件；

（2）高级人民法院对其所管辖的第一审国际商事案件，认为需要由最高人民法院审理并获准许的；

（3）在全国有重大影响的第一审国际商事案件；

（4）当事人协议选择国际商事仲裁机构仲裁，并申请仲裁保全、申请撤销或者执行国际商

① 参见最高人民法院（2015）民申字第471号民事裁定书。

② 参见最高人民法院（2021）最高法民再277号民事裁定书。

事仲裁裁决的；

（5）最高人民法院认为应当由国际商事法庭审理的其他国际商事案件。

四、涉外民事诉讼管辖的冲突及其解决

（一）涉外民事诉讼管辖权冲突

涉外民事诉讼管辖权冲突是指在涉外民事诉讼中，与涉外民事案件相关联的所有国家都主张管辖权或都拒绝管辖的情况，前者为管辖权的积极冲突，后者为管辖权的消极冲突。

根据《民事诉讼法》规定，当事人之间的同一纠纷，一方当事人向外国法院起诉，另一方当事人向人民法院起诉，或者一方当事人既向外国法院起诉，又向人民法院起诉，人民法院有管辖权的，可以受理。

1.《民事诉讼法》将重复诉讼与对抗诉讼均纳入平行诉讼的范畴中。

根据当事人诉讼地位的不同，平行诉讼可划分为两类：一是重复诉讼，或称相同原告诉讼、原被告共同型诉讼。二是对抗诉讼，也称相反当事人诉讼、原被告逆转型诉讼，即同一纠纷当事人中的一方作为原告在甲国以对方当事人为被告提起诉讼，而对方当事人同时作为原告在乙国以甲国诉讼中的原告为被告提起诉讼，也就是原告、被告的地位在两个或两个以上国家法院中的地位发生逆转的情形。

2.对同一争议，我国法院和外国法院均享有管辖权时，我国法院依法行使管辖权，不受外国法院是否已经行使管辖权的影响。

我国对国际平行诉讼持认可态度。平行诉讼是指相同当事人就同一争议基于相同事实以及相同目的，在两个以上国家的法院进行诉讼的现象，是国际民商事诉讼管辖权积极冲突的表现形式。这种形式的特点就是不同国家的法院对同一案件都具有管辖权，而且也不排斥其他国家法院的管辖。

（二）解决平行诉讼的一般原则

从尊重当事人意思自治、减少平行诉讼等管辖权积极冲突的涉外民事诉讼发展趋势出发，《民事诉讼法》规定了解决国际平行诉讼的方法。

1.排他性管辖协议。

通过当事人合意选择法院而使管辖特定于某一国法院，不仅能够避免管辖冲突，也可以使当事人在一定程度上预见判决的结果，从而确保判决的执行。当事人签订排他性管辖协议的目的是提供管辖法院的明确性和可预测性。当事人通过排他性管辖的合意，赋予被选择法院或者被选择地的法院专有、排他的管辖权。一份有效的排他性管辖协议，具有排除其他法院管辖权的效力。

明确排他性管辖协议的效力的一般原则与例外。当事人订立排他性管辖协议选择外国法院管辖且不违反专属管辖的规定，不涉及中华人民共和国主权、安全或者社会公共利益的，人民法院可以裁定不予受理；已经受理的，裁定驳回起诉。

2.先受理法院规则。

先受理法院规则是指对于外国法院已经受理的相同当事人基于相同事实和相同目的的诉讼，后受理法院承认外国法院正在进行的诉讼的效力而拒绝或中止本国诉讼的制度。大陆法系国家大多采用先受理法院规则作为解决国际平行诉讼的方法。《民事诉讼法》将先受理法院规则作为解决平行诉讼的途径之一。

我国法院受理案件后，构成我国法院与外国法院积极管辖权冲突的，在满足以下条件时，我国法院可以裁定中止诉讼：

（1）外国法院先于中华人民共和国人民法院受理；

（2）经当事人书面申请。

但在下列情况下，人民法院不予裁定中止诉讼，而应当继续审理：

（1）当事人协议选择人民法院管辖，或者纠纷属于人民法院专属管辖；

（2）由人民法院审理明显更为方便。

外国法院未采取必要措施审理案件，或者未在合理期限内审结的，依当事人的书面申请，人民法院应当恢复诉讼。外国法院受理案件后作出的发生法律效力的判决、裁定，已经被我国法院全部或者部分承认，当事人对已经获得承认的部分又向人民法院起诉的，我国法院裁定

不予受理；已经受理的，驳回起诉。

3.不方便法院原则。

不方便法院原则是指一国法院依据内国法或有关国际条约，对某一涉外民事案件享有管辖权，但因其本身审理该案非常不方便或不公平，而拒绝行使管辖权，让当事人到另一个更为方便的法院进行诉讼的制度。一般情况下，不方便法院原则的运用要求存在一个更为合适的可替代法院。英美法系国家大多采用不方便法院原则作为解决国际平行诉讼的基本原则。

《民事诉讼法》规定了我国法院行使不方便管辖的程序条件和实质条件。

程序条件为被告须提出管辖权异议。实质条件共五项，必须同时具备：

（1）案件争议的基本事实不是发生在中华人民共和国领域内，人民法院审理案件和当事人参加诉讼均明显不方便；

（2）当事人之间不存在选择人民法院管辖的协议；

（3）案件不属于人民法院专属管辖；

（4）案件不涉及中华人民共和国主权、安全或者社会公共利益；

（5）外国法院审理案件更为方便。

同时满足上述条件的，我国法院可以裁定驳回起诉，告知原告向更为方便的外国法院提起诉讼。

我国法院裁定驳回起诉后，外国法院对纠纷拒绝行使管辖权，或者未采取必要措施审理案件，或者未在合理期限内审结，当事人又向人民法院起诉的，人民法院应当受理。

第三节　涉外民事诉讼中的送达、调查取证、期间

一、涉外民事诉讼中的送达

在涉外民事诉讼中，如果当事人在我国领域内居住，诉讼文书和法律文书的送达方式适用我国民事诉讼法的一般规定；如果当事人在我国领域内没有住所，则按照涉外民事诉讼程序的特别规定送达。我国已加入1965年《海牙送达公约》，并与多个国家签订了生效的双边民事司法协助条约。我国《民事诉讼法》也规定了我国法院向外国送达诉讼文书的途径。总结而言，域外送达主要有如下途径：

（1）条约途径。即依照受送达人所在国与我国缔结或者共同参加的国际条约中规定的方式送达。

（2）外交途径。即如果受送达人所在国与我国建立了外交关系，但未与我国缔结双边司法协助条约，且其也未加入《海牙送达公约》，则会采用外交途径进行送达。

（3）领事途径。对具有中华人民共和国国籍的受送达人，可以委托中华人民共和国驻受送达人所在国的使领馆代为送达。

（4）向诉讼代理人送达。向受送达人在本案中委托的诉讼代理人送达。

（5）向外国法人的特别送达。向受送达人在中华人民共和国领域内设立的独资企业、代表机构、分支机构或者有权接受送达的业务代办人送达。受送达人为外国法人或者其他组织，其法定代表人或者主要负责人在中华人民共和国领域内的，向其法定代表人或者主要负责人送达。

（6）向外国自然人的特别送达。受送达人为外国人、无国籍人，其在中华人民共和国领域内设立的法人或者其他组织担任法定代表人或者主要负责人，且与该法人或者其他组织为共同被告的，向该法人或者其他组织送达。

（7）邮寄送达。受送达人所在国的法律允许邮寄送达的，可以邮寄送达，自邮寄之日起满三个月，送达回证没有退回，但根据各种情况足以认定已经送达的，期间届满之日视为送达。

（8）电子送达。采用能够确认受送达人收悉的电子方式送达，但是受送达人所在国法律禁止的除外。

（9）以受送达人同意的其他方式送达。除

上述送达方式之外，受送达人同意其他方式送达的，也可以采用其他方式送达，但是受送达人所在国法律禁止的除外。

（10）公告送达。不能用上述方式送达的，可以采用公告送达，自发出公告之日起，经过60日，即视为送达。

二、涉外民事诉讼中的调查取证

《民事诉讼法》规定，当事人申请人民法院调查收集的证据位于中华人民共和国领域外，人民法院可以依照证据所在国与中华人民共和国缔结或者共同参加的国际条约中规定的方式，或者通过外交途径调查收集。在所在国法律不禁止的情况下，人民法院可以采用下列方式调查收集：

（1）对具有中华人民共和国国籍的当事人、证人，可以委托中华人民共和国驻当事人、证人所在国的使领馆代为取证；

（2）经双方当事人同意，通过即时通讯工具取证；

（3）以双方当事人同意的其他方式取证。

由此可见，我国法律所规定的法院之间的域外取证途径主要包括：条约途径、外交途径、使领馆途径、当事人同意的途径。

（一）条约途径取证

根据目前我国所签订的司法协助条约的情况，条约途径主要分为两种：

1.《海牙取证公约》。

我国目前加入的影响较大的普遍性公约有《海牙取证公约》，其对协助请求的提出、中央机关的确定、请求的执行和通知、请求的拒绝等相关程序、机制、文件要求等都作了明确的规定。作为《海牙取证公约》的加入国，在当事人申请人民法院调查收集的证据位于我国领域外时，如果证据所在国也加入了《海牙取证公约》，则可以根据该公约规定的具体程序和方式进行调查取证。

2.双边司法协助条约。

目前中国已经与近一百个国家签订了双边民商事司法协助条约。针对有的国家既是《海牙取证公约》的缔约国，又与我国签订了双边司法协助条约的情形，当双边司法协助条约与《海牙取证公约》不一致时，双边司法协助公约优先适用。

（二）外交取证

如果中华人民共和国与证据所在国并未就调查取证的相关事项缔结双边条约，也未共同参加相关的国际条约，则两国之间就涉外民事案件的调查取证问题可以通过外交途径解决。

（三）使领馆途径取证

在使领馆途径取证中，需要注意以下问题：

1.采取委托使领馆代为取证方式的前提，必须是使领馆的驻在国法律未明确禁止此类取证方式，并且不得采取强制措施。

2.使领馆受托代为取证的对象既包括证人，也包括当事人。

3.采取此种方式调查取证，对象必须是具有我国国籍的当事人、证人，否则将不能采用。

（四）当事人同意的方式取证

1.经双方当事人同意，通过即时通讯工具取证。

考虑到即时通讯工具作为一种新的调查取证方式刚刚出现，需要在提升调查取证效率与保障当事人诉讼权利之间做好平衡。通过即时通讯工具调查取证的，必须经过双方当事人同意。

2.以双方当事人同意的其他方式取证。

“以双方当事人同意的其他方式取证”作为兜底条款，主要为保证域外调查取证方式的开放性，在充分尊重当事人诉讼权利的基础上，允许通过双方均认可的其他方式调查取证。

三、涉外民事诉讼中的期间

在涉外民事诉讼中，如果当事人在我国领域内有住所，适用民事诉讼法关于期间的一般规定。如果当事人不在我国领域内居住，则应适用民事诉讼法涉外诉讼程序中关于期间的特别规定。具体内容为：

（一）答辩期间

被告在我国领域内没有住所的，人民法院应当将起诉状副本送达被告，并通知被告在收到起诉状副本后30日内提出答辩状。被告申请延期的，是否准许，由人民法院决定。

涉外民事诉讼程序的答辩期间有两个特点：

1.期间较长，涉外民事诉讼程序的答辩期间为30日，是国内民事诉讼程序提出答辩状期间的两倍。

2.答辩期间为法定期间，一般不得变更；被告确有困难的，在法院审查后酌情确定是否延期以及延期的天数。

（二）上诉期间

在我国领域内没有住所的当事人，不服第一审人民法院判决、裁定的，有权在判决、裁定书送达之日起30日内提起上诉。被上诉人在收到上诉状副本后，应当在30日内提出答辩状。当事人不能在法定期间提起上诉或者提出答辩状，申请延期的，是否准许，由人民法院决定。

涉外民事诉讼程序的上诉期间有两个特点：

1.对一审判决、裁定不服的上诉期间实行双轨制，即对在我国领域内有住所的当事人，上诉期间为15日或者10日，对在我国领域内没有住所的当事人，上诉期间一律为30日。

2.双方当事人没有在上诉期间内提起上诉的，一审判决、裁定即发生法律效力。对在我国领域内没有住所的当事人，不能在法定期间内提起上诉的，可以向法院申请延期。

（三）审理期间

人民法院审理涉外民事案件期间，不受民事诉讼法第一审普通程序审理期限、第二审程序审理期限和再审申请审查期限的限制。

第四节　司法协助

一、司法协助的概念

司法协助，是指不同国家的法院之间，根据本国缔结或者参加的国际条约，或者按照互惠的原则，在司法事务上相互协助，代为一定的诉讼行为。

司法协助可分为一般司法协助和特殊司法协助。一般司法协助，即代为实施一般的诉讼行为，例如代为送达文书、调查取证等；特殊司法协助，即代为执行外国法院的判决、裁定和仲裁机构的裁决，或者请求外国法院代为执行我国法院的判决和裁定。

（一）一般司法协助

根据我国民事诉讼法规定，一般司法协助，是指根据我国缔结或者参加的国际条约，或者根据互惠原则，我国法院和外国法院之间互相请求，代为送达文书、调查取证以及进行其他诉讼行为。

1.一般司法协助的条件。

根据《民事诉讼法》的规定，一般司法协助应当符合以下条件：

（1）司法协助的依据是国家之间必须存在共同缔结或者参加的国际条约，或者存在互惠关系。具体来讲，司法协助的依据有以下三类：国家之间缔结的双边协定或者协议，两国共同缔结或参加的多边国际条约，互惠关系。互惠原则依证明方式不同分为事实互惠和推定互惠：前者要求查明外国有司法协助的法律或事实；后者则只要没有相反证据证明外国曾有拒绝司法协助的先例，就可以推定两国之间存在互惠关系。

（2）请求协助的事项不得有损于被请求国的主权、安全或者社会公共利益。即使两国之间缔结了司法协助条约或者共同加入了司法协助公约或者存在互惠关系，也并不意味着被请求国法院对请求国法院所请求协助的事项一概提供协助。如果被请求国认为，给请求国法院提供协助将危害本国国家主权、安全或者社会公共利益，被请求国将拒绝提供协助。

（3）请求和提供司法协助，应当依照我国缔结或者参加的国际条约所规定的途径进行；没有条约关系的，通过外交途径进行。外国驻我国的使领馆可以向该国公民送达文书和调查取证，但不得违反我国的法律，并不得采取强制措施。

(4)外国法院请求我国法院提供司法协助的请求书及其所附文件，应当附有中文译本或者国际条约规定的其他文字文本。我国法院请求外国法院提供司法协助的请求书及其所附文件，应当附有该国文字译本或者国际条约规定的其他文字文本。

(5)我国法院提供司法协助，依照中国法律规定的程序进行。外国法院请求采用特殊方式的，也可以按照其请求的特殊方式进行，但请求采用的特殊方式不得违反中国法律。

2.一般司法协助的内容。

一般司法协助主要是相互协助进行有关诉讼程序方面的行为，主要包括：

(1)代为送达诉讼文书，是指国法院委托受送达人居住国法院代为递送有关诉讼文书的行为。如送达起诉状、答辩状、上诉状、传票、判决书、裁定书等。

(2)代为调查取证，是指一国法院请求外国法院代为收集、提取与案件有关而又处于该外国境内的证据。一般包括代为询问当事人、证人、鉴定人，代为调查取证，代为进行鉴定和司法勘验等内容。

(二)特殊司法协助

特殊司法协助，是指根据我国缔结或者参加的国际条约，或者根据互惠原则，我国法院和外国法院之间互相接受对方法院的委托，承认并执行对方法院判决、裁定和仲裁机构的仲裁裁决。

特殊司法协助包括承认和执行两个方面。承认是指被请求法院对原审法院判决所确定的权利和义务赋予法律效力；执行是指将外国法院判决、裁定的内容在本国境内按照民事诉讼法规定的执行程序付诸实现。

承认外国法院判决是执行外国法院判决的前提条件，任何被执行的外国法院判决，都必须先由执行国法院承认其效力。但是并非所有外国法院判决都有执行的问题。一般而言，对于外国法院的确认判决和变更判决通常仅需要承认，不需要执行；而对给付判决则不仅需要承认，还需要执行。例如，离婚、解除收养关系、变更监护关系的判决，只要为本国法律所承认即可。

对于一个主权国家而言，外国法院判决的承认和执行包括两种情形，一是外国法院作出的跨国民事判决在内国的承认和执行，二是内国法院的跨国民事判决在外国的承认与执行。从执行国法院的角度来看，被请求承认和执行的实际上都是外国法院的判决。广义来说，特殊司法协助还包括对仲裁裁决的承认和执行。

二、我国法院判决、裁定以及仲裁裁决在国外的承认和执行

(一)我国法院的判决、裁定在国外的承认和执行

人民法院作出的发生法律效力的判决、裁定，如果被执行人或者其财产不在中华人民共和国领域内，当事人请求执行的，可以由当事人直接向有管辖权的外国法院申请承认和执行，也可以由人民法院依照中华人民共和国缔结或者参加的国际条约的规定，或者按照互惠原则，请求外国法院承认和执行。

由此可见，我国人民法院的判决、裁定请求外国法院承认和执行的，必须具备以下条件：

1.该判决、裁定是已经发生法律效力的终审判决、裁定，且具有执行内容。已经发生法律效力的裁判，包括民商事判决、裁定，刑事案件中有关赔偿损失和返还财产的裁判。考虑到国际上一般不承认调解书的效力，所以，涉外民事诉讼中，经调解双方达成协议，应当制发调解书。当事人要求发给判决书的，可以依协议的内容制作判决书送达当事人。

2.被执行人或其财产不在我国领域内，需要到外国去执行。

3.必须由申请人提出强制执行申请。

4.由当事人直接向有管辖权的外国法院提出申请；或者由当事人向我国法院提出申请，由我国法院依照我国缔结或者参加的国际条约的规定，或者按照互惠原则，请求外国法院承认和执行。

（二）我国仲裁裁决在国外的承认和执行

在中华人民共和国领域内依法作出的发生法律效力的仲裁裁决，当事人请求执行的，如果被执行人或者其财产不在中华人民共和国领域内，当事人可以直接向有管辖权的外国法院申请承认和执行。

请求外国法院承认和执行我国仲裁裁决应满足以下条件：

1.被执行人或者其财产不在我国领域内。

2.由当事人直接向有管辖权的外国法院申请承认和执行。

我国《民事诉讼法》已经明确确立了以仲裁地为判断裁决籍属的标准。将原“中华人民共和国涉外仲裁机构作出的发生法律效力的仲裁裁决”之表述修改为“在中华人民共和国领域内依法作出的发生法律效力的仲裁裁决”，亦即将仲裁机构标准修改为仲裁地标准。有以下几点需要注意：

1.关于仲裁地的功能。一是确定仲裁裁决的籍属，从而确立对其进行审查的依据是《纽约公约》、一国国内法，还是相关的特殊安排。二是确立何地的法院可以对仲裁裁决行使撤销权。三是确立仲裁程序的准据法。仲裁实践中，当事人单独就仲裁程序约定准据法的做法较为少见，一般适用仲裁地的准据法。例如，仲裁地在伦敦，则1996年《英国仲裁法》予以适用。

2.关于仲裁地与开庭地。仲裁地是一个法律意义上的地点，并非一个物理意义上的地点，相比之下，开庭地是一个物理意义上的地点。相较于仲裁地所具有的重要法律意义，开庭地的法律意义极为有限，几乎不被重视。开庭地的意义更多体现在选择何处开庭可以更为经济、更为便利，而这一因素对裁决籍属、对裁决进行审查的依据、程序等，几乎不产生实质性影响。

3.我国仲裁裁决在国外的承认和执行主要有以下三种情况：第一，我国仲裁裁决在《纽约公约》缔约国的承认和执行。当事人可根据该公约的规定，向有关缔约国法院或者其他执行机关申请承认和执行。缔约国法院接到申请后，应当按公约的规定给予承认和执行。第二，我国仲裁裁决在虽非《纽约公约》缔约国但同中国有双边条约或者协定的国家的承认和执行。在这种情况下，当事人根据双边条约或者协定，向该外国法院和执行机关申请承认和执行的，这些国家的有关机构应根据有关条约和协定予以承认和执行。第三，我国仲裁裁决在既非《纽约公约》缔约国又没有与中国签订条约或者协定的国家的承认和执行。在这种情况下，当事人可向这些国家或地区的有关机构要求协助承认和执行，也可向有管辖权的法院起诉，经法院作出判决后予以承认和执行。

三、外国法院判决、裁定以及仲裁裁决在我国的承认和执行

（一）我国法院承认和执行外国法院判决、裁定的程序

根据《民事诉讼法》及其司法解释的有关规定，承认和执行外国法院裁判需要遵循下列程序：

1.申请或请求的提出。

（1）受理法院：外国法院的生效判决、裁定需要我国人民法院承认与执行的，可以通过两种途径：第一，可以由当事人直接向我国有管辖权的中级人民法院申请承认和执行；第二，可以由外国法院依据该国与我国缔结或者参加的国际条约的规定，或者按照互惠原则，请求我国法院承认和执行。

（2）申请文件：申请人向人民法院申请承认和执行外国法院作出的发生法律效力的判决、裁定，应当提交申请书，并附外国法院作出的发生法律效力的判决、裁定正本或者经证明无误的副本以及中文译本。外国法院判决、裁定为缺席判决、裁定的，申请人应当同时提交该外国法院已经合法传唤的证明文件，但判决、裁定已经对此予以明确说明的除外。中华人民共和国缔结或者参加的国际条约对提交文件有规定的，按照规定办理。

（3）申请期限：承认和执行的申请或者请求必须在法定期限内提出。申请执行的期间为二年。申请执行时效的中止、中断，适用法律有关

诉讼时效中止、中断的规定。

2.法院审查与裁定。

人民法院接到申请书或请求书后，应予以审查。人民法院对申请或者请求承认和执行的外国法院作出的发生法律效力的判决、裁定，依照中华人民共和国缔结或者参加的国际条约，或者按照互惠原则进行审查。经审查，作出下列裁定：

（1）我国法院裁定承认和执行：人民法院认为该外国法院判决、裁定不违反中华人民共和国法律的基本原则且不损害国家主权、安全、社会公共利益的，裁定承认其效力；需要执行的，发出执行令。

（2）我国法院裁定不予承认和执行：对申请或者请求承认和执行的外国法院作出的发生法律效力的判决、裁定，人民法院经审查，有下列情形之一的，裁定不予承认和执行：

第一，外国法院对案件无管辖权。有下列情形之一的，人民法院应当认定该外国法院对案件无管辖权：外国法院依照其法律对案件没有管辖权，或者虽然依照其法律有管辖权但与案件所涉纠纷无适当联系；违反专属管辖的规定；违反当事人排他性选择法院管辖的协议。

第二，被申请人未得到合法传唤或者虽经合法传唤但未获得合理的陈述、辩论机会，或者无诉讼行为能力的当事人未得到适当代理。

第三，判决、裁定是通过欺诈方式取得。

第四，人民法院已对同一纠纷作出判决、裁定，或者已经承认第三国法院对同一纠纷作出的判决、裁定。

第五，违反中华人民共和国法律的基本原则或者损害国家主权、安全、社会公共利益。

（3）我国法院裁定中止诉讼。

当事人向人民法院申请承认和执行外国法院作出的发生法律效力的判决、裁定，该判决、裁定涉及的纠纷与人民法院正在审理的纠纷属于同一纠纷的，人民法院可以裁定中止诉讼。外国法院作出的发生法律效力的判决、裁定不符合承认条件的，人民法院裁定不予承认和执行，并恢复已经中止的诉讼；符合承认条件的，人民法院裁定承认其效力；需要执行的，发出执行令；对已经中止的诉讼，裁定驳回起诉。

值得注意的是，承认和执行程序与平行诉讼中的在先判决存在密切联系。我国《民事诉讼法》的立场是，应当基于我国法院与外国法院对同一纠纷作出冲突判决的时间先后不同，进行不同的处理。

如果我国法院或第三国对同一纠纷作出的判决在先，即人民法院已对同一纠纷作出判决、裁定，或者已经承认第三国法院对同一纠纷作出的判决、裁定，处理结果是不予承认和执行外国法院判决、裁定。

如果外国法院对同一纠纷作出的判决在先，我国法院正在进行的诉讼可先中止。对当事人向中华人民共和国人民法院申请承认和执行外国法院判决，该外国法院判决涉及的争议与中华人民共和国人民法院正在审理的争议属于同一争议，参考国际社会关于“预期承认”理论的晚近立法趋势，人民法院可中止审理。“预期承认”原则由德国学者创立，其基本含义是若外国进行的诉讼有可能作出为本国所承认的判决，则内国法院应中止审理相同的案件。中止后对该外国判决、裁定进行审查，又分为两种审查思路：一种是外国法院判决、裁定不符合承认条件的，裁定驳回申请；另一种是符合承认条件的，裁定承认其效力，并对已中止的诉讼，裁定驳回起诉。

3.当事人的救济。

当事人对承认和执行或者不予承认和执行的裁定不服的，可以自裁定送达之日起10日内向上一级人民法院申请复议。

（二）外国仲裁裁决在我国的承认和执行

在中华人民共和国领域外作出的发生法律效力的仲裁裁决，需要人民法院承认和执行的，当事人可以直接向被执行人住所地或者其财产所在地的中级人民法院申请。被执行人住所地或者其财产不在中华人民共和国领域内的，当事人可以向申请人住所地或者与裁决的纠纷有适当联系的地点的中级人民法院申请。人民法院应当依照中华人民共和国缔结或者参加的国际条约，或者按照互惠原则办理。

为充分保护当事人的合法权益，严格履行

国际条约义务，应尽量对相关外国仲裁裁决予以承认，《民事诉讼法》明确外国仲裁裁决籍属采用仲裁地标准认定，并增设了审查案件的管辖依据，即申请人住所地或与裁决的纠纷有适当联系地这两项管辖依据。

关于有管辖权的法院，值得注意的是：

第一，“与裁决的纠纷有适当联系”和“适当联系”的相互关系。“适当联系”是一个具有弹性的灵活标准，其既比已经列举的相关管辖依据门槛略低，又区别于一些国家采用的“最低限度联系”。从适用范围来看，“与裁决的纠纷有适当联系”属于《民事诉讼法》第276条规定的“适当联系”的下位概念，因为前者所指的适当联系被限定于与相关裁决有关，与裁决无关的其他适当联系因素，难以成为管辖依据。

第二，关于“申请人住所地”之管辖依据。被执行人住所地或者其财产不在中华人民共和国领域内的，当事人可以向申请人住所地中级人民法院提出申请。首先，此处的申请人住所地应位于中华人民共和国领域内。如果其住所地在中华人民共和国领域外，不可能出现其“向申请人住所地中级人民法院申请”的情况。其次，该类申请应不涉及财产给付事项，或者虽包含财产给付事项但当事人仅申请承认，不申请执行，因为适用“申请人住所地”之管辖依据的前提是被执行人住所地或者其财产不在中华人民共和国领域内。最后，该申请人既可能是中国籍自然人或法人，也可能是外国籍自然人或法人，或者无国籍人。如果是后两者，其在我国是否存在住所地，可能须根据我国法律的规定，符合关于住所地的法律要件。

【本章主要法律规定】

1.《民事诉讼法》第270～287、293～305条

2.最高人民法院《关于适用〈中华人民共和国民事诉讼法〉的解释》第520～549条

第四编

非讼程序与执行程序

本编导读

广义的非讼程序包括选民资格案件的审理程序与狭义的非讼程序。选民资格案件的审理程序是法院审理确认公民是否具有选民资格的程序。它所涉及的内容与当事人的民事权利无关，立法上只是与选民资格的确定、公民的民事行为能力、民事主体之间的调解协议的合法性、物权担保的实现等有关系。民事诉讼法中对这类案件的审理作出了程序规定。

狭义的非讼程序是法院审理不存在法律争议、只是对相关的法律事实或法律权利状态予以确认的案件所适用的审判程序。目前《民事诉讼法》规定的非讼案件的审理程序包括：选民资格案件的审理程序，宣告失踪、宣告死亡案件的审理程序，指定遗产管理人案件的审理程序，认定公民无民事行为能力、限制民事行为能力案件的审理程序，认定财产无主案件的审理程序，确认调解协议案件的审理程序，实现担保物权案件的审理程序，督促程序，公示催告程序。这些程序的共同特点是：案件不存在争议、没有诉讼地位相对立的原告与被告、实行一审终审、案件的审理原则上不开庭等。非讼案件与诉讼案件之间有一定的联系，适用非讼程序审理的案件如果在诉讼中发现存在法律上的争议，应当停止非讼程序，必要时可以转为诉讼程序来审理。在诉讼案件的审理过程中，遇有需要通过非讼程序解决的问题，必要时也应当中止诉讼案件的审理，先通过非讼程序解决相关问题后再恢复诉讼案件的审理。从上述关系中可以看出，诉讼案件的审理程序与非讼案件的审理程序共同构成了民事诉讼案件的审理程序的体系，为民事法律权利、法律事实的状态以及民事权利义务法律关系的确定服务。

宣告失踪、宣告死亡案件的审理程序，是通过司法的形式，在法律上确定相关公民生存的状况，其意义在于与相关公民有利害关系的人的相关民事权利，包括财产权利和身份权利能得到相对的保障。因此，在这种审判程序制度的设计上，既要考虑保护相关公民的合法权益，也要考虑相关利害关系人的利益，平衡好两者的利益关系。

指定遗产管理人案件的审理程序，同样是通过司法的形式，在法律上确定遗产管理人，其意义在于便于遗产的管理和维护，有助于遗产继承人、债权人、受遗赠人权利的实现。因此，在这种审理程序制度的设计上，既要考虑被继承人的本人意愿，也要考虑继承人与被继承人的关系以及继承人管理遗产的能力。

认定公民无民事行为能力、限制民事行为能力案件的审理程序，同样是通过司法的形式，在法律上对相关公民的行为能力的状态予以认定，其意义在于保证相关公民与相对人民事行为的有效性，保证社会民事交易的安全与稳定。因此，在这种审判程序制度的设计上，既要考虑相关公民生活、工作的需要，也要考虑整个社会民事交易的安全和稳定。

认定财产无主案件的审理程序，是通过司法程序对相关财产是否处于无主状态予以认定的审判程序。无主财产的认定，有利于相关的财产得到充分的利用，增加整个社会的效益。

确认调解协议案件的审理程序，是我国2012年修改《民事诉讼法》时新增设的一种程序。它是指当事人通过诉讼外调解达成的调解协议，经双方当事人共同申请，法院以裁定的形式确认其效力的审理程序。在一方当事人不履行调解协议的情况下，另一方当事人可以根据该裁定申请执行该调解协议。这样的一种制度安排，是为了增强诉讼外调解协议的效力，保障诉讼外调解的有效性。通过司法支持诉讼外调解活动的进行，无疑是有积极意义的。但作为一种新的制度，如何正确适用是关键。

实现担保物权案件的审理程序同样是我国2012年修改《民事诉讼法》时新增加的程序。它是指当事人通过申请，要求法院以裁定的形式确认当事人的担保物权有效的审理程序。申请人可以根据法院作出的裁定，以执行的形式实现担保物权。担保物权通过司法程序来实现，体现了担保物权的重要性，同时也表明司法对民事担保的快捷性支持。

对非讼程序的把握，要注意以下两个方面的内容：（1）非讼程序与诉讼程序的联系，包括非讼程序有何特点以及非讼程序与诉讼程序两者在运用时相互的联系；（2）对某个具体非讼程序的具体运用，要结合相关的司法解释来把握，比如，在确认调解协议案件中，调解协议应当符合什么样的条件、确认调解协议效力的裁定如果有错误应当如何进行救济等。

执行，在民事程序中是指人民法院负责执行工作的人员，根据申请人提交或审判人员移送的发生法律效力的判决书、裁定书、调解书以及其他具有民事执行效力的法律文书，按照法定程序使其得以实现的活动。执行程序与其他程序相比，其独特之处在于：第一，执行程序设立的基础是司法执行权。因为执行的开始、执行措施的采取、执行救济行为的实施，原则上都得通过法院作出裁定，而且其功能主要表现在对当事人权利和生效法律文书的实现上，虽然一些具体的行为具有行政行为的色彩，但这只是表明其与司法权中的审判权有所不同，而并不能从根本上改变执行权的属性。司法执行是人民法院的一种职权，这种职权是一种保障法律文书得以实施的强制权。它不同于法院判断是非、确认权利义务关系的审判权，即这种职权的权能表现在强制实现法律文书内容上，表现在实现权利人已经享有的权利上，而不具有解决纠纷的功能。第二，执行程序的核心内容是围绕执行措施来确定的。执行程序的逐步递进，往往表现为具体执行措施的运用过程。换句话说，执行程序的运行过程，主要表现为执行措施的确定、实施以及其法律后果的发生的过程。程序与强制措施的密切联系，可以说是执行程序的一个突出特点。第三，执行程序的宗旨在于通过国家强制力迫使义务人履行法律文书确定的义务。执行程序中虽然规定了诸多强制措施，但是法律文书的实现并不一定都需要采取执行措施，执行程序的完结，也不一定以执行措施的实施为基础。执行措施只是法律文书得以实现的保障手段，执行程序开始后，如果义务人在人民法院采取强制措施之前就履行了法律文书所确定的义务，执行即告结束，而不需要再采取强制措施。

考生对执行程序的把握，包括以下主要内容：(1)执行依据有哪些，相关的执行案件由哪个法院负责；(2)执行措施的适用都要符合哪些条件；(3)对执行程序中相关程序运用的把握，比如，执行和解、暂缓执行、执行中止、执行终结、执行当事人的追加、执行异议等；(4)执行程序与审判程序的关系，以及在执行过程中，对当事人、案外人相关权利的救济等。

第十八章 特别程序

本章主要内容提示

本章的重点为特别程序适用的范围、适用特别程序的各类案件审理的程序规则。

1.特别程序适用的范围：适用特别程序审理案件的法院仅限于基层人民法院，适用特别程序审理的案件限于没有权利义务争议的非讼案件。从我国《民事诉讼法》的规定来看，用“非民事权益争议”来概括适用特别程序的案件是妥当的，这里包含两层意思：其一，特别程序中的某些案件本身不属于民事案件，如选民资格案件；其二，尽管是民事案件，却不是权益争议的民事案件，如宣告失踪、宣告死亡，认定公民无民事行为能力、限制民事行为能力，认定财产无主等案件。

2.适用特别程序的各类案件的审理程序规则：选民资格案件，宣告失踪、宣告死亡案件，指定遗产管理人案件，认定公民无民事行为能力、限制民事行为能力案件，认定财产无主案件，确认调解协议案件，实现担保物权案件等案件的审理程序规则。

本章的难点在于准确理解特别程序的性质。特别程序属于非讼程序，其程序启动主要依利害关系人提起申请，特别程序只确认某种事实或者权利状态，并不解决纠纷。在案件审理中，如果发现存在权利义务争议，则要终结特别程序，告知当事人另行提起诉讼。在法院作出判决后，出现了新的事实或者判决所确认的事实与客观事实不符，则当事人、利害关系人可以向法院提出申请予以撤销，法院依特别程序审理查实，应撤销原判决，作出新判决。

第一节　特别程序的概念、特点和适用范围

一、特别程序的概念和特点

特别程序，是指人民法院审理特定类型的民事非讼案件和选民资格案件所适用的程序。与通常的民事诉讼程序相比较，特别程序有如下特点：

1.特别程序审理案件的目的特殊。适用特别程序审理的案件，其目的不是解决当事人之间的民事权益冲突，而是确认某种法律事实是否存在、权利状态的有无或公民是否享有某种资格、能否行使某种权利。如果在审理中发现案件有民事权益争议的，就应当终结特别程序，并告知利害关系人可以另行提起诉讼。

2.特别程序通常没有对立当事人结构。除选民资格案件外，特别程序不存在对立当事人结构，即只有申请人一方当事人，没有对应的另一方当事人。

3.启动特别程序的当事人比较特殊。特别程序的启动，有的是基于起诉人的起诉，有的是基于申请人的申请，但起诉人或者申请人不一定与本案有直接利害关系。这是由特别程序只确认某种法律事实和权利状态这一特殊目的所决定的。

4.审判组织特殊。适用特别程序审理案件，以独任制审判为原则，以合议制审判为补充，而且特别程序中的合议庭只能由审判员组成，人民陪审员不能参加。根据法律规定，人民法院适用特别程序审理选民资格案件或者重大、疑难案件时，应当组成合议庭审理，其他案件一般采取独任制审理。

5.实行一审终审制度。人民法院依照特别程序审理案件，实行一审终审制，判决书、裁定书一经送达，即发生法律效力，不得提起上诉。

6.审理期限较短。适用特别程序审理案件的结案期限都较短，根据民事诉讼法的规定，除选民资格案件必须在选举日前审结之外，其他案件应当在立案之日起30日内或公告期满后30日内审结，有特殊情况需要延长的，由本院院长批准。

7.不适用审判监督程序。适用特别程序审理的案件，在判决发生法律效力以后，如果出现了新情况，可以经本人或者利害关系人的申请，由原审法院依照特别程序查证属实后，撤销原判决，作出新判决。

8.免交案件受理费。适用特别程序审理的案件，起诉人或者申请人免交案件受理费，只需交纳诸如公告费、鉴定费等实际支出的费用。

二、特别程序的适用范围

（一）适用特别程序的法院

根据民事诉讼法的规定，只有基层人民法院能够适用特别程序审理案件，中级以上的人民法院不能适用特别程序审理案件。

（二）适用特别程序的案件范围

根据《民事诉讼法》第184条的规定，以下案件适用特别程序予以审理：（1）选民资格案件；（2）非讼案件，包括宣告失踪、宣告死亡案件，指定遗产管理人案件，认定公民无民事行为能力、限制民事行为能力案件，认定财产无主案件；（3）确认调解协议案件；（4）实现担保物权案件。

第二节　选民资格案件的审理

所谓选民资格，是指选举委员会按选区对选民进行登记，凡年满18周岁的中华人民共和国公民不分民族、种族、性别、职业、社会出身、宗教信仰、教育程度、财产状况和居住期限，都有选举权和被选举权，都是本选区的选民。经过登记的选民，选举委员会应当根据审查登记的情况，制作选民名单，在选举日前30日公布，并发给选民证，承认其选民资格。

选民资格案件，是指公民认为选举委员会公布的选民名单有误，向选举委员会申诉后，申诉人对选举委员会作出的处理决定不服所形成的案件。所谓选民名单有误，是指应当列入选民资格名单的人没有列入，或不应列入的人却列入了选民名单。

一、选民资格案件的起诉与管辖法院

1.起诉。选民资格案件是以起诉的方式开始审判程序的，具有特殊性。选民资格案件的起诉应当具备以下条件：（1）申诉程序前置。根据《全国人民代表大会和地方各级人民代表大会选举法》第29条，公民对于公布的选民名单有不同意见的，可以在选民名单公布之日起5日内向选举委员会提出申诉。选举委员会对申诉意见，应在3日内作出处理决定。申诉人如果对处理决定不服，可向人民法院起诉。（2）起诉人限定。起诉人既可以是与案件有利害关系的选民本人，也可以是其他公民，但不能是法人或者其他组织。（3）在法定期间起诉。为了及时确认公民是否具有选举权利，便于公民行使选

举权，起诉人应在选举日的5日以前向人民法院起诉。

2.管辖法院。根据《民事诉讼法》第188条的规定，选民资格案件由选区所在地的基层人民法院管辖。其目的旨在便于法院查明事实，方便公民和选举委员会的代表参加审理活动。

二、选民资格案件的审理与判决

人民法院审理选民资格案件应当组成合议庭审理，且只能由审判员组成合议庭。人民法院对选民资格案件应当开庭审理，在开庭之前，人民法院应当及时通知起诉人、选举委员会的代表以及有关公民参加。人民法院开庭审理选民资格案件，主要是通过起诉人、选举委员会的代表和有关公民的陈述和对他们的询问，查明有关事实，确认选民名单是否存在错误。

人民法院经过审理，认为选民名单没有错误，应当判决维持选举委员会的处理决定，驳回起诉人的诉讼请求；人民法院认为选民名单和选举委员会的处理决定确有错误的，应当直接以判决的方式纠正错误，以保证选举按时和顺利进行。人民法院审理选民资格案件，必须在选举日前审结，判决书应当在选举日前送达选举委员会和起诉人，并通知有关公民。该判决书一经送达，立即生效，当事人不得上诉。

第三节　宣告公民失踪案件的审理

公民离开自己的住所或经常居住地，去向不明，音讯全无，持续时间满2年的，经利害关系人申请，法院审查属实后，应当依法宣告该公民失踪。

一、申请宣告公民失踪的条件及管辖法院

宣告公民失踪，由利害关系人向法院提出申请启动审理程序。申请宣告公民失踪应当符合下列条件：

1.必须由利害关系人向人民法院申请。利害关系人，是指与被申请宣告失踪的公民之间存在身份关系或者民事权利义务关系的人，主要包括被申请宣告失踪公民的配偶、父母、子女、兄弟姐妹、祖父母、外祖父母、孙子女、外孙子女以及被申请宣告失踪公民的债权人、合伙人等。

2.被申请宣告失踪的公民下落不明已满2年。下落不明，是指公民离开最后住所地后，去向不明，无法寻找。下落不明满2年，是指公民离开最后住所地并失去音讯之日起，连续计算已满2年。战争期间下落不明的，下落不明的时间自战争结束之日或者有关机关确定的下落不明之日起计算。

3.申请人必须以书面形式向人民法院提出申请。申请书应当写明该公民失踪的事实、时间和请求，并附有公安机关或者其他机关关于该公民下落不明的书面证明。

根据《民事诉讼法》第190条第1款规定，申请宣告公民失踪案件，由下落不明人住所地基层人民法院管辖。由失踪人的住所地人民法院管辖，便于人民法院审理。对于申请人的申请，人民法院应当进行审查。凡申请符合上述条件的，人民法院应当受理；反之，不予受理。

二、审理与判决

人民法院受理宣告公民失踪案件后，应当发出寻找下落不明人的公告，公告期间为3个月，从公告之日起计算。公告是人民法院审理宣告公民失踪案件的必经程序。《民诉解释》第345条规定，寻找下落不明人的公告应当记载下列内容：（1）被申请人应当在规定期间内向受理法院申报其具体地址及其联系方式。否则，被申请人将被宣告失踪、宣告死亡。（2）凡知悉被申请人生存现状的人，应当在公告期间内将其所知道情况向受理法院报告。在公告期间，人民法院可以根据申请人的请求，清理下落不明

人的财产，指定案件审理期间的财产代管人，以保护下落不明人的民事权益。

公告期间，如果下落不明人出现或者已经查明其下落或行踪的，人民法院应当判决驳回申请，终结宣告公民失踪程序。

公告期间届满，下落不明人仍然没有音讯，失踪事实确实存在的，应当依法判决宣告该公民为失踪人。

宣告公民失踪的判决生效后，人民法院应当同时为失踪人指定财产代管人。根据《民法典》第42条第1款的规定，失踪人的财产由其配偶、成年子女、父母或者其他愿意担任财产代管人的人代管。人民法院应在上述人员中为失踪人指定财产代管人。

财产代管人有正当理由的，可以向人民法院申请变更财产代管人。财产代管人不履行代管职责、侵害失踪人财产权益或者丧失代管能力的，失踪人的利害关系人可以向人民法院申请变更财产代管人。《民诉解释》第342条规定，失踪人的财产代管人经人民法院指定后，代管人申请变更代管的，比照民事诉讼法特别程序的有关规定进行审理。申请理由成立的，裁定撤销申请人的代管人身份，同时另行指定财产代管人；申请理由不成立的，裁定驳回申请。失踪人的其他利害关系人申请变更代管的，人民法院应当告知其以原指定的代管人为被告起诉，并按普通程序进行审理。人民法院变更财产代管人的，变更后的财产代管人有权要求原财产代管人及时移交有关财产并报告财产代管情况。

财产代管人经法院指定后，其职责是管理和保护失踪人的财产，清偿失踪人在失踪前所欠的税款、债务和其他费用。如果财产代管人拒绝清偿债务或支付费用的，债权人或权利人可以起诉财产代管人。财产代管人可以作为原告向失踪人的债务人要求清偿债务。

三、宣告失踪判决的撤销

被宣告失踪的公民重新出现时，经该公民本人或者利害关系人的申请，人民法院在查证属实后，应当撤销原判决。原判决撤销后，财产代管关系中止，该公民有权要求财产代管人及时移交有关财产并报告财产代管情况，同时应当支付代管人因代管财产而必需的费用。

四、申请人撤回宣告失踪申请的处理

《民诉解释》第346条规定，人民法院受理宣告失踪、宣告死亡案件后，作出判决前，申请人撤回申请的，人民法院应当裁定终结案件，但其他符合法律规定的利害关系人加入程序要求继续审理的除外。

第四节　宣告公民死亡案件的审理

一、申请宣告公民死亡的条件及管辖法院

宣告公民死亡，是法律上的一种推定死亡，是公民自然死亡的对称。公民因法律上规定的下落不明的事实状态持续一定期间，经利害关系人的申请，法院依法查清事实，确认宣告死亡的事实存在，作出判决，从法律上推定该公民死亡的，称为宣告死亡。申请宣告公民死亡，应当符合以下条件：

1.必须由利害关系人向人民法院提出申请。利害关系人是指被申请宣告死亡公民的近亲属如配偶、父母、子女等，以及其他有民事权利义务关系的人如债权人等。对同一自然人，有的利害关系人申请宣告死亡，有的利害关系人申请宣告失踪，符合法定的宣告死亡条件的，人民法院应当宣告死亡。

2.公民失踪后，其生死不明的状态须达到法定期限。公民失踪的原因不同，要求达到的法定期限也不同。在正常情况下，公民下落不明须达到4年；因意外事件下落不明的须达到2年；因意外事件下落不明，经有关机关

证明该公民不可能生存的，没有具体的时间限制。

3.申请人必须向人民法院提交申请书。申请书应当写明该公民下落不明的事实、时间和请求，并附有公安机关或者其他机关关于该公民下落不明的书面证明。

申请宣告公民死亡，申请人应当向下落不明人住所地的基层人民法院提出申请。人民法院对于利害关系人的申请应当进行审查。经审查认为申请符合上述条件的，应当受理；反之，不予受理。

二、审理与判决

人民法院受理宣告公民死亡案件后，必须发布公告寻找下落不明人。未经公告，法院不得判决宣告公民死亡。在正常情况下，公告期限为1年；因意外事件下落不明并经有关机关证明被申请人不可能生存的，公告期为3个月。

在公告期间内或公告期满至判决之前，有证据证明被申请人已经自然死亡或者知其下落，或者被申请人已出现的，人民法院应当判决驳回申请。公告期间届满，仍然没有被申请人的任何音讯，判决宣告被申请人死亡。判决作出之日，就是被申请人的死亡日期，但因意外事件下落不明宣告死亡的，判决确认的意外事件发生之日视为其死亡的日期。人民法院作出的宣告死亡判决和驳回申请的判决，自送达之日起生效，申请人不得上诉。

三、宣告公民死亡的法律后果

公民被宣告死亡后，其民事权利能力随之被终止。原有的婚姻关系随之消灭，继承因宣告死亡而开始。

宣告死亡结束了该公民以自己的住所或经常居住地为活动中心所发生的民事法律关系。但宣告死亡和自然死亡毕竟不同，如果该公民在异地生存，宣告死亡判决并不影响该自然人在被宣告死亡期间实施的民事法律行为的效力。

四、宣告死亡判决的撤销

宣告死亡的判决生效后，如果被宣告的公民出现，经本人或者利害关系人的申请，人民法院在对有关事实查证属实的前提下，应当撤销原判决，作出新判决，恢复被宣告死亡人的权利。

法院撤销宣告死亡的判决后，该公民因死亡宣告而消灭的人身关系，有条件恢复的，可以恢复。原配偶在公民被宣告死亡期间尚未再婚的，夫妻关系从撤销宣告死亡判决之日起自行恢复，但以下情况除外：（1）配偶再婚且再婚关系依然存在的；（2）配偶再婚后又离婚的；（3）配偶再婚后其再婚配偶死亡的；（4）配偶向婚姻登记机关书面声明不愿恢复婚姻关系的。被宣告死亡人在被宣告死亡期间，其子女如被他人依法收养，宣告死亡判决撤销后，不得以未经本人同意为由主张收养关系无效。

根据《民法典》第53条的规定，被撤销死亡宣告的人有权请求依照本法第六编取得财产的民事主体返还财产；无法返还的，应当给予适当的补偿。利害关系人隐瞒真实情况，使他人被宣告死亡而取得其财产的，该利害关系人除应当返还财产外，还应当对由此造成的损失承担赔偿责任。

第五节　指定遗产管理人案件的审理

一、申请指定遗产管理人案件的条件及管辖法院

1.必须由利害关系人或有关组织向人民法院申请。利害关系人，是指被继承人的继承人、受遗赠人以及债权人。

2.申请的事由为申请人对遗产管理人的确定有争议。

3.申请指定遗产管理人案件的管辖法院为被继承人死亡时住所地或者主要遗产所在地基

层人民法院。

4.指定遗产管理人案件申请书应当写明被继承人死亡的时间、申请事由和具体请求，并附有被继承人死亡的相关证据。

二、审理与判决

人民法院受理申请后，应当审查核实，并按照有利于遗产管理的原则，判决指定遗产管理人。

三、遗产管理人的变更

1.被指定的遗产管理人死亡、终止、丧失民事行为能力或者存在其他无法继续履行遗产管理职责情形的，人民法院可以根据利害关系人或者本人的申请另行指定遗产管理人。

2.遗产管理人违反遗产管理职责，严重侵害继承人、受遗赠人或者债权人合法权益的，人民法院可以根据利害关系人的申请，撤销其遗产管理人资格，并依法指定新的遗产管理人。

第六节 认定公民无民事行为能力、限制民事行为能力案件的审理

一、申请认定公民无民事行为能力、限制民事行为能力的条件及管辖法院

1.必须由利害关系人或有关组织向人民法院申请。利害关系人，是指被申请人的近亲属和其他与被申请认定公民存在权利义务关系的人。

2.申请的事由只能是被申请人由于病理上的原因导致其无民事行为能力、限制民事行为能力。公民由于未成年依法当然不具有民事行为能力或者只具有限制民事行为能力，因而不必适用特别程序作专门的认定。

3.申请人必须向人民法院提交申请书。申请书应当写明的内容有：被申请公民基本情况；被申请公民无民事行为能力或者限制民事行为能力的事实和证据；申请人与被申请公民之间的关系等。

申请认定公民无民事行为能力或者限制民事行为能力的案件，应当由该公民住所地的基层人民法院管辖。例外的情况是，在已经发生的诉讼过程中，当事人的利害关系人或者有关组织提出该当事人不能辨认或者不能完全辨认自己的行为，要求宣告该当事人无民事行为能力或者限制民事行为能力。此时，受诉人民法院取得管辖权，应由利害关系人或者有关组织向受诉法院提出申请，法院按照特别程序立案审理，原诉讼中止。

人民法院对申请人的申请应当进行审查。申请符合上述条件的，人民法院应当受理；反之，不予受理。

二、审理与判决

人民法院受理申请后，应当对被申请认定无民事行为能力或者限制民事行为能力的公民进行鉴定。申请人提供了医学鉴定的，人民法院应当对鉴定意见进行审查；申请人没有提供必要的医疗诊断材料或者所提供的医疗诊断材料不足以证明该公民为无民事行为能力、限制民事行为能力的，人民法院应当指定或聘请有关专门机构进行鉴定。

人民法院审理认定公民无民事行为能力或者限制民事行为能力案件，应当为该公民设定代理人，代理人由该公民的近亲属担任。近亲属互相推诿代理责任的，由人民法院指定其中一人为代理人。被申请人没有近亲属的，人民法院可以指定其他亲属为代理人；被申请人没有亲属的，人民法院可以指定经被申请人所在单位或者住所地的居民委员会、村民委员会同意且愿意担任代理人的关系密切的朋友为代理人。人民法院在审理此类案件时，如果该公民健康情况许可的，还应当询问本人的意见。

人民法院通过对案件的审理，如果认为申请有事实根据，则作出认定该公民为无民事行为能力或者限制民事行为能力人的判决；如果

人民法院认为申请无事实根据，则应作出驳回申请的判决。

判决生效后，应当由下列有监护能力的人按顺序担任监护人：（1）配偶；（2）父母、子女；（3）其他近亲属；（4）其他愿意担任监护人的个人或者组织，但须经被监护人所在地的居民委员会、村民委员会或者民政部门同意。如果上述有监护资格的人员对担任监护人存在争议，可以由被监护人住所地的居民委员会、村民委员会或者民政部门进行指定。《民诉解释》第349条第1款规定，被指定的监护人不服居民委员会、村民委员会或者民政部门指定，应当自接到通知之日起30日内向人民法院提出异议。经审理，认为指定并无不当的，裁定驳回异议；指定不当的，判决撤销指定，同时另行指定监护人。判决书应当送达异议人、原指定单位及判决指定的监护人。

三、判决的撤销

人民法院根据被认定为无民事行为能力人、限制民事行为能力人本人、利害关系人或者有关组织的申请，证实该公民无民事行为能力或者限制民事行为能力的原因已经消除的，应当作出新判决，撤销原判决。

第七节　认定财产无主案件的审理

一、申请认定财产无主的条件及管辖法院

认定财产无主案件，是指对于所有权人不明的财产，法院根据申请人的申请，查明属实后，作出判决，将其收归国家或集体所有的案件。

申请认定财产无主应具备如下条件：

1.被认定的无主财产以有形财产为限，无形财产或精神财富不属于认定无主财产的范围。

2.申请的理由是被认定财产的权利主体不明，主要包括财产所有权人不明确、所有权人不明的埋藏物、遗失物、无人继承的财产等。

3.财产的所有权人不明的状态持续一定期间。不满法定期间的，即使所有权人不明，也不能申请认定为无主财产。

4.须由申请人提出书面申请。申请人必须向法院提交申请书，口头申请无效。申请书的内容包括申请认定无主的财产的种类、数量，该项财产的所在地，申请认定财产无主的根据等。

民事诉讼法对认定财产无主案件的申请人没有作严格限制，公民、法人或者其他组织均可以向人民法院提出认定财产无主的申请。在实践中，认定财产无主案件的申请人主要有该项财产的发现人、保管人、该项财产原所有人所在的单位或基层组织等。

申请认定财产无主的案件，应当向财产所在地的基层人民法院提出，便于该法院调查事实，对财产作出临时性的保护措施。

二、审理与判决

人民法院受理认定财产无主案件以后，应当发出财产认领公告，公告期限为1年。在公告期间内，被申请认定无主的财产无人管理的，人民法院应当指定专人管理。

在公告期间内，有人对该项财产主张权利并形成权利归属争议的，人民法院应当裁定终结特别程序，告知申请人另行起诉，适用普通程序进行审理。公告期间届满，无人认领财产的，人民法院应当判决认定该财产无主，并将该财产收归国家或者集体所有。

三、对原财产所有权人的救济

法院通过判决的方式认定财产无主，仅仅是根据一定的事实，从法律上推定为无主财产，因此，在判决认定财产无主后，财产原所有人或者其继承人可能出现。在这种情况下，应当撤销法院的原判决，以保护财产原所有人或者其继承人的合法权益。根据《民事诉讼法》第204条的规定，判决认定财产无主后，原财产所

有人或者其继承人出现，在《民法典》规定的诉讼时效期间可以对财产提出请求，人民法院审查属实后，应当作出新判决，撤销原判决。超过诉讼时效期间，原财产所有人或者继承人请求返还财产的，不予保护。原判决撤销后，财产由其原所有人或合法继承人认领，占有财产的单位应当返还原物，原物不存在的，应当作价赔偿。

第八节 确认调解协议案件的审理

一、确认调解协议案件的申请与受理

确认调解协议案件，是指双方当事人在有关调解组织的主持下达成调解协议后，向人民法院申请确认该协议效力的案件。

（一）申请确认调解协议的条件

根据《民事诉讼法》和《民诉解释》的规定，当事人申请确认调解协议效力须具备以下条件：

1.双方当事人共同提出申请。根据法律规定，双方达成调解协议后向人民法院申请确认调解协议效力的，应当由双方当事人共同提出申请。这条规定体现了对当事人处分权的尊重，申请确认调解协议效力必须是双方当事人自愿。

2.在法定期间提出申请。当事人申请确认调解协议效力的，应当自调解协议生效之日起30日内提出申请。

3.以书面形式或者口头形式提出申请。双方当事人向人民法院申请确认调解协议效力的，可以以书面形式提出申请，也可以以口头形式提出申请。以口头形式提出申请的，人民法院应当记入笔录，并由申请人签名、捺印或者盖章。当事人提出申请的同时，还应当提交调解协议和身份证明、资格证明，以及与调解协议相关的财产权利证明等证明材料。

（二）确认调解协议案件的管辖法院

根据《民事诉讼法》及相关司法解释的规定，有关确认调解协议案件管辖规则如下：

1.人民法院邀请调解组织开展先行调解的，由作出邀请的人民法院管辖。

2.调解组织自行开展调解的，由当事人住所地、标的物所在地、调解组织所在地的基层人民法院管辖；有两个以上调解组织参与的，各调解组织所在地人民法院均有管辖权；双方当事人可以共同向其中一个调解组织所在地基层人民法院提出申请；双方当事人共同向两个以上调解组织所在地基层人民法院提出申请的，由最先立案的人民法院管辖。

3. 调解协议所涉纠纷应当由中级人民法院管辖的，向相应的中级人民法院提出。

（三）对确认调解协议申请的受理

人民法院在收到当事人确认调解协议申请书后，应当在3日内决定是否受理。人民法院决定受理的，应当及时向当事人送达受理通知书。双方当事人同时到法院申请司法确认的，人民法院可以当即受理并作出是否确认的裁定。

根据《民诉解释》的规定，当事人申请司法确认调解协议，有下列情形之一的，人民法院裁定不予受理：（1）不属于人民法院受理范围的；（2）不属于收到申请的人民法院管辖的；（3）申请确认婚姻关系、亲子关系、收养关系等身份关系无效、有效或者解除的；（4）涉及适用其他特别程序、公示催告程序、破产程序审理的；（5）调解协议内容涉及物权、知识产权确权的。

案例分析 能力训练

二、对确认调解协议案件的审理与裁定

（一）审理

人民法院审理确认调解协议案件，由一名审判员独任审理。审判员根据双方当事人提供的证明材料对调解协议的合法性进行审查；人民法院审查相关情况时，应当通知双方当

事人同时到场，当面询问当事人，对案件进行核实。

人民法院在审查中，认为当事人的陈述或者提供的证明材料不充分、不完备或者有疑义的，可以要求当事人限期补充陈述或者补充证明材料。当事人无正当理由未在限期内补充陈述、补充证明材料或者拒不接受询问的，可以按撤回司法确认申请处理。

（二）裁定

1.作出确认调解协议有效的裁定。经人民法院审查，当事人双方达成的调解协议符合法律规定的，裁定调解协议有效。人民法院依法作出确认裁定后，一方当事人拒绝履行或者未全部履行的，对方当事人可以向人民法院申请强制执行。

当事人对人民法院作出的确认调解协议的裁定有异议的，应当自收到裁定之日起15日内提出；利害关系人对裁定有异议的，应当自知道或者应当知道其民事权益受到侵害之日起6个月内提出。人民法院经审查，异议成立或者部分成立的，作出新的裁定撤销或者变更原裁定；异议不成立的，裁定驳回异议。

2.裁定驳回申请。人民法院经过审查后，认为当事人达成的调解协议不符合法律规定的，裁定驳回申请。

根据《民诉解释》的规定，经人民法院的审查，具有下列情形之一的，人民法院不予确认调解协议的效力，裁定驳回申请：(1)违反法律强制性规定的；(2)损害国家利益、社会公共利益、他人合法权益的；(3)违背公序良俗的；(4)违反自愿原则的；(5)内容不明确的；(6)其他不能进行司法确认的情形。

第九节　实现担保物权案件的审理

一、实现担保物权案件的申请

实现担保物权案件，是指债务人不履行到期债务，担保物权人以及其他有权请求实现担保物权的人向法院申请变现担保财产的案件。

（一）申请条件

1.申请主体。申请人应当是担保物权人，包括抵押权人、质权人、留置权人以及其他有权请求实现担保物权的人，包括抵押人、出质人、财产被留置的债务人或者所有权人。

2.提出书面申请。申请人应当向法院提出书面申请，申请书中应当载明申请人、被申请人的姓名或者名称、联系方式等基本信息，具体的请求和事实、理由。

申请人提出实现担保物权申请时，还应当向法院提交证明担保物权存在的材料、证明实现担保物权条件成就的材料、担保财产现状的说明，以及人民法院认为需要提交的其他材料。

（二）管辖法院

根据《民事诉讼法》第207条的规定，申请实现担保物权案件，申请人应当向担保财产所在地或者担保物权登记地的基层人民法院提出申请。根据《民诉解释》的规定，实现票据、仓单、提单等有权利凭证的权利质权案件，可以由权利凭证持有人住所地人民法院管辖；无权利凭证的权利质权，由出质登记地人民法院管辖。

二、对申请实现担保物权案件的审理与裁定

实现担保物权案件一般由审判员一人独任审查，如果担保财产标的数额超过基层人民法院管辖范围的，应当组成合议庭进行审查。人民法院应当就主合同的效力、期限、履行情况，担保物权是否有效设立、担保财产的范围、被担保的债权范围、被担保的债权是否已届清偿期等担保物权实现的条件，以及是否损害他人合法权益等内容进行审查。审查后分情况进行处理。

（一）裁定准许拍卖、变卖担保财产

经审查，当事人实现担保物权的申请符合法律规定的，人民法院作出准许拍卖、变卖担保财产的裁定，当事人可以根据该裁定申请人民

法院强制执行。

当事人对人民法院作出的准许实现担保物权的裁定有异议的，应当自收到裁定之日起15日内提出；利害关系人对裁定有异议的，应当自知道或者应当知道其民事权益受到侵害之日起6个月内提出。人民法院经审查，异议成立或者部分成立的，作出新的裁定撤销或者变更原裁定；异议不成立的，裁定驳回异议。

案例分析 能力训练

（二）裁定驳回申请

经审查，当事人实现担保物权的申请不符合法律规定的，或者当事人对实现担保物权有实质性争议的，人民法院应当裁定驳回申请。当事人可以就此案件另行向人民法院提起诉讼。

【本章主要法律规定】

1.《民事诉讼法》第184～208条

2.最高人民法院《关于适用〈中华人民共和国民事诉讼法〉的解释》第341～372条

第十九章
督促程序

本章主要内容提示

本章的重点为支付令的申请、支付令的发出和对支付令的异议等。

1.支付令的申请：支付令的申请需要符合法定条件，由债务人住所地法院管辖。

2.支付令的发出：人民法院对支付令申请仅对债权人提供的材料进行书面审查，支付令应直接送达债务人，债务人拒绝签收时可采取留置送达；支付令送达后将产生相应的法律后果，生效的支付令具有强制执行力。

3.对支付令的异议：债务人对支付令提出异议需要具备法定条件，有效的支付令异议将导致支付令失效并终结督促程序。

4.支付令错误的救济：对于发生法律效力但确有错误的支付令，可以通过法定程序予以撤销。

本章的难点在于对督促程序性质的准确理解。人民法院在适用督促程序时，仅依债权人的申请进行书面审查，被申请人并不参与程序，因而，督促程序并不解决债权人与债务人之间的纠纷，督促程序属于非讼程序。因此，债务人对支付令提出异议也不需要提供相应的理由和证据。

第一节　督促程序概述

一、督促程序的概念和特点

督促程序，是指人民法院根据债权人的申请，向债务人发出支付令，催促债务人在法定期限内向债权人清偿债务的法律程序。人民法院适用督促程序是以支付令的方式催促债务人及时偿还债务，并不解决当事人之间的债务纠纷，所以督促程序属于非讼程序。督促程序与其他程序相比较，主要具有以下特点：

1.督促程序的适用范围仅限于特定的债权债务关系，即债务人给付标的限于金钱和有价证券。

2.督促程序不解决当事人之间债权债务纠纷。督促程序依债权人申请而开始，法院经书面审查认为债权人的申请符合法定条件的，即发出支付令督促债务人履行债务。在整个程序过程中，没有双方当事人的辩论与质证，不存在对债权债务关系本身的审理与判决。如果债务人对支付令提出异议，人民法院就终结督促程序，债权人应另行起诉，适用审判程序处理。

3.督促程序是一种简便、快捷实现债权的程序。人民法院适用督促程序审理的案件，不需开庭，只由审判员一人进行书面审查，并实行一审终审，既减轻了人民法院的工作负担，又减轻了当事人的讼累。

二、督促程序的适用范围

根据我国《民事诉讼法》第225条及《民诉解释》的规定，督促程序仅适用于债权人请求债务人给付金钱、有价证券的案件。有价证券，是指设立并证明持券人有权取得一定财产权利的书面凭证，包括汇票、本票、支票以及股票、债券、国库券、可转让的存款单等。

督促程序仅适用于基层人民法院，中级以上的人民法院不能适用督促程序审理案件。

第二节　支付令的申请、审查和发出

一、支付令的申请

支付令的申请，是指债权人以书面形式请求人民法院签发支付令，要求债务人履行债务的行为。提出申请的债权人称为申请人，被请求履行义务的债务人称为被申请人。

（一）申请支付令的条件

根据《民事诉讼法》第225条及《民诉解释》的规定，债权人申请支付令必须符合以下条件：

1.债权人请求债务人给付的标的必须是金钱或者汇票、本票、支票、股票、债券、国库券、可转让的存款单等有价证券。金钱及有价证券以外的其他财产给付请求，不适用于督促程序。

2.请求给付的金钱或有价证券已到期且数额确定，并写明了请求所根据的事实和证据。尚未到期或者数额不确定的债权，不得请求签发支付令；申请人不写明请求的事实和证据，也不能按督促程序发出支付令。

3.债权人没有对待给付义务。所谓对待给付，是指双方当事人之间互相负有给付义务。债权人要申请支付令，只能是债务人一方有给付义务，而债权人并无任何给付对方的义务。

4.支付令必须能够送达债务人。能够送达，主要指能够通过法定的送达方式将支付令实际送达债务人，主要包括直接送达、留置送达等法定送达方式。债务人不在我国境内或者虽在我国境内但需要公告送达支付令的，不适用督促程序。

5.债权人未向人民法院申请诉前保全。根据法律的规定，债权人申请诉前保全的，应当在法定期间内向人民法院提起诉讼或者申请仲裁。因此，在债权人已经申请诉前财产保全的情况下，不宜再通过督促程序申请支付令。

（二）提交申请书

债权人向人民法院提出支付令申请，必须提交申请书，其内容应包括：（1）债权人、债务人双方的姓名或名称等基本情况；（2）债权人要求债务人给付的金钱或有价证券的种类、数量；（3）债权人请求所依据的事实和证据；（4）债务人的财产状况和可供执行的财产。债权人向人民法院提交申请书的同时，应提交必要的证据材料，如证明债权债务关系存在的合同、收据等。

（三）管辖法院

根据《民事诉讼法》第225条第1款的规定，债权人申请支付令，可以向有管辖权的基层人民法院提出。此条款对督促程序的级别管辖作了明确规定，中级以上人民法院不审理此类案件。根据相关司法解释的规定，债权人申请支付令由债务人住所地的基层人民法院管辖，债务人的住所地与经常居住地不一致的，由经常居住地的基层人民法院管辖。

二、对支付令申请的审查

人民法院收到申请人的申请后，应由审判员一人进行审查和处理，这种审查包括形式上和内容上的审查两部分。

（一）对支付令申请形式上的审查

形式上的审查应在收到支付令申请书之日起5日内审查结束，通知债权人是否受理其申请。审查内容包括:(1)申请人是否具备申请资格和申请能力;(2)申请是否符合法定条件和方式;(3)申请手续是否完备;(4)申请是否应由本法院管辖。这些审查都以申请人的请求及附属文件为基础,不需询问债务人。经过审查,如果认为申请符合要求,应在收到支付令申请后5日内通知债权人予以受理;不符合申请条件的,通知不予受理。

(二)对支付令申请内容上的审查

人民法院受理支付令申请后,应对申请进行内容上的审查。这种审查应自法院决定受理申请之日开始,并在15日内作出是否发布支付令的决定。审查内容包括:(1)进一步查实申请人主张的事实和提供的证据;(2)债权债务关系是否明确;(3)债权债务关系是否合法。这种审查只采用书面方式,不需开庭审查。经过审查,人民法院如果认为债权债务关系明确、合法,应当直接向债务人发出支付令,否则应以裁定形式驳回债权人的申请,该裁定不得上诉。

三、支付令的发出

人民法院经审查支付令申请,认为符合法定条件的,应当在受理申请之日起15日内向债务人发出支付令。

支付令应记明以下事项:(1)债权人、债务人姓名或名称等基本情况;(2)债务人应当给付的金钱或有价证券的种类、数量;(3)清偿债务或提出异议的期限;(4)债务人在法定期间不提出异议的法律后果。另外,支付令由审判员、书记员署名,并加盖人民法院印章。

根据《民诉解释》的规定,支付令应向债务人本人直接送达,债务人拒绝接收的,人民法院可以留置送达。

支付令送达后将会产生以下法律后果:(1)债务人应当自收到支付令之日起15日内清偿债务,或者向人民法院提出书面异议;(2)债务人在法定期间内既不提出异议又不依支付令履行清偿义务的,债权人可以向人民法院申请强制执行。

在人民法院发出支付令以前,申请人撤回申请的,人民法院应当准予撤回并裁定终结督促程序。

根据《民诉解释》的规定,对设有担保的债务的主债务人发出的支付令,对担保人没有拘束力。

第三节　对支付令的异议

一、支付令异议的提出

对支付令的异议,是指债务人认为支付令有错误而以书面形式向人民法院提出不应履行支付令所载明的给付义务的一种意思表示。

根据《民事诉讼法》第227条第2款的规定,债务人应当自收到支付令之日起15日内向人民法院提出书面异议。从此条规定可以看出,债务人对支付令提出异议,应具备两个条件:一是债务人提出异议的法定期间为15日,该期间自债务人收到支付令之日起计算;二是债务人必须以书面形式提出异议。异议书的内容只要有不应当履行支付令中所载明的给付义务的意思表示即可,无须附加理由。债务人口头异议无效。

在司法实践中,如果债务人只就支付令的部分内容提出异议,异议的效力及于全部请求。债务人提出异议的,人民法院应及时将异议内容和时间告知债权人。

人民法院对债务人在法定期间内提出的书面异议,只进行形式审查,无须审查异议是否有理由,即不必进行实体审查。人民法院对债务人提出的异议进行审查时,遇有下列情况的,按无效处理:(1)债务人对债务本身无异议,只是提出缺乏清偿能力的,不影响支付令效力。(2)债务人异议必须以书面形式,口头异议无效。(3)债务人收到支付令后,不在法定期间内提出书面异议，而向其他人民法院起诉的，也不影响支付令效力。(4)债权人有多项独立的支付请求，债务人仅就其中某一项请求提出异议的，其异议对其他支付请求无效。(5)债务人为多人的，其中一债务人提出异议，如果债务人是必要共同诉讼人，其异议经其他债务人同意承认，对其他债务人发生效力；如果债务人是普通共同诉讼人，债务人一人的异议对其他债务人不发生效力。人民法院认定异议无效，应以适当方式尽快告知债务人。因为异议不成立，支付令仍然有效，及时告知债务人可以督促其自行清偿债务，完成支付令指定的债务清偿义务。

二、异议成立的法律后果

根据《民事诉讼法》第228条的规定，人民法院收到债务人提出的支付令书面异议后，认为异议成立的，将产生三个方面的法律后果。

(一)终结督促程序

按照民事诉讼法的规定，债务人提出有效的支付令异议将导致终结督促程序，人民法院应当作出裁定终结督促程序，裁定书由审判员、书记员署名，并加盖人民法院印章。此裁定一经作出，即产生法律效力，债权人不得上诉。终结督促程序是人民法院在适用程序上所作的决断，而不是对债权人请求权的否定，至于债权人如何主张其权利，由其自行决定。人民法院可告知债权人另行起诉，由有管辖权的人民法院管辖。

(二)支付令自行失效

人民法院支付令生效的条件，是债务人在规定的期限内既没有清偿债务，也不提出书面异议，或者提出的异议被人民法院驳回。如果债务人提出的书面异议成立，则支付令自行失效，即不能作为债权人申请强制执行的根据。

(三)督促程序与诉讼程序的转换

支付令失效后，法院应当将案件转为诉讼程序审理，但申请支付令的一方当事人自收到终结督促程序裁定之日起7日内明确表示不同意提出诉讼的除外。

三、支付令错误的救济

允许债务人对支付令提出异议，本质上是希望债务人及时向法院反馈信息，从而阻断不符合客观真实的支付令发生效力。但实践中，债务人可能出于各种原因未能及时提出异议，导致15天后支付令发生效力并产生执行力。如果允许该支付令进入执行程序，将会对相关当事人合法权益构成不当侵害。为此，《民诉解释》规定，人民法院院长发现本院已经发生法律效力的支付令确有错误，认为需要撤销的，应当提交本院审判委员会讨论决定后，裁定撤销支付令，驳回债权人的申请。

案例分析　能力训练

【本章主要法律规定】

1.《民事诉讼法》第225～228条
2.最高人民法院《关于适用〈中华人民共和国民事诉讼法〉的解释》第425～441条

第二十章
公示催告程序

本章主要内容提示

本章重点内容为公示催告程序的适用范围、公示催告的申请、除权判决等。

1.公示催告程序的适用范围：适用公示催告程序审理的案件为可以背书转让的票据以及法律规定可以适用公示催告的其他事项；公示催告程序仅适用于基层人民法院。

2.公示催告的申请：申请公示催告需要具备法定条件，由票据支付地基层人民法院管辖。

3.除权判决：申请除权判决需要满足法定条件，由审判员组成合议庭审理，除权判决将导致被申请公示催告的票据失权并终结公示催告程序的法律后果。

本章难点在于准确理解公示催告程序的性质以及除权判决程序的适用。公示催告程序属于非讼程序，申请人申请公示催告时必须是利害关系人不明确，人民法院对利害关系人申报权利仅作形式审查，当权利申报成立时，法院应当终结公示催告程序并告知申请人和利害关系人另行提起票据诉讼。法院不能依职权启动除权判决程序，申请人申请除权判决需要具备法定条件。

第一节　公示催告程序概述

一、公示催告程序的概念和特点

公示催告程序，是指在票据持有人之票据被盗、遗失或者灭失的情况下，人民法院根据当事人的申请，以公告的方式催告利害关系人在一定期间内申报权利，如果逾期无人申报，根据申请人的申请，依法作出除权判决所适用的程序。

就其性质而言，公示催告程序属于非讼程序。因为公示催告案件只有申请人是明确的，对方当事人则处于不明状态，而且引起公示催告程序的原因并非民事权益的直接争议。公示催告程序开始以后，一旦利害关系人向法院申报权利而在当事人之间形成明确的争议时，人民法院即应裁定终结公示催告程序。可见，公示催告程序不适用于解决民事纠纷。

公示催告程序与通常的诉讼程序相比，具有以下特点：

1.程序开始方式的特殊性。公示催告程序的发生不是基于当事人的起诉，而是基于当事人的申请。

2.适用范围的特定性。公示催告程序只适用于两类案件：一是按规定可以背书转让的票据被盗、遗失或灭失的；二是依法律规定可以申请公示催告的其他事项。除此之外的其他事项，不得适用公示催告程序。

3.相对人的不确定性。通常的诉讼案件必须有争议的两方当事人存在，起诉才有可能成立。而公示催告案件在申请之时，相对人必须处于不明确状态。如果在申请公示催告之时，申请人已有明确的与之发生争议的对方，其申请就不能成立，有关利害关系人应提起票据诉讼。

4.审判程序的简略性。适用公示催告程序审判案件，不需要也不存在通常诉讼程序所设立的开庭前的准备、开庭审理等阶段。就审理方式而言，主要是书面审查和公告方式。所以，公示催告程序相较于通常诉讼程序，是一种简略式审判程序。

5.程序结构的阶段性。公示催告程序分为两个程序阶段，即公示催告阶段和作出除权判决阶段，这两个阶段既独立又存在密切的关系。公示催告阶段结束后并不必然进入除权判决阶段，需要由申请人提出除权判决的申请，才能进入这一阶段的审理程序。

6.实行一审终审。通常诉讼程序实行两审终审制度，而公示催告程序则实行一审终审。人民法院对公示催告案件无论用判决的方式结案，还是用裁定的方式结案，当事人均不得对判决或裁定提起上诉。此外，当事人也不得对生效的除权判决或终结公示催告程序的生效裁定申请再审。

二、公示催告程序的适用范围

（一）适用公示催告程序的法院

根据《民事诉讼法》第229条的规定，公示催告程序仅适用于基层人民法院，中级以上人民法院不能适用公示催告程序审理案件。

（二）适用公示催告程序的案件

《民事诉讼法》第229条规定，适用公示催告程序审理的案件有两大类：一是按照规定可以背书转让的票据被盗、遗失或灭失的；二是依照法律规定可以申请公示催告的其他事项。

1.按照规定可以背书转让的票据持有人，因票据被盗、遗失或灭失，可以向法院申请公示催告。

票据是一种载明具体金额、用作流通和支付手段的有价证券。票据的转让形式分为两种：一种是直接交付的简单转让，另一种是背书转让。所谓背书，是指持票人在转让票据时，在票据背面批注并签章的行为。做成背书签章的人，称为背书人。被记名受让票据权利的人，称为被背书人。背书转让是票据转让的最常见形式。只有按规定可以背书转让的票据被盗、遗失或灭失时，才可以适用公示催告程序。

可以背书转让的票据包括汇票、本票和支票。汇票和银行本票允许背书转让，支票则只有中国人民银行总行批准的地区的转账支票可以背书转让，其余的支票不得背书转让。

2.依照法律规定可以申请公示催告的其他事项，可以向法院申请公示催告。

这一规定的具体范围，取决于将来法律的规定，属于一种开放性的规定。

第二节　公示催告的申请和受理

一、公示催告的申请

当事人申请公示催告，必须符合下列条件：

1.申请人必须是享有申请权的票据持有人。所谓票据持有人，是指票据被盗、遗失或者灭失前的最后持有人。

2.具有合法的申请对象。申请公示催告的对象必须是依法可以背书转让的票据或者根据法律规定可以公示催告的其他事项。

3.具有合法的事由。申请公示催告的原因，必须是可以背书转让的票据被盗、遗失或者灭失。

4.利害关系人是否存在处于不明确状态。

公示催告程序属于非讼程序，不解决纠纷，在申请公示催告时如果明确存在相对利害关系人，这实际上是一种票据纠纷，只能通过普通审判程序解决，不能申请公示催告。

5.应当向法院提交书面申请。申请书中应当写明票面金额、发票人、持票人、背书人等票据主要内容和申请的理由、事实。

申请公示催告应当向有管辖权的人民法院申请。根据《民事诉讼法》第229条第1款的规定，公示催告案件由票据支付地的基层人民法院管辖。所谓票据支付地，是指票据载明的票据付款人的住所地。

二、公示催告申请的受理

人民法院收到公示催告的申请后，应当立即审查，并决定是否受理。经审查认为符合受理条件的，通知予以受理，并同时通知支付人停止支付；认为不符合受理条件的，7日内裁定驳回申请。法院审查的内容主要有四个方面：

1.审查申请人是不是享有申请权的持票人，如果申请人不享有申请权，应告知由享有申请权的人申请。

2.审查申请是否具备法定形式和内容。申请人口头申请的，应告知其向法院递交申请书。申请书上的内容有欠缺的，应当责令申请人限期补正。

3.审查有关票据是否属于公示催告程序的适用范围，以及申请原因是否属于法律规定的“被盗、遗失或灭失”的情况。凡不符合法律规定的，人民法院不予受理。

4.审查接受申请的法院是否具有管辖权。如果该法院没有管辖权，应告知申请人向有管辖权的法院申请。

人民法院经审查，认为申请符合条件的，应当受理，并通知申请人；认为申请不符合条件的，应当裁定驳回申请。

第三节　公示催告案件的审理

一、止付与公告

根据《民事诉讼法》第230条的规定，人民法院决定受理申请，应当同时通知支付人停止支付，并在3日内发出公告，催促利害关系人申报权利。

（一）停止支付

公示催告以丢失的票据权利尚未实现，即支付人尚未支付为前提。人民法院受理公示催告申请，则意味着票据权利尚未实现。但是，在人民法院作出除权判决之前，完全可能发生票据权利被非权利人实现的情况，从而损害权利人的利益，也使人民法院作出的判决得不到执行。基于此，人民法院受理公示催告申请的同时，应当通知支付人停止支付。支付人收到人民法院的停止支付通知后，应当停止支付，直至公示催告程序终结。

人民法院的止付通知，是具有强制力的司法决定，支付人应当执行。根据《民诉解释》第454条规定，人民法院通知支付人停止支付，应当符合有关财产保全的规定。支付人收到停止支付通知后拒不止付的，除可依照民事诉讼法相关规定采取强制措施外，在判决后，支付人仍应承担付款义务。

（二）公告

公告是指法院在决定受理公示催告申请后，向社会发出的催告利害关系人申报权利的告示，是公示催告程序的必经阶段。人民法院受理公示催告申请后，应当在3日内发出公告。公告的目的是告知相关利害关系人人民法院已受理申请人的公示催告申请，并催促其向人民法院申报权利。

法院发出的受理申请公告应写明的内容有：（1）公示催告申请人的姓名或名称；（2）票据的种类、号码、票面金额、出票人、持票人、背书人、付款期限等事项以及其他可以申请公示催告的权利凭证的种类、号码、权利范围、权利人、义务人、行权日期等事项；(3)申报权利的期间；(4)在公示催告期间转让票据权利凭证、利害关系人不申报的法律后果。

公示催告期间的长短，由人民法院根据案件的具体情况决定，但不得少于60日，且公示催告期间届满日不得早于票据付款日后15日。公告应当在有关报纸或者其他媒体上刊登，并于同日公布于人民法院公告栏内。人民法院所在地有证券交易所的，还应当于同日在该交易所公布。根据法律规定，公示催告期间，转让票据权利的行为无效。

二、申报权利

申报权利，是指受公示催告的利害关系人在指定期间内，向人民法院主张票据权利的行为。权利申报的公告发布后，利害关系人为避免因除权判决而失权，可以向人民法院申报权利。申报权利一般应在人民法院指定的公示催告期间内进行，在作出除权判决之前申报的，法院也应当准许。

人民法院对权利人的申报仅作形式审查，并邀请申请人到场查验利害关系人申报的票据。利害关系人所提出的票据与公示催告的票据一致的，人民法院应当裁定终结公示催告程序，并通知申请人和支付人。支付人收到人民法院公示催告程序终结的通知后，即应恢复支付；权利申报人出示的票据与申请人申请公示催告的票据不一致的，人民法院应当裁定驳回利害关系人的申报。

公示催告程序因利害关系人申报权利而终结后，申请人或申报人可以按普通程序向人民法院起诉。

三、除权判决

(一)除权判决的概念

除权判决，是指人民法院作出的宣告票据无效的判决。除权判决有两层含义：(1)宣告票据无效进而排除申请人以外的其他人对该票据享有权利，故称为“除权”；(2)根据在指定期间内无人申报权利的事实，推定票据权利归申请人所有。从这层意义上讲，除权判决也具有确权的性质。

(二)除权判决的条件

除权判决是公示催告程序的最后阶段，但不是必经阶段。根据《民事诉讼法》和《民诉解释》的规定，法院作出除权判决，须具备以下两个条件：(1)在申报权利的期间内无人申报，或者申报被驳回；(2)申请人在公示催告期间届满之日起1个月内申请法院作出除权判决。只要在除权判决作出之前有人申报权利，即使申请人请求作出除权判决，人民法院也不能作出除权判决，而只能裁定终结公示催告程序。同样，公告期间届满，虽无人申报权利，但申请人并未在法定期间内申请作出除权判决的，人民法院仍然不能主动作出除权判决。所以，必须同时具备上述两个条件，人民法院才能够作出除权判决。

适用公示催告程序审理案件，由审判员一人独任审理；但判决宣告票据无效的，应当组成合议庭审理。

(三)除权判决的效力

除权判决自公告之日起发生法律效力，公示催告程序终结，当事人不得提起上诉。除权判决生效后，申请人以外的人对票据丧失权利，即使是票据丢失后的善意取得者也不例外。同时，除权判决生效后，申请人可以依据除权判决要求支付人支付票据上记载的金钱数额，支付人不得拒绝支付；支付人拒绝支付的，申请人可以向法院起诉。

四、公示催告程序的终结

人民法院在公示催告期间，遇有下列情形之一的，应当裁定终结公示催告程序。

1.申请人在公示催告前撤回申请的，人民法院应予准许。申请人在公示催告期间撤回申请的，人民法院可以径行裁定终结公示催告程序。

2.利害关系人在公示催告期间或在申报权利期间届满后、除权判决作出之前申报权利的，人民法院应当裁定终结公示催告程序。

3.在申报权利期间没有人申报权利，或者申报权利被驳回，而申请人在1个月的法定期间内未申请人民法院作出除权判决的，法院应当裁定终结公示催告程序。

五、对利害关系人的救济

除权判决是人民法院根据申请人一方陈述的事实和理由，以及公示催告期间届满而无人申报权利的事实作出的，其判决的根据是法律上的推定，因而判决结论与事实真相可能完全相反。如果真正的票据权利人因故未能在作出除权判决前申报权利，其合法权益就会因除权判决而受到损害。基于此，法律必须为利害关系人设立相应的救济措施。

民事诉讼法对利害关系人权利救济的规定包括两个方面：一是关于除权判决公告的规定。除权判决公告带有对利害关系人的救济性质，使利害关系人在失去申报机会后，还有机会获知该票据被申请公示催告和作出除权判决的情况，以便其行使另行起诉的权利。二是关于另行提起诉讼的规定。根据《民事诉讼法》及《民诉解释》的规定，利害关系人在除权判决生效后，自知道或者应当知道判决公告之日起1年内，可以向作出判决的法院起诉，人民法院可按票据纠纷适用普通程序审理。

《民诉解释》第458条对利害关系人因正当理由未能向法院申报权利的情形作了限定，包括：(1)因发生意外事件或者不可抗力致使利害关系人无法知道公告事实的；(2)利害关系人因被限制人身自由而无法知道公告事实，或者虽然知道公告事实，但无法自己或者委托他人代为申报权利的；(3)不属于法定申请公示催告情形的；(4)未予公告或者未按法定方式公告的；(5)其他导致利害关系人在判决作出前未能向人民法院申报权利的客观事由。

【本章主要法律规定】

1.《民事诉讼法》第229～234条

2.最高人民法院《关于适用〈中华人民共和国民事诉讼法〉的解释》第442～459条

第二十一章 执行程序

本章主要内容提示

本章的重点有三：第一，执行程序中的各种制度，如执行管辖、执行异议、执行担保等，需要从制度要件和效力结果两方面把握，尤其应当注意比较其与诉讼程序中相关制度的区别，如执行行为异议的复议与二审程序，执行标的异议及许可执行之诉与再审程序、第三人撤销之诉的关系；第二，执行程序的流程，即从执行开始到执行结束的相关内容，主要注意引起执行程序发生、变更和终结的各类事项；第三，执行措施，要注意区别各种执行措施的适用条件，尤其应当注意近年来随着社会经济发展而新增加和明确的执行措施，如对金融资产的执行措施、对迟延履行两种利息的区分计算，等等。

本章的难点主要在于：

1.执行中各种基础制度的发生条件和法律效果。

2.执行程序与普通诉讼程序、再审等救济程序的关联。

3.执行程序中与民事实体法相关制度的关系，如执行和解在民法上具有的合同效力，执行措施中以物抵债与物权变动模式的关联，等等。

第一节 执行程序概述

一、执行和执行程序

执行，又称强制执行，是指人民法院的执行组织依照法定的程序，对发生法律效力的法律文书确定的给付内容，以国家的强制力为后盾，依法采取强制措施，迫使义务人履行义务的行为。执行应当具备以下条件：第一，执行以生效法律文书为根据；第二，执行根据必须具备给付内容；第三，执行必须以负有义务的一方当事人无故拒不履行义务为前提。

执行程序，是指保证具有执行效力的法律文书得以实施的程序。通常认为，执行包括以下特征：第一，执行只是国家机关实施的行为。执行权是国家的一项公权力，只能由国家机关行使，而不能由其他的单位或者公民个人行使。在我国，行使执行权的国家机关是人民法院。第二，人民法院进行执行活动必须以生效的法律文书为依据，这实际上是由执行程序的目的决定的。第三，人民法院的执行活动具有强制性。第四，人民法院的执行活动必须依照法定程序进行。

执行程序与审判程序既有联系，又有区别。执行程序与审判程序的主要联系为：(1)两者的最终目的相同。两者的目的都是保护民事权益、解决民事纠纷、维护私法秩序。(2)两者互相交叉。一方面，审判程序确定的权利义务，如果当事人不主动履行，最终需要通过执行程序来实现；另一方面，即使在审判过程中，也会涉及执行的问题。(3)两者都属于广义的民事诉讼程序。执行程序和审判程序的主要区别为：(1)两者的直接目的不同。审判程序主要是为了解决当事人之间的民事权利义务争议；执行程序则是为了保证生效法律文书所确定的权利得到实现、义务得到履行。(2)两者的基础不同。审判程序是以法院审判权和当事人的诉权为基础建构的。(3)两者的适用范围不同。一方面，每一个民事案件都必须经过审判程序，但只有少数当事人不主动履行生效法律文书所确定义务的案件，才会经过执行程序；另一方面，通过审判程序所解决的都是民事权利义务争议(但选民资格案件除外)，而通过执行程序强制执行的，不仅包括民事性质的法律文书所确定的义务，还包括刑事判决、裁定中的财产内容以及行政机构可以申请法院强制执行的行政处罚决定。

二、执行的原则

执行的原则，是指指导执行制度和执行活动的原则，它既是立法工作中的指导原则，又是司法活动的指导原则。

根据民事诉讼法的基本原则和民事执行的特点，执行应当遵循以下原则：第一，执行必须以生效的法律文书为根据。执行必须以法定机关制作的、发生法律效力并有明确的权利义务主体和给付内容的法律文书为依据。第二，执行标的有限原则。执行的对象只能是被执行人的财产或行为，不能对被执行人的人身采取执行措施。第三，人民法院执行与有关单位、个人协助执行相结合的原则。第四，申请执行与移送执行相结合的原则。第五，强制执行与说服教育相结合的原则。第六，依法保护权利人的合法权益与适当照顾被执行人的利益相结合的原则。人民法院执行法律文书既要保护权利人的合法权益，又要考虑义务人生活和生产的必需。

三、执行程序中的一般性制度

(一)执行机构

执行机构，是指人民法院内部设置的负责执行工作、实现执行任务的专门职能机构。我国执行机构在设置上具有以下特点：一是执行机构与审判机构分立。这主要是为了保障司法公正，防止法官既是裁判者又是裁决的执行者。二是各级法院都设有执行机构。三是执行机构由执行员、书记员和司法警察共同组成。

(二)执行根据

执行根据，是指能够据以执行的法律文书。

这种法律文书主要有以下三类：第一，人民法院制作的具有执行内容的生效法律文书，包括民事判决、裁定、调解书和支付令，刑事和行政裁判中的财产部分。第二，其他机关制作的由人民法院执行的法律文书，包括公证机关依法赋予强制执行效力的债权文书、仲裁机构制作的依法由人民法院执行的仲裁裁决书和调解书，以及行政机关依法作出的应由人民法院执行的行政处罚决定和行政处理决定。但此类执行根据在执行时，往往还需要辅以其他材料以便人民法院对其执行力予以确认，如强制公证债权文书需要公证机构出具证明履行情况等内容的执行书。第三，人民法院制作的承认并执行外国法院判决、裁定或者外国仲裁机构裁决的裁定书。

(三)执行管辖

执行管辖，是指各级法院之间以及同一级法院之间受理执行案件的权限和分工，即执行根据具体应由哪一个法院执行。确定执行管辖，应当以执行方便和经济为首要原则，以保障当事人的权利能够快速、经济地得以实现。

根据民事诉讼法的规定，发生法律效力的民事判决、裁定，以及刑事判决、裁定中的财产部分，由第一审人民法院或者与第一审人民法院同级的被执行的财产所在地人民法院执行。同时，根据司法解释的规定，申请执行人向被执行的财产所在地人民法院申请执行的，应当提供该人民法院辖区有可供执行财产的证明材料。当事人可以向被执行的财产所在地法院申请执行，对于保护当事人的权益和方便法院执行都具有积极的意义。

发生法律效力的调解书，如果需要执行，也应由第一审人民法院或者与第一审人民法院同级的被执行的财产所在地人民法院执行。

发生法律效力的支付令和实现担保物权裁定、确认调解协议裁定，由制作执行根据的人民法院或同级的被执行财产所在地人民法院负责执行。

法律规定的由人民法院执行的其他法律文书，由被执行人住所地或者被执行人的财产所在地人民法院执行。所谓其他法律文书，包括仲裁裁决书、公证债权文书和行政处理决定书、处罚决定书等。

执行的根据不同，管辖的法院也不同，如下所示：

执行根据的种类	执行管辖法院
法院制作的发生法律效力的民事判决书、裁定书、调解书，以及具有财产内容的刑事判决书、裁定书	一审法院或与一审法院同级的被执行财产所在地法院
非讼案件中的生效法律文书：确认调解协议、实现担保物权的裁定以及支付令	作出裁定、支付令法院或与其同级的被执行财产所在地法院
仲裁裁决书、公证债权文书	被执行人住所地或被执行财产所在地法院

《民事诉讼法》和最高人民法院《关于适用〈中华人民共和国民事诉讼法〉执行程序若干问题的解释》（以下简称《执行解释》）还对执行管辖中的一些特别事项作出规定，它们也是构成执行管辖的重要内容。

1.执行中的共同管辖和选择管辖。在一个案件中，可能存在多家法院都享有执行管辖权的情况，此时应当根据当事人的申请来确定最终的执行法院。当事人分别向上述人民法院申请执行的，由最先接受申请的人民法院执行。《执行解释》第2条对此作了进一步补充：第一，人民法院在立案前发现其他有管辖权的人民法院已经立案的，不得重复立案。第二，若立案后发现其他有管辖权的人民法院已经立案的，应当撤销案件；已经采取执行措施的，应当将控制的财产交先立案的执行法院处理。同理，案件已经采取保全措施，执行法院与采取保全措施的法院并不同一时，采取保全措施的法院应当将保全的财产交给执行法院处理。

2.执行管辖异议。《执行解释》第3条对执行管辖异议作出了规定：人民法院受理执行申请后，当事人对管辖权有异议的，应当自收到执行通知书之日起10日内提出。经审查异议成立的，应当撤销执行案件，并告知当事人向有管辖权的人民法院申请执行；异议不成立的，裁定驳回。当事人对裁定不服的，可以向上一级人民法院申请复议。管辖权异议审查和复议期间，不停止执行。由于执行权和司法权的不同特质，执行管辖异议与诉讼中的管辖权异议，在异议条件、处理方式、救济渠道等方面都有显著的区别。

3.向上一级法院申请执行。为了更充分地保护当事人权利，落实上级人民法院的执行监督权，民事诉讼法特别针对执行法院消极拖延的行为规定了救济手段。根据《民事诉讼法》第237条的规定，如果具有执行管辖权的人民法院有条件执行，但自收到申请执行之日起超过6个月未执行的，申请执行人可以向上一级人民法院申请执行。上一级人民法院经审查，认为申请成立的，有三种处理方式：（1）提级执行。上级人民法院可以决定由本院执行该案件。（2）指定执行。上级人民法院可以作出裁定，指令其他人民法院执行该案。（3）督促执行。上级人民法院也可以向原执行法院发出督促执行令，责令其在一定期限内执行，执行法院在指定期间内无正当理由仍未执行完结的，上一级人民法院应当作出提级执行或指定执行裁定，确保执行的效率。

4.已被其他法院采取保全措施的财产的执行管辖。在执行过程中，如果执行法院发现需要采取执行措施的财产已经被其他法院采取了查封、扣押、冻结等保全措施，原则上并不能对该财产采取处分措施，只能等待首先采取保全措施的法院处分后，方可就剩余的财产再行执行。但是，如果首先采取保全措施的法院迟迟不采取处分措施，无疑将影响债权人的利益。因而最高人民法院《关于首先查封法院与优先债权执行法院处分查封财产有关问题的批复》规定，如果执行的债权对被执行财产有顺位在先的担保物权和其他法定优先权，自首先保全之日起已超过60日，且首先查封法院就该查封财产尚未发布拍卖公告或者进入变卖程序，则优先债权执行法院可以要求将该查封财产移送执行，并对财产进行处分变现。

诉讼管辖权异议与执行管辖权异议的比较如下：

比较项目	诉讼管辖权异议	执行管辖权异议
时间	提交答辩状期间	收到执行通知书之日起10日内
申请主体	被告	被执行人（包括诉讼中的第三人）
异议成立	裁定移送给有管辖权的法院	裁定撤销执行案件
救济机制	上诉	向上一级人民法院申请复议

（四）委托执行与协助执行

委托执行，是指有管辖权的人民法院遇到特殊情况，依法将应由本法院执行的案件送交有关的法院代为执行。依照《民事诉讼法》第240条的规定，被执行人或者被执行的财产在外地的，可以委托当地人民法院代为执行。有管辖权的人民法院直接到当地执行的，可以要求当地人民法院协助执行，当地人民法院应当配合进行查询、冻结、查封、调查或者送达法律文书等事项，这并不属于委托执行的范畴。

委托外地人民法院代为执行的，委托法院应当发出委托函件。委托函件应当提出明确的执行要求，并附有生效的法律文书。受委托的人民法院收到委托函后，不得拒绝委托，且应当在7日内予以立案，15日内开始执行。受托法院应当将执行情况及时告知委托法院，执行完毕后，也应当将执行结果及时函复委托法院。

受委托人民法院自收到委托函之日起15日内不执行的，委托人民法院可以请求受托人民法院的上级人民法院指令受托人民法院执行。受托人民法院在6个月内未能将受托案件执结的，申请执行人有权请求受托法院的上一级人民法院提级执行或指定执行，上一级人民法院应当立案审查，发现受托法院无正当理由不予执行的，应当限期执行或者作出裁定提级执行或者指定执行。

委托法院如发现委托执行的手续、材料不全，可以要求委托法院补办。委托法院应当在30日内完成补办事项，在上述期限内未完成的，应当作出书面说明。委托法院既不补办又不说明原因的，视为撤回委托，受托法院可以经所在辖区高级人民法院审批后，将委托材料退回委托法院。

协助执行，是指受理案件的法院通知有关单位、个人或者请求有关法院协助执行生效法律文书所确定内容的一种法律制度。协助执行在范围上，既包括法院之间的协助执行，也包括有关单位和公民个人的协助执行。

法院之间的协助执行具有以下三个特征：（1）被执行人或者被执行财产在辖区外；（2）受理执行案件的法院直接到辖区以外执行；（3）当地法院辅助执行。人民法院在异地执行时，当地人民法院应当积极配合，协同排除障碍，保证执行人员的人身安全和执行装备、执行标的物不受侵害。

人民法院对已登记的不动产、特定动产（如车辆、船舶等）及其他财产权进行保全，应当向登记机关发出协助通知书，办理相关查封扣押登记手续。在执行中，需要办理有关财产权证照转移手续的，人民法院可以向有关单位发出协助执行通知书，有关单位必须办理。

根据《民事诉讼法》第117条第1款的规定，有义务协助调查、执行的单位有下列行为之一的，人民法院除责令其履行协助义务外，并可以予以罚款：（1）有关单位拒绝或者妨碍人民法院调查取证的；（2）有关单位接到人民法院协助执行通知书后，拒不协助查询、扣押、冻结、划拨、变价财产的；（3）有关单位接到人民法院协助执行通知书后，拒不协助扣留被执行人的收入、办理有关财产权证照转移手续、转交有关票证、证照或者其他财产的；（4）其他拒绝协助执行的。

（五）执行和解

执行和解，是指在执行过程中，申请执行人和被执行人自愿协商，达成协议，并经人民法院审查批准后，结束执行程序的行为。执行和解是当事人处分自己民事权利和诉讼权利的行为。

根据《民事诉讼法》第241条第1款的规定，在执行中，双方当事人自行和解达成协议的，执行员应当将协议内容记入笔录，由双方当事人签名或者盖章。

经人民法院确认批准的执行和解具有中止本案执行程序的效力，法院也可以根据双方当事人的申请，裁定中止执行或终结执行。但是，如果双方当事人未将私下达成的和解协议提交给法院，或者提交给法院后未获得法院批准，就不构成执行和解，不能产生中止执行的公法效力。此外，执行和解协议是双方当事人行使处分权达成的民事协议，并不具备法定的强制执行力，也不能变更原生效法律文书的执行力。因此，如果债务人不履行和解协议，债权人要么向执行法院申请恢复对原执行根据的执行，要么就履行执行和解协议另行提起诉讼，一旦恢复执行，债权人不得就执行和解协议的履行提起诉讼，但可以就迟延履行和履行瑕疵提起相应的违约损害赔偿诉讼。

申请恢复执行原生效法律文书必须满足一定的条件：首先，当事人须遵守诚实信用原则。如果被执行人正在依照和解协议的约定履行义务或者已经履行完毕和解协议存在的义务，申请执行人不能要求恢复执行。其次，须在一定的期限内进行。一方面，申请恢复执行的期限适用申请执行期限的规定，并可适用中止、中断的情形。申请执行期限因达成执行中的和解协议而中断，其期限自和解协议所确定履行期限的最后一日起重新计算。当事人在法定的申请恢复执行时效内未提出申请，视为怠于行使权利，不得向人民法院再行申请执行。另一方面，申请恢复执行的期限必须是执行和解协议约定的履行期限已经届满。最后，申请执行人是因受欺诈、胁迫才与被执行人达成和解协议的，应当先通过诉讼程序撤销和解协议，然后再申请人民法院恢复执行。

人民法院恢复执行后，和解协议已履行的部分应当扣除。和解协议已经履行完毕的，人民法院应当裁定终结执行，不予恢复执行。当事人对于恢复执行或者不予恢复执行的裁定可以提出执行行为异议。

（六）执行担保

执行担保，是指在执行过程中，经执行权利人的同意，执行义务人或第三人（担保人）为实现法律文书所确定的权利而向人民法院提供保证，由人民法院决定暂缓执行的制度。设立这一制度的目的，一方面在于保护债权人的合法权益，另一方面在于照顾债务人的实际情况，并确保执行根据的实现。

执行担保的条件主要包括：第一，必须由执行义务人向人民法院提出申请。第二，担保的方式，可以是提供财产担保，也可以由第三人担保。执行义务人以财产担保的，需根据法律规定，将担保物移交给法院，或者到有关机关办理登记手续。第三人提供担保的，应提供担保书，并将担保书副本送交申请执行人，担保人应具有代为履行或代为承担赔偿责任的能力。第三，执行担保须征得执行权利人的同意。第四，须经人民法院许可。

执行担保成立后，人民法院可以决定暂缓

执行或暂缓执行的期限。有担保期限的，暂缓执行的期限应与担保期限一致，但最长期限不得超过1年。设立这一期限的目的，主要是根据实践情况，确保执行根据能够真正得到实现，因而具有较为重要的意义。

在暂缓执行期间，被执行人或担保人对担保的财产有转移、灭失行为的，人民法院可以恢复强制执行。如果被申请执行人暂缓执行后仍不履行义务，人民法院可以依申请执行人的申请恢复执行，并直接执行被执行义务人提供担保的财产或裁定执行担保人的财产，无须将担保人变更、追加为被执行人。但为了保护担保人利益，执行担保人的财产也应注意两方面的限度：首先是债务限度，即应以担保人应当履行的义务为限，且担保人的财产被执行后，可以通过诉讼对被执行人进行追偿；其次是时间限度，即超过担保期间后不再执行担保财产，担保期间自暂缓执行期限届满之日起计算，担保期间以担保书中记载为准，没有记载担保期间或者记载不明的，担保期间为1年。

（七）执行竞合

执行竞合，是指在民事执行程序中，两个或两个以上债权人根据不同的执行根据，针对同一债务人的特定财产申请法院强制执行，从而产生的各债权人请求之间的相互排斥、权利难以得到同时满足的状态。

执行竞合的具体类型包括终局执行之间的竞合，即执行终局的执行根据而形成的竞合状态；保全执行之间的竞合，即在案件审理中采取的保全措施而形成的竞合状态；终局执行和保全执行之间的竞合，即因为执行已经生效的终局法律文书以及采取的保全措施而形成的竞合状态。

执行竞合应当具备以下条件：（1）有两个或两个以上权利人存在。（2）有两个或者两个以上独立的执行根据。（3）数个执行根据的执行发生在同一时期内。（4）被执行人的财产能够清偿全部债务。（5）执行对象是同一债权人的同一特定财产，并且该财产不能同时满足所有的执行根据。

根据具体类型不同，执行竞合有以下不同处理方式。第一，针对终局执行之间的竞合。（1）多个执行根据指定的交付物同一。执行中发现两地法院或人民法院与仲裁机构就同一法律关系作出不同裁判内容的法律文书的，各有关法院应当立即停止执行，报请共同的上级法院处理。（2）多份生效法律文书确定金钱给付内容的多个债权人分别对同一被执行人申请执行，各债权人对执行标的物均无担保物权的，按照执行法院采取执行措施的先后顺序受偿。（3）债权种类不同的执行竞合。多个债权人的债权种类不同的，基于所有权和担保物权而享有的债权，优先于金钱债权受偿。有多个担保物权的，按照各担保物权成立的先后顺序清偿。第二，针对保全执行之间的竞合。（1）不同保全措施之间的竞合。如果各债权均为无担保债权，则按照采取保全措施的先后顺序，在先的保全措施有优先受偿的权利。（2）同种保全措施之间的竞合。如果先采取的保全措施与后采取的保全措施相抵触，后采取的保全措施无效。第三，针对终局执行与保全执行的竞合。（1）保全执行在前，终局执行在后。人民法院在执行中已对被执行人的财产进行查封、冻结的，其他人民法院不得重复查封、冻结。保全债权人在取得终局执行根据以后，可以直接向法院申请将保全执行程序变为终局执行程序。（2）终局执行在前，保全执行在后。在终局执行过程中，如果执行法院对被执行人的财产并没有取得实际控制，或者执行法院虽然已经对被执行人的财产取得实际控制，但在程序上存在瑕疵时，终局执行不能对抗保全执行。

（八）执行承担

执行承担，是指在执行程序中由于出现法定情况，债权人的权利应由其他主体享有，或者债务人的义务应由其他主体履行，人民法院可以变更、追加相关主体进入执行程序。执行承担的目的在于解决裁判文书的执行力对当事人的继受人是否有效的问题。

执行承担的前提必须是裁判文书被执行人在执行过程中发生了法定情况，人民法院可以据此裁定变更执行主体。

根据民事诉讼法的规定及最高人民法院的

司法解释，执行承担发生的原因主要有：

第一，原执行根据确定的当事人已经失去权利能力，由相应的主体来承担其权利义务。这主要表现为自然人死亡或宣告死亡后，其遗嘱执行人、受遗赠人、继承人应当承担其权利义务；法人或其他组织分立、合并、更名的，其权利义务由变更后的法人或者其他组织承受。类似的情形还包括当事人被宣告失踪后，其财产代管人也可以申请被追加变更为申请执行人或被执行人。

第二，原执行根据确定的债权经法定程序转移给第三人，该第三人可以被申请变更为申请执行人。例如，作为申请执行人的自然人离婚时，生效法律文书确定的权利全部或部分分割给其配偶；申请执行人将生效法律文书确定的债权依法转让给第三人，且书面认可第三人取得该债权；作为申请执行人的法人或其他组织清算或破产时，生效法律文书确定的权利依法分配给第三人。

第三，依法应当对执行根据确定的义务承担清偿责任的人，在被执行人的财产不足以清偿债务时，可以被申请变更为被执行人。例如，有限责任公司的未足额缴纳出资或抽逃出资的股东、个人独资企业的投资人、合伙企业的普通合伙人、有限合伙企业的未按期足额缴纳出资的有限合伙人，等等。

执行承担原则上应当以申请人申请为启动前提，执行法院一般应当组成合议庭审查并公开听证。经审查，理由成立的，裁定变更、追加；理由不成立的，裁定驳回。申请人或者被申请人对裁定不服，根据情形的不同，有不同的救济方式：对于上述前两种原因，可以自裁定书送达之日起10日内向上一级人民法院申请复议；对于第三种原因，由于相关主体是否需要对被执行人的义务承担清偿责任尚须专门的认定，因而应当在裁定送达之日起15日内，通过提起执行异议之诉来解决：被申请人提起执行异议之诉的，以申请人为被告；申请人提起执行异议之诉的，以被申请人为被告。

在执行承担的申请处理和复议、异议之诉期间，申请人可以请求法院对被申请人或第三人的财产采取保全措施，是否准许由执行法院依法裁量；法院原则上不得对被申请人的财产采取拍卖、变卖等处分措施。

（九）参与分配

参与分配，是指在执行过程中，因债务人的财产不足以清偿多个债权人的债权，申请执行人以外的其他债权人凭借有效的执行根据加入已经开始的执行过程中，使各个债权能够公平受偿的制度。参与分配适用的条件包括：第一，被执行人的财产无法清偿所有债权。第二，被执行人为自然人或其他组织，而非法人。第三，有多个申请人对同一被申请人享有债权。第四，申请人必须取得生效的执行根据，起诉后尚未获得生效判决的债权人不具备参与分配的资格。但对人民法院查封、扣押、冻结的财产有优先权、担保物权的债权人，可以直接申请参与分配，主张优先受偿权。第五，参与分配的债权只限于金钱债权。第六，参与分配必须发生在执行程序开始后，被执行人的财产执行终结之前。

根据《民诉解释》的规定，参与分配制度应当由申请执行人向法院提出申请，主持参与分配的法院应当是对债务人首先采取查封、扣押或冻结措施的法院。参与分配开始后，执行法院应当制作财产分配方案，并送达各债权人和被执行人。债权人或者被执行人对分配方案有异议的，应当自收到分配方案之日起15日内向执行法院提出书面异议。债权人或者被执行人对分配方案提出书面异议的，执行法院应当通知未提出异议的债权人或被执行人。未提出异议的债权人、被执行人收到通知之日起15日内未提出反对意见的，执行法院依异议人的意见对分配方案审查修正后进行分配；提出反对意见的，应当通知异议人。异议人可以自收到通知之日起15日内，以提出反对意见的债权人、被执行人为被告，向执行法院提起诉讼；异议人逾期未提起诉讼的，执行法院依原分配方案进行分配。诉讼期间进行分配的，执行法院应当提存与争议债权数额相应的款项。

（十）责令执行与变更执行

所谓责令执行，是指执行法院在收到申请

执行书起一段时间后仍未执行的，上一级人民法院根据程序可以责令执行法院予以执行的一种措施。

所谓变更执行，是指执行法院在收到申请执行书一段时间后仍未执行的，上一级人民法院可以根据具体情况，决定变更执行法院改为由本院执行或指令其他人民法院执行的一种措施。

根据《民事诉讼法》第237条的规定，人民法院自收到申请执行书之日起超过6个月未执行的，申请执行人可以向上一级人民法院申请执行。上一级人民法院经审查，可以责令原人民法院在一定期限内执行，也可以决定由本院执行或者指令其他人民法院执行。

第二节 执行开始

执行程序的开始，发生于两种情况：一是权利人申请执行；二是审判人员移送执行。

一、申请执行

申请执行，是指享有权利的一方当事人根据生效的法律文书，在对方拒不履行义务的情况下，可以向有管辖权的人民法院申请执行。申请执行是当事人依法享有的重要权利。

申请执行的条件是：第一，执行根据已经生效且已过执行根据确定的清偿期限；第二，申请执行人必须是执行根据确定的权利人或合法继承、承受该权利的继受人；第三，应当向有执行管辖权的法院申请执行；第四，应当在申请执行时效内提出申请。

由于前一节已经介绍了执行根据、执行管辖等内容，此处重点说明申请执行时效。民事诉讼法将执行时效的时间以及中止中断事由与民法中的诉讼时效逐渐统一，因此我国执行时效的性质也应属于抗辩权，执行法院不宜主动审查。《民事诉讼法》第250条第1款规定，申请执行的期间为2年。《民事诉讼法》及相关司法解释对这一期间的具体计算和效力作出了明确的规定：（1）申请执行时效的起算：从法律文书规定履行期间的最后一日起计算；法律文书规定分期履行的，从最后一期履行期限届满之日起计算；法律文书未规定履行期间的，从法律文书生效之日起计算；生效法律文书规定债务人负有不作为义务的，申请执行时效期间从债务人违反不作为义务之日起计算。（2）申请执行时效的中止。在申请执行时效期间的最后6个月内，因不可抗力或者其他障碍不能行使请求权的，申请执行时效中止。从中止时效的原因消除之日起，申请执行时效期间继续计算。（3）申请执行时效的中断。申请执行时效因申请执行、当事人双方达成和解协议、当事人一方提出履行要求或者同意履行义务而中断。从中断时起，申请执行时效期间重新计算。（4）申请执行人超过申请执行时效期间向人民法院申请强制执行的，人民法院应予受理。被执行人对申请执行时效期间提出异议，人民法院经审查异议成立的，裁定不予执行。（5）被执行人履行全部或者部分义务后，又以不知道申请执行时效期间届满为由请求执行回转的，人民法院不予支持。

申请执行时应当提交书面申请书并说明申请执行的事实和理由，提供作为执行根据的法律文书，同时要说明被执行人的经济情况，以便人民法院审查申请，并采取执行措施。

二、移送执行

移送执行，是指人民法院的裁判发生法律效力后，由审理该案的审判人员将案件直接交付执行人员执行，从而开始执行程序的行为。移送执行是对申请执行的补充。

根据民事诉讼法的有关规定，移送执行的案件主要有：（1）判决、裁定具有给付赡养费、扶养费、抚育费、医药费等内容的案件；（2）具有财产执行内容的刑事判决书、裁定书；（3）审判人员认为涉及国家、集体或者公民重大利益的案件。

移送执行应当由审判员填写移送执行书，说明执行的事项和应注意的问题，连同生效的法律文书一并移送执行员，对于移送执行的期限，法律未作具体规定。

三、执行通知和立即执行

人民法院应当在收到申请执行书或移交执行书后10日内发出执行通知，责令被执行人在指定的期间内履行义务；逾期不履行的，强制执行。但为了防止被执行人在接到执行通知后隐匿、转移财产，《民事诉讼法》确立了立即执行制度。执行员有权不再指定履行期间，而是立即采取强制执行措施，并可在采取强制措施的同时，或者自采取强制执行措施之日起3日内，发送执行通知。

第三节 执行措施及保全执行

执行措施，是指人民法院依照法定程序，强制执行生效法律文书的方法和手段。在执行中，执行措施和执行程序是合为一体的，采取执行措施就是履行执行程序。我国《民事诉讼法》根据不同的执行对象规定了不同的执行措施。一般认为，执行措施具有以下特征：(1)强制性。强制执行必须以国家强制力为基本保障，由此决定了执行措施具有强制性。(2)法定性。执行措施只能由法律作出规定，人民法院在执行中采用执行措施时也必须以法定措施为限，并严格遵守各类执行措施的法定条件和程序。(3)多样性。强制执行的内容与标的种类多样，纷繁复杂，只有设置多样的执行措施才能保障执行权的有效性。

一、对财产的执行措施

(一)扣押、冻结、划拨、变价被执行人的金融资产

随着我国经济的发展，金融资产的类型越来越多，已逐渐成为自然人和法人的主要财产形态。《民事诉讼法》专门针对金融资产的执行措施作出了规定：被执行人未按执行通知履行法律文书确定的义务，人民法院有权向有关单位发出协助要求，根据不同情形扣押、冻结、划拨、变价被执行人的存款、债券、股票、基金份额等金融资产，但采取执行措施的财产不得超出被执行人应当履行义务的范围。

人民法院扣押、冻结、划拨、变价被执行人的金融资产，应当作出裁定，并发出协助执行通知书，有关单位必须办理。

(二)扣留、提取被执行人的收入

被执行人未按执行通知履行法律文书确定的义务，人民法院有权扣留、提取被执行人应当履行义务部分的收入，但应当保留被执行人及其所扶养家属的生活必需费用。这里的收入，主要是指公民个人工资、奖金、劳动报酬及各种有价证券等。

人民法院扣留、提取被执行人的收入应当作出裁定，并发出协助执行通知书，被执行人所在单位、银行、信用社和其他有储蓄业务的单位必须办理。

(三)查封、扣押、冻结、拍卖、变卖被执行人的财产

被执行人未按执行通知履行法律文书确定的义务，人民法院有权查封、扣押、冻结、拍卖、变卖被执行人应当履行义务部分的财产，但应当保留被执行人及其所扶养家属的生活必需品，进行义务教育所必需的物品，以及用于身体缺陷所必需的辅助工具和医疗物品。此外，下列财产，人民法院不得查封、扣押、冻结：(1)未公开的发明或未发表的著作；(2)被执行人所得的勋章和其他荣誉表彰物品；(3)享有合法有效的司法豁免权的财产；(4)法律和司法解释规定的其他不得查封、扣押、冻结的财产。

人民法院查封、扣押财产时，被执行人是公民的，应当通知被执行人或者他的成年家属到

场，公民所在单位或财产所在地的基层组织应当派人参加；被执行人是法人或其他组织的，应当通知其法定代表人或者主要负责人到场，拒不到场的，不影响执行。对被查封、扣押的财产，执行员必须造具清单，由在场人签名或盖章后，交被执行人一份。被执行人是公民的，也可以交他的成年家属一份。对于不动产和有产权证照的特定动产，在查封、扣押时还应当在相关产权部门办理查封登记手续。

财产被查封、扣押后，执行法院应当在30日内启动确定财产处置参考价程序，可以采取当事人议价、定向询价、网络询价、委托评估等方式，确定财产处置参考价。当事人、利害关系人认为网络询价报告或者评估报告评估程序严重违法时，可以在收到报告后5日内提起书面异议。

在采取查封、扣押措施后，被执行人依然拒绝履行义务的，执行法院可以将查封、扣押的财产变现，并将所得价款交给债权人。在变现的方式上，应当采取拍卖优先原则，自行组织拍卖或者交由专门的拍卖机构拍卖，也可以依法通过互联网平台进行拍卖。只有对于不适于拍卖的财产（如易腐烂变质的物品、季节性商品等）或双方当事人均不同意进行拍卖的财产，才可以委托有关单位变卖或者自行变卖。国家禁止自由买卖的物品（如金银等物品），人民法院应当交有关单位按照国家规定的价格收购后，将收购价款转交债权人。

对于被执行人的知识产权、股权和其他投资权益，应当根据有关司法解释的规定，首先向有关部门、企业发出协助通知，禁止上述权益被转让，在被执行人在规定期限仍未履行义务后，拍卖、变卖、强制转让相关权益。

经申请执行人和被执行人同意，且不损害其他债权人合法权益和社会公共利益的，人民法院可以不经拍卖、变卖，直接将被执行人的财产作价交申请执行人抵偿债务。执行标的物为特定物的，应当执行原物。原物确已毁损或者灭失的，经双方当事人同意，可以折价赔偿。双方当事人对折价赔偿不能协商一致的，人民法院应当终结执行程序。申请执行人可以另行起诉。

（四）强制被执行人交付法律文书指定的财物或票证

法律文书指定交付的财物或者票证，由执行员传唤双方当事人当面交付，或者由执行员转交，并由被交付人签收。有关单位持有该项财物或票证的，应当根据人民法院的协助执行通知书转交，并由被交付人签收。有关公民持有该项财物或票证的，人民法院通知其交出。拒不交出的，强制执行。

因持有人的过失造成该项财物或票证毁损或灭失的，人民法院可责令持有人赔偿，拒不赔偿的，可按被执行人的财物或票据的价值强制执行。

二、对行为的执行措施

（一）强制被执行人迁出房屋或退出土地

强制被执行人迁出房屋或退出土地，由院长签发公告，责令被执行人在指定期间履行。被执行人逾期不履行的，由执行员强制执行。

强制执行时，被执行人是公民的，应当通知被执行人或其成年家属到场，该公民所在的单位或房屋、土地所在地的基层组织应当派人参加；被执行人是法人或其他组织的，应当通知其法定代表人或主要负责人到场，拒不到场的，不影响执行。执行员应当将强制执行情况记入笔录，由在场人签名或盖章。

强制迁出房屋被搬出的财物，由人民法院派人运至指定处所，交给被执行人。被执行人是公民的，可以交给其成年家属。因拒绝接收而造成的损失，由被执行人承担。

（二）强制被执行人履行法律文书指定的行为

判决、裁定和其他法律文书指定的行为，如果系可替代完成的作为，人民法院可以委托有关单位或他人完成，必要时可以通过招标方式确定代履行人。代履行所发生的费用，由被执行人承担。拒不承担的，依照对财产执行的方法采取执行措施，迫使其履行。法律、行政法规对履行该行为义务有资格限制的，应当从有资格的人中选定。必要时，可以通过招标的方式确定代履行人。

如果系不可替代的作为，人民法院可采取间接执行的方法，通过对被执行人罚款、拘留、强制支付迟延履行金等手段，促使其自动完成义务行为。执行依据确定未成年子女由一方当事人抚养，另一方当事人或者他人拒不交出的，除依据前述规定的方法执行外，人民法院也可以将该子女领交抚养人。被执行人有协助探望义务的，其义务的执行方法将依照不可替代行为的执行方法实施。

如果系不作为义务，被执行人因实施积极行为，违背法律文书的规定，人民法院应当消除积极行为产生的后果。

三、保障性执行措施

（一）查询被执行人的身份信息和财产信息

被执行人未按期履行给付义务的，人民法院可以向各类机构发出协助通知，调查询问债务人的身份信息和财产信息，以了解被执行人的履行能力，为扣押、冻结、划拨、变价做好准备。

（二）搜查被执行人的财产

人民法院认为被执行人不履行法律文书确定的义务且隐匿财产的，有权发出搜查令，对被执行人及其住所或财产隐匿地进行搜查。搜查是执行中涉及被执行人财产权和人身权的一项严厉措施，因此必须严格依法进行。人民法院进行搜查，搜查人员应当按规定着装并出示法院院长签发的搜查令和工作证件。搜查对象是公民的，应当通知被执行人或其成年家属以及基层组织派员到场；搜查妇女身体，应当由女执行人员进行；搜查中发现被执行人财产，应当依法查封、扣押，但对被执行人的其他物品，如生活日用品、有关身份证件等不得查封、扣押。搜查应当制作搜查笔录，由搜查人员、被搜查人及其他在场人签名、捺印或盖章。拒绝签名、捺印或盖章的，应当记入搜查笔录。

（三）强制被执行人支付迟延履行期间债务利息及迟延履行金

被执行人未按判决、裁定和其他法律文书指定的期间履行给付金钱义务的，除应正常支付迟延履行的一般债务利息外，还应当加倍支付迟延履行期间的债务利息。被执行人未按判决、裁定和其他法律文书指定的期间履行其他义务的，应当支付迟延履行金。

加倍支付迟延履行期间债务利息的利率，按照每日1.75‱计算。

被执行人未按判决、裁定和其他法律文书指定的期间履行其他非金钱给付义务的，无论是否给申请执行人造成损失，都应当支付迟延履行金。已经造成损失的，双倍补偿申请执行人已经受到的损失；没有造成损失的，迟延履行金可以由人民法院根据案件的具体情况决定。

（四）办理财产权证照转移手续

在执行中，需要办理有关财产权证照如房产证、土地证、林权证、专利证书、商标证书、车辆执照等转移手续的，人民法院可以向有关单位发出协助执行通知书，要求其协助办理更名过户手续，以实现债权人的权利。

（五）被执行人报告财产

被执行人未按执行通知履行法律文书确定的义务，应当报告当前以及收到执行通知之日前一年的财产情况。被执行人拒绝报告或者虚假报告的，人民法院可以根据情节轻重对被执行人或者其法定代理人、有关单位的主要负责人或者直接责任人员予以罚款、拘留。

司法解释对该财产报告制度作了进一步补充。被执行人自收到执行通知之日前一年至提交书面财产报告之日，其财产发生变动的，应当对该变动情况一并报告。被执行人报告财产后，其财产情况发生变动，影响申请执行人债权实现的，应当自财产变动之日起10日内向人民法院补充报告。对被执行人报告的财产情况，申请执行人请求查询的，人民法院应当准许。申请执行人对查询过程中知悉的信息应当保密。被执行人在报告财产期间履行完毕生效法律之书确定义务的，人民法院应当裁定终结报告程序。

（六）限制出境

被执行人不履行法律文书确定的义务的，人民法院可以依据申请执行人的书面申请或者必要时依职权决定对被执行人采取或者通知有关单位协助采取限制出境措施，以保障权利人的利益。被执行人为单位的，可以对其法定代表人、主要负责人或者影响债务履行的直接责任人员限制出境。被执行人为无民事行为能力人或者限制民事行为能力人的，可以对其法定代理人限制出境。在限制出境期间，被执行人履行法律文书确定的全部债务的，执行法院应当及时解除限制出境措施；被执行人提供充分、有效的担保或者申请执行人同意的，可以解除限制出境措施。

（七）纳入失信名单，通报征信系统记录不履行义务信息

被执行人不履行法律文书确定的义务的，人民法院可以根据情节将其纳入失信被执行人名单，将被执行人不履行或者不完全履行义务的信息向其所在单位、征信机构以及其他相关机构通报。个人征信系统为消费信贷机构提供个人信用分析产品，含有广泛精确的个人信息。不履行义务的信息将导致被执行人的个人信用记录减损，在日常生活和商业交往中产生负面影响。由于征信系统主要由中国人民银行等金融监管机构管理，故法院可以通知有关单位协助记录不履行义务的信息。

（八）媒体公布不履行义务信息

被执行人不履行法律文书确定的义务的，执行法院可以依职权或者依申请执行人的申请，将被执行人不履行法律文书确定义务的信息，通过报纸、广播、电视、互联网等媒体公布，以通过社会舆论的监督来威慑和督促被执行人履行相关义务。媒体公布的有关费用，由被执行人负担；申请执行人申请在媒体公布的，应当垫付有关费用。

（九）限制被执行人消费

被执行人未按执行通知书指定的期间履行生效法律文书确定的给付义务的，人民法院可以采取限制消费措施，限制其高消费及非生活或经营必需的有关消费。对于纳入失信被执行人名单的被执行人，人民法院应当对其采取限制消费措施。

人民法院决定采取限制消费措施时，应当考虑被执行人是否有消极履行、规避执行或者抗拒执行的行为以及被执行人的履行能力等因素。被执行人为自然人的，被采取限制消费措施后，不得有以下高消费及非生活和工作必需的消费行为：(1)乘坐交通工具时，选择飞机、列车软卧、轮船二等以上舱位；(2)在星级以上宾馆、酒店、夜总会、高尔夫球场等场所进行高消费；(3)购买不动产或者新建、扩建、高档装修房屋；(4)租赁高档写字楼、宾馆、公寓等场所办公；(5)购买非经营必需车辆；(6)旅游、度假；(7)子女就读高收费私立学校；(8)支付高额保费购买保险理财产品；(9)乘坐G字头动车组列车全部座位、其他动车组列车一等以上座位等其他非生活和工作必需的消费行为。被执行人为单位的，被采取限制消费措施后，被执行人及其法定代表人、主要负责人、影响债务履行的直接责任人员、实际控制人不得实施前款规定的行为。因私消费以个人财产实施前款规定行为的，可以向执行法院提出申请。执行法院审查属实的，应予准许。被执行人违反限制消费令进行消费的行为属于拒不履行人民法院已经发生法律效力的判决、裁定的行为，经查证属实的，依法予以拘留、罚款；情节严重，构成犯罪的，追究其刑事责任。

限制消费的执行措施可以由申请执行人向人民法院提出书面申请启动，也可以由人民法院自行依职权启动。人民法院根据案件需要和被执行人的情况可以向有义务协助调查、执行的单位送达协助执行通知书，也可以在相关媒体上进行公告。有关单位在收到人民法院协助执行通知书后，仍允许被执行人从事禁止性消费活动的，应当依法追究其妨害民事诉讼行为的责任。

被限制消费的被执行人因生活或者经营必需而进行禁止的消费活动的，应当向人民法院提出申请，获批准后方可进行。被执行人是单位的，其法定代表人、主要负责人、实际控制人等被限制消费后，如果要以个人财产实施被限制的消费活动，也必须向人民法院提出申请，获批后方可进行。被执行人提供确实有效的担保或者经申请执行人同意，人民法院可以解除限制消费令。被执行人依法履行执行根据后，人民法院应当及时解除限制消费令。

上述报告财产，限制出境，纳入失信名单、

通报征信系统记录不履行义务信息，媒体公布不履行义务信息，限制被执行人消费五项执行措施，是《民事诉讼法》和司法解释吸收近年来各地执行经验规定的具有威慑性的措施，旨在敦促被执行人积极履行债务，化解“执行难”的问题，确保债权人的合法权益。

四、代位执行

代位执行，实际是对被执行人对第三人生效债权的执行措施，具体是指被执行人不能清偿债务但对第三人享有到期债权的，人民法院可以作出冻结债权的裁定，并向第三人发出履行到期债务的通知，第三人在指定期限内没有提出异议又不履行债务的，人民法院有权对第三人采取强制执行措施。

人民法院应当参照督促程序，向第三人送达履行通知时，该通知必须送达第三人。第三人在收到履行通知后15日内应当向申请执行人履行债务，如果第三人对债权有异议，必须在收到履行通知后15日内向法院提出异议，人民法院对异议部分的债务不再执行，但生效法律文书确定的到期债权除外。如果第三人在指定期限内既没有提出异议又不履行债务，人民法院可以对第三人的财产查封、变价，并交付给债权人，实现其利益。

五、保全执行

保全执行，是指为了保证将来能够得到顺利执行而固定债务人现有财产关系或事实状态的一种执行措施。一般认为保全执行具有以下特点：(1)暂时性。保全执行只是为了实现权利义务的最终执行所采取的暂时性或临时性措施。(2)紧急性或及时性。为了避免被执行财产将来不能顺利执行，执行机构需要及时对被执行财产采取相应的保全措施。(3)保密性。保全执行要有效需要在一定程度上保密。(4)附属性。保全执行是依附于强制执行的一种附随性程序和措施。

保全执行申请既可以向作出保全裁定的人民法院提出，并由该人民法院执行，也可以向被保全财产所在地或者被保全行为地人民法院申请执行。

执行机构在保全执行中，不得对保全标的物采取变价、划拨等处分措施。保全标的物具有下列情形之一的，人民法院可以责令当事人及时处理，由人民法院保全价款，必要时，人民法院可予以变卖，保全价款：(1)季节性、鲜活、易腐烂变质以及其他不宜长期保存；(2)不及时变价会导致价值严重贬损；(3)保管困难或者保管费用过高。

人民法院依据保全裁定采取的查封等措施，进入终局执行之后，自动转为终局执行的执行措施。终局执行的执行措施依据确定的履行期限届满、所附条件成就之日起30日内，债权人未申请执行的，作出保全裁定的人民法院可以根据被保全人的申请，裁定解除保全。

保全中的担保，是指第三人向人民法院提供财产担保、保证或者以责任保险合同等方式提供担保，人民法院据此变更保全内容或解除保全的，进入终局执行后，人民法院可以裁定直接执行担保财产、第三人在保证范围内的财产或者由保险人赔偿被保全人遭受的损失。

第四节　执行救济

一、执行救济概念与体系

执行救济，是指在执行程序中，执行当事人、利害关系人或者案外人因执行机构的执行行为或执行处分而受到损害或有可能受到损害时，依法向法院提出申请，法院依法予以纠正的制度。根据救济程序程序保障程度不同，理论上将执行救济分为程序性救济与实体性救济。根据我国《民事诉讼法》和最高人民法院《关于人

案例分析　能力训练

民法院办理执行异议和复议案件若干问题的规定》，在我国现行执行救济体系中，主要的执行救济制度为执行异议和执行异议之诉两大类。

二、执行异议

执行异议，是指执行当事人、利害关系人或案外人对法院执行行为申明不服或对执行标的主张权利提出的救济请求。根据《民事诉讼法》第236、238条以及相关司法解释规定，具体包括当事人、利害关系人异议，案外人异议，分配方案异议三种制度。

（一）当事人、利害关系人异议

当事人、利害关系人异议，也称为执行行为异议，是指当事人、利害关系人对法院的执行行为提出书面疑义，从而要求人民法院变更或停止执行行为的请求。执行行为异议是一项重要的救济措施，它赋予了当事人和利害关系人针对执行过程中的程序性错误提出异议并进而申请复议的权利，对于维护当事人和利害关系人的合法权益具有十分重要的意义。

根据民事诉讼法的相关规定，当事人、利害关系人提出异议的条件：

（1）异议的对象：应当以人民法院的执行行为在程序上违反法律法规或司法解释为由提出异议，具体可以提出异议的行为包括三类情况：第一，查封、扣押、冻结、拍卖、变卖、以物抵债、暂缓执行、中止执行、终结执行等执行措施中存在的程序违法行为；第二，执行的期间、顺序等未遵守法定程序；第三，法院作出的侵害当事人、利害关系人合法权益的其他行为。此外，被执行人以债权消灭、丧失强制执行效力等执行依据生效之后的实体事由提出的排除执行的异议，虽然并不属于程序性事项，但鉴于我国并无独立的债务人异议之诉制度，执行法院应当参照执行行为异议予以审查。但是，下列两类行为不构成执行异议的对象：一是人民法院的内部管理行为，如更换承办人、提级执行等；二是执行依据生效之前的排除执行异议的实体事由，此时说明原审裁判可能存在错误，应当通过再审或其他程序予以解决。

（2）异议的提出主体：只限于案件的当事人和利害关系人，其中利害关系人是指当事人以外认为执行法院的程序性事项存在违法性且损害其利益的人。如果案外人认为执行法院的行为具有实体违法性，不应通过本制度，而应通过执行标的异议予以救济。

（3）异议的管辖法院：应当向执行法院提出异议，执行法院应当在异议提出后3日内决定是否立案。执行法院拖延回复的，异议人可以向上一级法院提出异议。同时，为了提高执行效率，对同一执行行为，异议理由应当一次性全部提出。

书面执行行为异议提出后，人民法院应当组成合议庭予以审查，并在执行终结前作出裁定。具体而言，应当自收到异议之日起15日内审查完毕作出裁定：理由不成立的，裁定驳回；理由成立的，裁定撤销或者变更执行行为，如果执行行为无撤销变更内容，直接裁定异议成立。

当事人、利害关系人对裁定不服的，还可以自裁定送达之日起10日内向上一级人民法院申请复议。上一级法院应当组成合议庭，自收到复议申请之日起30日内审查完毕，作出裁定。有特殊情况需要延长的，经本院院长批准，可以延长，延长的期限不得超过30日。经过复议审查，认为：（1）异议裁定认定事实清楚，适用法律正确，结果应予维持的，裁定驳回复议申请，维持异议裁定；（2）异议裁定认定事实错误，或者适用法律错误，结果应予纠正的，裁定撤销或者变更异议裁定；（3）异议裁定认定基本事实不清、证据不足的，裁定撤销异议裁定，发回作出裁定的人民法院重新审查，或者查清事实后作出相应裁定；（4）异议裁定遗漏异议请求或者存在其他严重违反法定程序的情形，裁定撤销异议裁定，发回作出裁定的人民法院重新审查。人民法院对发回重新审查的案件作出裁定后，当事人、利害关系人申请复议的，上一级人民法院复议后不得再次发回重新审查。

执行异议审查和复议期间，不停止执行。被执行人、利害关系人提供充分、有效的担保请求停止相应处分措施的，人民法院可以准许；申请执行人提供充分、有效的担保请求继续执行的，应当继续执行。

（二）案外人异议

案外人异议，又称为案外人对执行标的的异议，是指在执行过程中，案外人对被执行的财产的全部或一部分主张实体权利并要求负责执行的法院停止并变更执行的书面请求。案外人提出执行标的异议的理由应当是执行行为将对其实体权利造成损害，这是与以程序违法提出执行行为异议的根本不同。但是，对同一执行行为，案外人可能既基于实体权利对执行标的提出异议，也可能对其程序违法性提出执行行为异议，此时执行标的异议吸收执行行为异议，执行法院应当按照执行标的异议的审查程序予以审查并作出裁定。

根据民事诉讼法和司法解释的规定，对于案外人执行标的异议的审查程序，基本参照执行行为异议的审查机制。但在审查期间，只可以对财产采取查封、扣押、冻结等保全措施，不得进行处分。案外人向人民法院提供充分、有效的担保请求解除对异议标的的查封、扣押、冻结的，人民法院可以准许；申请执行人提供充分、有效的担保请求继续执行的，应当继续执行。因案外人提供担保解除查封、扣押、冻结有错误，致使该标的无法执行的，人民法院可以直接执行担保财产；申请执行人提供担保请求继续执行有错误，给对方造成损失的，应当予以赔偿。

对案外人执行标的异议，人民法院应当审查下列内容：（1）案外人是否系权利人；（2）该权利的合法性与真实性；（3）该权利能否排除执行。人民法院在审查时应当以形式审查为原则，有登记的，按照登记机构的登记判断；无登记的，按照合同等证明财产权属或者权利人的证据判断。

经过审查，会有下列两种处理情况：（1）如果异议理由不成立，则裁定驳回异议，执行程序继续进行。（2）如果异议理由成立，则应裁定中止执行。如果申请执行人没有及时提起诉讼解决实体权利归属，人民法院应当解除或撤销执行措施；如果申请执行人提出了确认执行标的是否适当的民事诉讼，人民法院应当等待诉讼的结果，并根据该结果裁定是否解除执行措施。

法院对执行标的异议的处理裁定是在执行过程中经过执行法院的初步审查作出的，并未经过普通诉讼程序的审理，因而不能构成确认实体权利的最终依据。根据法律和司法解释的规定，案外人、当事人如果对裁定不服，希望通过诉讼对相关标的的权利重新确认的，有两种可能：第一，原判决、裁定对执行标的的处分结果本身有误，则案外人或当事人可以按照审判监督程序向法院申请再审；第二，原判决、裁定并未直接涉及执行标的的权利归属，则案外人或申请执行人可以自裁定送达之日起15日内，向执行法院提起新的诉讼，即案外人异议之诉和许可执行之诉。

（三）分配方案异议

分配方案异议，是指在金钱债权的执行中，当多个债权人对同一被执行人申请执行或者对执行财产申请参与分配时，债权人或被执行人对法院制作的财产分配方案提出的不服申请。根据《执行解释》第17、18条规定，债权人或者被执行人对分配方案有异议的，应当自收到分配方案之日起15日内向执行法院提出书面异议。债权人或者被执行人对分配方案提出书面异议的，执行法院依异议人的意见对分配方案审查修正后进行分配，提出反对意见的，应当通知异议人。

根据《民诉解释》第510条的规定，债权人或者被执行人对分配方案提出书面异议的，执行法院应当通知未提出异议的债权人、被执行人。未提出异议的债权人、被执行人自收到通知之日起15日内未提出反对意见的，执行法院依异议人的意见对分配方案审查修正后进行分配；提出反对意见的，应当通知异议人。异议人可以自收到通知之日起15日内，以提出反对意见的债权人、被执行人为被告，向执行法院提起诉讼；异议人逾期未提起诉讼的，执行法院按照原分配方案进行分配。诉讼期间进行分配的，执行法院应当提存与争议债权数额相应的款项。

三、执行异议之诉

执行异议之诉，是指在执行程序中，当事人、案外人不服人民法院作出的异议裁定，以起诉方式通过确认当事人之间实体权利义务关系对违法执行行为予以纠正的一系列诉讼形态。依据民事诉讼法和司法解释的相关规定，我国现行制度中的执行异议之诉具体包括案外人异议之诉、许可执行之诉和分配方案异议之诉三种。

（一）案外人异议之诉

案外人异议之诉，是指案外人向执行法院提出的请求，通过对执行标的物实体权利归属作出判定，排除执行依据的执行力向该执行标的物执行的诉讼。案外人异议之诉的程序规范是：（1）起诉的时间应当在收到执行法院对执行标的异议作出驳回裁定后15日内。（2）管辖法院为执行法院。（3）应当以案外人为原告，申请执行人为被告，如果被执行人反对案外人对执行标的所主张的实体权利，则应当以申请执行人和被执行人为共同被告，如果被执行人不反对案外人主张，则可以列其为第三人。（4）应当依照普通程序进行审理。（5）案外人异议之诉审理期间，人民法院不得对执行标的进行处分。申请执行人请求法院继续执行并提供相应担保的，人民法院可以准许。

经过审理，认定案外人就执行标的享有足以排除强制执行的民事权益的，判决不得执行该执行标的，执行异议裁定失效；反之，判决驳回其诉讼请求。如果案外人同时提出确认其权利的诉讼请求，人民法院可以在判决中一并作出裁判。

（二）许可执行之诉

许可执行之诉，又称为申请执行人的执行异议之诉，是指申请执行人向执行法院提出审理请求，以决定是否可执行特定标的物的诉讼。许可执行之诉的程序规范是：（1）起诉的时间应当在收到执行法院对执行标的异议作出中止裁定后15日内。（2）管辖法院为执行法院。（3）应当以申请执行人为原告，案外人为被告，如果被执行人反对申请执行人请求，则应当以案外人和被执行人为共同被告；若被执行人不反对申请执行人请求，则可以列被执行人为第三人。（4）应当依照普通程序进行审理。

经审理，案外人就执行标的享有足以排除强制执行的民事权益的，判决驳回诉讼请求，该判决生效后，执行法院应当裁定解除执行措施；反之，应当判决准许执行该执行标的，原执行异议裁定失效，执行法院可以根据申请执行人的申请或者依职权恢复执行。

例如，在一起民间借贷纠纷中，法院判决张三归还李四人民币100万元，进入执行程序后，张三由于资金不足，执行法院扣押了张三收藏的一个明代玉瓶。后案外人王五向执行法院提出异议，主张自己才是该玉瓶的所有人，但李四怀疑王五是帮助张三取回玉瓶控制权的“托儿”。显然，李四和王五对这一玉瓶的所有权人有了实质上的争议，因此如果执行法院裁定支持了王五的主张，则李四可以提起许可执行之诉；而如果法院驳回了王五的申请，则王五可以提起执行异议之诉来继续主张权利。无论如何，玉瓶与民间借贷的判决无关，所以王五不能通过再审程序或第三人撤销之诉来寻求救济。

案外人执行异议之诉与许可执行之诉的比较如下所示：

比较项目	案外人执行异议之诉	许可执行之诉
前提	执行异议被裁定驳回	执行异议被裁定成立
目的功能	阻碍执行	恢复促进执行
诉讼地位	案外人为原告，申请执行人为被告；被执行人反对案外人的，作为共同被告；不反对的，可列为第三人	申请执行人为原告，案外人为被告；被执行人反对申请执行人的，作为共同被告；不反对的，可列为第三人
举证责任	两种异议之诉中，案外人均应当就其对执行标的享有足以排除强制执行的民事权益承担举证证明责任	
审理程序	法院审理执行异议之诉案件，适用普通程序	

（三）分配方案异议之诉

分配方案异议之诉，也称分配表异议之诉，是指提出分配方案异议的债权人或被执行人，因不同意未提出异议的申请执行人或者被执行人的反对意见，而提起对其异议理由进行实体审理和裁判，以确定是否修改分配方案的诉讼。这是一项与分配方案异议制度密切联系的诉讼形态。特别需要注意的是，此处作为审判对象的异议理由应理解为实体性争议，即因实体权利义务关系是否存在而引发的有关分配方案上所记载的各债权人的债权或分配额的争议。若是执行部门在根据执行依据制作分配方案的过程中计算错误，进而造成相关债权人在分配方案中的分配额减少，则属于程序性争议。在此情形下，相关债权人可以以执行行为违法为由，依照《民事诉讼法》第236条的规定提出执行行为异议和复议。

按照《执行解释》的规定，参与分配异议之诉的程序包括：（1）原告是提出分配方案异议的债权人或者被执行人；（2）被告是对分配方案异议提出反对意见的债权人或者被执行人；（3）在收到未提出异议的债权人或被执行人提出的反对意见通知之日起15日内提起；（4）由执行法院管辖。

分配方案异议之诉由执行法院适用普通程序进行审理和裁判。经审理，分配方案异议理由成立，判决原告诉讼请求成立，并在判决结论中明确分配的修改方案；反之，则应判决驳回诉讼请求。当事人对于该判决可以提起上诉。在诉讼期间，法院应当将与争议债权数额相应的款项予以提存。

四、执行回转

执行回转，是指执行完毕后，因为原来的执行根据被撤销，法院根据新的法律文书通过采取强制执行措施，将已经执行的财产返还给原被执行人，从而恢复到原执行程序开始前状态的制度。《民事诉讼法》第244条规定，执行完毕后，据以执行的判决、裁定和其他法律文书确有错误，被人民法院撤销的，对已被执行的财产，人民法院应当作出裁定，责令取得财产的人返还；拒不返还的，强制执行。

执行回转应当具备以下条件：（1）原生效的法律文书已经由人民法院执行完毕。（2）原据以执行的法律文书因为确有错误而被人民法院撤销。（3）根据新的生效法律文书执行回转。

第五节　暂缓执行、执行中止和执行终结

一、暂缓执行

暂缓执行，是指在执行程序开始后，因法定事由的出现，人民法院决定暂时停止执行行为。根据民事诉讼法和相关司法解释，暂缓执行的情形主要包括：

1.因执行担保暂缓执行。执行担保协议达成后，执行机构经债权人同意，可以决定暂缓执行。

2.因司法监督引起的暂缓执行。上级人民法院行使司法监督权，发现执行法院据以执行的执行根据确有错误，或者执行法院在执行中的执行行为不当，应予纠正时，为了避免错误后果不断扩大，可以指令执行法院暂缓执行。

出现暂缓执行的情形后，人民法院可以根据当事人的申请或依职权决定暂缓执行，在决定书中一般应当记明暂缓执行的期限。该期限一般不得超过3个月，因特殊事由需要延长的，可以适当延长。暂缓执行期限届满后，人民法院应当立即恢复执行；暂缓执行期限届满前，阻却事由消灭的，人民法院也应当作出决定，提前恢复执行。

二、执行中止

执行中止，是指在执行过程中，由于某种特殊情况的发生而暂时停止执行程序，待该情况消除后再恢复执行程序的制度。

根据《民事诉讼法》及《民诉解释》的规定，有下列情形之一的，人民法院应当裁定中止执行：(1)申请人表示可以延期执行的。(2)案外人对执行标的提出确有理由的异议的。(3)作为一方当事人的公民死亡，需要等待继承人继承权利或承担义务的。(4)作为一方当事人的法人或其他组织终止，尚未确定权利义务承受人的。(5)人民法院认为应当中止执行的其他情形。(6)在执行中，作为被执行人的企业法人符合《企业破产法》第2条第1款规定情形的，执行法院经申请执行人之一或者被执行人同意，应当裁定中止对该被执行人的执行。

执行中止时，人民法院应当作出裁定，并停止一切强制执行活动。执行中止的原因消除后，由当事人申请或人民法院依照职权恢复执行程序，继续执行。

执行中止与暂缓执行都是执行阻却的类型。二者的主要区别在于：第一，阻却事由不同。暂缓执行的事由主观性较强，执行法院自由裁量权空间较大；中止执行的事由更加客观，一旦出现，法院都应当裁定中止。第二，效力不同。暂缓执行只是暂时停止执行措施，执行程序并未中断；执行中止是整个执行程序的中断。第三，期限不同。暂缓执行的期间一般是明确具体的，能够在决定暂缓执行的同时，确定恢复执行的时间；中止执行的期间往往无法确定，甚至可能最终转变为执行终结。

三、执行终结

执行终结，是指在执行过程中，由于发生某些特殊情况，执行程序不可能或没有必要继续进行，从而结束执行程序的制度。执行终结是执行程序的非正常结束。

在执行过程中，引起执行终结的情况有：(1)申请人撤销申请的。如果申请人嗣后再次申请执行，必须在合法的申请执行时效期间内申请。(2)据以执行的法律文书被撤销的。(3)作为被申请执行人的公民死亡，无遗产可供执行，又无义务承担人的。(4)追索赡养费、扶养费、抚养费案件的权利人死亡的。(5)作为被执行人的公民因生活困难无力偿还借款，无收入来源，又丧失劳动能力的。(6)被执行人被人民法院裁定宣告破产的。(7)人民法院认为应当终结执行的其他情形。

执行终结，应当由人民法院作出裁定。执行终结的裁定，当事人不能提起上诉，也不能申请复议。

四、终结本次执行

终结本次执行，是指已经开始执行的案件，经过调查没有发现可供执行的财产时，在申请人签字或执行法院组成合议庭审查核实并经院长批准后，裁定终结本次执行程序的制度。

根据最高人民法院《关于严格规范终结本次执行程序的规定（试行）》第1条的规定，终结本次执行应同时符合以下条件：(1)已向被执行人发出执行通知、责令被执行人报告财产。(2)已向被执行人发出限制消费令，并将符合条件的被执行人纳入失信被执行人名单。(3)已穷尽财产调查措施，未发现被执行人有可供执行的财产或者发现的财产不能处置。(4)自执行案件立案之日起已超过3个月。(5)被执行人下落不明的，已依法予以查找；被执行人或者其他人妨害执行的，已依法采取罚款、拘留等强制措施，构成犯罪的，已依法启动刑事责任追究程序。

【本章主要法律规定】

1.《民事诉讼法》第235～269条
2.最高人民法院《关于适用〈中华人民共和国民事诉讼法〉的解释》第302～314、460～519条
3.最高人民法院《关于人民法院执行工作若干问题的规定（试行）》
4.最高人民法院《关于人民法院民事执行中查封、扣押、冻结财产的规定》
5.最高人民法院《关于人民法院民事执行中拍卖、变卖财产的规定》
6.最高人民法院《关于适用〈中华人民共和国民事诉讼法〉执行程序若干问题的解释》
7.最高人民法院《关于人民法院办理执行异议和复议案件若干问题的规定》

第五编

仲裁制度

本编导读

仲裁作为一种解决合同纠纷和其他财产权益纠纷的民间性裁决制度，具有自愿性、专业性、灵活性、保密性、快捷性、经济性与独立性等特点。其中自愿性这一特点十分重要，争议是否提交仲裁、仲裁的具体范围多大、选择什么仲裁机构以及仲裁地点的选择等原则上都要尊重当事人的意愿。违背当事人的意愿进行仲裁，很可能会导致仲裁裁决被撤销或不予执行的法律后果。

仲裁案件由仲裁委员会受理，仲裁案件的具体审理由仲裁庭负责。仲裁委员会的仲裁员由符合仲裁员条件并被仲裁委员会聘任的人员担任。适用简易程序审理的案件，由独任仲裁员负责。独任仲裁员由双方当事人共同推举，或者仲裁委员会主任指定。适用普通程序审理的案件，由合议仲裁庭负责。仲裁庭的仲裁员分别由申请人、被申请人各自选定1名仲裁员，当事人未选定的，由仲裁委员会主任指定。第3名仲裁员由双方当事人共同选定，未能共同选定的，由仲裁委员会主任指定，第3名仲裁员为首席仲裁员。

体现当事人仲裁意愿的载体是仲裁协议。仲裁协议是双方当事人自愿将他们之间已经发生或者可能发生的争议提交仲裁解决的法律文书。在民商事仲裁中，仲裁协议是仲裁的前提，没有仲裁协议，就不存在有效的仲裁。仲裁协议具有以下特征：（1）仲裁协议是双方当事人同意将争议提交仲裁的意思表示。（2）仲裁协议中双方当事人的权利义务具有同一性。（3）仲裁协议的内容具有特殊性，其核心内容包括：双方当事人同意将争议提交仲裁的意愿；双方当事人约定（具有法律规定的可仲裁性）的事项范围；双方当事人选择的仲裁委员会。（4）仲裁协议具有相对于约定仲裁协议的合同的独立性。（5）仲裁协议必须以书面形式订立。

仲裁程序的启动由仲裁当事人主导，仲裁当事人是依据有效的仲裁协议，以自己的名义参加仲裁程序，并受仲裁裁决约束的自然人、法人和其他组织。仲裁因当事人申请仲裁而开始，仲裁机构是否受理仲裁，主要的根据就是当事人提交的仲裁协议是否合法。仲裁由依法组成的仲裁庭负责审理，仲裁案件的审理方式，原则上是开庭审理，在当事人同意的情况下，也可以书面审理。在仲裁案件审理的过程中，当遇到相关的情形时，可以适用相关的制度予以解决，包括：仲裁的财产保全、行为保全和证据保全；仲裁的撤回；仲裁开庭的延期；仲裁的调解；仲裁的缺席裁决，等等。

仲裁裁决具有法定的效力，双方当事人应当自觉履行，履行期满，义务人没有履行仲裁裁决的，权利人可以申请强制执行。仲裁当事人认为仲裁裁决具有可以撤销情形的，可以在一定期限内向法院申请撤销仲裁裁决；一方当事人认为仲裁裁决符合申请执行条件的，可以向法院申请强制执行；另一方当事人认为仲裁裁决具有不予执行情形的，可以申请不予执行仲裁裁决。

应当对仲裁制度从整体上予以把握。在仲裁制度中，仲裁协议是核心，它与争议是否提交仲裁、由哪个仲裁机构仲裁、仲裁的范围有多大等都有密切的关系。仲裁协议是否存在及是否有效，涉及仲裁裁决是否有效以及仲裁裁决是否可以被撤销、不予执行。从内容把握上，考生们需要掌握：仲裁协议包括哪些内容，这些内容的具体要求都有哪些，仲裁协议具有哪些效力，以及不予执行仲裁裁决或撤销仲裁裁决的事由中，哪些与仲裁协议的内容有关系。除了上述内容，考生还需要掌握的仲裁制度的重点内容包括：仲裁有何特点、各种仲裁的具体制度在仲裁过程中的适用、仲裁裁决的效力、撤销仲裁裁决或者不予执行仲裁裁决的具体事由。

第二十二章
仲裁与仲裁法概述

本章主要内容提示

本章的重点为仲裁与仲裁法的特点、仲裁的适用范围、仲裁与民事诉讼的关系和仲裁法的基本原则与制度等。

1.仲裁的特点：仲裁具有自愿性、专业性、灵活性、保密性、快捷性、经济性和独立性的特点。

2.我国仲裁法的内容体现了以下特点：机构仲裁、对涉外仲裁进行特别规定、仲裁和调解相结合。

3.我国仲裁法规定的适用范围为：平等主体的公民、法人和其他组织之间发生的合同纠纷和其他财产权益纠纷。婚姻、收养、监护、扶养、继承纠纷以及依法应当由行政机关处理的行政争议不能仲裁。

4.仲裁与民事诉讼的关系：仲裁与民事诉讼的相同点、区别和联系。

5.仲裁法规定的基本原则和制度：自愿原则，根据事实、符合法律规定、公平合理解决纠纷原则，独立仲裁原则；协议仲裁制度、或裁或审制度和一裁终局制度。

第一节　仲裁概述

一、仲裁的概念

在汉语中，“仲裁”一词从字义上讲，“仲”表示居中的意思，“裁”表示衡量、评断、作出结论的意思。按照《现代汉语词典》的解释，“仲裁”就是“争执双方同意的第三者对争执事项作出决定”。

仲裁作为一个法律概念有其特定的含义，即仲裁是指发生争议的双方当事人，根据其在争议发生前或争议发生后所达成的协议，自愿将该争议提交中立的第三者进行裁判的争议解决制度和方式。

仲裁具有以下三要素：(1)仲裁是以双方当事人自愿协商为基础的争议解决制度和方式；(2)仲裁是由双方当事人自愿选择的中立第三者进行裁判的争议解决制度和方式；(3)仲裁裁决对双方当事人具有约束力。

与调解和诉讼一样，仲裁也是解决争议的一种方式，但仲裁是非经司法诉讼途径即具有法律约束力的争议解决方式。这一方式广泛运用于民商事的争议解决过程中，同时成为解决劳动争议和农业承包合同纠纷的重要方式，即劳动争议仲裁和农业承包合同纠纷仲裁。由于劳动争议仲裁和农业承包合同纠纷仲裁与民商事仲裁存在差异，根据仲裁法的规定，上述两种类型的仲裁不受仲裁法的调整。故以下所称仲裁，如无特别说明，均仅指民商事仲裁。

二、仲裁的特点

作为一种解决合同纠纷和其他财产权益纠纷的民间性裁判制度，仲裁既不同于解决同类争议的司法、行政途径，也不同于人民调解委员会的调解和当事人的自行和解。仲裁具有自愿性、专业性、灵活性、保密性、快捷性、经济性、独立性的特点。

（一）自愿性

当事人的自愿性是仲裁最突出的特点。仲裁以双方当事人的自愿为前提，即是否将发生在双方当事人之间的纠纷提交仲裁，提交哪个仲裁机构仲裁，仲裁庭如何组成等都是在当事人自愿的基础上，由双方当事人协商确定的。因此，仲裁是最能充分体现当事人意思自治原则的争议解决方式。

（二）专业性

民商事纠纷往往涉及特殊的知识领域，会遇到许多复杂的法律、经济贸易和有关的技术性问题，故专家裁判更能体现专业性和权威性。因此，由具有一定专业水平和能力的专家担任仲裁员对当事人之间的纠纷进行裁决，是仲裁公正性的重要保障。根据我国仲裁法的规定，仲裁机构都备有分专业的、由专家组成的仲裁员名册供当事人选择，专家仲裁由此成为民商事仲裁的重要特点之一。

（三）灵活性

由于仲裁充分体现当事人的意思自治，仲裁中的诸多具体程序可以由双方当事人协商确定与选择，因此与诉讼相比，仲裁程序更加灵活，更具有弹性。

（四）保密性

仲裁以不公开审理为原则，这是世界性的通行做法。我国有关的仲裁法律和仲裁规则在明确规定仲裁不公开审理的同时，还明确规定了仲裁员及仲裁秘书人员的保密义务。因此，当事人的商业秘密和贸易活动不会因仲裁活动而泄露，仲裁由此表现出极强的保密性。

（五）快捷性

仲裁实行一裁终局制，仲裁裁决一经仲裁庭作出即发生法律效力。这使当事人之间的纠纷能够迅速得以解决。

（六）经济性

仲裁的经济性主要表现在：第一，时间上的快捷性使仲裁所需费用相对减少；第二，仲裁无须多审级收费，使仲裁费往往低于诉讼费；第三，仲裁的自愿性、保密性、更易于履行等特点，不仅使当事人之间的商业秘密不必公之于世，纠纷可以迅速被解决，亦对双方当事人今后的商业机会影响较小。

（七）独立性

仲裁机构独立于行政机构和其他机构，仲裁机构之间也无隶属关系。在仲裁过程中，仲裁庭独立进行仲裁，不受任何行政机关、社会团体和个人的干涉，亦不受仲裁机构的干涉，显示出极大的独立性。

三、仲裁的类型

（一）国内仲裁与涉外仲裁

国内仲裁，是指本国仲裁机构对不具有涉外因素的国内民商事纠纷的仲裁。即对于一国自然人、法人或其他组织之间及其相互之间在本国内发生的纠纷，由该国仲裁机构进行的仲裁。例如，北京仲裁委员会受理的当事人双方均为中国公民并发生在国内的合同纠纷仲裁，即为我国国内仲裁。

根据我国法律的规定，依照我国法律成立的外资企业是中国法人或组织，因此，当属于外资企业性质的法人或组织与我国国内民商事主体在国内发生纠纷时，所进行的仲裁为国内仲裁。

涉外仲裁，是指涉及外国或外法域的民商事纠纷仲裁，即基于自然人、法人或其他组织之间及其相互之间，在涉外经济贸易、运输和海事中发生的民商事纠纷的仲裁。需要强调的是，涉及我国香港特别行政区、澳门特别行政区和台湾地区的仲裁案件，即一方当事人是我国香港特别行政区、澳门特别行政区或者台湾地区的自然人、法人或者其他组织时，该仲裁案件为涉外法域的仲裁案件，视为涉外仲裁。对于涉外仲裁，我国仲裁法作出了特别规定。尤其是为了体现我国仲裁解决国际经贸纠纷、维护国际经济秩序的新定位，适应新时代全面对外开放、加强涉外法治建设的新要求，涉外仲裁必然会体现出促进国际经济交往的目的。

我国仲裁法颁布后，所有仲裁机构均可根据当事人的仲裁协议受理国内仲裁案件和涉外仲裁案件，改变了此前专设涉外仲裁机构的做法。

（二）机构仲裁和临时仲裁

机构仲裁，是指根据双方当事人达成的仲裁协议，将纠纷提交给约定的某一常设仲裁机构所进行的仲裁。临时仲裁，是指根据双方当事人达成的仲裁协议，将纠纷提交给由双方当事人选择的仲裁员临时组成的仲裁庭所进行的仲裁。我国仲裁法规定的仲裁为机构仲裁，在此基础上，最高人民法院《关于为自由贸易试验区建设提供司法保障的意见》第9条特别规定，“在自贸试验区内注册的企业相互之间约定在内地特定地点、按照特定仲裁规则、由特定人员对有关争议进行仲裁的，可以认定该仲裁协议有效”。该规定为我国在特定条件下的临时仲裁提供了依据。

（三）依法仲裁和友好仲裁

依法仲裁，是指严格依照法律的规定进行的仲裁。依法仲裁是世界各国普遍使用的仲裁方式，依这种方式进行仲裁，必须有明确的法律依据，必须严格遵守由法律认可的仲裁规则所确定的仲裁程序。

友好仲裁，是指依据双方当事人的授权，仲裁庭不以严格的法律规范为依据，而是以其所认为的公平的标准为依据作出对当事人具有约束力的裁决。这种公平的标准包括自然公正的原则、商业惯例、公平善良的精神等。尽管友好仲裁具有很大的灵活性，但友好仲裁必须以双方当事人的授权为前提，必须遵循仲裁地法的公共政策和强制性规定。我国目前并不认可友好仲裁。

四、仲裁与民事诉讼的关系

（一）仲裁与民事诉讼的相同点

1.仲裁与民事诉讼都是民商事纠纷解决程序的重要组成部分。

2.仲裁与民事诉讼解决的部分纠纷性质相同。两者都解决平等主体当事人之间发生的合同纠纷和其他财产权益纠纷。

3.仲裁与民事诉讼都是由第三方作为纠纷的公断人。

4.仲裁与民事诉讼所遵循的某些原则和制度是一致的。例如，处分原则、调解原则、回避制度等。

5.仲裁裁决书、调解书和民事判决书、调解书具有同等的法律效力。

（二）仲裁与民事诉讼的区别

1.仲裁与民事诉讼的性质不同。仲裁具有民间性，而民事诉讼是司法属性的纠纷解决方式。因此，与身份有关的纠纷，如婚姻、收养、监护、扶养、继承纠纷不能通过仲裁解决。

2.仲裁机构与法院的性质不同。仲裁机构是民间机构，法院是司法审判机构。

3.案件管辖权的基础不同。仲裁案件的管辖权建立在双方当事人达成的仲裁协议基础上，当事人之间只有签订合法有效的仲裁协议，才能将纠纷提交仲裁解决。而法院受理案件的管辖权来自法律的明确规定。

4.仲裁与民事诉讼的具体程序不同。例如，仲裁实行一裁终局制，而诉讼实行两审终审制。

（三）仲裁与民事诉讼的联系

1.民事诉讼是保证仲裁裁决公正性必不可少的手段。我国仲裁法和民事诉讼法规定的撤销仲裁裁决制度和不予执行仲裁裁决制度是仲裁公正性的保障。

2.仲裁与民事诉讼在法律渊源上具有联系性，反映了两种程序的一致性。

3.仲裁裁决在义务人不履行义务的情况下通过民事诉讼程序中的执行程序来实现。

4.仲裁程序所涉财产保全、行为保全和证据保全措施由法院决定。

第二节　仲裁法概述

一、仲裁法的概念和特点

（一）仲裁法的概念

仲裁法是国家制定或认可的、规范仲裁法律关系主体的行为和调整仲裁法律关系的法律规范的总称。

仲裁法有广义和狭义之分。我国1994年8月31日第八届全国人民代表大会常务委员会第九次会议通过，分别于2009年8月27日、2017年9月1日修正的《仲裁法》即为狭义的仲裁法。广义的仲裁法除包括《仲裁法》外，还包括所有涉及仲裁制度的法律中的相关法律规范。

《仲裁法》自1994年颁布以来，除2009年和2017年对个别条款进行过修改外，一直未曾作大的修改。随着修改《仲裁法》被列入十三届全国人大常委会的立法规划，2021年7月30日由司法部研究起草的《中华人民共和国仲裁法（修订）》（征求意见稿），面向社会公开征求意见，使《仲裁法》的修改向前推进了一步。

（二）我国仲裁法的特点

我国仲裁法所规定内容的特点具体体现在：

1.机构仲裁。根据我国仲裁法的规定，当事人订立仲裁协议时，应当选定具体的仲裁委员会。根据当事人的约定，能够确定具体的仲裁委员会是仲裁协议有效的前提条件。这表明，在我国只能采取机构仲裁的方式，而不能进行临时仲裁（法律另有规定的除外）。

2.对涉外仲裁进行特别规定。基于涉外仲裁自身的特点，《仲裁法》以专章对涉外仲裁的特定事项作出了有别于国内仲裁的特别规定，具体包括涉外仲裁机构的设立、仲裁员资格、采取保全措施的法院、涉外仲裁裁决的撤销、不予执行等。

3.仲裁和调解相结合。我国《仲裁法》第51条明确规定，仲裁庭在作出裁决前，可以先行调解。当事人自愿调解的，仲裁庭应当调解。调解不成的，应及时作出裁决。调解达成协议的，仲裁庭应当制作调解书或者根据协议的结果制作裁决书。调解书与裁决书具有同等法律效力。这表明仲裁程序和调解程序的有机结合是我国仲裁的显著特点。

二、仲裁范围

仲裁范围，即仲裁的适用范围。它是指仲裁作为一种解决纠纷的方式，可以解决哪些纠纷，不能解决哪些纠纷，也就是纠纷的可仲裁性问题。

仲裁范围是由仲裁法加以规定的。根据《仲裁法》第2条和第3条的规定，平等主体的公民、法人和其他组织之间发生的合同纠纷和其他财产权益纠纷，可以仲裁。下列纠纷不能仲裁：（1）婚姻、收养、监护、扶养、继承纠纷；（2）依法应当由行政机关处理的行政争议。

为了给我国实践中已经出现的投资仲裁、体育仲裁等提供适用依据、留出空间，避免给我国仲裁机构受理相关纠纷和国际当事人选择在我国仲裁造成合法性障碍，增强我国仲裁的国际公信力和竞争力，未来应当适度放宽“平等主体”的限制性表述，只要是符合法律规定的纠纷，都可以约定仲裁。

根据《仲裁法》第77条的规定，劳动争议和农业集体经济组织内部的农业承包合同纠纷的仲裁，另行规定，即劳动争议和农业集体经济组织内部的农业承包合同纠纷，不属于仲裁法所调整的仲裁范围。

三、仲裁法的基本原则和基本制度

（一）基本原则

仲裁法的基本原则，是指仲裁法所规定的，在仲裁活动中仲裁机构、双方当事人和其他仲裁参与人必须遵循的基本准则。我国仲裁法所规定的基本原则包括：

1.自愿原则。自愿原则是仲裁制度的根本原则，是仲裁制度存在和发展的基础。仲裁的自愿原则主要体现在：（1）当事人是否将他们之间所发生的纠纷提交仲裁，由双方当事人自愿协商决定；(2)当事人将哪些争议事项提交仲裁，由双方当事人在法律规定的范围内自行约定；(3)当事人将他们之间的纠纷提交哪个仲裁委员会仲裁，由双方当事人自愿协商决定；(4)仲裁庭如何组成，由谁组成，由当事人自主选定；(5)双方当事人还可以自主约定仲裁的审理方式、开庭方式等有关的程序事项。

2.根据事实、符合法律规定、公平合理解决纠纷的原则。这一原则是对“以事实为根据，以法律为准绳”原则的肯定和发展，即在仲裁中要坚持以事实为根据、以法律为准绳的原则。同时，在法律没有规定或者规定不完备的情况下，仲裁庭可以按照公平合理的一般性原则来解决纠纷。

3.独立仲裁原则。《仲裁法》第8条明确规定，仲裁依法独立进行，不受行政机关、社会团体和个人的干涉。独立仲裁原则体现为仲裁与行政脱钩，仲裁委员会独立于行政机关，与行政机关没有隶属关系，仲裁委员会之间也没有隶属关系。同时，仲裁庭独立裁决案件，仲裁委员会以及其他行政机关、社会团体和个人不得干预。

（二）基本制度

1.协议仲裁制度。仲裁协议是当事人仲裁意愿的体现。当事人申请仲裁、仲裁委员会受理仲裁案件以及仲裁庭对仲裁案件的审理和裁决都必须依据双方当事人之间所订立的有效仲裁协议，没有仲裁协议就没有仲裁制度。

2.或裁或审制度。仲裁与诉讼是两种不同的争议解决方式，当事人之间的争议只能由双方当事人在仲裁和诉讼中选择其一加以采用。有效的仲裁协议可排除法院对案件的司法管辖权，只有在没有仲裁协议或者仲裁协议无效的情况下，法院才可以行使司法管辖权予以审理。

3.一裁终局制度。我国《仲裁法》第9条明确规定，仲裁实行一裁终局制度，即仲裁裁决一经仲裁庭作出，即为终局裁决。裁决作出后，当事人就同一纠纷再申请仲裁或者向人民法院起诉的，仲裁委员会或者人民法院不予受理。当事人应当自动履行仲裁裁决，一方当事人不履行的，另一方当事人可以向法院申请强制执行。

【本章主要法律规定】

1.《仲裁法》第1～9条

2.《民事诉讼法》第1～17条

第二十三章
仲裁委员会和仲裁协会

本章主要内容提示

本章的重点为仲裁委员会与仲裁协会的区别、仲裁法对仲裁员资格的要求，以及仲裁规则与仲裁法的关系。

1.仲裁委员会是解决平等主体的自然人、法人和其他组织之间发生的合同纠纷和其他财产权益纠纷的仲裁机构，而仲裁协会是以仲裁委员会为主要成员的自律性、管理性的行业组织。

2.我国仲裁法对仲裁员资格的要求：在思想品德方面应公道正派，同时要有较高的业务水平。具体条件是：（1）通过国家统一法律职业资格考试取得法律职业资格，从事仲裁工作满8年的；（2）从事律师工作满8年的；（3）曾任法官满8年的；（4）从事法律研究、教学工作并具有高级职称的；（5）具有法律知识、从事经济贸易等专业工作并具有高级职称或者具有同等专业水平的。

3.仲裁规则与仲裁法的关系：仲裁规则与仲裁法都是仲裁中的行为规范，但仲裁规则不同于仲裁法，它可以由仲裁机构制定，有些内容还允许当事人自行约定。因此，仲裁规则是任意性较强的行为规范。仲裁规则不得违反仲裁法中的强制性规定。

第一节　仲裁委员会

一、仲裁委员会的设立机制

根据我国《仲裁法》第10条的规定，仲裁委员会可以在直辖市和省、自治区人民政府所在地的市设立，也可以根据需要在其他设区的市设立，不按行政区划层层设立。仲裁委员会由上述规定的市的人民政府组织有关部门和商会统一组建。设立仲裁委员会，应当经省、自治区、直辖市的司法行政部门登记。

依法可以设立仲裁委员会的市只能组建一个统一的仲裁委员会，不得按照不同专业设立不同的专业仲裁委员会或者专业仲裁庭。

二、仲裁委员会应具备的条件

根据《仲裁法》第11条的规定，仲裁委员会应当具备下列条件。

（一）有自己的名称、住所和章程

仲裁委员会的名称是此仲裁委员会区别于彼仲裁委员会的标志。根据仲裁法，仲裁委员会的名称应当规范，即一律在仲裁委员会前冠以仲裁委员会所在市的地名，如北京仲裁委员会、上海仲裁委员会。

仲裁委员会的住所是仲裁委员会作为常设仲裁机构的固定地点，是其主要办事机构所

在地。

仲裁委员会的章程是规定仲裁委员会的设立宗旨、组成、结构，规范其行为的准则。仲裁委员会的章程应按照仲裁法的规定具体制定。

(二)有必要的财产

仲裁委员会必须具备必要的物质条件，即应当具有业务活动所必需的、与业务活动相适应的财产，包括办公用房、必备的办公设施、装备和独立的经费等。

(三)有仲裁委员会的组成人员

仲裁委员会由主任1人、副主任2～4人和委员7～11人组成。仲裁委员会的主任、副主任和委员由法律、经济贸易专家和有实际工作经验的人员担任。仲裁委员会的组成人员中，法律、经济贸易专家不得少于2/3。

(四)有聘任的仲裁员

仲裁委员会应当从具备仲裁员资格的人员中聘任仲裁员，并按照不同的专业设置仲裁员名册。我国《仲裁法》第13条对仲裁员资格的要求是，在思想品德方面应公道正派，同时要有较高的业务水平。具体条件是:(1)通过国家统一法律职业资格考试取得法律职业资格，从事仲裁工作满8年的;(2)从事律师工作满8年的;(3)曾任法官满8年的;(4)从事法律研究、教学工作并具有高级职称的;(5)具有法律知识、从事经济贸易等专业工作并具有高级职称或者具有同等专业水平的。在此基础上，各地仲裁委员会往往还增加了负面清单规定，规定无民事行为能力或者限制民事行为能力人、受过刑事处罚的人(过失犯罪的除外)以及根据法律规定具有不能担任仲裁员的其他情形的人，不得担任仲裁员。

公务员及参照实行公务员制度的机关工作人员符合《仲裁法》第13条规定的条件，并经所在单位同意，可以受聘为仲裁员，但不得因从事仲裁工作影响本职工作。

第二节　仲裁协会

一、仲裁协会的设立

仲裁协会是仲裁行业协会的简称，是以仲裁委员会为主要成员的自律性、管理性的行业组织。按照《仲裁法》第15条的规定，中国仲裁协会是社会团体法人，是仲裁委员会的自律性组织。中国仲裁协会经民政部登记后成立，并取得社会团体法人资格。根据《仲裁法》的规定，中国仲裁协会于2022年10月14日在民政部注册成立。

仲裁协会应有自己的章程。仲裁协会章程应载明下列事项:(1)名称，即中国仲裁协会;(2)宗旨，即设立仲裁协会的目的;(3)组织机构，即仲裁协会的内部机构;(4)仲裁协会会长的产生程序和职权;(5)职责;(6)对仲裁委员会和仲裁员的监督;(7)经费来源;(8)章程的修改程序;(9)其他必要事项。

中国仲裁协会章程由全国会员大会制定。

中国仲裁协会实行会员制，各仲裁委员会均是中国仲裁协会的法定会员。中国仲裁协会以团体会员为主，也可以接纳个人会员。

二、仲裁协会的职责

中国仲裁协会是仲裁委员会的自律性组织，指导、协调仲裁委员会的工作。中国仲裁协会的职责包括规则制定、自律监督、信用建设、会员服务、业务培训、理论研究、交流合作和宣传推广。

第三节　仲裁规则

一、仲裁规则的概念

仲裁规则，是指进行仲裁程序所应遵循和适用的规范。仲裁规则属于任意性较强的行为规范，但不得违反仲裁法中的强制性规定。

二、仲裁规则的制定

仲裁规则应依据仲裁法和民事诉讼法的有关规定加以制定。根据我国仲裁法的规定，我国仲裁委员会仲裁规则的制定分为两种情况：第一，国内仲裁委员会的仲裁规则，由中国仲裁协会统一制定，在中国仲裁协会制定仲裁规则之前，各仲裁委员会可以按照仲裁法和民事诉讼法的有关规定制定仲裁暂行规则；第二，涉外仲裁委员会的仲裁规则由中国国际商会制定。

三、仲裁规则的主要内容

仲裁规则主要包括以下内容：仲裁管辖；仲裁组织；仲裁的申请、答辩和反请求程序；仲裁庭的组成；仲裁的审理和裁决程序；仲裁委员会、仲裁庭和当事人的权利义务；仲裁语言、翻译、送达、费用等。

四、仲裁规则与仲裁法的关系及作用

仲裁规则与仲裁法的关系体现在：首先，仲裁规则与仲裁法都是仲裁中的行为规范。其次，仲裁规则不同于仲裁法，它可以由仲裁协会或仲裁机构制定，有些内容还允许当事人自行约定。因此，仲裁规则是任意性较强的行为规范。最后，仲裁规则不得违反仲裁法中的强制性规定。

仲裁规则具有以下作用：

1.为当事人提供一套科学、系统、明确的仲裁程序规则，便于双方当事人在仲裁程序中适用和遵循，以迅速、有效地解决纠纷。

2.为仲裁委员会和仲裁庭受理、审理和裁决当事人提交仲裁的纠纷提供适用的程序规则，使当事人之间的纠纷能够得到公正、及时地解决。

3.为仲裁员和当事人提供程序上的权利和义务规范。

4.为支持、协助和监督仲裁提供依据。

【本章主要法律规定】

《仲裁法》第10～15条

第二十四章 仲裁协议

本章主要内容提示

本章的重点为仲裁协议的特点及类型、仲裁协议的内容、仲裁条款的独立性和仲裁协议的效力，以及实务中如何认定仲裁协议的效力。

1.仲裁协议的特点：仲裁协议是一种特殊类型的合同，其特点表现为：仲裁协议是双方当事人共同的意思表示；仲裁协议中双方当事人的权利义务具有同一性；仲裁协议的内容具有特殊性；仲裁协议具有广泛的约束力；仲裁协议具有严格的要式性。

2.仲裁协议的类型：合同中的仲裁条款；仲裁协议书；其他书面形式的仲裁协议；当事人通过援引达成的仲裁协议。

3.仲裁协议的内容：请求仲裁的意思表示；仲裁事项；选定的仲裁委员会。

4.仲裁条款的独立性：仲裁条款具有可以与主合同的其他条款相分离而独立存在的属性。对仲裁条款的效力应当单独判断，即仲裁条款不因主合同的无效而无效，不因主合同的被撤销而失效，也不因合同未成立而影响。

5.仲裁协议的效力：仲裁协议约束双方当事人对纠纷解决方式的选择权、排除法院的司法管辖权、授予仲裁机构仲裁管辖权并限定仲裁的范围。违背法律规定的仲裁协议无效。基于特定条件的成就，仲裁协议产生失效的后果。仲裁委员会和人民法院具有对仲裁协议效力的确认权。

第一节 仲裁协议概述

一、仲裁协议的概念

仲裁协议，是指双方当事人自愿将他们之间已经发生或者可能发生的争议提交仲裁解决的书面协议，是双方当事人所表达的采用仲裁方式解决纠纷意愿的法律文书。在民商事仲裁中，仲裁协议是仲裁的前提，没有仲裁协议，就不存在有效的仲裁。

仲裁协议本质上是一种合同，但其与一般的合同又有一定的区别。仲裁协议具有以下特征：

1.仲裁协议是双方当事人共同的意思表示，是他们将争议提交仲裁的共同意愿的体现。仲裁协议的签订建立在双方当事人自愿、平等和协商一致的基础上，以授权仲裁庭通过仲裁的方式解决争议，并得到公正裁决为目的。

2.仲裁协议中双方当事人的权利义务具有同一性，这使作为契约表现形式之一的仲裁协议与其他的契约在内容上有所区别。一般的双务合同，双方当事人由于所追求的利益不同，导致他们之间的权利义务关系是对等的，即一方当事人的权利往往是其相对的另一方当事人的义务；反之，亦然。而在仲裁协议中，双方当事人具有共同的目标，即当发生特定的纠纷后，通过仲裁方式予以解决，因此他们之间的权利义务是同一的，这主要表现为任何一方当事人都有权将所发生的争议提交仲裁解决，同时任何一方当事人也具有不得就该争议向法院提起诉讼的义务。

3.仲裁协议的内容具有特殊性。具体表现在：第一，仲裁协议作为一种解决纠纷的合同，双方当事人既可以约定将他们之间已经发生的争议提交仲裁解决，也可以事先约定将他们之间可能发生的争议提交仲裁解决。第二，双方当事人提交仲裁解决的事项必须具有法律规定的可仲裁性。对于诸如人身权等当事人不可以自由处分的权利，即使发生了争议或当事人受到了侵害，也不得订立仲裁协议以仲裁方式解决。第三，双方当事人在仲裁协议中可以任意选择他们共同认可的仲裁委员会而不受地域等因素的影响。

4.仲裁协议具有广泛的约束力。这一约束力表现为：仲裁协议约束双方当事人，任何一方当事人不得就协议仲裁的争议事项向法院提起诉讼；仲裁协议约束法院，法院不得受理当事人已订立有效仲裁协议的争议事项；仲裁协议约束仲裁庭，仲裁庭应当依照仲裁协议中当事人的授权行使仲裁权，解决当事人之间的纠纷。

5.仲裁协议具有严格的要式性，即仲裁协议必须以书面形式订立。

二、仲裁协议的类型

《仲裁法》第16条第1款规定，仲裁协议包括合同中订立的仲裁条款和以其他书面方式在纠纷发生前或者纠纷发生后达成的请求仲裁的协议。根据仲裁立法和仲裁实践，仲裁协议主要包括合同中的仲裁条款、仲裁协议书、其他书面形式的仲裁协议和当事人通过援引达成的仲裁协议四种类型。

（一）合同中的仲裁条款

合同中的仲裁条款，是指双方当事人在签订的合同中订立的，将今后可能因该合同所发生的争议提交仲裁的条款。仲裁条款是仲裁实践中适用最普遍，也最重要的仲裁协议形式之一。作为订立于合同之中的一个条款，仲裁条款主要适用于争议发生之前。通过签订仲裁条款，当事人可以预先设定一种纠纷解决机制，即一旦将来发生了因本合同产生或与本合同有关的争议，只能通过仲裁方式加以解决。除了订立于合同中的仲裁条款，双方当事人在补充合同、协议或备忘录等文件中对仲裁意思表示的修改或补充，也构成合同中仲裁条款的一部分。

（二）仲裁协议书

仲裁协议书，是指在争议发生之前或争议发生之后，双方当事人在自愿基础上订立的，同意将可能发生或已经发生的争议提交仲裁的一种独立的协议。仲裁协议书是独立于合同而存在的契约，是将订立于该仲裁协议书中的特定争议事项提交仲裁的意思表示。由于仲裁协议书并非双方当事人在纠纷发生之前所订立的合同的一部分，因此其不受已签订的合同的约束，具有更大的独立性。无论当事人之间的是合同纠纷，还是其他财产权益纠纷，双方当事人均可以通过签订仲裁协议书，将所发生的争议提交仲裁解决。

（三）其他书面形式的仲裁协议

其他书面形式的仲裁协议，包括以合同书、信件和数据电文（包括电报、电传、传真、电子数据交换和电子邮件）等形式达成的请求仲裁的协议。这种形式的仲裁协议有别于仲裁条款和仲裁协议书，实质上相当于通过要约和承诺达成的协议，即一方当事人提出仲裁解决纠纷的意愿，另一方当事人通过一定的通信手段表示接受，从而达成仲裁协议。

（四）当事人通过援引达成的仲裁协议

当事人通过援引达成的仲裁协议是在仲

裁实践中出现，并已被最高人民法院《关于适用〈中华人民共和国仲裁法〉若干问题的解释》（以下简称《仲裁法解释》）确定的一种仲裁协议的类型。

当事人通过援引达成的仲裁协议，是指当事人之间并没有直接订立仲裁协议，而是通过引用另一个合同、文件中所订立的仲裁条款作为他们之间将纠纷提交仲裁的依据，即作为他们之间书面同意仲裁的一份协议；或者当事人只在合同或者仲裁协议中明确表明仲裁的意愿，仲裁协议所应包括的其他具体内容，则按照某个现有的文件中的仲裁条款来认定。《仲裁法解释》第11条明确规定："合同约定解决争议适用其他合同、文件中的有效仲裁条款的，发生合同争议时，当事人应当按照该仲裁条款提请仲裁。涉外合同应当适用的有关国际条约中有仲裁规定的，发生合同争议时，当事人应当按照国际条约中的仲裁规定提请仲裁。"

三、仲裁协议的形式

仲裁协议作为仲裁的依据，必须具备法定的形式。根据我国《仲裁法》第16条的规定，仲裁协议应以书面形式订立，以口头方式达成的仲裁协议无效。仲裁协议必须以书面形式达成，已成为世界上普遍认可的仲裁原则。

强调仲裁协议的书面形式，是为了从法律上确认当事人以仲裁方式解决争议的主观意愿，特别是双方当事人就所发生的争议以何种方式解决发生冲突时，可以以此作为仲裁的依据。

第二节　仲裁协议的内容

一份完整、有效的仲裁协议必须具备法定的内容，否则，仲裁协议将被认定为无效。根据《仲裁法》第16条的规定，仲裁协议应当包括请求仲裁的意思表示、仲裁事项和选定的仲裁委员会。

一、请求仲裁的意思表示

请求仲裁的意思表示是仲裁协议的首要内容，因为当事人以仲裁方式解决纠纷的意愿正是通过仲裁协议中请求仲裁的意思表示体现出来的。对仲裁协议中意思表示的具体要求是明确、肯定。因此，当事人应在仲裁协议中明确肯定地将争议提交仲裁解决的意思表示表达出来。

请求仲裁的意思表示还应当满足三个条件：其一，以仲裁方式解决纠纷必须是双方当事人共同的意思表示，而不是一方当事人的意思表示；其二，必须是双方当事人在协商一致的基础上的真实意思表示，即当事人签订仲裁协议的行为是其内心的真实意愿，而不是在外界影响或强制下所表现出来的虚假意思；其三，必须是双方当事人自己的意思表示，而不是任何其他人的意思表示。

当事人约定争议可以向仲裁机构申请仲裁也可以向人民法院起诉的，仲裁协议无效。但一方向仲裁机构申请仲裁，另一方未在《仲裁法》第20条第2款规定期间内即"仲裁庭首次开庭前"提出异议的除外。

二、仲裁事项

仲裁事项即当事人提交仲裁的具体争议事项。在仲裁实践中，当事人只有把仲裁协议中的争议事项提交仲裁，仲裁机构才能受理。同时，仲裁事项也是仲裁庭审理和裁决纠纷的范围，即仲裁庭只能在仲裁协议确定的仲裁事项的范围内进行仲裁，超出这一范围进行仲裁，所作出的仲裁裁决，经一方当事人申请，法院可以不予执行或者撤销。仲裁协议中订立的仲裁事项，必须符合两个条件：

1.争议事项具有可仲裁性。仲裁协议中双方当事人约定提交仲裁的争议事项，必须具有法律规定的可仲裁性，即属于仲裁立法允许采用或不禁止采用仲裁方式解决的争议事项，否则会导致仲裁协议的无效。

2.仲裁事项的明确性。由于仲裁事项是仲裁庭审理和裁决的争议事项，因此，仲裁事项必须明确。按照我国《仲裁法》第18条的规定，对仲裁事项没有约定或者约定不明确的，当事人可以补充协议；达不成补充协议的，仲裁协议无效。

因为仲裁协议既可以在争议发生之前订立，也可以在争议发生之后订立，所以，仲裁事项也就包括未来可能发生的争议事项和现实已发生的争议事项。但不论争议事项是否已经发生，在仲裁协议中都必须明确规定。对于已经发生的争议事项，其具体范围比较明确和具体；对于未来可能发生的争议事项提交仲裁，应尽量避免在仲裁协议中作限制性规定，包括争议性质上的限制、金额上的限制以及其他具体事项的限制。当事人可以参照仲裁机构的示范仲裁条款对仲裁事项的范围加以约定。

当事人在仲裁协议中概括约定仲裁事项为合同争议的，基于合同成立、效力、变更、转让、履行、违约责任、解释、解除等产生的纠纷都可以认定为仲裁事项。

三、选定的仲裁委员会

仲裁委员会是受理仲裁案件的机构，也被称为仲裁机构。由于仲裁没有法定管辖的规定，因此，仲裁委员会是由当事人自主选定的。如果当事人在仲裁协议中不选定仲裁委员会，仲裁程序就无法实际进行。

对于仲裁委员会的选定，原则上应当明确、具体，即双方当事人在仲裁协议中应当选定任一依法成立的仲裁委员会进行仲裁，不受当事人住所及合同履行地、签订地、财产所在地等的限制，如当事人对所发生的争议既可以约定交由北京仲裁委员会仲裁，也可以约定交由上海仲裁委员会仲裁。

实践中，在选择仲裁委员会时，要注意以下几种情形。

（一）仲裁委员会名称不准确时的推定

仲裁协议约定的仲裁委员会名称不准确，但能够推定出具体的仲裁委员会的，应当认定选定了仲裁委员会。比如，当事人约定“由北京市仲裁委员会仲裁”，尽管“北京市仲裁委员会”不存在，但却从中可以判断出双方当事人的意愿是由北京仲裁委员会仲裁。因此应当认为仲裁协议中有选定的仲裁委员会。

（二）只约定纠纷适用的仲裁规则时仲裁委员会的推定

仲裁协议中仅约定有纠纷适用的仲裁规则，没有约定具体的仲裁委员会的，根据《仲裁法解释》第4条的规定，应当视为未约定仲裁委员会，但当事人达成补充仲裁协议或者按照约定的仲裁规则能够确定仲裁委员会的除外。比如，双方当事人约定“基于本合同发生的争议，适用北京仲裁委员会仲裁规则通过仲裁解决”，尽管当事人的上述约定，没有明确由北京仲裁委员会仲裁，但由于通常情况下，仲裁机构的选择与仲裁规则的适用具有一致性，选定了仲裁机构往往意味着选择了该机构的仲裁规则。因此，从当事人约定的纠纷解决适用的仲裁规则，推定适用该规则的仲裁机构为纠纷解决机构，合乎立法精神与情理。

（三）仲裁协议中约定两个以上仲裁委员会的情形

1.如果当事人在仲裁协议中同时约定了两个以上的仲裁委员会，当事人可以协议选择其中的一个仲裁委员会申请仲裁；当事人不能就仲裁委员会的选择达成一致的，仲裁协议无效。

2.仲裁协议约定由某地的仲裁委员会仲裁且该地仅有一个仲裁委员会的，该仲裁委员会视为约定的仲裁机构。该地有两个以上仲裁委员会的，当事人可以协议选择其中的一个仲裁委员会申请仲裁；当事人不能就仲裁委员会选择达成一致的，仲裁协议无效。

请求仲裁的意思表示、仲裁事项和选定的仲裁委员会这三项内容必须同时具备，仲裁协议在内容上才能符合仲裁法的规定而成为有效的仲裁协议。

第三节　仲裁条款的独立性

一、仲裁条款独立性的含义

仲裁条款的独立性，也称仲裁条款的可分割性或可分离性。它是指作为主合同的一个条款，尽管仲裁条款依附于主合同，但其效力可以与主合同的其他条款分离而独立，即仲裁条款不因主合同的无效而无效，不因主合同的被撤销而失效，也不因合同未成立而影响效力，仲裁机构仍然可以依据该仲裁条款取得和行使仲裁管辖权，在该仲裁条款所确定的提交仲裁的争议事项范围内，解决当事人之间的纠纷。《仲裁法》第19条第1款规定，仲裁协议独立存在，合同的变更、解除、终止或者无效，不影响仲裁协议的效力。

仲裁条款之所以具有独立性，是由仲裁条款与合同中的其他条款的差异性决定的。在一项合同中，主合同是关于双方当事人之间实体权利义务的规定，对这些条款的违反，权利方将依据实体法的规定，请求损害赔偿；而仲裁条款是双方当事人关于纠纷解决方式的约定，如果当事人之间因主合同发生争议，将只能根据程序法的规定，通过仲裁方式而非诉讼方式解决。换句话说，如果当事人之间未因主合同发生争议，仲裁条款就不会实际发生作用。同时，对仲裁条款的违反，也不产生损害赔偿的请求权而直接导致对仲裁条款的强制适用。

二、仲裁条款独立性原则在实务中的适用

《仲裁法解释》对仲裁条款的独立性问题作出了以下规定：(1)合同未成立、成立后未生效或者被撤销的，不影响仲裁协议的效力。(2)当事人订立仲裁协议后合并、分立的，仲裁协议对其权利义务的继受人有效。当事人订立仲裁协议后死亡的，仲裁协议对承继其仲裁事项中的权利义务的继承人有效。但这两种情形，当事人订立仲裁协议时另有约定的除外。(3)债权债务全部或者部分转让的，仲裁协议对受让人有效，但当事人另有约定、在受让债权债务时受让人明确反对或者不知有单独仲裁协议的除外。

第四节　仲裁协议的效力

一、仲裁协议的法律效力

仲裁协议的法律效力即仲裁协议所具有的法律约束力。一项有效的仲裁协议的法律效力包括对双方当事人的约束力、对法院的约束力和对仲裁机构的约束力。

（一）对双方当事人的法律效力——约束双方当事人对纠纷解决方式的选择权

仲裁协议是双方当事人就纠纷解决方式达成一致的意思表示，因此，仲裁协议一经有效成立，即对双方当事人产生法律效力，使双方当事人受到他们所签订的仲裁协议的约束。发生纠纷后，当事人只能通过向仲裁协议中所约定的仲裁机构申请仲裁的方式解决该纠纷，而丧失了就该纠纷向法院提起诉讼的权利。如果一方当事人违背仲裁协议，就仲裁协议约定范围内的争议事项向法院起诉，另一方当事人有权依据仲裁协议要求法院停止诉讼程序，法院也应当驳回当事人的起诉。

（二）对法院的法律效力——排除法院的司法管辖权

有效的仲裁协议可以排除法院对订立于仲裁协议中的争议事项的司法管辖权，这是仲裁协议法律效力的重要体现，也是各国仲裁普遍适用的准则。《仲裁法》第5条明确规定：“当事人达成仲裁协议，一方向人民法院起诉的，人民法院不予受理，但仲裁协议无效的除外。”第26条规定，当事人达成仲裁协议，一方向人民法院起诉未声明有仲裁协议，人民法院受理后，另一

方在首次开庭前提交仲裁协议的，人民法院应当驳回起诉，但仲裁协议无效的除外。

（三）对仲裁机构的法律效力——授予仲裁机构仲裁管辖权并限定仲裁的范围

仲裁协议是仲裁委员会受理仲裁案件的基础，是仲裁庭审理和裁决仲裁案件的依据。没有仲裁协议，就没有仲裁机构对仲裁案件的仲裁管辖权。我国《仲裁法》第4条规定：没有仲裁协议，一方申请仲裁的，仲裁委员会不予受理。同时，仲裁机构的管辖权又受到仲裁协议的严格限制，即仲裁庭只能对当事人在仲裁协议中约定的争议事项进行仲裁，而对仲裁协议约定范围以外的其他争议事项无权仲裁。

二、仲裁协议效力的确认机构及程序

（一）仲裁协议的确认机构

根据我国仲裁法和最高人民法院司法解释的规定，对仲裁协议法律效力的确认机构是仲裁委员会和人民法院。

1.《仲裁法》第20条第1款规定，当事人对仲裁协议的效力有异议的，可以请求仲裁委员会作出决定或者请求人民法院作出裁定。一方请求仲裁委员会作出决定，另一方请求人民法院作出裁定的，由人民法院裁定。根据《仲裁法》的这一规定，在我国，仲裁委员会和人民法院都有权确定仲裁协议的法律效力，但当双方当事人分别向仲裁委员会和人民法院请求确认仲裁协议的效力时，原则上人民法院有权对此作出裁定。

2.最高人民法院《关于确认仲裁协议效力几个问题的批复》第3条对《仲裁法》第20条的规定作出解释，即当事人对仲裁协议的效力有异议，一方当事人申请仲裁机构确认仲裁协议效力，另一方当事人请求人民法院确认仲裁协议无效，如果仲裁机构先于人民法院接受申请并已作出决定，人民法院不予受理；如果仲裁机构接受申请后尚未作出决定，人民法院应予受理，同时通知仲裁机构终止仲裁。这一规定表明双方当事人分别向仲裁委员会和人民法院请求确认仲裁协议效力时，仲裁委员会是否先于人民法院接受申请并已作出决定成为关键，如果仲裁委员会先于人民法院接受申请并已作出决定，人民法院则无权受理；反之，人民法院有权受理，仲裁委员会无权作出决定。

3.依照《仲裁法》第20条第2款的规定，当事人对仲裁协议的效力有异议，应当在仲裁庭首次开庭前提出。如果当事人在仲裁庭首次开庭前没有对仲裁协议的效力提出异议，而后向人民法院申请确认仲裁协议无效的，人民法院不予受理。仲裁机构对仲裁协议的效力作出决定后，当事人向人民法院申请确认仲裁协议效力或者申请撤销仲裁机构的决定的，人民法院不予受理。依据《仲裁法》第26条的规定，当事人达成仲裁协议，一方向人民法院起诉未声明有仲裁协议，人民法院受理后，另一方在首次开庭前提交仲裁协议的，人民法院应当驳回起诉，但仲裁协议无效的除外；另一方在首次开庭前未对人民法院受理该案提出异议的，视为放弃仲裁协议，人民法院应当继续审理。其中“首次开庭”是指答辩期满后人民法院组织的第一次开庭审理，不包括审前程序中的各项活动。

4.根据最高人民法院《关于审理仲裁司法审查案件若干问题的规定》第2条的规定，申请确认仲裁协议效力的案件，由仲裁协议约定的仲裁机构所在地、仲裁协议签订地、申请人住所地、被申请人住所地的中级人民法院或者专门人民法院管辖。涉及海事海商纠纷仲裁协议效力的案件，由仲裁协议约定的仲裁机构所在地、仲裁协议签订地、申请人住所地、被申请人住所地的海事法院管辖；上述地点没有海事法院的，由就近的海事法院管辖。第4条规定，申请人向两个以上有管辖权的人民法院提出申请的，由最先立案的人民法院管辖。

（二）仲裁协议效力的确认程序

1.当事人向仲裁机构请求确认仲裁协议的效力，由仲裁委员会按照仲裁规则规定的程序进行审查和确定。

2.当事人向人民法院请求确认仲裁协议的效力，第一，最高人民法院《关于审理仲裁司法审查案件若干问题的规定》第5条规定，申请人应当向有管辖权的人民法院提交申请书及仲裁协议正本或者经证明无误的副本。申请书应当载明下列事项：(1)申请人或者被申请人为自然人的，应当载明其姓名、性别、出生日期、国籍及住所；为法人或者其他组织的，应当载明其名称、住所以及法定代表人或者代表人的姓名和职务。(2)仲裁协议的内容。(3)具体的请求和理由。当事人提交的外文申请书、仲裁协议及其他文件，应当附有中文译本。第7条规定，申请人提交的文件不符合上述规定，经人民法院释明后提交的文件仍然不符合规定的，裁定不予受理。申请人向对案件不具有管辖权的人民法院提出申请，人民法院应当告知其向有管辖权的人民法院提出申请，申请人仍不变更申请的，裁定不予受理。人民法院立案后发现不符合受理条件的，裁定驳回申请。申请人对不予受理和驳回申请的裁定不服的，可以提起上诉。第二，最高人民法院《关于审理仲裁司法审查案件若干问题的规定》第9条规定，对于申请人的申请，人民法院应当在7日内审查决定是否受理。人民法院受理后，应当在5日内向申请人和被申请人发出通知书，告知其受理情况及相关的权利义务。第三，最高人民法院《关于审理仲裁司法审查案件若干问题的规定》第10条第1款规定，人民法院受理后，被申请人对管辖权有异议的，应当自收到人民法院通知之日起15日内提出。人民法院对被申请人提出的异议，应当审查并作出裁定。当事人对裁定不服的，可以提起上诉。第四，最高人民法院《关于审理仲裁司法审查案件若干问题的规定》第11条规定，人民法院审查仲裁司法审查案件，应当组成合议庭并询问当事人。第五，根据最高人民法院《关于仲裁司法审查案件报核问题的有关规定》，各中级人民法院或者专门人民法院办理非涉外涉港澳台仲裁司法审查的案件，经审查拟认定仲裁协议无效，不予执行或撤销我国内地仲裁机构的仲裁裁决，应当向本辖区所属高级人民法院报核，待高级人民法院审核后，方可依高级人民法院的审核意见作出裁定。高级人民法院经审查拟同意中级人民法院或者专门人民法院以违背社会公共利益为由不予执行或者撤销我国内地仲裁机构的仲裁裁决的，应当向最高人民法院报核，待最高人民法院审核后，方可依最高人民法院的审核意见作出裁定。

人民法院对仲裁协议效力作出的裁定，除不予受理、驳回起诉、管辖权异议的裁定外，一经送达即发生法律效力。当事人申请复议、提出上诉或者申请再审的，人民法院不予受理，但法律和司法解释另有规定的除外。

第五节　仲裁协议的无效与失效

一、仲裁协议无效的法定情形

仲裁协议是双方当事人意思表示一致的合意，法律在赋予其一定的约束力的同时，也往往明确规定具有这一约束力的强制性条件和规范。当仲裁协议违反了该条件或规范时，该仲裁协议无效。根据我国仲裁法的规定，仲裁协议在下列情形下无效：

1.以口头方式订立的仲裁协议无效。《仲裁法》第16条规定了仲裁协议的形式要件，即仲裁协议必须以书面方式订立。因此，以口头方式订立的仲裁协议不受法律的保护。

2.约定的仲裁事项超出法律规定的仲裁范围，仲裁协议无效。我国《仲裁法》第2、3条规定，平等主体之间的合同纠纷和其他财产权益纠纷可以仲裁，而婚姻、收养、监护、扶养、继承纠纷以及依法应当由行政机关处理的行政争议不能仲裁。

3.无民事行为能力人或者限制民事行为能力人订立的仲裁协议无效。为了维护民商事关系的稳定性及保护未成年人和其他无行为能力人、限制行为能力人的合法权益，法律要求签订仲裁协议的当事人必须具备完全的行为能力，否则，仲裁协议无效。

4.一方采取胁迫手段，迫使对方订立仲裁

协议的，该仲裁协议无效。自愿原则是仲裁制度的根本原则，它贯穿于仲裁程序的始终。仲裁协议的订立，必须是双方当事人在平等协商基础上的真实意思表示。而以胁迫的手段与对方当事人订立仲裁协议，违反了自愿原则，所订立的仲裁协议不是双方当事人的真实意愿，不符合仲裁协议成立的有效要件。

5.仲裁协议对仲裁事项没有约定或约定不明确，或者仲裁协议对仲裁委员会没有约定或者约定不明确并无法加以确定的，当事人对此达不成补充协议，则仲裁协议无效。仲裁协议中要明确约定仲裁事项和选定的仲裁委员会，这是仲裁法对仲裁协议的基本要求。如果仲裁协议中没有对此进行约定或者约定不明确，并导致无法确定具体纠纷事项和受理机构，则该仲裁协议有瑕疵。对于有瑕疵的仲裁协议，法律规定是可以补救的，即双方当事人可以达成补充协议；如果未能达成补充协议，仲裁协议即为无效。

二、仲裁协议的失效

仲裁协议的失效，是指一项有效的仲裁协议因特定事由的发生而丧失其原有的法律效力。仲裁协议的失效不同于仲裁协议的无效，它们的根本区别在于，仲裁协议的失效是原本有效的仲裁协议在特定条件下失去了其效力，而仲裁协议的无效是该仲裁协议自始就没有法律效力。

仲裁协议在下列情形下失效：

1.基于仲裁协议，仲裁庭作出的仲裁裁决已被当事人自觉履行或者被法院强制执行，即仲裁协议约定的提交仲裁的争议事项得到最终解决后，该仲裁协议因此而失效。《仲裁法》第9条第1款规定，裁决作出后，当事人就同一纠纷再申请仲裁或者向人民法院起诉的，仲裁委员会或者人民法院不予受理。

2.因当事人协议放弃已签订的仲裁协议而失效。协议放弃已订立的仲裁协议与协议订立仲裁协议一样，都是当事人的权利，仲裁协议一经双方当事人协议放弃，则失去效力。当事人协议放弃仲裁协议的具体表现为：(1)双方当事人通过达成书面协议，明示放弃了原本有效的仲裁协议；(2)双方当事人通过达成书面协议，变更了纠纷解决方式，如双方当事人一致同意通过诉讼方式解决已达成仲裁协议的纠纷，从而使仲裁协议失效；(3)当事人通过默示行为变更了纠纷解决方式，使仲裁协议失效，如双方当事人达成仲裁协议后，一方当事人向法院起诉未声明有仲裁协议，法院受理后，对方当事人未提出异议并应诉答辩，视为双方当事人放弃仲裁协议，仲裁协议失效。

3.附期限的仲裁协议因期限届满而失效，如当事人在仲裁协议中约定，该仲裁协议在签订后的6个月内有效，如果超过了6个月的约定期限，已签订的仲裁协议失效。

4.基于仲裁协议，仲裁庭作出的仲裁裁决被法院裁定撤销或不予执行，该仲裁协议失效。《仲裁法》第9条第2款规定，裁决被人民法院依法裁定撤销或者不予执行的，当事人就该纠纷可以根据双方重新达成的仲裁协议申请仲裁，也可以向人民法院起诉。

三、仲裁协议无效、失效的法律后果

仲裁协议的无效或者失效使仲裁协议不再具有法律约束力。其表现在：对当事人来说，双方当事人之间的纠纷既可以通过向法院提起诉讼的方式解决，也可以重新达成仲裁协议通过仲裁方式解决。对法院来说，由于排斥司法管辖权的原因已经消失，法院对于当事人之间的纠纷具有管辖权。对仲裁机构来说，因缺乏合法依据而不能对当事人之间的纠纷进行审理并作出裁决。

案例分析　能力训练

【本章主要法律规定】

1.《仲裁法》第16～20条
2.最高人民法院《关于适用〈中华人民共和国仲裁法〉若干问题的解释》第1～14条
3.最高人民法院《关于适用〈中华人民共和国民事诉讼法〉的解释》第215、216条

第二十五章
仲裁程序

本章主要内容提示

本章的重点为仲裁当事人的特征、仲裁当事人的变更、仲裁保全、仲裁庭的组成形式和程序、仲裁审理方式、先行调解及裁决效力等，以及实务中对仲裁程序相关规定的运用。

1.仲裁当事人是指依据有效的仲裁协议，以自己的名义参加仲裁程序，并受仲裁裁决约束的自然人、法人和其他组织。仲裁当事人的特征表现为：双方当事人的法律地位平等、当事人之间必须订立有效的仲裁协议、当事人之间的纠纷必须具有可仲裁性。仲裁当事人的变更情形包括：当事人死亡、当事人的合并和分立、合同转让。

2.仲裁保全包括财产保全、行为保全和证据保全，并可以划分为仲裁前保全和仲裁中保全。

3.仲裁庭的组成形式：仲裁庭的组成形式有两种。可以由1名仲裁员组成独任仲裁庭；可以由3名仲裁员组成合议仲裁庭，设首席仲裁员。

4.仲裁庭的组成程序：首先，约定仲裁庭的组成形式；其次，确定仲裁员；最后，仲裁庭组成后，仲裁委员会应当将仲裁庭的组成情况书面通知当事人。

5.仲裁审理方式：仲裁审理方式包括开庭审理和书面审理。仲裁审理以不公开审理为原则，当事人协议公开的，可以公开进行，但涉及国家秘密的除外。当事人协议不开庭审理的，仲裁庭可以根据仲裁申请书、答辩书以及其他材料作出裁决。

6.先行调解：仲裁庭作出裁决前，可以先行调解。调解遵循自愿与合法原则，当事人自愿调解的，仲裁庭应当调解，调解不成的，应当及时裁决。经调解双方当事人达成一致协议的，仲裁庭可以制作调解书或者根据协议的结果制作裁决书，调解书与裁决书具有同等法律效力。

7.仲裁裁决的效力：仲裁裁决是仲裁庭对仲裁纠纷案件作出裁决的法律文书。仲裁裁决的效力是指仲裁裁决生效后所产生的法律后果。裁决书自作出之日起发生法律效力。仲裁裁决的效力体现在：当事人不得就已经裁决的事项再行申请仲裁，也不得就此提起诉讼；仲裁机构不得随意变更已生效的仲裁裁决；其他任何机关或个人均不得变更仲裁裁决；仲裁裁决具有执行力。

第一节　仲裁当事人与代理人

一、仲裁当事人

（一）仲裁当事人的含义及特征

仲裁当事人，是指依据有效的仲裁协议，以自己的名义参加仲裁程序，并受仲裁裁决约束的自然人、法人和其他组织。

仲裁当事人具有以下特征：

1.双方当事人的法律地位平等。仲裁当事人之间的仲裁关系，建立在他们之间民商事法律关系的基础上，根据民商事法律关系的特点，双方当事人的法律地位必须是平等的。我国《仲裁法》第2条明确规定，仲裁只适用于平等主体的公民、法人和其他组织之间发生的合同纠纷和其他财产权益纠纷。

2.当事人之间必须订立有效的仲裁协议。仲裁协议是仲裁赖以存在的基础，没有仲裁协议，仲裁机构不能受理仲裁申请，仲裁庭不能裁决纠纷案件，即没有仲裁协议就没有仲裁，也就不可能有仲裁当事人，所以仲裁协议是仲裁当事人产生和存在以及进行仲裁程序的基础。

3.当事人之间的纠纷必须具有可仲裁性。纠纷具有可仲裁性是以仲裁方式解决的纠纷所特有的属性。凡不具有可仲裁性的纠纷，不属于仲裁法规定的仲裁范围，不能通过仲裁方式解决，当事人也就不可能成为仲裁当事人。

仲裁当事人有其特定的称谓。依法向仲裁委员会提出仲裁申请的人，被称为仲裁申请人；对方当事人被称为被申请人。

仲裁当事人与仲裁参加人、仲裁参与人不同。仲裁参加人是指参加仲裁活动，并依法享有仲裁程序中的权利，承担仲裁程序中义务的人。仲裁参加人除包括仲裁当事人以外，还包括仲裁代理人。仲裁参与人除包括仲裁参加人以外，还包括证人、鉴定人、翻译人员等。关于仲裁程序中是否存在第三人，我国仲裁法未作规定。

（二）仲裁当事人的变更

仲裁当事人的变更，是指在仲裁程序中，由于特殊事由的发生，仲裁当事人被仲裁程序以外的人取代参加仲裁程序。仲裁当事人变更涉及的主要法律问题是，当事人变更后仲裁协议能否约束该仲裁协议以外的人，仲裁庭作出的仲裁裁决能否约束变更后的当事人。根据我国法律的规定，当事人变更主要有以下几种情形。

1.当事人死亡。

仲裁程序开始前，当事人死亡的，仲裁协议对承继死者权利义务的继承人有效，并对继承人具有约束力。表现为该继承人可以基于被继承人死亡之前订立的仲裁协议成为仲裁当事人。原因在于仲裁程序开始之前，仲裁协议具有契约性，应适用实体法关于合同当事人变更的规定。如果当事人死亡发生在仲裁程序进行中也是如此，仲裁协议对参加仲裁程序的继承人具有约束力，已经进行过的仲裁程序有效。

《仲裁法》对当事人死亡后仲裁协议对其承继人的效力未予规定，但《仲裁法解释》第8条第2款明确规定，除非当事人订立仲裁协议时另有约定，“当事人订立仲裁协议后死亡的，仲裁协议对承继其仲裁事项中的权利义务的继承人有效”。因此，基于当事人死亡而导致的仲裁协议当事人的变更或仲裁程序中当事人的变更，除非继承人明示放弃对被继承人权利的继承，否则，应视为继承人对被继承人全部权利义务的继承，其中包括根据仲裁协议进行仲裁的权利与义务。

2.当事人的合并、分立。

合并后的当事人和分立后形成的多个当事人能否成为仲裁当事人，应适用民事实体法关于合同当事人变更的一般规定，即当事人订立合同后合并的，由合并后的当事人行使合同权利，履行合同义务。当事人订立合同后分立的，除债权人和债务人另有约定外，由分立的当事人对合同的权利和义务享有权利，承担义务。《仲裁法解释》第8条第1款明确规定，除非当事人订立仲裁协议时另有约定，“当事人订立仲裁协议后合并、分立的，仲裁协议对其权利义务的继受人有效”。也就是说，如果当事人在仲裁协议中约定，当事人合并、分立后纠纷的解决不受仲裁协议的约束，则不发生仲裁当事人的变更，当事人可以通过其他途径解决纠纷。

3.合同转让。

合同转让，是指合同有效成立后，履行完毕之前，合同的一方或双方当事人将合同的全部或部分债权债务转让给第三人。合同转让既包括合同权利的转移即债权让与，合同义务的转移即债务的承担，也包括合同权利义务的一并转移即合同的继承。合同转让的实质是合同主体的变更。当合同权利人将合同权利转让给第三人时，即发生合同权利当事人的变更；当合同义务人将合同义务转让给第三人时，即发生合同义务当事人的变更；当事人将合同的权利义务一并转移时，则发生合同当事人的变更。

《仲裁法解释》第9条规定："债权债务全部或者部分转让的，仲裁协议对受让人有效，但当事人另有约定、在受让债权债务时受让人明确反对或者不知有单独仲裁协议的除外。"合同转让后，新的合同主体取代了原来的合同主体（全部转让），或者新的合同主体与原合同主体成为合同的共同主体（部分转让）。然而，不论合同主体如何变更，合同的内容并没有因此发生变化，新的合同主体应受原合同中合同条款的约束，这一约束当然包括仲裁条款的约束。因此，合同转让所产生的合同主体的变更，并不影响仲裁条款的独立性，仲裁条款对新的合同主体继续有效。除非当事人对此另有约定，或者在受让债权债务时受让人明确反对或者不知有单独仲裁协议。

案例分析　能力训练

关于股东是否可以基于派生权利代表公司企业提起仲裁，现行法尚未明确规定。基于公司法上股东派生诉权的原理，从有利于纠纷解决出发，我们认为，公司股东、合伙企业的有限合伙人依照法律规定，以自己的名义代表公司、合伙企业向对方当事人主张权利的，应当认可公司、合伙企业与对方当事人签订的仲裁协议对股东、有合伙人有效。

二、仲裁代理人

仲裁代理人，是指依据法律规定或当事人授权，在仲裁程序中以被代理的仲裁当事人的名义进行仲裁活动的人。仲裁代理人包括法定仲裁代理人和委托仲裁代理人。

法定仲裁代理人是指根据法律规定行使代理权的人。由于法定代理权的基础是监护权，故法定仲裁代理人即仲裁当事人的监护人。委托仲裁代理人是指基于委托代理关系，在仲裁当事人或其法定代理人的授权范围内行使代理权的人。委托仲裁代理人的范围较广，仲裁当事人及其法定代理人可以自由地聘任任何符合法律规定的人为其仲裁代理人，代表当事人参加仲裁程序。

《仲裁法》第29条规定，当事人、法定代理人可以委托律师和其他代理人进行仲裁活动。委托律师和其他代理人进行仲裁活动的，应当向仲裁委员会提交授权委托书。授权委托书应当载明委托事项和权限。代理权限若有变更或者解除，委托人应当书面告知仲裁委员会或者仲裁庭，由仲裁委员会或者仲裁庭通知对方当事人。

第二节　申请与受理

一、申请仲裁

（一）申请仲裁的条件

申请仲裁是仲裁程序开始的必要条件之一，也是启动仲裁程序的第一步。申请仲裁，是指平等主体的自然人、法人和其他组织就他们之间所发生的合同纠纷和其他财产权益纠纷，根据他们所签订的仲裁协议，提请所选定的仲裁机构进行仲裁审理和裁决的行为。

根据我国仲裁法的规定，当事人申请仲裁，必须符合一定的条件，这些条件包括：

1.存在有效的仲裁协议。仲裁的本质是当事人自愿，仲裁协议是当事人意思自治的最充分体现，是表明当事人双方愿意通过仲裁方式而不是诉讼方式解决纠纷的依据。由于仲裁方式对诉讼方式的排斥性，双方当事人的仲裁意愿必须通过仲裁协议固定下来。没有有效的仲裁协议，当事人的仲裁合意就无法体现，也就不能要求以仲裁方式解决纠纷。因此，我国《仲裁法》第4条规定，没有仲裁协议，一方申请仲裁的，仲裁委员会不予受理。这也使有效的仲裁协议成为当事人申请仲裁的必备条件之一。

2.有具体的仲裁请求和事实、理由。当事人申请仲裁是为了通过仲裁方式主张自己的权利，维护自己的合法权益。因此，其必须向仲裁庭提出所请求保护和支持的具体请求以及支持这些请求的事实和理由。所谓具体的仲裁请求，是指仲裁申请人请求仲裁机构通过行使仲裁权予以确定和保护的民事权益的具体内容。而事实、理由是指支持申请人仲裁请求的具体事实和依据，用以证明申请人所提出的仲裁请求的合理性。

3.属于仲裁委员会的受理范围。属于仲裁委员会的受理范围，是指当事人提请仲裁的争议事项是我国仲裁法所确定的具有可仲裁性的争议事项，以及当事人申请仲裁的仲裁委员会为双方当事人所共同选定。具体来说，当事人提请仲裁的争议事项必须是《仲裁法》第2条规定的平等主体的公民、法人和其他组织之间发生的合同纠纷和其他财产权益纠纷，同时不属于《仲裁法》第3条规定的婚姻、收养、监护、扶养、继承纠纷以及依法应当由行政机关处理的行政争议。申请仲裁的仲裁委员会必须是当事人在仲裁协议中确定的或仲裁协议选定的，否则当事人申请仲裁的仲裁委员会无权仲裁。

（二）申请仲裁的方式

《仲裁法》第22条规定，当事人申请仲裁，应当向仲裁委员会递交仲裁协议、仲裁申请书及副本。这一规定明确了当事人申请仲裁，必须采用书面方式，而仲裁申请书即为这一书面方式的具体表现形式。

所谓仲裁申请书，是指仲裁申请人根据仲裁协议将已经发生的争议提请仲裁机构进行审理和裁决，以保护其合法权益的法律文书。仲裁申请书应当载明下列内容：

1.当事人的姓名、性别、年龄、职业、工作单位、住所，法人或者其他组织的名称、住所和法定代表人或者主要负责人的姓名、职务。

2.仲裁请求和事实根据、理由。仲裁请求和事实根据及理由是仲裁申请书最核心的内容，因此，对仲裁申请人的具体仲裁请求以及双方当事人之间争执的事实、争议的焦点和理由应当明确、清晰地加以叙述，使仲裁庭能够充分了解申请人请求仲裁庭保护、确认的权利请求和请求仲裁庭裁决的被申请人应当履行的义务。

3.证据和证据来源、证人姓名和住所。证据是仲裁庭审理案件，确定双方当事人权利义务关系的根据。《仲裁法》第43条第1款规定，当事人应当对自己的主张提供证据。因此，当事人在申请仲裁时必须同时提供证据及证据来源，如果有证人，还应提供证人的姓名和住所。

4.所申请的仲裁委员会的名称。按照我国仲裁法和各仲裁委员会仲裁规则的规定，当事人的仲裁申请应当提交给双方当事人一致选定的仲裁委员会，由仲裁委员会进行审查和决定是否受理。同时，当事人选定的仲裁委员会和申请人提请仲裁的仲裁委员会必须是一致的，否则，仲裁委员会不予受理。因此，当事人的仲裁申请中必须明确所申请的仲裁委员会的名称。

5.申请仲裁的年、月、日。

6.申请人的签名、盖章。

当事人提交仲裁申请书应当按照对方当事人的人数和组成仲裁庭的仲裁员人数，备具副本。

二、审查与受理

审查与受理是仲裁委员会的一项重要仲裁活动。当事人向仲裁委员会申请仲裁后，仲裁委员会就要对当事人的申请是否符合申请仲裁的条件进行审查，从而决定是否受理。实际上仲裁程序的开始正是当事人申请仲裁的行为与仲裁委员会受理仲裁的行为相结合的结果。

（一）对仲裁申请的审查

仲裁委员会对仲裁申请的审查主要从以下两方面进行：

1.审查当事人申请仲裁是否符合《仲裁法》第21条规定的当事人申请仲裁的条件：是否存在有效的仲裁协议；是否有具体的仲裁请求和事实、理由；是否属于仲裁委员会的受理范围。

2.审查仲裁申请书的内容是否完整、明确，申请手续是否齐备。审查仲裁申请书是否具备《仲裁法》第23条规定的内容，是否向仲裁委员会提供了所要求的仲裁申请书及其副本和必要的证据等。

（二）审查后的处理

仲裁委员会经过审查，对符合条件的仲裁申请予以受理，不符合条件的不予受理。《仲裁法》第24条对此作了明确规定，仲裁委员会收到仲裁申请书之日起5日内，认为符合受理条件的，应当受理，并通知当事人；认为不符合受理条件的，应当书面通知当事人不予受理，并说明理由。申请人申请仲裁的手续不完备的，仲裁委员会可以要求申请人在一定的期限内补齐，申请人未能在规定期限内补齐的，视同申请人未提出仲裁申请。仲裁委员会自申请人完备仲裁手续之日起5日内予以受理。

（三）对仲裁申请受理的法律后果

1.仲裁委员会受理当事人的仲裁申请后，仲裁申请人和被申请人取得了仲裁当事人的资格，各自依法享有仲裁法及仲裁规则中规定的权利，并承担相应的义务。

2.仲裁案件受理后，仲裁庭取得了对这一案件的仲裁权，即依据仲裁法和仲裁规则的规定，获得了对当事人之间纠纷进行审理并作出最终裁决的权力。任何一方当事人不得就同一纠纷向人民法院提起诉讼或者向其他仲裁机构申请仲裁。

（四）受理后程序

1.根据《仲裁法》第25条第1款的规定，仲裁委员会受理仲裁申请后，应当在仲裁规则规定的期限内将仲裁规则和仲裁员名册送达申请人，并将仲裁申请书副本和仲裁规则、仲裁员名册送达被申请人。

2.根据《仲裁法》第25条第2款的规定，被申请人收到仲裁申请书副本后，应当在仲裁规则规定的期限内向仲裁委员会提交答辩书。仲裁委员会收到答辩书后，应当在仲裁规则规定的期限内将答辩书副本送达申请人。被申请人未提交答辩书的，不影响仲裁程序的进行。

3.根据《仲裁法》第27条的规定，申请人可以放弃或者变更仲裁请求。被申请人可以承认或者反驳仲裁请求，有权提出反请求。仲裁反请求是指仲裁的被申请人为保护其合法权益所提出的与原仲裁请求有牵连的，旨在吞并或抵销申请人仲裁请求的独立请求。

第三节　仲裁保全

根据仲裁法和民事诉讼法的规定，仲裁保全包括财产保全、行为保全和证据保全，并可以划分为仲裁前保全和仲裁中保全。

一、财产保全和行为保全

（一）概念

1.财产保全。

财产保全包括仲裁前财产保全和仲裁中的财产保全。

仲裁前财产保全，是指在仲裁程序开始之前，因情况紧急，人民法院基于利害关系人的申请，对被申请人的财产所采取的强制性保护措施。

仲裁中的财产保全，是指仲裁机构在受理当事人仲裁申请后，仲裁庭对案件作出仲裁裁决前，为保证将来仲裁裁决得以实现，由法院对当事人的财产或争执标的物采取强制措施的制度。

财产保全的核心，是针对被申请人的财产所采取的强制措施。财产包括金钱和非金钱财产、有形财产和无形财产。财产保全的意义在于保证将来仲裁裁决有得以实现的物质保障。

2.行为保全。

行为保全包括仲裁前行为保全和仲裁中的行为保全。

仲裁前行为保全，是指在仲裁程序开始之前，因情况紧急，人民法院基于利害关系人的申请，责令被申请人作出一定行为或禁止其作出一定行为的制度。

仲裁中的行为保全，是指仲裁机构在受理当事人仲裁申请后，仲裁庭对案件作出仲裁裁决前，为保证将来仲裁裁决得以实现，依据法定程序，由法院责令被申请人作出一定行为或禁止其作出一定行为的制度。

与财产保全不同，行为保全针对的是被申请人的行为，即责令被申请人作出一定行为或者禁止其作出一定行为。行为保全的意义在于对既有权利的维护，确保该权利不受侵害。

（二）适用条件

无论财产保全还是行为保全，都可以划分为仲裁前保全和仲裁中的保全。仲裁法和民事诉讼法在规定保全适用条件时，也是以保全属于仲裁前保全还是仲裁中的保全为标准的。

1.仲裁前保全的适用条件。

仲裁前保全属于应急性保全措施。当情况紧急，利害关系人来不及申请仲裁时，为了避免其合法权益遭受难以弥补的损失，允许其在申请仲裁前先行向人民法院申请保全。根据法律规定，仲裁前保全应当符合下列条件：

（1）必须有采取仲裁前保全的紧迫性，即情况紧急，不立即采取相应的保全措施，将会使申请人的合法权益受到难以弥补的损失。这里所谓的情况紧急，是指被申请人正在或即将实施转移、隐匿、毁损、挥霍或处分其财产的行为，或者因其他客观情况，使利害关系人的合法权益受到损害的危险迫在眉睫。

（2）必须由利害关系人提出申请。仲裁前保全的申请人称为利害关系人。所谓利害关系人，即与被申请人发生争议，或者认为权利受到被申请人侵犯的人。仲裁前保全发生在申请仲裁之前，案件尚未进入仲裁程序，所以只有在利害关系人提出申请后，人民法院才能够采取相应的保全措施。

（3）申请人应当提供担保。为了防止仲裁前保全错误给对方造成损害，法律要求申请仲裁前财产保全的，应当提供相当于请求保全数额的担保；情况特殊的，法院可以酌情处理。申请仲裁前行为保全的，担保数额由法院根据案件具体情况决定。申请人不愿或不能提供担保的，人民法院应当驳回其申请。

（4）应当向有管辖权的人民法院提出申请。根据《民事诉讼法》第104条的规定，仲裁前财产保全，由申请人向被保全财产所在地、被申请人住所地或者对案件有管辖权的人民法院提出申请。

2.仲裁中保全的适用条件。

根据《仲裁法》第28条的规定，一方当事人因另一方当事人的行为或者其他原因，可能使裁决不能执行或者难以执行的，可以申请财产保全。根据法律的规定，仲裁中的保全应当符合下列条件：

（1）仲裁案件必须具有给付内容。

（2）确有保全的必要。所谓确有保全的必要，是指如果不采取保全措施，将来的仲裁裁决将会面临不能执行或者难以执行的情形。因此，在仲裁程序中因一方当事人的行为或者其他原因，有可能使将来的裁决不能执行或者难以执行的，即成为仲裁中保全的必要条件。

（3）仲裁中的保全申请，应当在仲裁机构受理仲裁案件之后提出。

（三）保全的范围及措施

1.保全的范围。

我国仲裁法并没有对仲裁中保全的范围予以明确规定。但根据仲裁法和民事诉讼法的规定，利害关系人或当事人申请保全，人民法院应当依照民事诉讼法的有关规定审查和实施，因此，仲裁保全的范围应当适用民事诉讼法关于保全范围的相关规定。

《民事诉讼法》第105条规定："保全限于请求的范围，或者与本案有关的财物。"所谓"限于请求的范围”，是指被保全财产的价额应当与请求保全的价额大致相等，或者为请求行为保全的范围。这种大致相等，不能仅仅理解为只是申请人所请求的债务人应履行的债务数额，还应当包括申请人因仲裁而造成的其他损失。法院应当根据利害关系人的权利请求或者当事人的仲裁请求合理确定保全范围。“与本案有关的财物”，是指被保全的财产应当是利害关系人之间或者当事人之间争议的标的物，或者是与本案标的物有牵连的其他财产。

2.保全的措施及适用。

仲裁中的保全措施是人民法院依据民事诉讼法的有关规定所采取的一种强制措施。人民法院作出保全的裁定后，主要采取的保全措施包括：（1）查封；（2）扣押；（3）冻结；（4）法律规定的其他方法。

（四）保全程序

1.仲裁前保全的程序。

（1）利害关系人提出书面申请。

（2）利害关系人向民事诉讼法规定的被保全财产所在地、被申请人住所地或者对案件有管辖权的人民法院递交保全申请书及相关材料。申请书应当载明下列事项：申请保全人与被保全人的身份、送达地址、联系方式；请求事项和所根据的事实与理由；请求保全数额或者争议标的；明确的被保全财产信息或者具体的被保全财产线索；为财产保全提供担保的财产信息或资信证明，或者不需要提供担保的理由；其他需要载明的事项。

（3）利害关系人提供担保。利害关系人申请仲裁前财产保全，应当提供相当于请求保全数额的担保，情况特殊的，人民法院可以酌情处理；利害关系人申请仲裁前行为保全，担保的数额由人民法院根据案件的具体情况决定。

（4）申请人应当在人民法院采取保全措施后30日内依法申请仲裁。申请人未在法定期间内申请仲裁的，或者仲裁机构不予受理仲裁申请、准许撤回仲裁申请或者按撤回仲裁申请处理的，以及仲裁申请或者请求被仲裁裁决驳回的，申请保全人应当及时申请解除保全。申请保全人未及时申请人民法院解除保全，应当赔偿被保全人因财产保全所遭受的损失。

2.仲裁中保全的程序。

（1）仲裁当事人提出书面申请。仲裁中的保全，必须由仲裁当事人提出书面申请，而且应当根据法律的规定在仲裁机构受理仲裁申请后，对仲裁案件作出仲裁裁决前，提出保全申请。

（2）仲裁过程中，当事人申请保全的，应当通过仲裁机构向人民法院提交申请书及仲裁案件受理通知书等相关材料，而不能直接向人民法院申请。人民法院裁定采取保全措施或者裁定驳回申请的，应当将裁定书送达当事人，并通知仲裁机构。

（3）仲裁委员会将当事人的保全申请按照民事诉讼法的有关规定提交人民法院。根据法律的规定，仲裁委员会应将当事人的保全申请提交被申请人住所地或者财产所在地的基层人民法院。

（4）人民法院依照民事诉讼法的规定对保全申请进行审查，如需责令申请人提供担保，应当书面通知申请人，并决定是否采取财产保全措施以及采取何种措施。采取保全措施的裁定一经作出即生效，并交付执行。

（5）仲裁当事人对人民法院作出的保全裁定不服，可以向人民法院申请复议一次，复议期间不停止裁定的执行。

3.保全的其他程序，参照适用民事诉讼法关于保全的相关规定。

（五）申请人的责任

根据《仲裁法》第28条第3款和《民事诉讼法》第108条的规定，申请有错误的，申请人应当赔偿被申请人因保全所遭受的损失。因此，申请人提出的保全申请错误的，应当赔偿被申请人因保全所遭受的损失。仲裁委员会不承担赔偿责任。

二、证据保全

（一）概念及适用条件

1.仲裁前证据保全的概念和条件。

仲裁前证据保全，是指在仲裁程序开始之前，因情况紧急，人民法院基于利害关系人的申请，对可能灭失或者以后难以取得的证据所采取的强制性保护措施。

仲裁前证据保全最重要的条件是情况紧急，这是区别于仲裁中证据保全的重要标志。所谓情况紧急，是指证据灭失或者以后难以取得成为迫在眉睫的危险，利害关系人只能在申请仲裁前请求对相关证据予以强制性保护。

2.仲裁中证据保全的概念和条件。

仲裁中证据保全，是指在仲裁裁决作出之前，对有可能灭失或以后难以取得的证据，经当事人申请，由法院所采取的对证据加以保护的一种临时性强制措施。《仲裁法》第46条规定，在证据可能灭失或者以后难以取得的情况下，当事人可以申请证据保全。仲裁中证据保全必须符合下列条件：

（1）证据有可能灭失的危险。在仲裁程序中，有些证据如果不能及时收集、保存，就有灭失的可能，在仲裁审理中就无法有效发挥其作用，如证人因年老、疾病，有可能死亡；作为证据的物品有腐坏、变质或灭失的可能等。因此，证据有灭失的危险是申请证据保全的必要条件。

（2）证据存在以后难以取得的情形。有些证据随着时间的推移虽不一定有灭失的危险，但存在有可能难以取得的情形。例如，证人即将出国留学、定居，就会使证据在庭审时由于不能及时取得而使案件事实无法得到证明。因此，证据存在以后难以取得的情形或因素是申请证据保全的前提条件。

（3）申请保全的证据是决定仲裁案件事实的主要证据，如果不及时保全将影响仲裁案件的处理。证据是证明案件事实的根据，证据的灭失或者难以取得将使得负有举证责任的当事人因无法举证而承担不利的法律后果。但是，在仲裁实践中往往对证明案件事实起主要作用或者决定性作用的证据，在面临有灭失或者以后难以取得的情形时才可以申请证据保全。如果证据不是主要证据或者对案件事实起决定性证明作用的证据，或者即使收集不到这些证据也不会影响案件的审理，就没有必要申请证据保全。

（4）由当事人向仲裁委员会提出证据保全的申请，无论仲裁机构还是法院都无权直接采取证据保全措施。

（二）证据保全程序

1.仲裁前证据保全程序。

（1）利害关系人书面申请。

（2）利害关系人向证据所在地、被申请人住所地人民法院递交证据保全申请。

（3）人民法院审查并作出裁定。

（4）对裁定保全的证据采取强制措施。

2.仲裁中证据保全程序。

（1）当事人向仲裁委员会提出书面保全申请。证据保全程序的启动，从当事人提出书面证据保全申请开始。按照我国仲裁法的规定，当事人申请证据保全的，应当向受理仲裁案件的仲裁委员会提出证据保全申请。

（2）仲裁机构向法院提交当事人的证据保全申请。我国《仲裁法》第46条规定，当事人申请证据保全的，仲裁委员会应当将当事人的申请提交证据所在地的基层人民法院。第68条规定，涉外仲裁的当事人申请证据保全的，涉外仲裁委员会应当将当事人的申请提交证据所在地的中级人民法院。

（3）人民法院审查并作出裁定。人民法院收到仲裁委员会提交的当事人的证据保全申请后，应当进行审查。对因证据保全可能给他人造成损失的，可以责令申请人提供相应的担保。

经审查认为，当事人的证据保全申请有充分理由，确有保全证据必要，应当及时作出证据保全的裁定。裁定中应明确：在何时、何地、以何种方法保全何种证据，存卷保管，以便仲裁庭调查使用。如果法院经审查认为不符合证据保全条件，即可驳回证据保全申请，并作出裁定，说明理由，同时通知仲裁委员会和当事人。

（4）采取保全措施。人民法院在作出证据保全的裁定后，应当及时采取保全措施。人民法院进行证据保全时，可以要求当事人或者代理人到场。

3.证据保全的其他程序，参照适用民事诉讼法关于保全的相关规定。

第四节　仲裁庭的组成

仲裁庭，是指由当事人选定或者仲裁委员会主任指定的仲裁员组成的，对当事人申请仲裁的案件依仲裁程序进行审理并作出裁决的组织形式。按照我国仲裁法的规定，仲裁委员会受理仲裁案件后，应当按照法定程序组成仲裁庭，对案件进行审理和裁决。因此，仲裁庭是行使仲裁权的主体。

一、仲裁庭的组成形式

《仲裁法》第30条规定：仲裁庭可以由3名仲裁员或者1名仲裁员组成。由3名仲裁员组成的，设首席仲裁员。根据这一规定，仲裁庭的组成形式有两种，即合议仲裁庭和独任仲裁庭。

（一）合议仲裁庭

合议仲裁庭，是指由3名仲裁员组成的仲裁庭，即以集体合议的方式对争议案件进行审理并作出裁决。合议仲裁庭设首席仲裁员，首席仲裁员是合议仲裁庭的主持者，与其他仲裁员有同等的权利，但在裁决不能形成多数意见时，仲裁裁决应当按照首席仲裁员的意见作出。

（二）独任仲裁庭

独任仲裁庭，是指由1名仲裁员组成的仲裁庭，即由1名仲裁员组成仲裁庭对争议案件进行审理并作出裁决。

二、仲裁庭的组成程序

根据我国仲裁法的规定，仲裁庭的组成必须按照法定程序进行。

（一）约定仲裁庭的组成形式

当事人收到仲裁委员会的仲裁规则和仲裁员名册后，应约定仲裁庭的组成形式，并在仲裁规则规定的期间内加以确定。对于仲裁庭的组成形式，当事人既可以约定由3名仲裁员组成合议仲裁庭，也可以约定由1名仲裁员组成独任仲裁庭。如果当事人没有在仲裁规则规定的期限内约定仲裁庭的组成形式的，由仲裁委员会主任指定。

（二）确定仲裁员

根据《仲裁法》第31条的规定，当事人约定由3名仲裁员组成仲裁庭的，应当各自选定或者各自委托仲裁委员会主任指定1名仲裁员，第3名仲裁员由当事人共同选定或者共同委托仲裁委员会主任指定，第3名仲裁员是首席仲裁员。当事人约定由1名仲裁员成立仲裁庭的，应当由当事人共同选定或者共同委托仲裁委员会主任指定仲裁员。当事人没有在仲裁规则规定的期限内选定仲裁员的，由仲裁委员会主任指定。

仲裁庭组成后，仲裁委员会应当将仲裁庭的组成情况书面通知当事人。

三、仲裁员的回避与更换

（一）仲裁员的回避

仲裁员的回避，是指符合法定回避情形的仲裁员退出仲裁案件审理的一项制度。

1.仲裁员回避的法定情形。

我国《仲裁法》第34条规定，仲裁员有下列情形之一的，必须回避，当事人也有权提出回避申请：（1）是本案当事人或者当事人、代理人的近亲属；（2）与本案有利害关系；（3）与本案当事人、代理人有其他关系，可能影响公正仲裁的；（4）私自会见当事人、代理人，或者接受当事人、代理人的请客送礼的。

2.回避的形式。

根据法律的规定，仲裁员回避的形式包括自行回避和申请回避。

（1）自行回避。自行回避即仲裁员认为自己具有法定的回避事由，从而主动提出回避请求。仲裁员的自行回避，应当向仲裁委员会提出。该仲裁员是否回避，由仲裁委员会主任决定；仲裁委员会主任担任仲裁员时的自行回避，由仲裁委员会集体决定。

（2）申请回避。当事人认为仲裁员具有应当回避的事由，有权提出要求该仲裁员回避的申请。当事人提出回避申请，应当说明理由，并在首次开庭前提出。回避事由在首次开庭后知道的，可以在最后一次开庭终结前提出。当事人的回避申请既可以以书面形式提出，也可以以口头形式提出。《仲裁法》第36条规定，当事人申请仲裁员回避的，其是否回避由仲裁委员会主任决定。仲裁委员会主任担任仲裁员时，其是否回避，由仲裁委员会集体决定。

3.仲裁员回避的法律后果。

根据《仲裁法》第37条的规定，仲裁员因回避不能履行职责的，应当依照仲裁法的规定重新选定或者指定仲裁员。重新选定或者指定仲裁员后，当事人可以请求已进行的仲裁程序重新进行，但是否准许，由仲裁庭决定。仲裁庭也可以自行决定已进行的仲裁程序是否重新进行。

我国很多仲裁机构还通过仲裁规则，建立了仲裁员披露制度，以确保回避制度的落实。制度要求仲裁员知悉存在可能导致当事人对其独立性、公正性产生合理怀疑的情形的，应当书面披露，仲裁机构应当将仲裁员履行披露义务的具体内容送达当事人。当事人收到仲裁员的披露后，如果以披露的事项为由申请该仲裁员回避，应当在10日内书面提出。逾期没有申请回避的，不得以仲裁员曾经披露的事项为由申请该仲裁员回避。

（二）仲裁员因其他原因的更换

仲裁员因其他原因的更换，主要是指仲裁员因有回避以外的其他原因不能履行职责而被更换的情形，主要包括仲裁员死亡、生病、被除名以及拒绝履行职责等。

根据我国仲裁法的规定，仲裁员因回避以外的其他原因不能履行职责的，应按照仲裁法的规定重新选定或指定仲裁员。

第五节　仲裁审理

仲裁审理在整个仲裁程序中占有重要地位，它是仲裁庭按照法律规定的程序和方式，对当事人交付仲裁的争议事项作出裁决的活动。仲裁审理的主要任务是审查、核实证据，查明案件事实，分清是非责任，正确适用法律，确认当事人之间的权利义务关系，解决当事人之间的纠纷。因此，仲裁审理是仲裁程序的中心环节。

一、仲裁审理的方式

按照《仲裁法》第39条的规定，仲裁审理的方式可以分为开庭审理和书面审理两种方式。

（一）开庭审理

《仲裁法》第39条规定，仲裁应当开庭进行。开庭审理是仲裁审理的主要方式。所谓开庭审理，是指在仲裁庭的主持下，在双方当事人和其他仲裁参与人的参加下，按照法定程序，对案件进行审理并作出裁决的方式。

《仲裁法》在规定仲裁的开庭审理原则的同时，又在第40条规定，仲裁不公开进行。当事人协议公开的，可以公开进行，但涉及国家秘密的除外。这一规定进一步肯定了开庭审理的仲裁方式以不公开审理为原则，以公开审理为例外。所谓不公开审理，是指仲裁庭在审理案件时不对社会公开，不允许群众旁听，也不允许新闻记者采访和报道。不公开审理的目的在于保守当事人的商业秘密，维护当事人的商业信誉。由于仲裁最大的特点在于尊重当事人的意愿，所以仲裁法规定当事人协议公开审理的，除非涉及国家秘密，可以公开审理，即当事人协议公开审理时将允许仲裁审理对社会公开，允许群众旁听，允许新闻记者采访和报道。

（二）书面审理

《仲裁法》第39条在规定仲裁应当开庭进行的同时，也规定“当事人协议不开庭的，仲裁庭可以根据仲裁申请书、答辩书以及其他材料作出裁决”，即进行书面审理。所谓书面审理，是指在双方当事人及其他仲裁参与人不到庭参加审理的情况下，仲裁庭根据当事人提供的仲裁申请书、答辩书以及其他书面材料作出裁决的过程。书面审理是开庭审理的必要补充。

二、开庭通知

《仲裁法》第41条规定，仲裁委员会应当在仲裁规则规定的期限内将开庭日期通知双方当事人。向双方当事人通知开庭日期是仲裁程序的重要环节，它有利于切实保障当事人参加仲裁审理的权利，并使双方当事人按时参加仲裁审理。《仲裁法》第42条规定，申请人经书面通知，无正当理由不到庭可以视为撤回仲裁申请；被申请人经书面通知，无正当理由不到庭可以缺席裁决。这表明书面通知当事人开庭日期是仲裁审理的必经程序，未经这一程序，不可以对不到庭的申请人按撤回仲裁申请处理，也不可以对不到庭的被申请人作出缺席裁决。

三、开庭审理程序

（一）宣布开庭

开庭审理，首先由首席仲裁员或者独任仲裁员宣布开庭，随后首席仲裁员或者独任仲裁员核对当事人，宣布案由，宣布仲裁庭组成人员和记录人员名单，告知当事人有关的仲裁权利义务，询问当事人是否提出回避申请。

（二）庭审调查

进行庭审调查是仲裁审理的重要环节，是依照法定程序调查案件事实，审核各种证据的过程，其中心任务是通过听取当事人陈述和审核所出示的证据全面调查案件事实。在庭审调查中，举证质证是这一过程的核心，因此仲裁法和仲裁规则都对举证质证作出了明确规定。《仲裁法》第45条规定，证据应当在开庭时出示，当事人可以质证。仲裁庭在进行庭审调查时通常按照下列顺序进行：

1.当事人陈述。当事人陈述应当按照先申请人陈述，再被申请人陈述的顺序进行。当事人陈述主要是针对案件发生的经过情况、事实根据、理由等展开，使仲裁庭了解争议事实的发生和发展经过。

2.告知证人的权利义务，证人作证，宣读未到庭的证人证言。有证人出庭作证时，仲裁庭应当告知证人的权利和义务，以及作伪证的法律后果。证人应当如实作证，经仲裁庭的许可，任何一方当事人可以向证人发问。对证人不能出庭作证的，应当宣读未到庭的证人证言。

3.出示书证、物证、视听资料和电子数据。根据法律的规定，对于与案件有关的书证、物证、视听资料和电子数据，无论是当事人提供的，还是仲裁庭依法收集的，都应当在开庭时予以出示，并由当事人相互质证。但对于涉及国家机密、商业秘密和个人隐私的证据应当保密，不能当庭出示。

4.宣读鉴定意见、勘验笔录和现场笔录。鉴定人或勘验人应当当庭宣读鉴定意见、勘验笔录及现场笔录，经仲裁庭许可，任何一方当事人都有权向鉴定人、勘验人发问，也有权要求重新调查、鉴定或勘验。

如果仲裁庭认为案情已基本查清，当事人经过充分质证后证据已得到核实，即可终结庭审调查，进入庭审辩论阶段。

（三）庭审辩论

庭审辩论，是指在仲裁庭的主持下，双方当事人依据在庭审调查中审查核实的事实和证据，就如何认定事实、适用法律以解决当事人之间的纠纷，提出自己的主张和意见，进行言词辩论的过程。《仲裁法》第47条规定，当事人在仲裁过程中有权进行辩论。辩论终结时，首席仲裁员或者独任仲裁员应当征询当事人的最后意见。当事人辩论是开庭审理的重要程序，也是辩论原则的重要体现。

当事人进行辩论通常按照下列顺序进行：（1）申请人及其仲裁代理人发言；（2）被申请人及其仲裁代理人发言；（3）双方相互辩论。庭审辩论终结前，首席仲裁员或者独任仲裁员可以按照申请人、被申请人的顺序征询当事人的最后意见。

四、仲裁审理中的几个特殊问题

（一）撤回仲裁申请

双方当事人依照仲裁协议，将他们之间所发生的纠纷授权仲裁庭解决，是双方当事人的权利。同样，撤回对仲裁庭的授权即撤回仲裁申请也是双方当事人的权利。撤回仲裁申请既包括仲裁申请人撤回对被申请人的仲裁申请，也包括被申请人撤回对仲裁申请人的仲裁反请求申请。撤回仲裁申请既可能发生在庭审之前，也可能发生在庭审过程中。

在仲裁审理的过程中，根据撤回仲裁申请是否为当事人提出，可以分为当事人撤回仲裁申请和仲裁庭按撤回仲裁申请处理。

1.当事人撤回仲裁申请。

当事人撤回仲裁申请，是指在仲裁审理程序中，仲裁申请人或被申请人主动向仲裁庭提出请求，撤回对仲裁庭审理该纠纷或审理反请求纠纷的授权的一种法律行为。尽管当事人撤回仲裁申请是当事人行使处分权的体现，但也必须符合一定的条件：第一，撤回仲裁申请必须由仲裁申请人或被申请人（限于反请求部分）、当事人的法定代理人以及经授权的委托代理人提出；第二，撤回仲裁申请必须在仲裁过程中，即仲裁庭取得仲裁管辖权之后，作出仲裁裁决之前提出；第三，撤回仲裁申请必须通过一定的方式提出，一般应以书面方式提出，如果当事人以口头方式向仲裁庭提出，则应由仲裁庭记录在案，并由当事人签名。

2.仲裁庭按撤回仲裁申请处理。

仲裁庭按撤回仲裁申请处理，是指在当事人未主动提出撤回仲裁申请的情况下，由于法定事由的发生，仲裁庭根据仲裁法的规定，视为当事人撤回了仲裁申请。根据《仲裁法》第42条的规定，申请人经书面通知，无正当理由不到庭或者未经仲裁庭许可中途退庭的，可以视为撤回仲裁申请。因此，按撤回仲裁申请处理基于以下情形产生：（1）申请人经仲裁庭书面通知，无正当理由拒不到庭；（2）申请人未经仲裁庭许可中途退庭；（3）被申请人经仲裁庭书面通知，无正当理由拒不到庭或未经仲裁庭许可中途退庭，可以视为撤回仲裁反请求申请。

（二）延期开庭

在通常情况下，仲裁庭所确定的开庭审理期日对双方当事人具有约束力，即双方当事人必须按照仲裁庭所确定的开庭审理期日出席庭审。但是在特定情况下，由于法定事由的出现，开庭审理不能按照所确定的期日正常进行时，即可适用延期开庭审理。

所谓延期开庭，是指在仲裁程序中，由于出现法定事由，根据当事人的申请，并经仲裁庭同意，将已确定的开庭审理期日顺延至另一期日进行开庭审理的制度。

根据我国仲裁法和仲裁规则的规定以及仲裁实践，延期开庭有以下几种情形：

1.当事人有正当理由不能到庭。

《仲裁法》第41条规定：“仲裁委员会应当在仲裁规则规定的期限内将开庭日期通知双方当事人。当事人有正当理由的，可以在仲裁规则规定的期限内请求延期开庭。是否延期，由仲裁庭决定。”由此可见，当事人有正当理由不能到庭是延期开庭的法定事由，但是要实现延期开庭，还必须由当事人在法定时间内提出延期开庭的请求，并由仲裁庭作出延期开庭的决定。

2.当事人临时提出回避申请。

根据《仲裁法》第35条的规定，当事人提出回避申请，应当说明理由，在首次开庭前提出。回避事由在首次开庭后知道的，可以在最后一次开庭终结前提出。仲裁员的回避意味着必须重新选定或指定仲裁员，因此，对于已经确定的开庭审理期日来说，当事人临时提出的回避申请就会导致开庭审理延期。

3.仲裁员不能履行职责。

如果已确定的仲裁员由于特定原因不能履行职责，也同样面临重新选定仲裁员的情况。因此，在这种情形下，已确定的开庭审理也必须延期。

4.需要通知新的证人参加庭审，调取新证据，重新鉴定或勘验，或者需要补充调查。

如果在庭审过程中需要新的证人参加庭审，调取新的证据，重新鉴定或者勘验，或者需要补充调查时，经当事人申请，仲裁庭许可，可以延期开庭审理。

5.其他应当延期开庭的情形。

（三）缺席裁决

缺席裁决是最终裁决的一种特殊情况，是相对于对席裁决而言的。对席裁决，是指仲裁庭在双方当事人均按照规定的仲裁程序参加仲裁审理的情况下作出的仲裁裁决。这是一种在正常程序下的仲裁结果。缺席裁决，是指仲裁庭在被申请人无正当理由不到庭或未经许可中途退庭情况下作出的裁决。

《仲裁法》第42条第2款规定："被申请人经书面通知，无正当理由不到庭或者未经仲裁庭许可中途退庭的，可以缺席裁决。"据此规定，在下列情形下，仲裁庭可以作出缺席裁决：

1.被申请人经书面通知，无正当理由不到庭。

书面通知被申请人到庭参加仲裁庭审是仲裁审理的必经程序，在这一正当程序下，如果被申请人无正当理由不到庭，仲裁庭即可按照法律授权作出缺席裁决。

2.被申请人未经仲裁庭许可中途退庭。

在仲裁庭审中，如果被申请人未经仲裁庭许可而中途退庭的，仲裁庭也有权作出缺席裁决。

3.在仲裁被申请人提出仲裁反请求的情况下，如果仲裁申请人经书面通知无正当理由不到庭或者未经仲裁庭的许可中途退庭，仲裁庭可以基于仲裁反请求对仲裁申请人（反请求中的被申请人）作出缺席裁决。

五、开庭笔录

开庭笔录是在仲裁的开庭审理过程中，记录人员对整个开庭审理情况所作的记载。开庭笔录是仲裁程序中重要的法律文书。

根据《仲裁法》第48条的规定，仲裁庭应当将开庭情况记入笔录。当事人和其他仲裁参与人认为对自己陈述的记录有遗漏或者差错的，有权申请补正。如果不予补正，应当记录该申请。笔录由仲裁员、记录人员、当事人和其他仲裁参与人签名或者盖章。当事人、其他仲裁参与人拒绝签名、盖章的，记录人员应当记明情况附卷。

第六节 仲裁中的和解、调解和裁决

一、仲裁和解

仲裁和解，是指仲裁当事人通过协商，自行解决已提交仲裁的争议事项的行为。仲裁和解是仲裁当事人行使处分权的表现。《仲裁法》第49条规定，当事人申请仲裁后，可以自行和解。当事人达成和解协议的，可以请求仲裁庭根据和解协议作出裁决书，也可以撤回仲裁申请。当事人撤回仲裁申请后反悔的，仍可以根据原仲裁协议申请仲裁。

二、仲裁调解

仲裁中的调解是中国仲裁中的特有做法，体现了仲裁制度的仲裁与调解相结合的特色。仲裁调解是指在仲裁庭主持下，仲裁当事人在自愿协商、互谅互让基础上达成协议，从而解决纠纷的一种制度。《仲裁法》第51条第1款规定，仲裁庭在作出裁决前，可以先行调解。当事人自愿调解的，仲裁庭应当调解。调解不成的，应当及时作出裁决。

仲裁调解，应当遵循当事人自愿原则和合法原则。仲裁庭调解会产生两种结果：（1）经仲裁庭调解，双方当事人达成协议的，仲裁庭应当制作调解书。调解书要写明仲裁请求和当事人协议的结果，并由仲裁员签名，加盖仲裁委员会印章。仲裁调解书经双方当事人签收后即发生法律效力。在调解书签收前当事人反悔的，仲裁庭应当及时作出裁决。仲裁庭除了制作仲裁调解书之外，也可以根据协议的结果制作裁决书。调解书与裁决书具有同等的法律效力。（2）在仲裁庭主持下，当事人不能就争议解决达成一致协议，即调解不成，此时仲裁庭应结束调解程序，及时作出裁决。

三、仲裁裁决

仲裁裁决，是指仲裁庭对当事人之间所争议的事项进行审理后所作出的终局权威性判定。仲裁裁决的作出，标志着当事人之间纠纷的最终解决。

（一）仲裁裁决作出的方式

仲裁裁决由仲裁庭作出。独任仲裁庭进行的审理，由独任仲裁员作出仲裁裁决；合议仲裁庭进行的审理，则由3名仲裁员集体作出仲裁裁决。根据我国仲裁法的规定，由合议仲裁庭作出仲裁裁决时，根据不同的情况，采取不同的方式：

1.按多数仲裁员意见作出仲裁裁决。

按多数仲裁员意见作出仲裁裁决，是裁决作出的一项基本原则，即少数服从多数的原则，也是仲裁实践通常适用的方式。《仲裁法》第53条规定，裁决应当按照多数仲裁员的意见作出，少数仲裁员的不同意见可以记入笔录。所谓多数仲裁员的意见，是指仲裁庭的3名仲裁员中至少有2名仲裁员的意见一致，如果3名仲裁员各执己见，无法形成多数意见，即无法以此种方式作出仲裁裁决。

2.按首席仲裁员意见作出仲裁裁决。

按首席仲裁员意见作出仲裁裁决，是在仲裁庭无法形成多数意见的情况下所采用的作出仲裁裁决的方式。《仲裁法》第53条规定，仲裁庭不能形成多数意见时，裁决应当按照首席仲裁员的意见作出。

（二）仲裁裁决的种类

1.先行裁决。

先行裁决，是指在仲裁程序进行过程中，仲裁庭就已经查清的部分事实所作出的裁决。《仲裁法》第55条规定，仲裁庭仲裁纠纷时，其中一部分事实已经清楚，可以就该部分先行裁决。

2.最终裁决。

最终裁决即通常意义上的仲裁裁决，是指仲裁庭在查明事实、分清责任的基础上，就当事人申请仲裁的全部争议事项作出的终局性裁定。

3.缺席裁决。

缺席裁决，是指仲裁庭在被申请人无正当理由不到庭或未经许可中途退庭情况下作出的裁决。《仲裁法》第42条第2款规定，被申请人经书面通知，无正当理由不到庭或者未经仲裁庭许可中途退庭的，可以缺席裁决。

4.合意裁决。

合意裁决，即仲裁庭根据双方当事人达成协议的内容作出的仲裁裁决。它既包括根据当事人自行和解达成的协议而作出的仲裁裁决，也包括根据经仲裁庭调解双方达成的协议而作出的仲裁裁决。

现行法没有规定仲裁中的中间裁决制度，但我国实践中很多仲裁机构在仲裁规则中都规定，仲裁庭仲裁纠纷时，其中有争议事项影响仲裁程序进展或者需要在最终裁决作出前予以明确的，可以就该问题先行作出中间裁决。这一裁决类型有利于促进纠纷的快速解决。

（三）仲裁裁决书

仲裁裁决书是仲裁庭对仲裁纠纷案件作出裁决的法律文书。根据《仲裁法》第54条的规定，裁决书应当写明仲裁请求、争议事实、裁决理由、裁决结果、仲裁费用的负担和裁决日期。当事人协议不愿写明争议事实和裁决理由的，可以不写。裁决书由仲裁员签名，加盖仲裁委员会印章。对仲裁裁决持不同意见的仲裁员，可以签名，也可以不签名。

（四）仲裁裁决书的补正

《仲裁法》第56条规定，对裁决书中的文字、计算错误或者仲裁庭已经裁决但在裁决书中遗漏的事项，仲裁庭应当补正；当事人自收到裁决书之日起30日内，可以请求仲裁庭补正。据此，仲裁庭对仲裁裁决书的补正，限于三项：一是仲裁裁决书中的文字错误；二是仲裁裁决书中的计算错误；三是已经裁决但在仲裁裁决书中被遗漏的事项。补正可以由仲裁庭自行补正，当事人自收到裁决书之日起30日内，也可以请求仲裁庭予以补正。

（五）仲裁裁决的效力

仲裁裁决的效力，是指仲裁裁决生效后所产生的法律后果。根据《仲裁法》第57条的规定，裁决书自作出之日起发生法律效力。仲裁裁决的效力体现在：

1.当事人不得就已经裁决的事项再行申请仲裁，也不得就此提起诉讼。

2.仲裁机构不得随意变更已生效的仲裁裁决。

3.其他任何机关或个人均不得变更仲裁裁决。

4.仲裁裁决具有执行力。

第七节　简易程序

一、简易程序的概念和特点

简易程序，是指在仲裁过程中，仲裁机构审理简单仲裁案件所适用的简便易行的审理程序。仲裁中的简易程序是普通程序的简化。

我国仲裁法中并没有明确规定简易程序，但仲裁所具有的快捷性、灵活性和经济性的特点，仲裁所体现出的充分尊重当事人意愿的仲裁原则，以及仲裁法对独任仲裁员仲裁和书面审理的肯定，实质上都包含简化仲裁程序的精神。因此，各仲裁委员会在制定仲裁规则时往往规定有简易程序。

仲裁中的简易程序与仲裁普通程序相比，体现了如下特点。

（一）仲裁庭的组成方式简便

在仲裁程序中适用简易程序时，由独任仲裁员组成仲裁庭进行仲裁，即由双方当事人共同选定或者共同委托仲裁委员会主任指定1名仲裁员成立独任仲裁庭对纠纷案件进行审理。

（二）审理方式灵活

适用简易程序审理仲裁案件，仲裁庭可以根据案件的实际情况，按照其认为适当的方式进行仲裁，既可以征得当事人同意后决定只依据当事人提交的书面材料和证据进行书面审理，也可以决定开庭审理。

（三）各种期限的规定相对较短

适用简易程序时，程序中各种期限的规定相对较短。无论是提交答辩书和其他材料的期限，还是提出反请求的期限；无论是指定仲裁员的期限，还是将开庭日期通知当事人的期限，抑或作出仲裁裁决的期限，较之普通仲裁程序中的期限来说都有所缩短。

在简易程序中未作规定的事项，应适用仲裁规则的相关规定。

二、适用简易程序的条件

（一）争议标的金额在规定数额以下

适用简易程序的案件往往都有对争议标的金额的要求，一般的要求是争议金额应在一定的数额以下。例如，《中国国际经济贸易仲裁委员会仲裁规则》《北京仲裁委员会仲裁规则》均规定，案件争议金额不超过人民币500万元的，适用简易程序。如果案件没有争议金额，或者争议金额不明确，则往往由仲裁委员会决定是否适用简易程序。根据《中国国际经济贸易仲裁委员会仲裁规则》的规定，没有争议金额或者争议金额不明确的，由仲裁委员会根据案件的复杂程度、涉及利益的大小以及其他有关因素综合考虑决定是否适用简易程序。

（二）案情简单

案情简单是适用简易程序的要件之一。案情简单意味着对该纠纷易于查清事实和分清是非，即易于进行审理。因此，在仲裁实践中，有些案件的争议金额虽然超过了仲裁规则所规定的适用简易程序的争议标的额，但由于案情简单，权利义务关系明确，同样可以适用简易程序进行审理。

（三）经双方当事人默示或者书面同意

所谓双方当事人默示同意，是指双方当事人没有明确约定排除对简易程序的适用。因此，在符合仲裁规则规定的适用简易程序标的金额时，即适用简易程序。而书面同意，是指在争议金额超过仲裁规则所规定的适用简易程序的范围时，经一方当事人书面申请，在征得另一方当事人书面同意的情况下，仍然可以适用简易程序。例如《中国国际经济贸易仲裁委员会仲裁规则》规定：除非当事人另有约定，凡争议金额不超过人民币500万元的，或争议金额超过人民币500万元但经一方当事人书面申请并征得另一方当事人书面同意的，或双方当事人约定适用简易程序的，适用简易程序。

三、适用简易程序的审理

1.仲裁申请人向仲裁委员会提出仲裁申请后，经审查可以受理并适用简易程序的，仲裁委员会应立即向双方当事人发出仲裁通知。被申请人应在仲裁规则规定的期限内提交答辩书及有关证明文件，也可提出反请求。

2.双方当事人在仲裁规则规定的期限内，共同选定或者共同委托仲裁委员会主任指定1名独任仲裁员成立仲裁庭审理案件。如果双方当事人未能共同选定或者共同委托指定独任仲裁员的，仲裁委员会主任应立即指定1名独任仲裁员。

3.仲裁庭以其认为适当的方式审理案件，既可以征得当事人同意后决定只依据当事人提交的书面材料和证据进行书面审理，也可以决定开庭审理。如果仲裁庭决定开庭审理的，仲裁庭只开庭一次；确有必要时，仲裁庭可以决定再次开庭。

4.仲裁庭应在仲裁规则规定的期限内作出仲裁裁决书。

第八节　仲裁时效

一、仲裁时效的概念

《仲裁法》第74条规定，法律对仲裁时效有规定的，适用该规定。法律对仲裁时效没有规定的，适用诉讼时效的规定。

仲裁时效，是指当事人向仲裁委员会请求仲裁的法定期间，即当事人在仲裁时效期间内如果不向仲裁委员会请求仲裁，就丧失了通过仲裁方式解决纠纷，保护其合法权益的权利。

仲裁时效分为普通仲裁时效和特殊仲裁时效。按照法律的规定，普通仲裁时效期间为3年，从知道或者应当知道权利被侵害以及义务人之日起计算，超过20年的，则不予保护。

特殊仲裁时效，是指普通仲裁时效以外的特定仲裁时效。例如，根据法律的规定，因国际货物买卖合同和技术进出口合同争议申请仲裁的时效期间为4年，自当事人知道或者应当知道其权利受到侵害之日起计算。

二、仲裁时效期间的计算

按照法律的规定，仲裁时效期间的起算，自知道或应当知道权利被侵害以及义务人时开始计算。

在仲裁时效期间的最后6个月内，当事人因不可抗力或者法律规定的其他障碍不能行使请求权的，仲裁时效中止。从中止时效的原因消除之日起，仲裁时效期间继续计算。

在仲裁时效进行中，请求、同意、申请仲裁或者提起诉讼，引起仲裁时效期间中断。从仲裁时效中断时起，仲裁时效期间重新计算。

【本章主要法律规定】

1.《仲裁法》第21～57条

2.最高人民法院《关于适用〈中华人民共和国仲裁法〉若干问题的解释》

第二十六章
申请撤销仲裁裁决

本章主要内容提示

本章的重点为申请撤销仲裁裁决的条件、理由和法律后果。

1.申请撤销仲裁裁决的条件：提出撤销仲裁裁决申请的主体必须是仲裁当事人；必须向有管辖权的人民法院提出撤销仲裁裁决的申请；必须在法定期限内提出撤销仲裁裁决的申请。

2.申请撤销仲裁裁决的理由：没有仲裁协议；仲裁的事项不属于仲裁协议的范围或者仲裁委员会无权仲裁；仲裁庭的组成或者仲裁程序违反法定程序；仲裁裁决所依据的证据是伪造的；对方当事人隐瞒了足以影响公正裁决的证据；仲裁员在仲裁该案时有索贿受贿、徇私舞弊、枉法裁决的行为。根据我国仲裁法的规定，如果仲裁裁决违背社会公共利益，人民法院也应当裁定撤销该仲裁裁决。

3.申请撤销仲裁裁决的法律后果：撤销仲裁裁决、驳回撤销仲裁裁决的申请、通知仲裁庭重新仲裁。

第一节　申请撤销仲裁裁决的概念和特征

一、申请撤销仲裁裁决的概念

仲裁庭作出仲裁裁决后，任何一方当事人均可以依据法定事由，向法院提出撤销仲裁裁决的申请。所谓申请撤销仲裁裁决，是指对符合法定应予撤销情形的仲裁裁决，经由当事人提出申请，人民法院组成合议庭审查核实，裁定撤销仲裁裁决的行为。

我国仲裁法规定，仲裁实行一裁终局制，仲裁裁决一经作出，即发生法律效力，当事人不能就同一纠纷再向仲裁委员会申请仲裁，也不能就同一纠纷向人民法院起诉。一裁终局制度的确立，充分体现了尊重当事人意愿的原则，也充分体现了仲裁方式快捷性的优点。然而，由于受到各种因素的影响，有些仲裁裁决不可避免地会出现不同程度的偏差或错误。仲裁法设置申请撤销仲裁裁决这种程序监督机制，对确保仲裁裁决的合法性和正确性，维护仲裁当事人的合法权益具有非常重要的意义。

二、申请撤销仲裁裁决的特征

申请撤销仲裁裁决具有以下法律特征：

1.撤销仲裁裁决的申请必须由当事人提出，一般情形下人民法院不得依职权撤销仲裁裁决。但人民法院认定该裁决违背社会公共利益的，应当裁定予以撤销。

2.撤销仲裁裁决是法院的职权，即只能由

法院作出裁定予以撤销，任何其他机构和个人均无权撤销仲裁裁决。

3.法院必须对当事人提出的撤销仲裁裁决的申请进行审查核实。仲裁裁决只有符合法定予以撤销的情形时，法院才能作出撤销仲裁裁决的裁定，将仲裁裁决予以撤销。

第二节　申请撤销仲裁裁决的条件和理由

一、申请撤销仲裁裁决的条件

按照我国仲裁法的规定，申请撤销仲裁裁决必须符合下列条件。

（一）提出撤销仲裁裁决申请的主体必须是仲裁当事人

由于仲裁当事人与仲裁裁决的结果有直接的利害关系，仲裁裁决也决定着当事人的合法权益是否得到了保护或者受到了侵害。因此，法律规定提出申请撤销仲裁裁决的主体必须是当事人，包括仲裁申请人和被申请人。

（二）必须向有管辖权的人民法院提出撤销仲裁裁决的申请

当事人申请撤销仲裁裁决，必须向仲裁委员会所在地的中级人民法院提出，并应当提交申请书及裁决书正本或者经证明无误的副本。申请书应当载明下列事项：

1.申请人或者被申请人为自然人的，应当载明其姓名、性别、出生日期、国籍及住所；为法人或者其他组织的，应当载明其名称、住所以及法定代表人或者代表人的姓名和职务。

2.裁决书的主要内容及生效日期。

3.具体的请求和理由。

当事人提交的外文申请书、裁决书及其他文件，应当附有中文译本。

申请人提交的文件不符合上述规定的，经人民法院释明后提交的文件仍然不符合规定的，裁定不予受理。申请人向对案件不具有管辖权的人民法院提出申请，人民法院应当告知其向有管辖权的人民法院提出申请，申请人仍不变更申请的，裁定不予受理。申请人对不予受理的裁定不服的，可以提起上诉。人民法院立案后发现不符合受理条件的，裁定驳回申请。当事人对驳回申请的裁定不服的，可以提起上诉。被申请人对管辖权有异议的，应当自收到人民法院通知之日起15日内提出。人民法院对被申请人提出的异议，应当审查并作出裁定。当事人对裁定不服的，可以提起上诉。

（三）必须在法定期限内提出撤销仲裁裁决的申请

根据我国仲裁法的规定，当事人申请撤销仲裁裁决的，应当自收到裁决书之日起6个月内提出。

如果当事人在规定的期限内没有提出撤销仲裁裁决的申请，则表明他放弃了此项权利，双方当事人都应自觉履行裁决书中列明的各自的义务；否则，权利方当事人可以向法院申请强制执行。

（四）必须有证据证明仲裁裁决有法律规定的应予撤销的情形

仲裁当事人提出申请撤销仲裁裁决时，必须有证据证明该仲裁裁决具有法律规定的应予撤销的情形；没有证据的，人民法院不予受理。当事人所提供的证据能否证明仲裁裁决应予撤销，则需要人民法院的审查认定。

案例分析　能力训练

二、申请撤销仲裁裁决的理由

当事人申请撤销仲裁裁决，必须具有法定理由。根据我国仲裁法的规定，有下列情形之一的，当事人可以申请撤销仲裁裁决。

（一）没有仲裁协议

“没有仲裁协议”，是指当事人没有达成仲裁协议，而对于仲裁协议被认定无效或者被撤销的，则视为没有仲裁协议。据此，没有仲裁协议包括没有达成仲裁协议和视为没有仲裁协议两种情形。

第一，没有达成仲裁协议，是指双方当事人之间根本不存在仲裁协议。

第二，视为没有仲裁协议，则可以分为两种情形：（1）双方当事人之间有仲裁协议，但根据仲裁法对有效仲裁协议的界定，该仲裁协议被法院或者仲裁机构认定为无效，不能依此仲裁协议进行仲裁。例如，仲裁协议不符合法定形式，缺少法定内容又没有达成补充仲裁协议等。（2）双方当事人基于达成的有效仲裁协议申请仲裁后，仲裁庭所作出的仲裁裁决被依法撤销，但双方当事人没有依法重新达成仲裁协议，而是以原仲裁协议申请仲裁，仲裁庭经过审理并作出仲裁裁决。该仲裁裁决被视为在没有仲裁协议的情形下作出。

没有仲裁协议，仲裁即失去了存在和进行的基础。因此，没有仲裁协议的当事人申请仲裁，仲裁委员会应当不予受理，更不能对案件进行审理和作出裁决。如果仲裁机构对没有仲裁协议的纠纷案件予以受理并作出了裁决，则违反了仲裁的根本制度和当事人意思自治的仲裁原则，该仲裁裁决即为违法裁决，当事人有权向人民法院申请撤销该仲裁裁决。

（二）仲裁的事项不属于仲裁协议的范围或者仲裁委员会无权仲裁

当事人申请仲裁的事项，必须是仲裁协议确定的事项，仲裁机构也只能就仲裁协议范围内的争议事项作出裁决。

1.仲裁的事项不属于仲裁协议的范围。仲裁的事项不属于仲裁协议的范围有以下情形：

（1）双方当事人就提交仲裁的争议事项没有签订仲裁协议。

（2）双方当事人就提交仲裁的争议事项签订有仲裁协议，但仲裁庭超出了所约定的事项进行仲裁，该超出部分的争议事项为不属于仲裁协议范围的事项，即仲裁庭越权仲裁的事项。

2.仲裁委员会无权仲裁。仲裁委员会无权仲裁，是指仲裁委员会无权受理仲裁案件。具体包括以下情形：

（1）提交仲裁的争议事项不具有争议的可仲裁性，仲裁委员会对该项争议无权仲裁。我国仲裁法规定了婚姻、收养、监护、扶养、继承纠纷和依法应当由行政机关处理的行政争议不能仲裁。如果当事人在仲裁协议中约定的事项违反了此条规定，并且当事人依据此仲裁协议，将本不能提交仲裁的争议事项提交仲裁，那么，仲裁机构对无权仲裁的争议事项作出的仲裁裁决应予撤销。

（2）当事人将争议案件提交给未约定的仲裁委员会申请仲裁，该仲裁委员会对此争议无权仲裁。例如，双方当事人在仲裁协议中约定将所发生的争议提交北京仲裁委员会，而一方当事人却向上海仲裁委员会申请仲裁，则上海仲裁委员会对该项争议无权仲裁。

（3）双方当事人就争议事项虽然签订有仲裁协议，但当事人并未就该事项实际地提交仲裁，以及仲裁庭超越当事人仲裁请求范围行使仲裁权的事项，也属于仲裁委员会无权仲裁的事项。例如，双方当事人就他们之间的购销合同签订有仲裁条款，在合同履行中，双方当事人因货物价款问题发生争议并提交仲裁解决，对货物数量、质量等未发生争议，或者发生争议但未提交仲裁，则该货物数量、质量等未发生争议的事项仲裁委员会无权仲裁。如果仲裁庭不仅对该货物价款争议作出裁决，而且对货物的数量等未发生争议的事项一并作出裁决，则可能导致仲裁裁决的被撤销。

（三）仲裁庭的组成或者仲裁程序违反法定程序

仲裁庭的组成违反法定程序，是指仲裁庭的组成方式违反法律规定，或者仲裁员的选定违反法律规定。

根据仲裁法的规定，仲裁庭由3名仲裁员组成还是由1名仲裁员组成，由双方当事人约定；仲裁员应当由当事人选定或由当事人委托仲裁委员会主任指定。只有当事人没有在规定的期限内约定仲裁庭组成方式或者选定仲裁员时，才能由仲裁委员会依照职权指定。当仲裁庭的组成违反了仲裁法的规定，则由该仲裁庭所作出的仲裁裁决应予撤销。

仲裁必须按照法定的程序进行，违反法定程序将导致仲裁裁决被撤销。《仲裁法解释》第20条将“违反法定程序”解释为“违反仲裁法规定的仲裁程序和当事人选择的仲裁规则可能影响案件正确裁决的情形”。在违背法定仲裁程序基础上所作出的仲裁裁决应予撤销。

（四）仲裁裁决所依据的证据是伪造的

证据是仲裁庭查明案件真实情况、分清是非、确定双方当事人的责任界限并作出仲裁裁决的根据。当事人必须向仲裁庭提供真实的证明。如果当事人提供了伪造的证据，必定会影响仲裁庭对案件事实作出正确判断，从而会影响仲裁裁决的客观性和公正性。因此，以伪造的证据为基础作出的仲裁裁决应予撤销。

（五）对方当事人隐瞒了足以影响公正裁决的证据

一方当事人为了自身的利益，如果隐瞒了可能对自己不利的且不为他人所掌握的证据，仲裁庭对事实的判断、是非的认定和责任的划分等，就可能与实际情况不相符，由此所作出的仲裁裁决必定会给另一方当事人造成不公正的结果。所谓“足以影响公正裁决的证据”，是指直接关系到仲裁裁决的最后结论的证据。这些证据通常与仲裁案件所涉及的纠纷或争议的焦点或重要情节有着直接的联系，同时这些证据也直接影响着仲裁庭对案件事实的正确判断。因此，在当事人隐瞒了足以影响公正裁决的证据的情况下，仲裁庭所作出的仲裁裁决应当被撤销。

（六）仲裁员在仲裁该案时有索贿受贿、徇私舞弊、枉法裁决的行为

根据最高人民法院《关于审理仲裁司法审查案件若干问题的规定》第18条的规定，仲裁员在仲裁该案时有索贿受贿、徇私舞弊、枉法裁决行为，是指已经由生效刑事法律文书或者纪律处分决定所确认的行为。仲裁员在仲裁案件过程中非法索要或非法接受当事人财物或其他不正当利益，仲裁员为了牟取私利或为了报答一方当事人已经或承诺给予自己的某种利益而弄虚作假，仲裁员在仲裁案件时，颠倒是非甚至故意错误适用法律，都是仲裁过程中的严重违法行为。这些行为必然影响案件的公正审理和裁决，损害一方当事人的合法权益。在此基础上作出的仲裁裁决应当予以撤销。

根据我国仲裁法的规定，除上述几项外，如果仲裁裁决违背社会公共利益，人民法院也应当裁定撤销该仲裁裁决。社会公共利益和个人利益、局部利益既有统一协调的一面，又有矛盾冲突的一面。保护公共利益，是现代各国的通例，也是我国的仲裁准则之一。

由于撤销仲裁裁决是仲裁监督中非常严厉的手段，直接导致仲裁裁决被撤销而归于无效。因此，必须严格把握撤销仲裁裁决事由的范围。对此，《仲裁法解释》中作出了明确规定：

第一，根据《仲裁法解释》第17条的规定，当事人以不属于《仲裁法》第58条或者《民事诉讼法》第291条规定的事由申请撤销仲裁裁决的，人民法院不予支持。这一规定不仅约束当事人申请撤销仲裁裁决的理由，也同时对人民法院不得超出法律规定的撤销事由撤销仲裁裁决作出了规范。实际上1997年4月，最高人民法院就曾发布《关于不得以裁决书送达超过期限而裁定撤销仲裁裁决的通知》，指出一些人民法院以仲裁裁决书送达超过规定期限，不符合仲裁程序，违反国务院有关规定为由，裁定撤销仲裁裁决，既于法律无据，也不利于保护当事人合法权益，应当及时依法予以纠正。

第二，根据《仲裁法解释》第27条第1款的规定，当事人在仲裁程序中未对仲裁协议的效力提出异议，在仲裁裁决作出后以仲裁协议无效为由主张撤销仲裁裁决的，人民法院不予支持。这一规定确立了仲裁程序中的先行抗辩原则，即在仲裁程序中对仲裁协议的效力提出异议，是在仲裁裁决作出后以仲裁协议无效为由主张撤销仲裁裁决的前提条件。这无疑完善了仲裁程序，更充分地保证了仲裁程序的正当性、公正性和高效性。根据该条的规定，只要当事人在仲裁程序中对仲裁协议的效力提出异议，即使没有被支持，在仲裁裁决作出后又以此为由主张撤销仲裁裁决的，经审查符合《仲裁法》第58条规定的，人民法院应予支持。

第三节　法院对撤销仲裁裁决申请的处理及其法律后果

对于当事人撤销仲裁裁决的申请，人民法院应当在7日内审查决定是否受理。人民法院受理仲裁司法审查案件后，应当在5日内向申请人和被申请人发出通知书，告知其受理情况及相关的权利义务。

人民法院在受理当事人提出的撤销仲裁裁决的申请后，应当组成合议庭进行审理，对当事人的申请及仲裁裁决进行审查，并询问当事人。

经审查，人民法院可以根据不同的情况作出不同的处理。

一、撤销仲裁裁决

人民法院受理当事人提出的撤销仲裁裁决的申请后，经审查核实，认定当事人提出的申请所依据的理由成立，即应当在2个月内裁定撤销该仲裁裁决。

（一）撤销仲裁裁决的程序

撤销仲裁裁决应当符合法律规定的程序。根据法律规定，首先，撤销仲裁裁决必须组成合议庭进行审查，并询问当事人。根据审理撤销仲裁裁决案件的实际需要，人民法院可以要求仲裁机构作出说明或者向相关仲裁机构调阅仲裁案卷，在此基础上作出是否撤销仲裁裁决的裁定。其次，必须具有法律规定的撤销仲裁裁决的事由，不能以法定事由之外的理由撤销仲裁裁决。最后，法院应当在受理撤销仲裁裁决申请之日起2个月内裁定撤销该仲裁裁决。根据最高人民法院《关于仲裁司法审查案件报核问题的有关规定》，撤销我国内地仲裁机构的仲裁裁决，应当向本辖区所属高级人民法院报核；待高级人民法院审核后，方可依高级人民法院的审核意见作出裁定。高级人民法院经审查拟同意中级人民法院或者专门人民法院以违背社会公共利益为由撤销我国内地仲裁机构仲裁裁决的，应当在作出审核意见之日起15日内向最高人民法院报核，待最高人民法院审核后，方可依最高人民法院的审核意见作出裁定。

（二）撤销仲裁裁决的类型

1.撤销全部仲裁裁决。

撤销全部仲裁裁决，是指将仲裁裁决作为一个整体予以撤销，仲裁裁决无效。

2.撤销部分仲裁裁决。

撤销部分仲裁裁决，是指仅将仲裁裁决的一部分予以撤销，其他部分仍然有效。《仲裁法解释》第19条中明确规定，当事人以仲裁裁决事项超出仲裁协议范围为由申请撤销仲裁裁决，经审查属实的，人民法院应当撤销仲裁裁决中的超裁部分。但超裁部分与其他裁决事项不可分的，人民法院应当撤销仲裁裁决。由此可见，撤销部分仲裁裁决的前提条件是：第一，部分裁决具有法定被撤销的事由；第二，具有被撤销事由部分的仲裁裁决与其他部分可以分开。

（三）撤销仲裁裁决的效力

1.对于人民法院依法作出的撤销仲裁裁决的裁定，当事人不能上诉，不得申请再审，检察院也不能通过抗诉启动再审程序。

2.仲裁裁决被人民法院依法撤销后，当事人可以重新寻求解决纠纷的方法。

《仲裁法》第9条规定，裁决被人民法院依法裁定撤销的，当事人就该纠纷可以根据双方重新达成的仲裁协议申请仲裁，也可以向人民法院起诉。

仲裁裁决被人民法院依法撤销后，该裁决即丧失其效力。但由于当事人之间的纠纷并未解决，原来的仲裁协议或者本身并不存在，或者无效，或者因已经据此作出裁决，完成了其应有的程序而失效，当事人要想再通过仲裁方式解决其纠纷，必须重新签订仲裁协议，根据重新签订的仲裁协议再申请仲裁。如果当事人不能重新达成仲裁协议，或者根本就不想再采用仲裁方式解决纠纷，任何一方当事人均可向有管辖权的人民法院提起诉讼。

二、驳回撤销仲裁裁决的申请

人民法院经过审查未发现仲裁裁决具有法

定可被撤销的理由的，应在受理撤销仲裁裁决申请之日起2个月内作出驳回申请的裁定。对人民法院依法作出的驳回当事人申请的裁定，当事人无权上诉。

人民检察院能否对人民法院作出的驳回撤销仲裁裁决申请的裁定提出抗诉，最高人民法院《关于人民检察院对不撤销仲裁裁决的民事裁定提出抗诉人民法院应否受理问题的批复》中规定：人民检察院对发生法律效力的不撤销仲裁裁决的民事裁定提出抗诉，没有法律依据，人民法院不予受理。

撤销仲裁裁决的申请被驳回后，双方当事人必须按照仲裁裁决所确定的权利义务自动履行。如果不自动履行仲裁裁决，权利方当事人可以向法院申请强制执行。

三、通知仲裁庭重新仲裁

重新仲裁，是指人民法院在受理了仲裁当事人撤销仲裁裁决的申请后，认为仲裁裁决虽具有法律规定的撤销情形，但可以由仲裁庭通过重新进行仲裁加以纠正的，则裁定中止撤销程序，并通知仲裁庭在一定期限内重新进行仲裁的制度。

《仲裁法解释》规定的重新仲裁的适用范围限于《仲裁法》第58条规定中的两种情形：（1）仲裁裁决所根据的证据是伪造的；（2）对方当事人隐瞒了足以影响公正裁决的证据的。当事人申请撤销国内仲裁裁决的案件属于上述情形之一的，人民法院才可以依照《仲裁法》第61条的规定通知仲裁庭在一定期限内重新仲裁。人民法院通知仲裁庭重新仲裁，应当在通知中说明要求重新仲裁的具体理由。

人民法院认为当事人申请撤销仲裁裁决的案件，可以通知仲裁庭重新仲裁的，即发出通知，通知仲裁庭在一定期限内重新仲裁。对重新仲裁的通知是否采纳，由仲裁庭决定。仲裁庭既可以决定重新仲裁，也可以拒绝重新仲裁。仲裁庭在人民法院指定的期限内开始重新仲裁的，人民法院应当裁定终结撤销程序；未开始重新仲裁的，人民法院应当裁定恢复撤销程序，进而决定是否撤销仲裁裁决。当事人对重新仲裁裁决不服的，可以在重新仲裁裁决书送达之日起6个月内依据《仲裁法》第58条规定向人民法院申请撤销。

重新仲裁是法院认为仲裁裁决的瑕疵可以通过仲裁庭重新仲裁的方式予以补救时，给予仲裁庭自我弥补程序缺陷的机会从而保持仲裁裁决效力的一种程序。重新仲裁应当注意两点：

第一，根据仲裁法有关规定的精神，重新仲裁无须另行组成仲裁庭，因为仲裁庭的组成方式和仲裁员本身就是由当事人直接选定或委托指定的，体现了当事人的自由意志。由原仲裁庭重新仲裁，既尊重了当事人的意愿，也给仲裁庭一个自我纠正错误的机会，从而有利于仲裁庭作出公正裁决。

第二，对法院重新仲裁的通知是否采纳，由仲裁庭决定。仲裁庭既可以决定重新仲裁，也可以拒绝重新仲裁。仲裁庭拒绝重新仲裁的，人民法院应当裁定恢复撤销程序，进而决定是否撤销仲裁裁决。

【本章主要法律规定】

1.《仲裁法》第58～61条
2.最高人民法院《关于适用〈中华人民共和国仲裁法〉若干问题的解释》第15、17～24、27、30条
3.最高人民法院《关于审理仲裁司法审查案件若干问题的规定》
4.最高人民法院《关于仲裁司法审查案件报核问题的有关规定》

第二十七章
仲裁裁决的执行与不予执行

本章主要内容提示

本章的重点为申请执行仲裁裁决的条件及仲裁裁决不予执行的法定事由、程序、法律后果和不予执行仲裁裁决与撤销仲裁裁决的关系。

1.申请执行仲裁裁决的条件：仲裁裁决书为有效执行根据；执行当事人适格；债务人拒绝履行债务；符合执行时效的规定；受申请的执行法院具有管辖权。

2.仲裁裁决不予执行的法定事由：当事人在合同中没有订有仲裁条款或者事后没有达成书面仲裁协议的；裁决的事项不属于仲裁协议的范围或者仲裁机构无权仲裁的；仲裁庭的组成或者仲裁的程序违反法定程序的；裁决所根据的证据是伪造的；对方当事人向仲裁机构隐瞒了足以影响公正裁决的证据的；仲裁员在仲裁该案时有贪污受贿、徇私舞弊、枉法裁决行为的。如果人民法院认定执行该裁决违背社会公共利益的，应当裁定不予执行。

3.申请不予执行仲裁裁决的程序：向执行法院提出申请；法院裁定中止执行，并组成合议庭进行审查；法院作出审查结果。

4.不予执行仲裁裁决的法律后果：执行仲裁裁决的程序终结；不予执行的裁定为终局裁定；当事人重新选择纠纷解决方式。

5.不予执行仲裁裁决和撤销仲裁裁决的关系：两者在法律属性、行使权力的主体、客体、法定事由、适用的法律程序及法律后果方面具有共同点；在提出请求的当事人、提出请求的期限、管辖法院及对当事人申请的处理结果方面存在区别。因此，两者在适用上存在差异。

第一节　仲裁裁决的执行

根据我国仲裁法的规定，仲裁裁决书自作出之日起发生法律效力，当事人应当主动履行仲裁裁决。仲裁调解书与仲裁裁决书具有同等的法律效力，调解书经双方当事人签收，即应自觉履行。通常情况下，当事人协商一致将纠纷提交仲裁，都会自觉履行仲裁裁决。但实际上，由于种种原因，当事人不自动履行仲裁裁决的情况并不少见，在这种情况下，另一方当事人即可请求法院强制执行仲裁裁决。

一、执行仲裁裁决的概念

所谓仲裁裁决的执行，即对仲裁裁决的强

制执行，是指人民法院经当事人申请，采取强制措施将仲裁裁决书中的内容付诸实现的行为和程序。

执行仲裁裁决是法院对仲裁制度予以支持的最终和最重要的表现，它构成仲裁制度的重要组成部分，执行仲裁裁决在仲裁制度上具有重要意义。

（一）执行仲裁裁决是使当事人的权利得以实现的有效保证

仲裁裁决的作出只是为权利人提供实现其权利的可能性，因为仲裁裁决被赋予法律上的强制力，可以迫使义务人履行自己的义务。但是，仲裁裁决只有真正得到执行后，权利人才能由此实现自己的权利。

（二）执行仲裁裁决是仲裁制度得以存在和发展的最终保证

在义务人不主动履行仲裁裁决时，如果法律不赋予仲裁裁决强制执行的效力，仲裁裁决书无疑只是一纸空文。只有规定执行程序，才能体现仲裁裁决的权威性，才能在保证实现当事人权利的同时，保证仲裁制度的顺利发展。

二、申请执行仲裁裁决的条件

仲裁裁决的申请执行，必须符合下列条件。

（一）仲裁裁决书为有效执行根据

执行根据是执行机关据以执行的依据，没有执行根据，就不可能启动执行程序，没有按照执行根据所实施的执行行为，就不能产生实体权利义务移转的效力。能够作为执行根据的仲裁裁决书必须是有效的执行根据，如仲裁裁决书必须经过法定仲裁程序作出，必须具有给付内容，必须是生效的仲裁裁决书等。

（二）执行当事人适格

执行当事人适格，是指只有仲裁裁决确定的债权人、债务人及该债权人、债务人的继受人才能成为执行当事人，也才能在仲裁裁决的执行程序中享有权利和承担义务，其他任何人不得成为执行当事人参加执行程序。

（三）债务人拒绝履行债务

仲裁裁决一经作出即具有与生效判决同等的法律效力，其中包括执行力。但仲裁裁决往往会确定一定的期限作为债务人自觉履行债务的阶段，在这一期限内债权人是不能向法院申请强制执行仲裁裁决的，即如果债务人在仲裁裁决所确定的履行期限内主动履行了仲裁裁决所确定的债务，债权人的权利就会因债务人的主动履行而实现，也就不会通过法院的执行而强制实现了。因此，只有债务人拒绝履行债务，债权人才能申请强制执行。所以债务人拒绝履行债务是启动执行程序的前提条件。

（四）符合执行时效的规定

执行时效，是指法律所规定的债权人申请执行的期限。债权人必须在法定期间内申请执行仲裁裁决，这是启动执行程序的重要条件，超过这一期限的，无法申请执行程序。《民事诉讼法》第250条规定，申请执行的期限为2年。当事人必须在法定申请执行的期限内向法院申请执行仲裁裁决，否则，法院不会启动强制执行程序。

（五）受申请的执行法院具有管辖权

申请执行的法院，必须是按照法律规定具有管辖权的人民法院。根据我国《民事诉讼法》和最高人民法院《关于人民法院办理仲裁裁决执行案件若干问题的规定》，对仲裁裁决的执行，由被执行人住所地或者被执行的财产所在地中级人民法院管辖。执行标的额符合基层人民法院一审民商事案件级别管辖受理范围，或者被执行人住所地或被执行的财产所在地在被指定的基层人民法院辖区内的，经上级人民法院批准，中级人民法院可以参照《民事诉讼法》第38条的规定指定基层人民法院管辖。

三、执行仲裁裁决的程序

（一）申请执行

仲裁裁决确定的债务人在规定的期限内不履行仲裁裁决时，债权人在符合前述条件的情况下，有权请求人民法院强制执行。《仲裁法解释》第29条规定："当事人申请执行仲裁裁决案件，由被执行人住所地或者被执行的财产所在地的中级人民法院管辖。"

根据最高人民法院《关于审理仲裁司法审查案件若干问题的规定》，当事人申请执行时应当提交申请书及裁决书正本或者经证明无误的副本。申请书应当载明下列事项:(1)申请人或者被申请人为自然人的,应当载明其姓名、性别、出生日期、国籍及住所;为法人或者其他组织的,应当载明其名称、住所以及法定代表人或者代表人的姓名和职务。(2)裁决书的主要内容及生效日期。(3)具体的请求和理由。当事人提交的外文申请书、裁决书及其他文件,应当附有中文译本。申请人提交的文件不符合规定,经人民法院释明后提交的文件仍然不符合规定的,裁定不予受理。

申请人向对案件不具有管辖权的人民法院提出申请,人民法院应当告知其向有管辖权的人民法院提出申请,申请人仍不变更申请的,裁定不予受理。申请人对不予受理的裁定不服的,可以提起上诉。人民法院立案后发现不符合受理条件的,裁定驳回申请,当事人对驳回申请的裁定不服的,可以提起上诉。

(二)法院审查

对于申请人的申请,人民法院应当在7日内审查决定是否受理。审查内容包括:仲裁裁决书是否有效;申请人是否为仲裁裁决书所确定的债权人或继承人或权利承受人;仲裁裁决书是否具有给付的内容;执行标的和被申请执行人是否明确;申请人是否超过了法定的申请执行的期限;执行申请书是否符合要求;是否附具了仲裁协议或含有仲裁条款的合同书及仲裁裁决书正本;本法院是否具有对该仲裁裁决的执行管辖权等。《仲裁法解释》第30条还规定,根据审理执行仲裁裁决案件的实际需要,人民法院可以要求仲裁机构作出说明或者向相关仲裁机构调阅仲裁案卷。人民法院受理申请执行案件后,应当在5日内向申请人和被申请人发出通知书,告知其受理情况及相关的权利义务。仲裁裁决或者仲裁调解书具有导致无法执行的内容的,人民法院可以裁定驳回执行申请。

(三)执行实施

当事人向有管辖权的人民法院提出执行申请后,受申请的人民法院应当根据民事诉讼法规定的执行程序予以执行。

根据《民诉解释》的规定,在执行中,被执行人通过仲裁程序将人民法院查封、扣押、冻结的财产确权或者分割给案外人的,不影响人民法院执行程序的进行。案外人不服的,可以根据《民事诉讼法》第238条的规定提出异议。相关内容参见本书第二十一章“执行程序”。

第二节 仲裁裁决的不予执行

一、仲裁裁决不予执行的理由

不予执行仲裁裁决,是指一方当事人向人民法院申请执行有效的仲裁裁决后,经对方当事人申请并经人民法院审查核实,认定该仲裁裁决具有法定情形而裁定不执行该仲裁裁决的制度。

人民法院接到当事人的执行申请后,应当及时按照仲裁裁决予以执行。但是,如果被申请执行人提出证据证明仲裁裁决有法定不予执行的情形的,可以在执行终结前请求人民法院不予执行该仲裁裁决;人民法院组成合议庭审查核实后,裁定不予执行。根据仲裁法和《民事诉讼法》第248条第2、3款的规定,对于国内仲裁而言,不予执行仲裁裁决的情形包括:(1)当事人在合同中没有订有仲裁条款或者事后没有达成书面仲裁协议的;(2)裁决的事项不属于仲裁协议的范围或者仲裁机构无权仲裁的;(3)仲裁庭的组成或者仲裁的程序违反法定程序的;(4)裁决所根据的证据是伪造的;(5)对方当事人向仲裁机构隐瞒了足以影响公正裁决的证据的;(6)仲裁员在仲裁该案时有贪污受贿、徇私舞弊、枉法裁决行为的。如果人民法院认定执行该裁决违背社会公共利益的,应当裁定不予执行。

不予执行仲裁裁决的理由与撤销仲裁裁决的理由完全相同,目的是达到司法监督标准的一致性，保障监督的公正性与统一性。

二、不予执行仲裁裁决的程序

（一）向执行法院提出申请

根据最高人民法院《关于人民法院办理仲裁裁决执行案件若干问题的规定》，被申请执行人、案外人均可以向执行法院申请不予执行仲裁裁决。

被申请执行人，即被执行人、仲裁裁决确定的债务人，如果认为作为执行根据的仲裁裁决具有法律规定的不予执行仲裁裁决的事由时，应当向执行该仲裁裁决的人民法院提出书面申请，请求人民法院不予执行仲裁裁决。被执行人向人民法院申请不予执行仲裁裁决的，应当在执行通知书送达之日起15日内提出书面申请；有《民事诉讼法》第248条第2款第4、6项规定情形且执行程序尚未终结的，应当自知道或者应当知道有关事实或案件之日起15日内提出书面申请。

案外人向人民法院申请不予执行仲裁裁决或者仲裁调解书的，应当提交申请书以及证明其请求成立的证据材料，并符合下列条件：（1）有证据证明仲裁案件当事人恶意申请仲裁或者虚假仲裁，损害其合法权益；（2）案外人主张的合法权益所涉及的执行标的尚未执行终结；（3）自知道或者应当知道人民法院对该标的采取执行措施之日起30日内提出。

被执行人、案外人对仲裁裁决执行案件申请不予执行的，负责执行的中级人民法院应当另行立案审查处理；执行案件已指定基层人民法院管辖的，应当于收到不予执行申请后3日内移送原执行法院另行立案审查处理。

（二）人民法院裁定中止执行，并组成合议庭进行审查

被申请执行人、案外人提出不予执行仲裁裁决的申请后，执行仲裁裁决的人民法院应当首先中止正在进行的执行程序，并组成合议庭围绕被执行人申请的事由、案外人的申请进行审查，对被执行人没有申请的事由不予审查，但仲裁裁决可能违背社会公共利益的除外。被执行人、案外人对仲裁裁决执行案件申请不予执行的，人民法院应当进行询问；被执行人在询问终结前提出其他不予执行事由的，应当一并审查。人民法院审查时，认为必要的，可以要求仲裁庭作出说明，或者向仲裁机构调阅仲裁案卷。

人民法院对不予执行仲裁裁决案件的审查，应当在立案之日起2个月内审查完毕并作出裁定；有特殊情况需要延长的，经本院院长批准，可以延长1个月。审查是不予执行仲裁裁决程序的关键，直接决定着正在被执行的仲裁裁决是否能够作为执行根据，以及仲裁裁决所确定的内容能否得到实现。

（三）人民法院作出审查结果

人民法院经过审查，认为仲裁裁决不符合法律规定的不予执行仲裁裁决的情形的，应当裁定驳回被申请执行人的申请，执行程序恢复进行。执行法院对拟不予执行的案件，应当向本辖区所属高级人民法院报核；待高级人民法院审核后，方可依高级人民法院的审核意见作出裁定。高级人民法院经审查拟同意执行法院以违背社会公共利益为由不予执行我国内地仲裁机构仲裁裁决的，应当在提出审核意见之日起15日内向最高人民法院报核，待最高人民法院审核后，方可依最高人民法院的审核意见作出裁定。

法院不予执行仲裁裁决的，应将不予执行仲裁裁决的裁定书送达双方当事人和仲裁委员会，并终止仲裁裁决的执行程序。

在这里特别应当注意：（1）以《仲裁法解释》第27条第2款规定为依据的审查，即当事人以仲裁协议无效为由申请不予执行仲裁裁决的，应当审查当事人是否在仲裁程序中对仲裁协议的效力提出过异议。当事人在仲裁程序中未对仲裁协议的效力提出异议，在仲裁裁决作出后以仲裁协议无效为由提出不予执行抗辩的，人民法院不予支持。如果当事人在仲裁程序中对仲裁协议的效力提出异议，在仲裁裁决作出后又以此为由提出不予执行抗辩，经审查符合民事诉讼法规定的，人民法院应予支持。（2）以《仲裁法解释》第28条规定为依据的审查，即当事人请求不予执行仲裁调解书或者根据当事人之间的和解协议作出的仲裁

裁决书的，人民法院不予支持。(3)根据《民诉解释》的规定，仲裁机构裁决的事项，部分有《民事诉讼法》第248条第2、3款规定不予执行情形的，人民法院应当裁定对该部分不予执行。应当不予执行部分与其他部分不可分的，人民法院应当裁定不予执行仲裁裁决。(4)依照《民事诉讼法》第248条第2、3款的规定，人民法院裁定不予执行仲裁裁决后，当事人对该裁定提出执行异议或者复议的，人民法院不予受理。当事人可以就该民事纠纷重新达成书面仲裁协议申请仲裁，也可以向人民法院起诉。(5)根据最高人民法院《关于人民法院办理仲裁裁决执行案件若干问题的规定》第22条第3款的规定，人民法院基于案外人申请裁定不予执行仲裁裁决或者仲裁调解书，当事人不服的，可以自裁定送达之日起10日内向上一级人民法院申请复议；人民法院裁定驳回或者不予受理案外人提出的不予执行仲裁裁决、仲裁调解书申请，案外人不服的，可以自裁定送达之日起10日内向上一级人民法院申请复议。

三、不予执行仲裁裁决的法律后果

根据我国法律的规定和仲裁实践，人民法院作出不予执行仲裁裁决的裁定，会产生以下法律后果。

(一)执行仲裁裁决的程序终结

不予执行仲裁裁决的裁定，实质上是对仲裁裁决所具有的执行力的否定。因此，当人民法院裁定对仲裁裁决不予执行后，已经开始的仲裁裁决的执行程序即失去了有效的执行根据，任何依该仲裁裁决的执行活动都是违反法律的，对仲裁裁决的执行程序应当终结。

(二)不予执行的裁定为终局裁定，不得申请再审

人民法院作出的不予执行仲裁裁决的裁定为终局裁定，当事人必须服从。任何一方执行当事人无权对该裁定提出上诉，也无权申请再审。

(三)当事人重新选择纠纷解决方式

人民法院作出的不予执行仲裁裁决的裁定，只是否定了仲裁裁决的执行力，使仲裁裁决所确定的内容无法通过司法手段得以实现。但双方当事人选择以仲裁为解决方式的纠纷并没有最终解决。在这种情况下，法律赋予了双方当事人重新选择纠纷解决方式的机会，即就该纠纷双方当事人可以重新达成仲裁协议，并依据该仲裁协议申请仲裁，也可以向人民法院提起诉讼。

四、不予执行仲裁裁决和撤销仲裁裁决的关系

(一)不予执行仲裁裁决和撤销仲裁裁决的共同点

1.法律属性相同。不予执行仲裁裁决和撤销仲裁裁决都是法律所确定的人民法院对仲裁庭作出的仲裁裁决行使司法监督权的体现，都是司法对仲裁监督的表现形式。

2.行使权力的主体相同。无论是不予执行仲裁裁决，还是撤销仲裁裁决，对仲裁裁决进行审查并作出最终裁定的都是人民法院，任何其他机构无权行使该项权力。

3.客体相同。不予执行仲裁裁决和撤销仲裁裁决所针对的都是仲裁庭作出的有效仲裁裁决，对其他法律文书不得适用撤销和不予执行程序。

4.法定事由相同。仲裁法和民事诉讼法对撤销裁决和不予执行裁决规定有相同的法定事由，法定事由相同表明监督标准的一致性。

5.适用的法律程序有相同之处。首先，不予执行仲裁裁决和撤销仲裁裁决的程序都是基于当事人的申请而开始；其次，无论是当事人提出的不予执行仲裁裁决的申请，还是撤销仲裁裁决的申请，人民法院都应当组成合议庭进行审查；最后，经过审查，无论是否不予执行或者撤销仲裁裁决，人民法院都应当用裁定加以确定。

6.法律后果相同。不予执行仲裁裁决和撤销仲裁裁决尽管在监督的程度上有所不同，但结果都是对仲裁裁决内容的否定，裁定作出后，由于当事人之间的纠纷并没有最终解决，因此，法律在两种情形下都赋予了双方当事人重新选择纠纷解决方式的权利，当事人可以重新达成

仲裁协议申请仲裁，也可以直接向有管辖权的人民法院提起诉讼。

（二）不予执行仲裁裁决和撤销仲裁裁决的区别

1.提出请求的当事人不同。有权提出撤销仲裁裁决申请的当事人可以是仲裁案件中的任何一方当事人，无论是仲裁裁决确定的权利人还是义务人；而有权提出不予执行仲裁裁决的申请人是被申请执行仲裁裁决的一方当事人，或者符合法律规定的案外人。

2.提出请求的期限不同。当事人请求撤销仲裁裁决，应当自收到仲裁裁决书之日起6个月内向人民法院提出；而当事人申请不予执行仲裁裁决，则是在对方当事人申请执行仲裁裁决之后，法院对仲裁裁决的执行程序执行完毕之前。

3.管辖法院不同。当事人申请撤销仲裁裁决，应当向仲裁委员会所在地的中级人民法院提出；而当事人申请不予执行仲裁裁决只能向受理申请执行人申请的法院提出，即由被执行人住所地或者被执行的财产所在地的中级人民法院管辖。

4.对当事人申请的处理结果不同。当事人申请撤销仲裁裁决，人民法院经过法定审查程序，可以产生三种处理结果，即裁定驳回当事人的申请；法院认为可以由仲裁庭重新仲裁的，通知仲裁庭在一定期限内重新仲裁；裁定撤销仲裁裁决。而当事人申请不予执行仲裁裁决的，人民法院经过审查，或者裁定驳回不予执行的申请，或者裁定不予执行，人民法院不可采取诸如要求仲裁庭重新仲裁等其他方式。

（三）不予执行仲裁裁决和撤销仲裁裁决的适用

不予执行仲裁裁决和撤销仲裁裁决作为两种司法监督仲裁的方式，既有相同之处，又有鲜明的区别，二者在仲裁实务中的适用常常会产生冲突。为了有效解决实践中存在的问题，最高人民法院在《仲裁法解释》及《关于人民法院办理仲裁裁决执行案件若干问题的规定》中作出了明确规定，使对撤销仲裁裁决和不予执行仲裁裁决的适用更加科学和合理。

1.《仲裁法解释》第25条规定：“人民法院受理当事人撤销仲裁裁决的申请后，另一方当事人申请执行同一仲裁裁决的，受理执行申请的人民法院应当在受理后裁定中止执行。”这一规定是对《仲裁法》第64条的细化，明确了一方申请撤销仲裁裁决，另一方申请执行仲裁裁决的程序上的处理。

2.《关于人民法院办理仲裁裁决执行案件若干问题的规定》第20条第1款规定：“当事人向人民法院申请撤销仲裁裁决被驳回后，又在执行程序中以相同事由提出不予执行申请的，人民法院不予支持；当事人向人民法院申请不予执行被驳回后，又以相同事由申请撤销仲裁裁决的，人民法院不予支持。”这一规定明确了两种程序的适用关系，否定了同一当事人就同一问题，以相同理由反复利用甚至滥用救济程序的做法，避免了人民法院的重复劳动和资源的浪费。

第三节　仲裁裁决的中止执行、终结执行和恢复执行

一、仲裁裁决的中止执行

所谓仲裁裁决的中止执行，是指在执行程序开始后，由于出现某种特定的原因，从而暂时停止执行程序，等到这种特定原因消除之后，再决定执行程序是否继续进行的制度。

根据《仲裁法》和司法解释的规定，被执行人申请撤销仲裁裁决并已由人民法院受理的，或者被执行人、案外人对仲裁裁决执行案件提出不予执行申请并提供适当担保的，执行法院应当裁定中止执行。

根据《民事诉讼法》第267条的规定，有下列情形之一的，人民法院应当裁定中止执行：申

请人表示可以延期执行的；案外人对执行标的提出确有理由的异议的；作为一方当事人的公民死亡，需要等待继承人继承权利或者承担义务的；作为一方当事人的法人或者其他组织终止，尚未确定权利义务承受人的；人民法院认为应当中止执行的其他情形。

二、仲裁裁决的恢复执行

所谓仲裁裁决的恢复执行，是指已中止执行的程序，由于中止原因消失而继续进行的制度。

根据《仲裁法》第64条及相关司法解释的规定，人民法院裁定驳回撤销仲裁裁决申请或者驳回不予执行仲裁裁决、仲裁调解书申请的，执行法院应当恢复执行。依照《民事诉讼法》第267条的规定，当导致中止执行的原因消失后，人民法院也应当裁定恢复对仲裁裁决的执行。

三、仲裁裁决的终结执行

所谓仲裁裁决的终结执行，是指在执行程序开始后，由于出现特定的事由，使执行程序无法再进行或者已经没有进行的必要，因而结束执行程序的制度。根据《仲裁法》第64条的规定，人民法院裁定撤销仲裁裁决的，应当裁定终结执行。同时，依照《民事诉讼法》第268条的规定，下列情形将导致仲裁裁决的终结执行：申请人撤销申请的；据以执行的法律文书被撤销的；作为被执行人的公民死亡，无遗产可供执行，又无义务承担人的；追索赡养费、扶养费、抚养费案件的权利人死亡的；作为被执行人的公民因生活困难无力偿还借款，无收入来源，又丧失劳动能力的；人民法院认为应当终结执行的其他情形。

【本章主要法律规定】

1.《仲裁法》第62~64条
2.《民事诉讼法》第235~269条
3.最高人民法院《关于适用〈中华人民共和国仲裁法〉若干问题的解释》第25~30条
4.最高人民法院《关于适用〈中华人民共和国民事诉讼法〉的解释》第461~519条
5.最高人民法院《关于审理仲裁司法审查案件若干问题的规定》
6.最高人民法院《关于人民法院办理仲裁裁决执行案件若干问题的规定》
7.最高人民法院《关于仲裁司法审查案件报核问题的有关规定》

第二十八章 涉外仲裁

本章主要内容提示

本章的重点为涉外仲裁的概念、涉外仲裁裁决撤销和不予执行的法定事由及程序等。

1.涉外仲裁的概念：以仲裁方式解决具有涉外因素的纠纷案件即为涉外仲裁。涉外因素包括一方或者双方当事人是外国公民、无国籍人、外国法人或其他组织的；当事人一方或双方的经常居所地在中华人民共和国领域外的；民事关系的标的物在外国领域内的；产生、变更或者消灭民事权利义务关系的法律事实发生在外国的。

2.涉外仲裁裁决撤销和不予执行的法定事由：当事人在合同中没有订有仲裁条款或者事后没有达成书面仲裁协议的；被申请人没有得到指定仲裁员或者进行仲裁程序的通知，或者由于其他不属于被申请人负责的原因未能陈述意见的；仲裁庭的组成或者仲裁的程序与仲裁规则不符的；裁决的事项不属于仲裁协议的范围或者仲裁机构无权仲裁的；人民法院认定涉外仲裁裁决违背社会公共利益的。

3.撤销和不予执行涉外仲裁裁决的程序：当事人申请；当事人提出证据予以证明；人民法院组成合议庭审查核实；人民法院作出裁定。

第一节　涉外仲裁的概念

涉外仲裁，是指当事人依据仲裁协议将涉外经济贸易、运输和海事中发生的纠纷提交仲裁机构进行审理并作出裁决的制度。

涉外仲裁与国内仲裁的根本区别在于它是解决涉外或国际经济贸易、运输和海事中发生的纠纷的一种方式。这种纠纷的特点是具有涉外因素，因而这类纠纷案件属于涉外纠纷案件。

我国仲裁法对何为涉外仲裁未作明确规定，只是在该法第七章“涉外仲裁的特别规定”中明确了“涉外经济贸易、运输和海事中发生的纠纷的仲裁，适用本章规定”。

根据《民诉解释》等司法解释的规定，凡民事关系的一方或者双方当事人是外国公民、无国籍人、外国法人或其他组织的；当事人一方或双方的经常居所地在中华人民共和国领域外的；民事关系的标的物在外国领域内的；产生、变更或者消灭民事权利义务关系的法律事实发生在外国的，均为涉外民事关系。基于上述涉外民事关系产生的纠纷案件为涉外民事案件。

用仲裁方式解决具有涉外因素的纠纷案件即为涉外仲裁。

在仲裁实践中，我国内地（大陆）仲裁机构对涉及我国香港特别行政区、澳门特别行政区或台湾地区企业、组织或自然人之间，或者其同外国企业、组织或自然人之间产生于契约性或非契约性的经济贸易等争议中的仲裁案件，比照涉外仲裁案件处理。

第二节　涉外仲裁机构

一、涉外仲裁机构的设立

根据《仲裁法》第66条规定，涉外仲裁委员会可以由中国国际商会组织设立。涉外仲裁委员会由主任1人、副主任若干人和委员若干人组成。涉外仲裁委员会的主任、副主任和委员可以由中国国际商会聘任。第67条规定，涉外仲裁委员会可以从具有法律、经济贸易、科学技术等专门知识的外籍人士中聘任仲裁员。

二、我国受理涉外仲裁案件的仲裁机构

中国国际经济贸易仲裁委员会和海事仲裁委员会是我国传统的常设涉外仲裁机构，也是受理涉外仲裁案件具有典型性、代表性的仲裁机构。目前，我国除了中国国际经济贸易仲裁委员会和中国海事仲裁委员会受理涉外仲裁案件外，依据仲裁法设立的仲裁机构也有权受理涉外仲裁案件。

但鉴于1996年国务院办公厅发布的《关于贯彻实施〈中华人民共和国仲裁法〉需要明确的几个问题的通知》中已经明确国内新组建的仲裁机构可以受理涉外仲裁案件，结合涉外和国内仲裁机构均可办理涉外案件的实际，目前再专门强调前述两家仲裁机构的涉外性质已无必要。

第三节　涉外仲裁程序

涉外仲裁纠纷案件的当事人将其争议提交仲裁后，仲裁机构应按照一定的程序进行审理，并作出终局裁决。我国涉外仲裁程序制度是由《民事诉讼法》第二十六章关于涉外仲裁的规定，《仲裁法》第七章涉外仲裁的特别规定以及相关司法解释和各受理涉外纠纷案件的仲裁委员会仲裁规则的相关规定构成。

一、仲裁申请、答辩、反请求程序

1.申请人提出仲裁申请时应当提交由申请人或申请人授权的代理人签名或盖章的仲裁申请书。

2.被申请人应按仲裁规则规定的时间提交答辩书和有关证明文件。如有反请求，应在规则规定的时间内以书面形式提交仲裁委员会，并写明具体的反请求及其所依据的事实和理由，附具有关的证明文件。被申请人未提交答辩书或申请人对被申请人的反请求未提出书面答辩的，不影响仲裁程序的进行。

3.对当事人提交的各种文书和证明材料，仲裁庭及/或仲裁委员会认为必要时，可以要求当事人提供相应的中文译本或其他语言的译本。

4.当事人可以授权中国及/或外国的仲裁代理人办理有关仲裁事项，接受委托的仲裁代理人，应向仲裁委员会提交授权委托书。

5.当事人依据中国法律申请保全的，仲裁委员会应当将当事人的申请提交有管辖权的法院作出裁定。人民法院可以进行审查，裁定是否进行保全。裁定保全的，应当责令申请人提

供担保，申请人不提供担保的，裁定驳回申请。当事人申请证据保全，人民法院经审查认为无需提供担保的，申请人可以不提供担保。根据最高人民法院《关于设立国际商事法庭若干问题的规定》第14条第1款的规定，当事人协议选择该规定第11条第1款规定的国际商事仲裁机构仲裁的，可以在申请仲裁前或者仲裁程序开始后，向国际商事法庭申请证据、财产或者行为保全。

二、仲裁庭的组成

1.仲裁庭由1名或3名仲裁员组成。当事人从仲裁委员会制定的仲裁员名册中选定仲裁员。当事人约定在仲裁委员会仲裁员名册之外选定仲裁员的，当事人选定的或根据当事人约定指定的人士经仲裁委员会主任确认后可以担任仲裁员。

2.双方当事人应当各自在仲裁规则规定的时间内选定仲裁员。

（1）仲裁庭由3人组成时，申请人和被申请人应各自选定或者委托仲裁委员会主任指定1名仲裁员，第3名仲裁员为首席仲裁员，由双方当事人共同选定或者共同委托仲裁委员会主任指定。双方当事人可以各自推荐1名或规则许可的多名候选人作为首席仲裁员人选，推荐名单中有1名人选相同的，该人选为双方当事人共同选定的首席仲裁员；有1名以上人选相同的，由仲裁委员会主任根据案件的具体情况在相同人选中确定首席仲裁员，该首席仲裁员仍为双方共同选定的首席仲裁员；推荐名单中没有相同人选时，由仲裁委员会主任指定首席仲裁员。如果双方当事人在规定的时间内未能共同选定或者共同委托仲裁委员会主任指定第3名仲裁员，则该第3名仲裁员由仲裁委员会主任指定。

（2）仲裁庭由1名仲裁员组成时，双方当事人可以共同选定或者共同委托仲裁委员会主任指定独任仲裁员成立仲裁庭审理案件，未就独任仲裁员人选达成一致意见，该名独任仲裁员由仲裁委员会主任指定。

（3）仲裁案件有两个或者两个以上申请人及/或被申请人时，申请人之间及/或被申请人之间应协商，各自共同选定或者各自共同委托仲裁委员会主任指定1名仲裁员。若在仲裁规则规定的时间内未能选定或者委托指定，则该名仲裁员由仲裁委员会主任指定。

3.被选定或被指定的仲裁员应披露可能引起对其公正性和独立性产生合理怀疑的任何事实或情况。

当事人对被选定或被指定的仲裁员的公正性和独立性产生具有正当理由的怀疑时，可以在规则规定的时间内书面提出要求该仲裁员回避的请求，并举证说明提出回避请求所依据的具体事实和理由。按照《中国国际经济贸易仲裁委员会仲裁规则》，如果一方当事人请求仲裁员回避，另一方当事人同意回避请求，或被请求回避的仲裁员主动提出不再担任该仲裁案件的仲裁员，则该仲裁员不再担任仲裁员审理本案。上述情形并不表示当事人提出回避的理由成立。除上述规定的情形外，仲裁员是否回避，由仲裁委员会主任作出终局决定并可以不说明理由。作出决定前，被请求回避的仲裁员应继续履行职责。

在仲裁员因回避或更换不能履行职责时，按照原选定或指定仲裁员的方式在仲裁委员会规定的期限内选定或指定替代的仲裁员。当事人未选定或指定替代仲裁员的，由仲裁委员会主任指定。重新选定或指定仲裁员后，由仲裁庭决定是否重新审理及重新审理的范围。

三、审理与裁决

（一）仲裁审理

除非当事人另有约定，仲裁庭可以按照其认为适当的方式审理案件。在任何情形下，仲裁庭均应公平和公正地行事，给予双方当事人陈述与辩论的合理机会。

当事人可以约定涉外仲裁的语言，没有约定的，以中文为仲裁语言，或以仲裁委员会视案件的具体情形确定的其他语言为仲裁语言。仲裁庭开庭时，当事人或其代理人、证人需要语言翻译的，可以由仲裁委员会提供译员，也可以由当事人自行提供译员。

仲裁庭应开庭审理案件，但双方当事人约

定并经仲裁庭同意，或仲裁庭认为不必开庭审理并征得双方当事人同意的，可以只依据书面文件进行审理。除非当事人另有约定，仲裁庭可以根据案件的具体情况采用其认为适当的方式审理案件。

开庭审理时，当事人应对其申请、答辩和反请求所依据的事实提出证据。当事人申请且仲裁庭认为必要，或者当事人虽未申请，但仲裁庭根据案件审理情况认为必要时，仲裁庭可以自行调查事实、收集证据。仲裁庭自行收集的证据应当转交双方当事人，由双方当事人发表质证意见。仲裁庭还可以就案件中的专门问题向专家咨询或指定鉴定人进行鉴定。证据由仲裁庭认定；鉴定意见，由仲裁庭决定是否采纳。仲裁庭在认定证据时，除依照相关法律、行政法规，参照司法解释外，还可以结合行业惯例、交易习惯等，综合案件整体情况进行认定。

申请人无正当理由开庭时不到庭的，或在开庭审理时未经仲裁庭许可中途退庭的，可以视为撤回仲裁申请；被申请人提出反请求的，不影响仲裁庭就反请求进行审理，并作出裁决。被申请人无正当理由开庭时不到庭的，或在开庭审理时未经仲裁庭许可中途退庭的，仲裁庭可以进行缺席审理并作出裁决；被申请人提出反请求的，可以视为撤回反请求。

仲裁庭可以制作庭审笔录及/或影音记录。仲裁庭认为必要时，可以制作庭审要点，并要求当事人及/或其代理人、证人及/或其他有关人员在庭审笔录或庭审要点上签字或盖章。应一方当事人申请，仲裁委员会视案件具体情况可以决定聘请速录人员速录庭审笔录，当事人应当预交由此产生的费用。

（二）仲裁与调解相结合

双方当事人有调解愿望的，或一方当事人有调解愿望并经仲裁庭征得另一方当事人同意的，仲裁庭可以在仲裁程序中对案件进行调解。双方当事人也可以自行和解。

仲裁庭进行调解，可以在征得双方当事人同意后按照其认为适当的方式进行。双方当事人经仲裁庭调解达成和解的，当事人可以撤回仲裁申请或者仲裁反请求申请，也可以请求仲裁庭根据当事人的和解协议制作调解书或裁决书。调解书应当写明仲裁请求和当事人书面和解协议的内容，由仲裁员署名，并加盖仲裁委员会的印章，送达双方当事人。调解不成功的，仲裁庭应当继续进行仲裁程序并作出裁决，但任何一方当事人不得在其后的仲裁程序、司法程序和其他任何程序中援引对方当事人或仲裁庭在调解过程中曾发表的意见、提出的观点、作出的陈述、表示认同或否定的建议或主张作为其请求、答辩或反请求的依据。

当事人自行和解。达成和解协议的，当事人可以撤回仲裁申请或仲裁反请求申请，也可以请求仲裁庭根据当事人和解协议的内容作出裁决书。除非当事人另有约定，仲裁委员会主任指定1名独任仲裁员组成仲裁庭，由仲裁庭按照其认为适当的程序进行审理并作出裁决。

（三）裁决

仲裁庭应当根据事实和合同约定，依照法律规定，参考国际惯例，公平合理、独立公正地作出裁决。由3名仲裁员组成仲裁庭审理案件时，仲裁裁决依全体仲裁员或多数仲裁员的意见作出。仲裁庭不能形成多数意见时，仲裁裁决依首席仲裁员的意见作出。其他仲裁员的书面意见应附卷，该书面意见不构成裁决书的组成部分。

仲裁庭在其作出的仲裁裁决中，应当写明仲裁请求、争议事实、裁决理由、裁决结果、仲裁费用的负担、裁决的日期和地点。当事人协议不愿写明争议事实和裁决理由的，以及按照双方当事人和解协议的内容作出裁决的，可以不写明争议事实和裁决理由。除非仲裁裁决依首席仲裁员意见或独任仲裁员意见作出，仲裁裁决应由多数仲裁员署名。持有不同意见的仲裁员可以在裁决书上署名，也可以不署名，均不影响裁决书效力。裁决书应加盖仲裁委员会印章。仲裁裁决书的日期即为裁决发生法律效力的日期。

仲裁庭认为必要或者当事人提出经仲裁庭同意，仲裁庭可在作出最终裁决之前，就当事人的某些请求事项先行作出部分裁决；可以就案件争议的程序问题或者实体问题作出中间裁决。当事人应当履行部分裁决或中间裁决，不履行部分裁决或者中间裁决的，不影响仲裁程序的进行和最终裁决的作出。

仲裁裁决是终局的，对双方当事人均有约束力。任何一方当事人不得向法院起诉，也不得向其他任何机构提出变更仲裁裁决的请求。

第四节 对涉外仲裁裁决的撤销和不予执行

一、对涉外仲裁裁决撤销和不予执行的法定事由

根据《仲裁法》第70条和第71条的规定，当事人提出证据证明涉外仲裁裁决有民事诉讼法规定的可撤销情形之一的，经人民法院组成合议庭审查核实，裁定撤销。被申请人提出证据证明涉外仲裁裁决有民事诉讼法规定的不予执行情形之一的，经人民法院组成合议庭审查核实，裁定不予执行。根据仲裁法的上述规定，人民法院裁定撤销仲裁裁决和裁定不予执行仲裁裁决的法定事由都来自民事诉讼法的相关规定。具体事由包括：

1.当事人在合同中没有订有仲裁条款或者事后没有达成书面仲裁协议的。对涉外仲裁协议效力的审查，根据《仲裁法解释》第16条的规定，应当适用当事人约定的法律，当事人协议选择确认涉外仲裁协议效力适用的法律，应当作出明确的意思表示，仅约定合同适用的法律，不能作为确认合同中仲裁条款效力适用的法律依据；当事人没有约定适用的法律但约定了仲裁地的，适用仲裁地法律；没有约定适用的法律也没有约定仲裁地或者仲裁地约定不明的，适用法院地法律。根据最高人民法院《关于审理仲裁司法审查案件若干问题的规定》第14条的规定，确定确认涉外仲裁协议效力适用的法律时，当事人没有选择适用的法律，适用仲裁机构所在地的法律与适用仲裁地的法律将对仲裁协议的效力作出不同认定的，人民法院应当适用确认仲裁协议有效的法律。

2.被申请人没有得到指定仲裁员或者进行仲裁程序的通知，或者由于其他不属于被申请人负责的原因未能陈述意见的。

3.仲裁庭的组成或者仲裁的程序与仲裁规则不符的。

4.裁决的事项不属于仲裁协议的范围或者仲裁机构无权仲裁的。

另外，根据《仲裁法》第65条“本章没有规定的，适用本法其他有关规定”的精神，人民法院认定涉外仲裁裁决违背社会公共利益的，也应当裁定撤销。为了限定撤销仲裁裁决的事由范围，最高人民法院在《仲裁法解释》第17条明确规定，当事人以不属于仲裁法或者民事诉讼法规定的可撤销事由申请撤销仲裁裁决的，人民法院不予支持。

我国仲裁法确立了法院对仲裁裁决的司法监督方式，包括裁定撤销和裁定不予执行仲裁裁决。根据最高人民法院司法解释的规定，当事人申请撤销仲裁裁决被驳回的，不得以同样的理由申请裁定不予执行。

二、对涉外仲裁裁决撤销和不予执行的程序

（一）当事人申请

仲裁裁决作出后，任何一方仲裁当事人都可以向仲裁委员会所在地的中级人民法院申请撤销仲裁裁决，在执行程序中，被申请人可以向执行法院申请不予执行仲裁裁决。根据最高人民法院《关于审理仲裁司法审查案件若干问题的规定》，人民法院受理仲裁司法审查案件后，在中华人民共和国领域内没有住所的被申请人对人民法院的管辖权有异议的，应当自收到人民法院通知之日起30日内提出。对于符合最高人民法院《关于设立国际商事法庭若干问题的规定》第11条第1款规定的国际商事仲裁机构作出的仲裁裁决，当事人可以向国际商事法庭申请撤销。

（二）提出证据予以证明

无论是当事人向法院申请撤销仲裁裁决，

还是被申请人向法院申请不予执行仲裁裁决，都必须提出证据证明涉外仲裁裁决具有民事诉讼法规定的撤销或不予执行的情形。

（三）人民法院组成合议庭审查核实

对于当事人提出的撤销或不予执行仲裁裁决的申请，人民法院或国际商事法庭应依法组成合议庭并询问当事人，审查核实提出申请的当事人是否具有申请撤销仲裁裁决或者不予执行仲裁裁决的资格，审查核实当事人是否有证据以及该证据能否证明仲裁裁决具有被撤销或者不予执行的法定事由。

（四）人民法院作出裁定

1.人民法院经过审查核实，如果认为不具备撤销或者不予执行仲裁裁决的条件或法定事由，应裁定驳回当事人的申请。

2.人民法院经过审查核实撤销裁决案件，认为可以由仲裁庭重新仲裁的，应当通知仲裁庭在一定期限内重新仲裁，并裁定中止撤销程序。仲裁庭拒绝重新仲裁的，人民法院应当裁定恢复撤销程序。在这里需要强调的是，仲裁法并没有在"涉外仲裁的特别规定"一章中专门规定重新仲裁制度，但是，根据该章第65条"本章没有规定的，适用本法其他有关规定"的规定，对涉外仲裁裁决的监督形式应当包括重新仲裁。

3.如果认为仲裁裁决应当被撤销或者不予执行，则必须遵守关于向最高人民法院报核制度的规定。根据最高人民法院《关于仲裁司法审查案件报核问题的有关规定》第2条的规定，各中级人民法院或者专门人民法院办理涉外涉港澳台仲裁司法审查案件，经审查拟认定仲裁协议无效，不予执行或者撤销我国内地仲裁机构的仲裁裁决，不予认可和执行香港特别行政区、澳门特别行政区、台湾地区仲裁裁决，不予承认和执行外国仲裁裁决，应当向本辖区所属高级人民法院报核；高级人民法院经审查拟同意的，应当向最高人民法院报核。待最高人民法院审核后，方可依最高人民法院的审核意见作出裁定。

4.涉外仲裁裁决被人民法院裁定撤销或不予执行的，当事人可以根据双方达成的书面仲裁协议重新申请仲裁，也可以向人民法院起诉。

第五节 对涉外仲裁裁决和外国仲裁裁决的执行

一、对涉外仲裁裁决的执行

对涉外仲裁裁决的执行有两种情形，即涉外仲裁裁决在中国的执行和涉外仲裁裁决在外国的执行。

（一）涉外仲裁裁决在中国的执行

按照我国民事诉讼法和仲裁法的有关规定，对中国涉外仲裁机构作出的仲裁裁决，一方当事人不履行的，对方当事人可以向被申请人住所地或者财产所在地的中级人民法院申请执行，对于符合最高人民法院《关于设立国际商事法庭若干问题的规定》第11条第1款规定的国际商事仲裁机构作出的仲裁裁决，当事人可以向国际商事法庭申请执行。申请人向人民法院申请执行中国涉外仲裁机构的仲裁裁决，须提出书面申请，并附裁决书正本。如果申请人为外国一方当事人，其申请书须用中文文本提出。

人民法院强制执行涉外仲裁机构的仲裁裁决时，被执行人以有《民事诉讼法》第291条第1款规定的情形为由提出抗辩的，人民法院应当对被执行人的抗辩进行审查，并根据审查结果裁定执行或者不予执行。

根据《关于内地与香港特别行政区相互执行仲裁裁决的安排》和《关于内地与香港特别行政区相互执行仲裁裁决的补充安排》，香港特别行政区法院同意执行依据《仲裁法》所作出的裁决，包括内地仲裁机构和外国仲裁机构按照《仲裁法》作出的仲裁裁决；内地人民法院同意执行在香港特别行政区按香港特别行政区《仲裁条例》所作出的裁决，既包括香港仲裁机构作出的仲裁裁决，也包括临时仲裁裁决和香港以外仲裁机构作出的仲裁裁决。

在大陆与我国台湾地区仲裁裁决的相互承认与执行问题上，最高人民法院于2015年6月29日通过，自2015年7月1日起施行的《关于认可和执行台湾地区仲裁裁决的规定》，将有关常设仲裁机构及临时仲裁庭在台湾地区按照台湾地区仲裁规定就有关民商事争议作出的仲裁裁决，包括仲裁判断、仲裁和解和仲裁调解纳入人民法院认可和执行台湾地区仲裁裁决的范围。经当事人申请、人民法院依据上述规定审查，对于符合法定条件的予以认可并执行。

（二）涉外仲裁裁决在外国的承认和执行

依照《民事诉讼法》第297条第2款和《仲裁法》第72条的规定，中国涉外仲裁机构作出的发生法律效力的仲裁裁决，当事人请求执行的，如果被执行人或者其财产不在中国领域内，应当由当事人直接向有管辖权的外国法院申请承认和执行。由于中国已经加入《纽约公约》，当事人可以依照公约的规定或者依照中国缔结或参加的其他国际条约的规定，直接向该外国法院申请承认和执行中国涉外仲裁机构作出的裁决。

二、对外国仲裁裁决的承认与执行

外国仲裁裁决即国外仲裁机构作出的仲裁裁决。外国仲裁裁决在我国的执行必须遵守《民事诉讼法》及相关司法解释关于承认和执行的规定，以及我国缔结或参加的国际条约。

《民事诉讼法》第304条规定："在中华人民共和国领域外作出的发生法律效力的仲裁裁决，需要人民法院承认和执行的，当事人可以直接向被执行人住所地或者其财产所在地的中级人民法院申请。被执行人住所地或者其财产不在中华人民共和国领域内的，当事人可以向申请人住所地或者与裁决的纠纷有适当联系的地点的中级人民法院申请。人民法院应当依照中华人民共和国缔结或者参加的国际条约，或者按照互惠原则办理。"我国加入的涉及对外国仲裁机构作出仲裁裁决的承认与执行的最重要的条约就是1958年《纽约公约》，最高人民法院作出的《关于执行我国加入的〈承认及执行外国仲裁裁决公约〉的通知》同样成为对国外仲裁裁决承认与执行的法律依据。根据上述法律的规定，对外国仲裁裁决的承认与执行的具体内容包括如下方面：

1.我国的保留条款。我国在加入《纽约公约》时作出了两项保留，即互惠保留和商事保留。第一，根据我国加入该公约时所作的互惠保留声明，我国仅对在另一缔约国领土内作出的仲裁裁决的承认和执行予以适用公约的规定。第二，根据我国加入该公约时所作的商事保留声明，我国仅对按照我国法律属于契约性和非契约性商事法律关系所引起的争议适用该公约。所谓"契约性和非契约性商事法律关系"，具体是指由于合同、侵权或者根据有关法律规定而产生的经济上的权利义务关系，如货物买卖、财产租赁、工程承包、加工承揽、技术转让、合资经营、合作经营、勘探开发自然资源、保险、信贷、劳务、代理、咨询服务、民用航空、铁路、公路的客货运输以及产品责任、环境污染、海上事故和所有权争议等，但不包括外国投资者与东道国政府之间的争端。

2.对需要我国法院执行的外国仲裁裁决，当事人应当先向人民法院申请承认。人民法院经审查，裁定承认后，再根据民事诉讼法的规定予以执行。如果当事人仅申请承认而未同时申请执行的，人民法院仅对应否承认进行审查并作出裁定。

3.根据最高人民法院《关于审理仲裁司法审查案件若干问题的规定》，外国仲裁裁决与人民法院审理的案件存在关联，被申请人住所地、被申请人财产所在地均不在我国内地，申请人申请承认外国仲裁裁决的，由受理关联案件的人民法院管辖。受理关联案件的人民法院为基层人民法院的，申请承认外国仲裁裁决的案件应当由该基层人民法院的上一级人民法院管辖。受理关联案件的人民法院是高级人民法院或者最高人民法院的，由上述法院决定自行审查或者指定中级人民法院审查。外国仲裁裁决与我国内地仲裁机构审理的案件存在关联，被申请人住所地、被申请人财产所在地均不在我国内地，申请人申请承认外国仲裁裁决的，由受理关联案件的仲裁机构所在地的中级人民法院管辖。申请人向两个以上有管辖权的人民法院提出申请的，由最先立案的人民法院管辖。

4.当事人申请承认和执行外国仲裁裁决的期间，适用《民事诉讼法》第250条的规定，申请执行的期间为2年。当事人仅申请承认而未同时申请执行的，申请执行的期间自人民法院对承认申请作出的裁定生效之日起重新计算。

5.根据《民事诉讼法》第304条的规定，国外仲裁机构的裁决，需要我国人民法院承认和执行的，应当由当事人直接向被执行人住所地或者其财产所在地的中级人民法院申请，人民法院应当依照我国缔结或者参加的国际条约，或者按照互惠原则办理。

6.对临时仲裁庭在我国领域外作出的仲裁裁决，一方当事人向人民法院申请承认和执行的，人民法院应当依照上述《民事诉讼法》第304条的规定处理。

7.承认和执行外国仲裁裁决的案件，人民法院应当组成合议庭进行审查。人民法院应当将申请书送达被申请人。被申请人可以陈述意见。人民法院经审查作出的裁定，一经送达即发生法律效力。

【本章主要法律规定】

1.《仲裁法》第65～73条

2.《民事诉讼法》第288～292、297、304条

3.最高人民法院《关于适用〈中华人民共和国仲裁法〉若干问题的解释》第11、12、16、30条

4.最高人民法院《关于适用〈中华人民共和国民事诉讼法〉的解释》第540~548条

5.最高人民法院《关于适用〈中华人民共和国涉外民事关系法律适用法〉若干问题的解释(一)》第1条

6.最高人民法院《关于审理仲裁司法审查案件若干问题的规定》第3、12~16、21条

7.最高人民法院《关于仲裁司法审查案件报核问题的有关规定》第1、2条

本学科重点、难点与疑点辨析

民事纠纷的解决有多种方式可供选择，就制度性规定而言，有人民调解机构的调解，有仲裁机构的仲裁，还有法院的审判。与其他纠纷解决方式不同的是，民事诉讼法构建了一个公权力介入下的私益纠纷处理的制度场域：法院、当事人、其他诉讼参与人围绕民事纠纷的解决各自发挥其应有的作用，依据程序法的规定审理案件，依照实体法的规定判明权利义务定分止争，并以司法最终解决原则划定了与其他纠纷解决方式之间的关系。民事诉讼是程序法与实体法相互作用的场域，在诉讼中，实体法作为法院在诉讼的最终阶段作出判决的依据，其在诉讼的整个过程中也起着不可或缺的作用：法院受理案件的范围、管辖、诉讼主体、诉讼中的证明等，无不与实体法存在密切的关联。这是我们学习民事诉讼法必须关注的问题，也是学习民事诉讼法的重点和难点。

一、民事诉讼与其他纠纷解决方式的关系

民事诉讼并非解决民事纠纷的唯一渠道。在民事诉讼之外，劳动仲裁、商事仲裁、人民调解、商事调解等纠纷解决机制，都可以解决民事纠纷。此外，民事诉讼法中规定的一些非讼程序，虽然本身的功能并不是解决纠纷，但是也往往在民事纠纷发生后能够起到特定的事实固定或法律关系确认等作用。在众多的民事纠纷解决方式中，民事诉讼是由国家明确设立的公力救济机制，拥有最完整的程序规则。因此，在学习时，需要注意两个问题：

第一，民事诉讼与其他纠纷解决方式在制度内容上的区别。在学习时应当以民事诉讼法的相关规则作为主线，对比其他纠纷解决方式在制度上存在差异之处。这些差异往往会成为考试的重点内容，从而考查考生对相关法律规定掌握的准确性。一个不太好的趋势是，考生只归纳记忆法条内容，在答题时通过回忆法条内容比较出二者异同。但法条的内容是有限的，考生除了要掌握明确规定的制度内容，也要从法理的角度对二者进行比较。

【例题1】张三和李四订立买卖合同，后发生纠纷，张三根据合同中的仲裁协议提请仲裁要求李四交付标的物，仲裁过程中经过调解双方达成协议，李四及时交付了标的物，张三也当场将尾款转账给李四。问仲裁庭是否可以不出具调解书？

考生可能会记住，《民事诉讼法》第101条第1款第3项规定，能够即时履行的案件达成调解协议的，人民法院可以不制作调解书。而仲裁也确实可以进行调解，此时达成调解协议可否类推适用《民事诉讼法》第101条的这一规则呢？事实上《仲裁法》第51条第2款明确规定，仲裁庭在调解达成协议后，应当制作调解书或者裁决书，并无不制作的余地。但是，这一规则往往不会在记忆中明确强调，因此考生对此并不会十分重视。而如果从仲裁和诉讼在学理上的区别进行分析，即便没有完全掌握法条，也能够意识到商事仲裁机构在组织和程序上的严格性，决定了其必须要有相应的结案程序，因此不可能不制作调解书。

第二，民事诉讼和其他纠纷解决方式之间的关联。具体来说又体现在两个方面：一是民事诉讼对其他纠纷解决方式的监督和支持；二是民事诉讼与其他纠纷解决方式之间的联系。其他纠纷解决方式的顺利运行，往往都需要人民法院最后的监督和支持，例如在相关文书的执行、纠纷解决过程中的保全措施等制度上。而这些支持程序上存在的差异，就构成一些细节性的知识点。例如，劳动争议仲裁和人民法院的关系，是先裁后审，人民法院可以通过民事诉讼的方式撤销或变更劳动仲裁裁决；而商事仲裁和人民法院的关系，是一种监督关系，因此人民法院可以通过撤销或者不予执行程序来监督商事仲裁裁决，这种程序不是民事诉讼程序，性质上其实属于非讼程序。也因此，其救济程序就与普通的民事诉讼有所区别。

【例题2】甲公司与乙公司因为合同纠纷，根据事先订立的仲裁协议提请某仲裁机构仲裁。仲裁庭作出支持乙公司的裁决后，甲公司以仲裁过程中存在严重的程序错误为由申请撤销仲裁裁决，后某市中级人民法院依法作出裁定，撤销该裁决。问乙公司应当如何救济其权利？

本题可能构成干扰的是列举出一些裁定的救济方式，例如向检察机关提请抗诉或检察建议，向上级法院提出上诉或申请再审等。这些救济方式如果针对劳动争议仲裁，恰恰正确。但对于商事仲裁而言，都是错误的。此时乙公司的救济方式只能是另行起诉或者与甲公司重新达成仲裁协议。这种区别，根源上就是针对劳动争议仲裁、商事仲裁和人民法院的关系的不同。

综上所述，考生在复习时，应当综合相关纠纷解决方式与民事诉讼的关联，构建出中国民商事纠纷解决的结构体系。

二、民事诉讼法与民事实体法的关系

民事诉讼法与民事实体法的互动联结，既是学科发展的趋势，也是司法实践对法律人才提出的要求。真实的实务工作，并不会人为地提前预设实体法问题还是诉讼法问题，而必须由法律人自行对案件涉及的各类问题予以分析判断。因此，法律职业资格考试近年来也加大了综合考查民事实体法和民事诉讼法的力度。

从民事诉讼法的角度来说，要勾连好实体法与诉讼法的关系，尤其是在个案中掌握法律分析的技术，就要关注民法请求权方法在民事诉讼中的实际操作。如果说请求权方法是提请给付之诉的发动机，那么其在民事诉讼中就面临了若干配套制度，需要在使用请求权方法准确识别本案原被告争议的法律问题的前提下，作出诉讼法上的解答。

（一）法院管辖中的实体问题

法院的管辖权与案件所涉的实体请求紧密相关。大量的管辖规则都是根据案件的纠纷类型来确定，而纠纷类型本质上是由争议的民事法律关系的性质，也即诉讼标的的性质决定。例如，《民事诉讼法》第34条规定的专属管辖制度中，第1项规定，“因不动产纠纷提起的诉讼，由不动产所在地人民法院管辖”。此时问题的关键在于，如何辨析纠纷性质属于不动产物权纠纷。长期以来困扰司法实践的问题是，涉案争议标的物是不动产的纠纷，是否都属于专属管辖的不动产纠纷。这一问题在《民诉解释》第28条中得到了明确，该条第1款首先将不动产纠纷限定为因不动产的权利确认、分割、相邻关系等引起的物权纠纷，第2款又规定了一些例外情况，即某些合同纠纷可以视为不动产纠纷，适用专属管辖条款。这一问题充分说明，必须首先根据请求权方法确定原告提出的诉讼是哪种性质的纠纷，方能准确地适用管辖规则。

【例题3】甲区的张某在乙区拥有一栋别墅，装修精美。后发现别墅院墙上被人涂鸦破坏，十分难看。张某雇请工人对院墙重新粉刷，耗费1万元。经过调取监控录像，发现涂鸦是住所地位于丙区的李某所为。张某遂起诉要求李某赔偿因破坏院墙导致的损失1万元。问对该案哪些法院享有管辖权？

这一问题表面上是考查民诉上的管辖问题，但核心其实是确定原告提出诉讼的诉讼标的，也即请求权的性质。可能有学生会认为，由于被侵害的是别墅院墙的物权，因此构成不动产物权纠纷，应当按照不动产纠纷适用专属管辖规则。但这一理解是错误的，本案原告提出的实际上是侵权损害赔偿请求权，其请求权基础只能是《民法典》第1165条第1款的过错侵权规则，而不能依据《民法典》第238条将其作为物权纠纷处理，这也符合《民诉解释》第28条第1款中关于不动产纠纷的定性。所以，享有管辖权的法院应当是侵权行为地的乙区法院和被告住所地的丙区法院。

可见，在确定民事诉讼的管辖问题之前，必须首先依据民事实体法规则，对案件的请求权作出准确的定性，否则就可能导致管辖问题上出现混淆和错误。

（二）诉讼主体制度中的实体问题

另一个与请求权紧密相关的问题是适格当事人的确定。根据定义，适格当事人原则上应当是争议民事法律关系的主体。在一般的给付之诉中，适格当事人的识别较为简单。但是，一旦涉及多数当事人的确定，这一问题的难度就陡然上升。《民事诉讼法》第55条规定了共同诉讼的类型是诉讼标的共同或是同一种类，这就涉及对原告的诉讼请求的识别，从而才能准确判断是否构成共同诉讼；而《民事诉讼法》第59条规定的两种第三人，也涉及是否对本诉双方当事人的诉讼标的主张独立请求权，依然需要判断第三人的主张与本诉诉讼标的的关系问题。在解决这一问题时，应当首先准确地识别原告的诉讼请求的请求权基础，进而分析判断该请求权的射程是否包括其他的相关方，从而决定诉讼法上的答案。

当然，由于民法和民事诉讼法理论上的一些争议，对于一些疑难问题，目前中国司法实务中尚未有完全的定论，实务中也可能存在不同的做法。例如，对于无民事行为能力人和限制民事行为能力人侵权时监护人的诉讼地位问题，《民法典》第1188条第1款明确规定，由监护人承担侵权责任。根据这一规则，被告应该只列监护人。但该条第2款又规定，有财产的无民事行为能力人、限制民事行为能力人造成他人损害的，从本人财产中支付赔偿费用；不足部分，由监护人赔偿。这一规则依然没有将行为人作为责任主体，仅仅是将其财产作为责任财产，如果按照这一规则，那么行为人无论如何不可以作为该侵权案件的适格被告。但《民诉解释》规定，无民事行为能力人、限制民事行为能力人造成他人损害的，无民事行为能力人、限制民事行为能力人和其监护人为共同被告。这两项规则未来如何协调，还有待理论界和实务界的进一步探讨。但由此我们应当意识到，当事人适格的确定应当谨慎地分析原告的诉讼请求，确定其法律关系，再结合民事诉讼法的规则和原理，作出判断。又如，共同侵权时承担连带责任的侵权人构成哪一种共同诉讼。根据过去的司法解释，此种情况下，人民法院应当追加其他共同侵权人为共同被告，似乎构成必要共同诉讼。但根据《民法典》的规定，在连带责任的情况下，原告可以选择任一责任人承担全部责任，因此从规范的意义上看，应当理解为普通共同诉讼人为佳。

【例题4】葛某和许某分别拥有位于丙县的云峰公司50%的股份。后由于葛某长期霸占公司公章，许某认为自己主张的多种经营策略无法得到实现，分红权等也无法实现，在多次向葛某交涉后，葛某都置之不理，许某为维护自己的利益，向法院起诉请求解散公司。问本案的被告是谁?

本题考查的是公司解散诉讼的当事人地位。如果只从题目案情上看，似乎发生争议的是葛某和许某两人。事实上，许某确实也可以采取股东派生诉讼等方式起诉葛某，以维护公司和自己的利益。但是，本题最后非常清晰地说明，许某的诉求已经是解散公司。而这一权利的行使对象并不是其他股东，而是公司。因此，本案的被告只能是云峰公司，葛某不具有被告的地位。这一法理上的分析，也符合最高人民法院《关于适用〈中华人民共和国公司法〉若干问题的规定（二）》的具体规则。近年来，实体法和诉讼法的结合，不仅表现在民法和民事诉讼法的结合上，也表现在公司法、企业破产法、合伙企业法、票据法、保险法等商法，著作权法、商标法、专利法等知识产权法与民事诉讼法的结合上。考生要想记背各种司法解释中关于当事人地位的规则，是不现实的。更为重要的是，根据实体法和诉讼法的原理，明确原告的诉讼请求，准确界定适格当事人。

三、非讼程序、执行程序与诉讼程序的关系

在我国，人民法院的司法活动并不限于一般民事案件的审判活动，对法定化的非争讼性案件的审理、依据国家强制力对民事权利义务的实现——强制执行等，同样构成人民法院司法权的行使范畴。非讼程序是民事诉讼法中关于一般诉讼之外的其他程序，与一般诉讼程序不同的是，适用非讼程序的案件具有非民事争议性，因此非讼案件不存在对立的双方当事人。目前，我国民事诉讼法规定的非讼程序包括特别程序、督促程序和公示催告程序，不同非讼案件类型的审理有不同的程序设计，体现出非统一性的特点。执行程序为法院通过国家强制力实现执行依据所载权利义务关系的制度与程序安排。在程序价值与理念、基本原则、制度功能、程序规则等方面，执行程

序既不同于普通审判程序，也不同于非讼程序，可以说非讼程序与执行程序两者自成体系，但就区别于一般民事案件的审判程序这一点而言，两者具有共性。

特别程序是人民法院审理特定类型的民事非讼案件和选民资格案件所适用的程序。特别程序是相对于普通程序和简易程序等一般诉讼程序而言的，因此特别程序具有优先适用性，只有特别程序无相关规定时，才适用普通程序的规定。与一般诉讼程序相比，特别程序只是确认某种法律事实或者权利是否存在，并不解决民事权利义务争议；除选民资格案件外，特别程序不存在两造的对立当事人结构；启动特别程序的当事人不一定是与本案有直接利害关系的起诉人或者申请人；特别程序实行一审终审、原则上实行独任制、不适用审判监督程序、案件审结期限较短、免交案件受理费。因此，民事诉讼法规定，只有基层人民法院能够适用特别程序审理案件，且仅适用于以下几类案件：选民资格案件；非讼案件，包括宣告公民失踪、宣告公民死亡案件，认定公民无民事行为能力、限制民事行为能力案件，认定财产无主案件，确认民事调解协议案件，实现担保物权案件。

督促程序是人民法院根据债权人的申请，向债务人发出支付令，催促债务人在法定期限内向债权人清偿债务的法律程序，目的在于迅速实现债权人的权利。督促程序仅适用于债权人请求债务人给付金钱、有价证券的案件；督促程序的启动基于债权人的申请，督促程序的终结包括债务人清偿债务或债务人向法院提出书面异议两种方式；督促程序只适用于基层人民法院，审理方式为书面审查，实行独任制与一审终审。对于解决债权债务关系明确、双方当事人均无争议但债务人因故长期未还债的案件而言，督促程序具有高效便捷的优势。

公示催告程序是在票据持有人之票据被盗、遗失或者灭失的情况下，人民法院根据当事人的申请，以公告的方式催告利害关系人在一定期间内申报权利，如果逾期无人申报，根据申请人的申请，依法作出除权判决所适用的程序。公示催告程序不解决实体争议，只是以公示的方式催告利害关系人申报权利或恢复权利人票据上的权利，在程序上解决票据被盗、遗失或者灭失的问题，因此公示催告程序仅适用于按照规定可以背书的票据与法律规定的其他情形。公示催告程序的启动基于被盗、遗失或者灭失票据的最后持有人的申请，公示催告程序的终结包括利害关系人申报的权利成立或作出除权判决两种情形；相对人必须处于不明确状态；仅适用于基层人民法院，审理方式主要是书面审查和公告方式，实行一审终审，所作判决具有除权性；公示催告程序分为公示催告阶段和除权判决作出阶段。

虽然特别程序、督促程序与公示催告程序的程序设计各不相同，功能各有侧重，但是在性质上都属于非讼程序，因此，特别程序、督促程序与公示催告程序既具有非讼程序的共性，又具有各自的个性与独立性，共同构成了具有中国特色的非讼法律制度。根据非讼案件和程序特点的不同，我国的非讼程序包括：涉及身份关系的非讼程序、涉及财产关系的非讼程序、确认权利关系的非讼程序、获得执行依据以实现权利的非讼程序、涉及公民选举政治权利的非讼程序，囊括了非民事争议案件的诸多方面，对于纠纷解决与纠纷预防具有重要的作用和功能。

执行程序，是指人民法院的执行组织依照法定的程序，对发生法律效力的法律文书确定的给付内容，以国家的强制力为后盾，依法采取强制措施，迫使义务人履行义务的司法活动。执行程序与审判程序具有紧密的联系，执行程序是部分审判程序的延续，保证了裁判结果的落实和权利义务的实现，而审判程序则为执行程序提供了执行依据和执行内容。但执行程序也具有独立性，执行程序旨在保证生效法律文书的实现，因此适用范围不仅包括民事裁判确定的权利义务内容，还包括刑事裁判中的财产内容以及部分行政处罚决定。

执行程序的一般性制度包括执行机构、执行根据、执行管辖、委托执行、执行和解、执行担保、执行承担、参与分配、执行回转。这些一般性制度贯穿于执行程序始末，为执行程序的推进与结案提供了制度支撑。执行程序的启动始于权利人申请执行或审判人员移送执行。为保证生效法律文书的实现，人民法院依法可以采取执行措施，包括对财产的执行措施、对行为的执行措施、保障性执行措施、代位执行，执行措施和执行程序是合为一体的，采取执行措施就是履行执行程序。执行过程中，需要赋予执行机构较大的权限，但与此同时，执行机构作出的不当或违法执行行为与执行处分，有可能侵害执行当事人或案外人的合法权益，对此法律设置了体系化的执行救济制度。根据程序保障程度的不同，分为程序性救济与实体性救济，前者具体包括当事人或利害关系人异议、案外人异议、分配方案异议，后者具体包括案外人异议之诉、许可执行之诉、分配方案异议之诉。在执行过程中，出现法律规定的特殊情况，执行程序面临暂缓执行、执行中止、执行终结的情形。执行完毕的，则予以结案。

总体而言，非讼程序、执行程序与诉讼程序之间，存在一定的关联性，但更应注意非讼程序、执行程序与诉讼程序之间的制度差异性和程序独特性。非讼程序解决的是非民事权益争议案件，诉讼程序应对的是民事争议案件，非讼程序与诉讼程序的配合基本覆盖了所有类型的民事纠纷；诉讼程序侧重对案件作出裁判，执行程序侧重将裁判结果落实，诉讼程序在先，执行程序在后，执行程序与诉讼程序的衔接共同实现了纠纷的彻底解决；发生法律效力的非讼程序的裁定或支付令也是执行程序的执行根据，因此非讼程序与执行程序也存在联系。总之，非讼程序、执行程序与一般诉讼程序，在实现保护民事权益、解决民事纠纷、维护私法秩序的目标上是一致的，因此，必须建立诉讼程序与非讼程序对接的机制，妥善处理诉讼程序、非讼程序与执行程序的衔接问题。

【例题5】张三向甲法院申请针对李四的支付令，要求督促李四支付买卖合同的购货尾款5万元。甲法院送达支付令后，李四当场向甲法院提出书面异议，主张自己因为现金流紧张，暂无支付能力，3个月后必然准时付款。3日后，李四又向甲法院提出书面异议，主张张三交付的货物不符合质量要求，应当支付瑕疵担保违约金5万元，现要求用违约金抵销尾款。张三闻讯大怒，依据合同约定向乙法院提起诉讼，要求李四支付货款和迟延履行违约金共计7万元。请问本案中的支付令具有什么效力？如果其无效或失效，原因是什么？

本题中张三申请支付令符合法律要求，因此法院发出并送达支付令。此后发生的法律行为有三个：一是李四提出书面异议主张延期支付；二是李四提出书面异议，主张用瑕疵担保违约金抵销购货尾款；三是张三闻讯后另行提起了付款和违约金的诉讼。《民诉解释》规定，债务人对债务本身没有异议，只是提出缺乏清偿能力、延缓债务清偿期限、变更债务清偿方式等异议的，不影响支付令的效力。因此，李四提出的第一次异议并不足以导致支付令失效。而李四提出的第二次异议，虽然承认自己应当支付尾款，但同时主张以瑕疵担保违约金抵销尾款，这实质上是否定了该债务的效力，因此构成有效的异议，足以导致支付令失效。至于张三的另行起诉，虽然《民诉解释》规定债权人另行起诉的，将导致支付令失效，但此时支付令已经因为李四第二次异议失效，因而张三的另诉行为对支付令效力不再发生影响，在考试时，这将成为一个典型的干扰项。

【例题6】关于甲、乙之间的借款纠纷，法院作出终审判决，判决甲还乙50万元，乙申请强制执行。后甲以证据错误为由申请再审，法院裁定再审后，在再审过程中发现甲、乙已经达成和解，且履行完毕。此时再审程序和执行程序应当如何进行？

这一案件的原型是最高人民法院指导案例7号。执行程序虽然会因为再审裁定的作出而中止，但是如果当事人自行在执行过程中达成和解，此时执行程序应当完全终结。而再审虽然有监督和纠错功能，但是如果其纠错的本源即原始纠纷已经不复存在，那么再审的意义也就微乎其微。因此，法院应当裁定再审程序终结。

以上案件主要展现了在学习非讼程序、执行程序时，要综合性地对相关构成要件和法律效果予以梳理，尤其要重视这些程序与诉讼程序发生联系的知识点，避免只记背单个法条，否则就可能导致知识体系的混乱。此外，在具体学习时，要注意以下问题。

1.准确理解特别程序的性质。特别程序属于非讼程序，其程序启动主要依利害关系人提起申请。特别程序只确认某种事实或者权利状态，并不解决纠纷。在案件审理中，如果发现存在权利义务争议，则要终结特别程序，告知当事人另行提起诉讼。如果在法院作出判决后，出现了新的事实或者判决所确认的事实与客观事实不符，则当事人、利害关系人可以向法院提出申请予以撤销，法院依特别程序审理查实的，应撤销原判决，作出新判决。

2.特别程序与执行程序的衔接。人民法院制作的、已经发生法律效力的民事裁定书、支付令属于执行依据。特别程序与《民法典》的结合与衔接，尤其要注意关于公民失踪与死亡、民事行为能力、担保物权的内容。

3.宣告失踪与宣告死亡案件特别程序中财产代管人的变更程序。财产代管人自己申请变更适用特别程序，但其他利害关系人申请变更则适用普通程序。

4.人民调解协议司法确认程序中的“人民调解协议”的范围，不限于人民调解委员会作出的调解协议，还包括行业调解组织、商事调解组织、行政调解组织、人民法院特邀调解组织和特邀调解员达成的调解协议。

5.实现担保物权的程序中，物的担保人与主债务人并非同一人时，主债务人可否被列为被申请人或追加为第三人。学界存在对立观点：一种观点认为，主债务人并非担保物权法律关系的主体，与实现担保物权案件的申请事项无直接法律关系，可以不列入第三人；另一种观点认为，担保物权以特定物或权利为客体，特定物或权利上可能存在其他权利人，权利人之间可能存在利害冲突，因此应列入第三人。

6.设有担保的债务案件如何适用支付令，能否向担保人发出支付令，学界存在三种理解：一是担保人可以作为支付令的被申请人；二是担保人不可以作为支付令的被申请人；三是区分一般担保人和连带担保人，以确定担保人是否可以作为支付令的被申请人。《民诉解释》规定保证人不能列为督促程序的被申请人，否则与《民事诉讼法》第225条规定的条件不符。

7.公示催告程序的适用不仅限于票据“被盗、遗失、灭失”的情形。根据最高人民法院《关于审理票据纠纷案件若干问题的规定》第25条可以申请公示催告的失票人，是指可以背书转让的票据在丧失票据占有以前的最后合法持票人的规定可知，凡是票据最后持有人因意志以外的原因导致票据下落不明，比如因被抢劫、被抢夺而丧失票据的，适用公示催告程序。

8.利害关系人请求撤销除权判决的，撤销之诉的被告如何列明。该撤销之诉适用一般诉讼程序，存在对立的双方当事人，因此，撤销之诉的原告为利害关系人，被告为公示催告程序的申请人。

9.除权判决的效力如何认定。《民事诉讼法》第234条规定了撤销除权判决的内容。如果利害关系人为票据权利人，且对该票据享有权利，则可向法院起诉撤销除权判决。

10.执行中止、执行终结、不予执行、停止执行的区别。（1）执行中止，是指在执行过程中，由于某种特殊情况的发生而暂时停止执行程序，待该情况消除后再恢复执行程序的制度。（2）执行终结，是指在执行过程中，由于发生某些特殊情况，执行程序不可能或没有必要继续进行，从而结束执行程序的制度。执行终结是执行程序的非正常结束。（3）执行终结、不予执行、停止执行皆属于执行结案的方式。不予执行，是指法院在审查仲裁裁决、公证债权文书、外国法院的判决与裁定时，以及在执行过程中，发现有不予执行的情形，裁定不予执行或结束执行的行为。（4）停止执行，是指案外人提起执行异议之诉，一旦法院认可该异议之诉，判决生效后就应停止执行。

11.执行异议与执行异议之诉都属于执行救济，但民事诉讼法将执行异议作为执行异议之诉的前置条件，而非并行的救济途径。二者的区别在于：（1）执行异议的对象是执行程序或执行方法上的违法行为，而执行异议之诉涉及的是私法上的实体权利；（2）执行异议之诉是独立的诉讼形式，不同于执行异议仅隶属于强制的请求和申诉程序；（3）执行异议之诉解决的是实体争议，因此根据实体法律关系确定当事人，但是执行异议解决的是程序争议，因此根据执行程序中各方身份确定当事人。

四、一审普通程序与简易程序、二审程序、再审程序的关系

大多数考生在学习民事诉讼法的相关知识时，是按照时间顺序和法典中的顺序递次进行。但这种学习方式其实低估了普通程序在我国民事诉讼法中的基础地位。因为其他程序中的很多规则和原理，都来自普通程序。如果平均用力，没有吃透普通程序所体现的民事诉讼的基础性原理，那么就无法系统地掌握民事诉讼的其他程序中的知识。

很多考生对于《民事诉讼法》和《民诉解释》中的一些法条比较熟悉，但是不能结合民事诉讼法理灵活运用，不能针对跨程序的制度运行作出分析。而命题时往往就会针对简易程序、二审程序或再审程序中的某种特殊情形予以考查。这种情形在法条中或许并未直接规定，但是考生需要结合民事诉讼法理，类推适用普通程序中的相关规则，作出判断。

【例题7】郭某与黄某是夫妻，后郭某起诉离婚，一审判决准予离婚，并分割了共同财产。黄某不服提起上诉，二审审理过程中，郭某与黄某再次发生争吵，郭某一怒之下服毒自杀，郭某的父母非常悲愤，认为是黄某害死了郭某。请问二审程序应当如何处理？

可能的选项包括：(1)维持原判；(2)诉讼中止，等待郭某父母表态是否参加诉讼；(3)诉讼终结；(4)缺席判决。

二审程序的法条并不涉及诉讼中止、诉讼终结、缺席判决等制度规定。但本题考查的却是相关制度在二审程序中的运用。考生学习时就需要结合普通程序中相关制度的原理进行分析，意识到诉讼终结的情形包括离婚诉讼当事人在诉讼过程中死亡，而诉讼过程是贯穿从一审立案到二审的全过程。因此，本案只能裁定诉讼终结。

再审程序明确地分为再审启动和再审审理两个阶段。再审审理阶段可能适用二审程序，也可能适用一审普通程序。但由于其本身的性质是再审审理程序，因此在具体规则上也会存在若干不同。考生需要注意的是：一方面，要加强联系，梳理各个阶段程序设置上的不同，可以从审判对象、审判方式、审判组织、管辖法院、审理程序、审限时长、裁判文书等不同角度切入；另一方面，要理解再审程序的设立目的和程序功能，从民诉学理的角度考查其可能存在的特殊之处，并将其与一审程序、二审程序予以区分。

五、几个特殊问题

(一)诉、诉讼标的、重复诉讼

诉是一种向法院提出的裁判请求，即诉是当事人向法院提出的要求法院对其主张的权利进行审理并作出裁判的请求。诉是连接诉权与审判权的桥梁，诉讼程序因当事人提起诉讼而启动，因法院对当事人提出的权利主张作出裁判而终结。当事人提出的诉若想被法院受理并审理，进而对其权利主张作出裁判，必须具备以下几个要素：(1)当事人。诉作为一种裁判请求，必须明确需要法院在哪些主体之间就何种权利主张作出裁判，因此，任何诉都必须有提出裁判请求的一方当事人，也必须有明确的相对人。(2)诉讼标的。诉讼标的，也称诉讼客体，其构成法院审理的对象。通说认为，诉讼标的是指当事人之间发生争议并提交法院加以审理裁判的民事权利义务关系。根据处分权原则的要求，诉讼标的限定了法院审理和裁判的范围，法院不得在当事人主张的诉讼标的之外进行裁判。(3)诉的理由。诉的理由，是指当事人向法院提起诉的事实依据。当事人向法院提起诉讼请求保护其权利，就必须向法院提出支持其诉讼请求的案件事实，即事实依据。当事人、诉讼标的和诉的理由是每一个诉不可缺少的构成要素。

诉讼标的，是指当事人向法院主张的民事权利义务关系，其与诉讼请求存在密切的联系但又有区别。诉讼请求是当事人向法院提出的具体权利要求，是基于诉讼标的提出的权利主张，诉讼请求使审理对象具体化。

【例题8】甲、乙两公司就一买卖合同发生纠纷，甲公司向法院提起诉讼，要求法院判令乙公司依合同支付货款；乙公司则反诉甲公司，称甲公司迟延交货请求法院判令甲公司承担违约责任。请问该案的诉讼标的是什么？

本案的诉讼标的是甲、乙公司基于买卖合同产生的权利义务关系；甲公司的诉讼请求是依合同请求乙公司支付货款，乙公司的诉讼请求则是依合同要求甲公司承担迟延交付的违约责任。甲公司和乙公司的诉讼请求，都是基于双方之间的合同权利义务这一涉案诉讼标的，诉讼请求则是当事人在诉讼中提出的具体的权利主张。诉讼标的与诉讼请求既有联系又有区别，两者密不可分，共同构成法院审理的对象。

重复诉讼主要包括两种情形：一是案件在法院受理后尚未作出生效判决前，当事人又就同一案件向法院提起诉讼；二是在案件经法院审理并作出生效判决后，当事人又就同一案件向法院提起诉讼。前一种情形遵循诉讼系属的法理即通过诉讼系属的效力禁止重复诉讼；后一种情形则遵循既判力的法理即通过既判力的消极效力禁止重复诉讼。根据《民诉解释》规定，当事人就已经提起诉讼的事项在诉讼过程中或者裁判生效后再次起诉，同时符合下列条件的，构成重复起诉：(1)后诉与前诉的当事人相同；(2)后诉与前诉的诉讼标的相同；(3)后诉与前诉的诉讼请求相同，或者后诉的诉讼请求实质上否定前诉裁判结果。关于重复诉讼的识别要件，需要从以下两个方面来理解：(1)关于后诉与前诉的当事人相同，除后诉与前诉的当事人完全相同的情形外，还应当注意代位诉讼、权利义务的继受等特殊情况。(2)关于后诉与前诉的诉讼标的相同的问题，要重点注意诉讼标的的识别问题。诉讼标的识别理论比较复杂，争论比较大，也没有形成各种类型诉讼统一的诉讼标的识别理论。总体而言，诉讼标的的识别应当从具体的诉讼类型出发并结合诉讼案件的具体案件事实来加以识别。比如，确认之诉的诉讼标的应当是当事人提出的确认某项法律关系存在或者不存在的主张；再如，给付之诉应当以当事人提出的诉讼请求的请求权为诉讼标的，其识别标准为诉讼请求与原因事实的结合。

【例题9】甲、乙两公司签订了一份家具买卖合同，因家具质量问题，甲公司起诉乙公司要求更换家具并支付违约金3万元。法院经审理判决乙公司败诉，乙公司未提起上诉。之后，乙公司向法院提起诉讼，要求确认该家具买卖合同无效。请问对乙公司的起诉，法院应采取下列哪一处理方式？

这是一个对重复诉讼识别的案例，对照上述司法解释规定的重复诉讼识别标准，该案例中后诉与前诉的当事人相同、诉讼标的相同、诉讼请求不同，但后诉提出的诉讼请求实质上是直接否定了前诉判决，因为前诉中法院支持了原告的诉讼请求，即在前诉中法院认定合同是有效的，而当事人乙公司提出的后诉是请求法院认定合同无效，显然是否定了前诉判决，构成重复诉讼。

(二)民事诉讼法基本原则及其适用

民事诉讼法基本原则，是指能反映民事诉讼基本规律，在民事诉讼的全过程或者主要阶段起指导作用的准则。民事诉讼法基本原则具有抽象性、基础性和指导性的特征，是民事诉讼具体规则和具体制度制定的依据，也是参与诉讼的所有主体进行民事诉讼活动必须遵循的根据性规则。《民事诉讼法》对基本原则作了具体规定，包括下列5项原则。

1.诉讼权利平等原则。该原则强调的是：当事人诉讼地位的平等性，诉讼是在法院的主持下双方当事人平等地展开攻击与防御活动，法院不偏不倚地进行判断并作出裁判。该原则还强调，当事人在诉讼中的程序平等性，法院应当依法予以保障并应当保持公正的裁判地位。立法通过“同等性规定”和“对等性规定”来保障当事人的诉讼权利平等。

2.处分原则。该原则集中反映了民事诉讼的本质——解决私法上的利益纷争。该原则强调的是：当事人不但对其实体权利享有处分权，同时对程序权利也享有处分权。从程序方面来看，民事纠纷发生后是否诉至法院、诉讼开始后是否终结诉讼、一审判决后是否提起上诉等，都依当事人处分权的行使；从实体方面来看，当事人以何种法律关系（诉讼标的）提出怎样的权利主张、是否变更和追加诉讼请求、是否与对方当事人就权利义务争议达成和解协议，都属于当事人处分权行使的范围，法院不得干预。也即处分原则强调的是：当事人有诉讼程序启动和终结的决定权；当事人有权决定审判的对象及范围。

【**例题10**】乙向甲借款10万元，约定6个月到期归还本金并支付5000元利息。因乙逾期未依约履行还款义务，甲诉至法院请求判令乙返还10万元借款。法院经审理查明，乙向甲借款10万元并约定支付利息5000元，乙未履行合同义务，遂判决乙返还甲10万元借款并支付5000元利息。请问该裁判是否违反民事诉讼的基本原则？

本案中，原告并未请求支付利息，属于当事人处分权的范畴，法院依职权判决被告支付利息超越了当事人请求的范围，违反了处分权原则，判决不当。

3.辩论原则。该原则强调的是，当事人在诉讼中享有辩论权，可以对案件的实体问题和程序问题进行辩论，法院必须保障当事人辩论权的行使。辩论权是当事人在诉讼中享有的基本诉讼权利，辩论权的行使贯穿于整个诉讼程序，法院应当在当事人辩论的基础上对案件的程序问题和实体问题进行判断。法院违反辩论原则的要求，没有保障当事人辩论权行使的，依法构成案件再审的事由。辩论原则的本质，是通过当事人的辩论形成法院裁判基础的诉讼资料——主张案件事实和提出证据，这是基于民事纠纷的私法利益本质所决定，与确立处分权原则的依据具有同样的理论基础和制度根基。从现行《民事诉讼法》和《民诉解释》的规则来看，诉讼资料的形成主要基于当事人主张和提供，法院原则上不得依职权对当事人未主张的事实进行认定，法院依职权收集证据也被限定在有限的范围内。如此，也更有利于保障当事人平等诉讼、法院不偏不倚裁判案件的主体程序构造。

4.诚信原则。该原则强调的是，诉讼主体参与诉讼活动应当本着诚实、善意实施审判行为和诉讼行为。对于法院而言，法官不得滥用自由裁量权；应充分保障当事人的诉讼权利行使，不得实施突袭性裁判。比如，法院不当限制当事人的诉讼权利、没有给予当事人充分的程序保障等，都是违背诚信原则的，当事人可以提出异议，可以作为再审的事由申请再审等。对于当事人而言，不得滥用诉讼权利，不得实施前后矛盾的诉讼行为等。比如，当事人滥用诉讼权利进行虚假诉讼，法院可依法对其实施罚款、拘留等程序性制裁措施；再如，当事人进行了前后不一致的陈述，法院应当责令当事人说明理由、提供证据。

诉讼权利平等原则调整当事人之间的程序地位关系；处分原则和辩论原则调整当事人与法院之间就审理对象和审理范围的确定、诉讼资料之形成方面的地位关系；而诚实信用原则，则是一项平衡上述两项基本原则调整下法院、当事人权限划分过于严格所带来的可能损及程序公平和诉讼公正的负面结果的原则，均衡当事人之间、当事人与法院之间的诉讼权利义务关系。

5.调解原则。该原则强调的是，法院审理民事案件，只要适宜调解和有调解可能的案件，应当尽量用调解的方式结案。调解是法院审结民事案件的一种方式，调解结案与判决结案具有同等的法律效力。调解必须遵循自愿原则和合法原则，无论是在调解程序的启动上还是在调解协议的达成上，都应尊重当事人的意愿，法院不得强迫。调解贯穿于诉讼的全过程，在立案阶段、庭前准备阶段和庭审阶段都可以进行调解；在第一审程序中、第二审程序中和再审程序中，法院都可以根据自愿原则进行调解。

理解调解原则需要注意以下几点。（1）调解不是法院解决民事纠纷的必经程序，不适宜调解的案件、当事人不愿调解或虽同意调解但无法达成调解协议的案件，法院应当根据查明的案件事实及时作出判决。(2)双方当事人在法院主持下达成调解协议的，应当以相应形式将调解协议的内容转化为法院处理纠纷的结果，有两种表达方式：一是制作调解书送达当事人，双方当事人签收后即发生法律效力；二是对依法可以不制作调解书的案件，法院应当将调解协议的内容记入笔录，由双方当事人、审判人员、书记员签名或者盖章后，即具有法律效力。(3)对反悔调解协议的处理。在调解协议达成后调解书送达前，当事人反悔调解协议拒不签收调解书的，法院不得采取留置方式送达调解书，而应当依查明的案件事实及时作出判决。对于记入笔录不需要制作调解书的案件，当事人请求制作调解书的，法院可以制作调解书送交当事人，当事人事后又拒绝签收调解书的，不影响调解协议的效力。

（三）共同诉讼中的当事人适格

适格当事人是对具体的案件所争议的权利义务（诉讼标的）能够以自己的名义提起诉讼并能取得本案判决的主体资格，具体案件的诉讼只有在适格当事人之间进行才有意义，纠纷才能得到真正的解决。

在理解当事人适格的问题上需要注意的是：(1)当事人适格与当事人能力既有联系又有区别。当事人能力是作为某一诉讼案件当事人的抽象要件，一般来讲，是否具有当事人能力与某一具体案件并无直接联系，其为法律直接加以抽象规定。比如，自然人自出生即具有当事人能力，无论其是否发生民事纠纷，是否具有行为能力，其依法具有可以作为诉讼中当事人的法律资格。当事人适格则必须结合具体的案件加以判断。作为某案件诉讼适格的当事人，首先其应当具有当事人能力，其次是对该诉讼案件可以作为当事人提起诉讼并获得判决的主体地位和资格。(2)一般来讲，当事人适格的判断标准以诉讼标的为基础。即以特定诉讼标的之权利义务主体或法律关系之主体为适格当事人，通常情况下两者是一致的。此外，对作为诉讼标的的权利义务有管理权和处分权的主体，享有诉讼实施权，也是适格当事人。例如，企业法人被宣告破产的，清算组为当事人。(3)诉讼必须在适格当事人之间进行才有意义，当事人适格是诉讼的合法性要件，在某诉讼案件中如果当事人不适格，法院应当驳回当事人的诉，不对本案进行审理。

根据我国《民事诉讼法》的规定，共同诉讼分为必要共同诉讼和普通共同诉讼。因普通共同诉讼是因诉的主观、客观合并而形成，其单个诉讼中当事人为适格当事人，其合并后也为适格当事人。必要共同诉讼存在较为复杂的情形，理论上将必要共同诉讼分类为固有的必要共同诉讼与类似必要共同诉讼，司法解释实际上也将必要共同诉讼区别为这两种类型。固有的必要共同诉讼，要求当事人必须一同参加诉讼。需要注意的是，在固有的必要共同诉讼中，遗漏必要共同诉讼人的，此时当事人为不适格状态，法院需要追加遗漏的当事人才能对案件进行审理和作出判决。追加当事人可以由当事人申请追加，也可以由法院依职权追加。例如，在继承遗产的诉讼中，部分继承人起诉的，人民法院应当通知其他继承人作为共同原告参加诉讼，被通知的继承人不愿意参加诉讼又未明确表示放弃实体权利的，法院仍应当将其列为共同原告。在类似必要共同诉讼中，不存在当事人追加的问题。比如，保证合同约定为一般保证，债权人仅起诉被保证人的，法院应只列被保证人为被告，不必追加保证人为被告；如果债权人向保证人和被保证人一并主张权利的，法院应当将保证人和被保证人列为共同被告。

（四）证明对象、证明责任与证据提出责任

证明对象主要包括实体法上的事实和程序法上的事实。实体法上的事实又区分为主要事实（直接事实）、间接事实和辅助事实；程序法上的事实涉及范围极为广泛，比如案件的管辖、审判人员的回避、当事人的行为能力等。在诉讼中，证明对象的确定需要符合以下三个条件：一是该事实对于案件诉讼具有法律意义；二是双方当事人对该事实存在争议；三是需要通过证据加以证明。

证明责任的适用针对的是案件主要事实或称要件事实。证明责任的作用是，在案件主要事实真伪不明的情况下，因法院不能适用以该主要事实为构成要件的法律规范作出本案判决，对该主要事实承担证明责任的一方当事人应当承担由此带来的不利后果，即承担不利益判决。可以说，证明责任规范是在案件主要事实真伪不明的情况下，法院作出判决的法律依据。因此，证明责任的分配就显得极为重要。根据立法及司法解释，证明责任按以下规则进行分配。

1.一般规则：谁主张，谁证明。主张者有证明责任，否认者无证明责任，这是证明责任分配的一般规则。这里的主张，是指构成权利发生、权利障碍和权利消灭的主要事实，主张了这些主要事实的当事人即负有对该事实的证明责任。比如，甲起诉乙要求返还借款，而乙否认借过甲的钱，此时，是否存在借款的事实即构成证明对象；而该事实是支持原告权利主张的事实，因此，原告甲对借款事实负证明责任。再如，上述案件中，如果被告乙承认借款的事实，但主张该借款已经返还于甲，此时，乙是否已经还款的事实即构成了证明对象，而该事实是支持被告乙所主张原告甲的权利消灭的事实，应当由被告乙对该事实负担证明责任。需要注意，证明责任的分配依据不是《民诉解释》第91条，该条文的规定“主张法律关系存在的当事人，应当对产生该法律关系的基本事实承担举证证明责任；主张法律关系变更、消灭或者权利受到妨害的当事人，应当对该法律关系变更、消灭或者权利受到妨害的基本事实承担举证证明责任”是证明责任分配原理的复述。真正作为证明责任分配依据的，是实体法律规范中关于权利发生和消灭的各种要件的规定。

2.特殊规则：证明责任的特殊分配规则，通常在立法和司法解释中以例举式专门加以规定。比如，《民法典》第1230条规定，因污染环境、破坏生态发生纠纷，行为人应当就法律规定的不承担责任或者减轻责任的情形及其行为与损害之间不存在因果关系承担举证责任。就一般侵权损害赔偿诉讼而言，因果关系是构成原告权利主张的要件事实（主要事实），应当由原告主张并承担证明责任；但环境污染损害赔偿诉讼中，考虑到双方当事人收集证据的难易程度（离证据远近）、利益平衡等，将该项事实的证明责任分配给行为人（被告）来承担。

证据提出责任，是证明责任的主观方面，即对某一事实承担证明责任的一方当事人负有提出证据加以证明的责任，或者否认方提出该事实不成立的证据加以证明的责任。当事人举证涉及证据的收集和提供两个方面。在民事诉讼中，原则上证据应当由当事人自行收集，当事人可以依法向法院申请证人出庭作证，对于专业性问题可以申请鉴定，对于证据在对方控制之下的情况，可以向法院申请责令对方当事人提出等。根据法律规定，当事人向法院提供证据，应当提供原件或者原物，提交原件或者原物有困难的，可以提供经法院核对无异的复印件、复制品。当事人收集证据有困难且符合法定情形的，可以向法院提出申请由法院收集，具体包括以下三种情形：(1)证据属于国家有关部门保存并需人民法院依职权调取的档案材料；(2)涉及国家秘密、商业秘密、个人隐私的材料；(3)当事人及其诉讼代理人确因客观原因不能自行收集的其他材料。此外，当事人向法院提供证据还需要遵守举证时限的规定。案件受理后，由法院指定举证时限，或者由双方当事人协商确定举证时限并经法院同意；当事人在确定的举证时限期间内提供证据有困难的，可以向法院申请延长期限。当事人逾期提出的证据，法院不组织质证，但对方当事人同意质证的除外。

证明责任与证据提出责任是两个联系非常紧密的制度，但也有本质区别。在诉讼中，对于某一事实的证明责任只能由一方当事人承担，其为一种结果责任，不会随着诉讼的进程而发生转移。对某一事实承担证明责任的一方当事人即负有证据提出责任。但证据提出责任与证明责任不同，对同一事实的证明双方都可能承担证据提出责任。在证明过程中，对某一事实的证明而言，承担证明责任的一方当事人需要向法院提供证据证明其主张的真实性，此为本证；同时，否认该事实的一方当事人也要向法院提供证据进行反驳，此为反证。因此，对于同一个事实的证明活动，原告、被告可能会从正、反两个方面提供证据加以证明。当当事人双方穷尽证据方法时，法院对该事实仍无法得到确信，即案件主要事实处于真伪不明状态，此时，证明责任规范即发挥裁判准据功能，对该事实承担证明责任的一方当事人将承担不利益判决。

（五）案外人异议之诉、第三人撤销之诉与案外人再审之诉

案外人异议之诉、第三人撤销之诉与案外人再审之诉，都是对没有参与案件诉讼程序的案外人提供的救济制度。案外人异议之诉，是与案件判决本身没有关系，而是在案件执行过程中，案外人对被法院列为执行标的的财产主张权利，以提起案外人异议之诉的方式排除法院对该标的的执行处分。第三人撤销之诉和案外人再审之诉，则都是与判决本身存在关联，都涉及法院生效判决可能存在错误的问题。第三人撤销之诉，是在判决作出后，第三人在知道或者应当知道其民事权益受到损害之日起6个月内向法院提起诉讼；而案外人再审之诉，是在执行程序中作为案外人对执行标的主张权利并提出异议，经法院审查驳回后，该异议事由与生效判决存在牵连，案外人认为判决错误而向法院申请再审（《民事诉讼法》第238条）。

案外人异议之诉与案外人再审之诉的区别在于：一是在案外人异议之诉中，法院生效判决本身并无错误，而是在执行中可能错列属于案外人的财产而非被执行人的责任财产，其诉的目的是要排除法院不当的执行处分，即撤销对标的财产的执行措施。案外人申请再审，则是案外人认为生效裁判存在错误，其目的是通过再审纠正法院生效裁判的错误，以保护自己的合法权益。二是案外人异议之诉的诉讼理由是案外人能够对执行标的主张实体权利；案外人申请再审的事由，则是生效判决确有错误（参见《民事诉讼法》第211条之规定）。案外人异议之诉与案外人再审之诉因诉讼事由不同，因此，两者不可能同时并立：当案外人对执行标的可以主张实体权利时，则应当提起案外人异议之诉；当案外人认为判决有错误时，则应当申请再审。

第三人撤销之诉与案外人再审之诉，其基础都是认为生效判决有错误，损害其合法权益，两者的目的、功能有相似之处，程序适用上可能存在交叉的情况。应当从以下三个方面理解两个程序的适用：第一，在案外人提起异议之诉后，又根据《民事诉讼法》第238条提起执行异议，被驳回后又申请再审的，法院不予受理；第二，在案外人向法院提出异议被驳回后，只能根据《民事诉讼法》第238条的规定申请再审，提起第三人撤销之诉的，法院不予受理；第三，在案外人提起撤销之诉审理期间，法院又裁定对案件进行再审的，原则上受理第三人撤销之诉的法院应当将第三人的诉讼请求并入再审程序。由此可见，第三人撤销之诉与案外人再审之诉的适用存在排斥关系，原则上不得并立重复适用。